INTRODUÇÃO AOS PROFETAS HEBREUS

JAMES NOGALSKI

INTRODUÇÃO AOS PROFETAS HEBREUS

COMPREENDENDO A PROFUNDIDADE INTELECTUAL E ESPIRITUAL DA TRADIÇÃO PROFÉTICA DO ANTIGO TESTAMENTO

hagnos

Título original:
Introduction to the Hebrew Prophets

1ª edição: maio de 2024

TRADUÇÃO
Wilson Almeida

REVISÃO
Dourival de Souza Lima Filho
Letras Reformadas

CAPA
Julio Carvalho

DIAGRAMAÇÃO
Letras Reformadas

EDITOR
Aldo Menezes

COORDENADOR DE PRODUÇÃO
Mauro Terrengui

IMPRESSÃO E ACABAMENTO
Imprensa da Fé

Todas as citações bíblicas foram extraídas da Nova Versão Internacional (NVI). Outras versões utilizadas foram indicadas especificamente no texto.

EDITORA HAGNOS LTDA.
Rua Geraldo Flausino Gomes, 42, conj. 41
04575-060 — São Paulo, SP
Tel.: (11) 5990-3308

E-mail: hagnos@hagnos.com.br
Home page: www.hagnos.com.br

Editora associada à

abdr
Associação Brasileira de Direitos Reprográficos

Dados Internacionais de Catalogação na Publicação (CIP)
Angélica Ilacqua CRB-8/7057

Nogalski, James D.
Introdução aos profetas hebreus: compreendendo a profundidade intelectual e espiritual da tradição profética do Antigo Testamento / James D. Nogalski; tradução de Wilson Almeida. — São Paulo: Hagnos, 2024.

ISBN 978-85-7742-516-7
Título original: Introduction to the Hebrew Prophets

1. Profetas
2. Bíblia AT
I. Título
II. Almeida, Wilson

24-1476 CDD-224

Índice para catálogo sistemático:

1. Profetas

Sumário

Lista de abreviaturas

AB Anchor Bible
a.C. Antes de Cristo
AT Antigo Testamento
ATD Das Alte Testament Deutsch
BBET Beiträge zur biblischen Exegese und Theologie
BBET Beiträge zur biblischen Exegese und Theologie
BEATAJ Beiträge zur Erforschung des Alten Testaments und des antiken Judentum
BETL Biblicotheca Ephemeridum Theologicarum Lovaniensium
BN Biblische Notizen
BZAW Beihefte zur Zeitschrift für die alttestamentliche Wissenschaft
cap./caps. Capítulo/capítulos
CEB Common English Bible
d.C. Depois de Cristo
FAT Forschungen zum Alten Testament
FB Forschung zur Bibel
FRLANT Forschungen zur Religion und Literatur des Alten und Neuen Testaments
fs feminino singular
Hebr. Texto da Bíblia Hebraica
HeBAI Hebrew Bible and Ancient Israel
HSM Harvard Semitic Monographs
HThKAT Herders Theologischer Kommentar zum Alten Testament
HUCA Hebrew Union College Annual

IECOT	International Exegetical Commentary on the Old Testament
JBL	Journal of Biblical Literature
JSOT	Journal for the Study of the Old Testament
JSOTSup	Journal for the Study of the Old Testament Supplement Series
KAT	Kommentar zum Alten Testament
KJV	King James Version
LHBOTS	The Library of Hebrew Bible/OTS
LXX	Septuaginta
mp	masculino plural
ms	masculino singular
TM	Texto Massorético
NAS	New American Standard Bible
NET	New English Translation
NICOT	New International Commentary on the Old Testament
NIV	New International Version
NVI	Nova Versão Internacional
NRSV	New Revised Standard Version
OCN	Oráculos contra as nações
OTL	Old Testament Library
OTS	Old Testament Studies
pc	plural comum
PRS	Perspectives in Religious Studies
SBLDS	SBL Dissertation Series
SBLMS	SBL Monograph Series
sc	singular comum
SHBC	Smyth and Helwys Bible Commentary
v.	Versículo/versículos
VT	Vetus Testamentum
VTSup	Supplements to Vetus Testamentum
WMANT	Wissenschaftliche Monographien zum Alten und Neuen Testament
ZAW	Zeitschrift für die alttestamentliche Wissenschaft

Agradecimentos

Nenhum livro é obra de uma única pessoa, e este livro não é exceção. Tenho me beneficiado de conversas com vários colegas ao longo dos anos sobre os manuscritos proféticos. Aprendi muito com muitos. Sou grato a todas as oportunidades que tive ao longo dos anos de falar sobre literatura profética com outras pessoas em conferências e reuniões. Sou grato também por ter grandes colegas na Baylor University que me perguntaram sobre este livro em diversas ocasiões e me incentivaram a concluí-lo. Obrigado também à Baylor University pela licença de pesquisa concedida para concluir este volume. O tempo afastado das tarefas administrativas me deu tempo para terminá-lo. Para nomear todos aqueles a quem estou em dívida, era necessário ter outro volume, mas seria negligente se não mencionasse o nome de três pessoas. Em primeiro lugar, quero agradecer a David Teel e à sua equipe editorial da Abingdon. David me incentivou de diversas maneiras enquanto conversávamos sobre como colocar ideias no papel que outras pessoas estariam dispostas a ler. Conversamos com frequência, às vezes longamente e às vezes apenas para entrar em contato. Seu incentivo ajudou-me a me manter responsável e objetivo.

Em segundo lugar, quero expressar o meu agradecimento a Will Briggs, meu assistente de pós-graduação. Ele fez leituras cuidadosas dos capítulos, acompanhou detalhes bibliográficos e criou o glossário de termos-chave que está no final deste volume. Sua disposição em ajudar só é superada pelas habilidades que ele trouxe para essas tarefas.

Finalmente, devo uma gratidão imensurável à minha esposa e companheira, Melanie. Ela ouviu pacientemente ideias que estavam incompletas e me incentivou com perguntas até que as coisas ficassem claras.

Seu apoio nunca vacilou. Seu envolvimento nas questões deste livro tem sido permanente durante a maior parte de nossa vida adulta, e tenho muita sorte de tê-la em minha vida como colaboradora. Ela enriquece minha existência e meu trabalho muito além da medida.

Prefácio

Os profetas e o cânone

A sequência dos livros na Bíblia em português não reflete as primeiras ordenações desses livros. O cânone hebraico é chamado de Tanach, que representa um anagrama hebraico em suas três partes: T para Torá, N para Nebi'im e K para Ketuvim. *A Torá* tem o significado básico de "instrução", mas a palavra é frequentemente traduzida como Lei, o que não é necessariamente correto, uma vez que apenas partes da Torá contêm material jurídico. *Nebi'im* significa Profetas e *Ketuvim* se refere a Escritos. O último grupo inclui uma ampla gama de materiais poéticos, de sabedoria e narrativas que passaram a ser reconhecidas como canônicas, mas não faziam parte da Torá ou dos Profetas. Os estudantes da Bíblia em português notarão que não há nenhuma seção chamada "Livros Históricos", como Josué—Reis é frequentemente chamado. Em seu lugar, o cânon hebraico consistia originalmente em oito rolos que são chamados coletivamente de Nebi'im. Quatro desses manuscritos (Josué, Juízes, Samuel e Reis) contam a história de Israel e Judá desde o momento da entrada israelita na terra até pouco depois da destruição de Jerusalém. Ao invés de serem chamados de Livros Históricos, esses manuscritos constituem os quatro Antigos Profetas, enquanto os quatro rolos adicionais contêm os Últimos Profetas: Isaías, Jeremias, Ezequiel e os Doze. Daniel não foi incluído entre os Nebi'im, e os Doze representam doze coleções proféticas que foram reunidas em um único rolo e consideradas como um só livro, não como doze livros. Os

Nebi'im consistiam, portanto, de quatro Profetas Antigos e quatro Profetas Posteriores.

A presente obra se concentrará nos quatro manuscritos conhecidos como Últimos Profetas. Essas coleções foram tratadas de forma diferente no decorrer do tempo. Ao longo de grande parte da história da interpretação bíblica, esses livros foram considerados como escritos de grandes mentes proféticas desde a época da monarquia até o período persa. Os estudos críticos começaram a questionar essa ideia a partir do período medieval e no início do século 20, a maioria dos estudiosos da Bíblia traçou uma distinção nítida entre os discursos proferidos pelos profetas e os livros nos quais eles apareciam. Reconheceu-se que estes últimos, continham material considerável proveniente das mãos de editores que coletaram, moldaram e organizaram os discursos e narrativas sobre os profetas contidos nos livros. Os estudiosos perceberam que o material incluído em cada rolo representava o trabalho de muitas mãos.

No decorrer desse período de tempo, o foco se concentrou nos discursos individuais ou na impossível tarefa de procurar desvendar as mensagens originais desses profetas. Contudo, na última parte do século 20, os estudiosos começaram a voltar sua atenção para as qualidades literárias dos livros. Por que eles foram organizados na forma como estão? Considerando que o material de um manuscrito pode vir à luz centenas de anos depois da vida do profeta que deu nome ao livro, por que foi adicionado novo material ao seu conteúdo? Além disso, os especialistas começaram a ver padrões e referências cruzadas nesses manuscritos que nem sempre eram evidentes à primeira vista, sugerindo que o significado poderia ser obtido através da leitura dessas coleções como obras compostas com agendas literárias e teológicas distintas. A tarefa de aprender a ler essas coleções não é, contudo, fácil de se realizar sem orientação, por isso este volume buscará oferecer algumas sugestões sobre como os estudiosos começaram a classificar os objetivos literários e teológicos das coleções. Os manuscritos, no entanto, representam as mensagens de gerações de autores, incluindo profetas antigos, associados próximos que transmitiram as memórias desses profetas e, mais tarde, escribas proféticos que as copiaram fielmente e mantiveram a sua mensagem atualizada. Então, num sentido real, esses manuscritos proféticos representam as obras de comunidades e não de indivíduos que estivessem empenhados em preservar essas tradições.

Esta introdução e grupos por trás dos manuscritos proféticos

Não temos nenhuma descrição narrativa de como surgiram os quatro rolos proféticos. Resta-nos inferir alguns esboços gerais. Os quatro manuscritos representam uma coleção, ou melhor, uma pequena biblioteca que, em última análise, funciona como uma espécie de programa de registro sobre o que deu errado para Israel, Judá e Jerusalém. Os Últimos Profetas complementam os relatos amplamente narrativos dos Antigos Profetas (Josué, Juízes, Samuel e Reis). Visto de um nível sociológico e histórico, cada um dos quatro manuscritos tem suas raízes e serviu aos interesses de vários grupos que preservaram e transmitiram a tradição, porém, às vezes podem ser vistos os distintos interesses desses grupos. Os manuscritos testemunham áreas de conflito teológico e mostram sinais de que foram misturados. Eles nos permitem especular sobre os desenvolvimentos teológicos dos escribas do templo no período persa que moldaram os manuscritos em suas formas finais.

A ordem em que essas coleções aparecem (Isaías, Jeremias, Ezequiel e os Doze) tem uma longa história e não é o único ordenamento que existe. No entanto, a sequência das quatro coletâneas enfatiza o seu papel como um grupo de textos que procura explicar e corrigir os problemas de longa data que levaram à destruição de Jerusalém. Isaías e os Doze começam no século 8 a.C. e continuam no período persa (539-332 a.C.). Jeremias e Ezequiel tratam dos acontecimentos que cercaram a destruição de Jerusalém.

Veja o esquema a seguir:

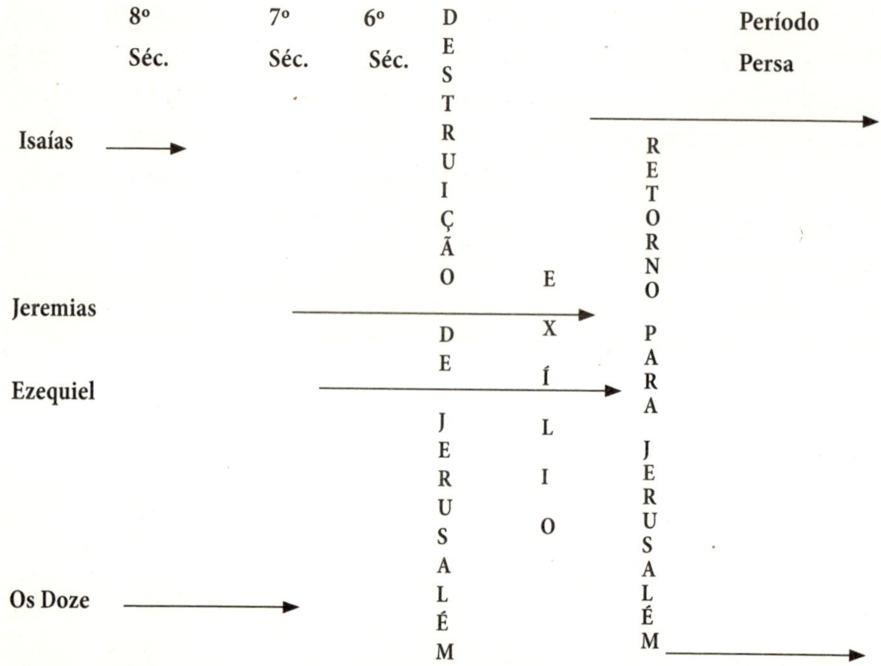

O escopo cronológico do Corpus Profético

A discussão dos manuscritos no trabalho seguirá, portanto, a ordem tradicional. Um capítulo será dedicado a cada um dos Profetas Maiores: Isaías, Jeremias e Ezequiel. Por razões pragmáticas, o Livro dos Doze será apresentado em três capítulos. Essa decisão reflete a minha percepção acerca dos contornos gerais da maneira como os livros foram reunidos num único corpus. Um capítulo tratará das coleções principais de Oseias, Amós, Miqueias e Sofonias, que foram editadas juntas a partir do século 6 a.C. Um segundo capítulo trata de Ageu, Zacarias e Malaquias porque um grande contingente de estudiosos do Antigo Testamento entende que Ageu e Zacarias 1—8 foram publicados juntos após a reconstrução do templo. Simultaneamente, existem debates sobre quando Zacarias 9—14 e Malaquias foram acrescentados, porém a maior parte das informações relevantes para esse debate diz respeito à sua ligação com Ageu e Zacarias 1—8. Finalmente, o último capítulo deste livro trata de cinco composições proféticas cujas posições no rolo maior dos Doze se relacionam mais com as considerações temáticas do que com a cronologia. Esses cinco livros (Naum, Habacuque, Obadias, Joel e Jonas) também mostram uma maior sofisticação na arte dos escribas das profecias, razão por que a composição desses cinco livros provavelmente foi influenciada por sua posição no Livro dos Doze (embora alguns argumentem que as composições concluídas foram colocadas em seus locais porque as conexões temáticas já estavam presentes).

Esta obra também funciona como um tipo específico de livro didático, sendo classificada como uma introdução. Tradicionalmente, as introduções do Antigo Testamento tratam de questões de autoria, datação, unidade, estrutura e temas. Longe vão os dias em que se poderia esperar encontrar unanimidade em qualquer uma dessas questões. Foram feitas inúmeras tentativas de explicar as falhas nos principais debates de cada livro. Na maioria dos casos eu trabalho com minha própria opinião. Fundamentalmente, as minhas opiniões sobre tais assuntos tentam estabelecer três coisas. Em primeiro lugar, espero fazer justiça à forma final do texto. Por esse motivo, as partes mais extensas de cada capítulo geralmente tratam da estrutura e do conteúdo do livro. Em segundo lugar, há muito tempo me convenci de que a forma final desses quatro manuscritos proféticos não derivava de um único autor ou mesmo de um único editor. Tentei, portanto, mostrar por que e onde ocorreram evidências de um trabalho editorial (tanto em termos de compilação quanto de expansão). Em terceiro lugar, procurei prestar atenção ao que significa ler esses manuscritos como rolos. De modo geral isso implica em prestar atenção aos sinais editoriais, bem como aos vários tipos de alusões e citações. Essas questões são informadas pelas discussões nos dias atuais, e minha esperança é de que a consideração do significado que pode ser derivado da leitura dos manuscritos, e não apenas de frases curtas ou versículos isolados, ajude a lançar luz sobre essas coleções. Em particular, tem sido dada atenção (especialmente em Isaías e nos Doze) às maneiras pelas quais as suposições e interpretações de eventos históricos foram integradas nessas coletâneas proféticas.

Isaías combina um profundo conhecimento da tradição de Sião com o texto de um profeta exílico (40—55) interessado em inspirar um retorno da Babilônia. A teologia de Isaías 40—55 compartilha, portanto, alguns temas comuns com Ezequiel (particularmente a rejeição da idolatria como uma ameaça à identidade da comunidade). Ao mesmo tempo, essa tradição profética difere drasticamente de Ezequiel. As afirmações teológicas em Isaías 56—66 sugerem que debates difíceis ocorreram quando ambos os grupos retornaram à terra de Israel. Em nenhum lugar essa diferença é mais pronunciada do que em Isaías 56, que usa linguagem de Ezequiel e Deuteronômio para argumentar contra o antagonismo de Ezequiel em relação aos estrangeiros.

Jeremias representa as tradições deuteronomistas daqueles que permaneceram na terra, embora essa perspectiva de Jeremias tenha seu sabor peculiar. Seus elementos narrativos relatam acontecimentos ocorridos dentro da terra de Israel, conduzindo o leitor até e para além da destruição de Jerusalém. No livro, Jeremias enfrenta muitos sofrimentos porque o seu papel profético o coloca em perigo por causa de reis cujas políticas ele precisa enfrentar. Sua vida está ameaçada até por membros de sua própria família.

A linguagem de Ezequiel está impregnada de formulações e ideias sacerdotais. Estudos detalham tanto as tradições sacerdotais do Código de Santidade quanto a Torá Sacerdotal, as quais deixam suas marcas no livro. Em muitos aspectos, a perspectiva teológica do livro de Ezequiel alinha-se estreitamente com a agenda teológica de Esdras e Neemias. Em contraste com os outros três rolos, Ezequiel nunca menciona Sião pelo nome. O livro rejeita a liderança remanescente de Jerusalém e privilegia os interesses de um grupo específico de exilados. Em contraste com o retrato de Jeremias, os anciãos de Judá procuram Ezequiel para consulta em mais de uma ocasião, e YHWH avisa o profeta sobre o fato de que seus compatriotas tentam bajulá-lo. Portanto, esses três manuscritos têm paradigmas dominantes a partir dos quais narram a mensagem profética de Deus: a tradição de Sião, a tradição deuteronomista e a tradição sacerdotal. No entanto, cada manuscrito apresenta o caráter do profeta de maneira diferente e filtra as tradições paradigmáticas através de uma ampla gama de locais e experiências sociais.

O Livro dos Doze exibe elementos tradicionais de cada um dos outros três pergaminhos. A tradição de Sião desempenha um papel importante em Joel, Obadias, Miqueias e Sofonias. Porções de Oseias, Amós, Miqueias e Sofonias compartilham certos elementos da tradição deuteronomista, assim como Obadias e Zacarias citam Jeremias de maneiras altamente significativas. Ageu, Zacarias e Malaquias têm sido frequentemente conhecidos por sua orientação hierocrática (i.e., sacerdotal). E, no entanto, os Doze estão em desacordo com muitas das afirmações que são encontrados em Ezequiel, ao mesmo tempo em que compartilham muito de Isaías em termos de seu âmbito e das suas ênfases teológicas. O Livro dos Quatro Profetas, que dá início à coleção, foi estruturado de forma geográfica, temática e cronologicamente para explicar a queda de Jerusalém. Os textos desse manuscrito culpam Jerusalém por não ter aprendido a lição com a destruição de Samaria. Nesse sentido, esses quatro livros abordam a rejeição do Reino do Norte refletida em 2Reis 17—23. Naum e Habacuque tratam da ascensão e queda da Assíria e da Babilônia, baseando-se em conceitos de Êxodo e Isaías. Ageu e Zacarias 1—8 concentram-se na reconstrução do templo e na reconstituição de sua liderança, mas isso é considerado a partir do ponto de vista daqueles que estavam na terra, o que contrasta de várias maneiras com as visões de Ezequiel. Os textos principais de Zacarias (1:2; 7:5) baseiam-se na tradição de um castigo de 70 anos, tal como aparece em Jeremias.

Textos posteriores dos Doze prosseguem com o interesse na forma como o templo funciona adequadamente. Joel fornece certos paralelos com Ezequiel em sua preocupação com o papel dos sacerdotes e outros membros do clero, no entanto, ao mesmo tempo Joel orienta sua mensagem para aqueles que estão na terra. Suas esperanças incluem a remoção de exércitos estrangeiros, uma renovação da fertilidade da terra e o julgamento de YHWH sobre as nações que infligiram a violência em Judá. Malaquias trata do conflito sacerdotal que ameaça a aliança de Levi, porém a sua abertura, que se dirige aos adoradores de YHWH entre as nações, difere marcadamente da teologia exclusiva de Ezequiel. Imagens recorrentes de fertilidade em Oseias, Joel, Amós, Ageu, Zacarias e Malaquias enfatizam o vinho, a videira, os grãos e o azeite. Esses elementos representam as ofertas que seriam trazidas ao templo, das quais os levitas e sacerdotes se beneficiariam. A mensagem recorrente do dia de YHWH que está para chegar acrescenta uma ênfase escatológica aos Doze, a qual que se parece com as expectativas nos estágios posteriores de Isaías.

Em vários aspectos, Zacarias 9—14 desafia a mensagem de Ezequiel. Mais notavelmente, Zacarias 11:4-17, que inverte completamente a parábola das varas em Ezequiel 37:15-28. Enquanto Ezequiel espera reunificar Judá e Israel sob um rei davídico, os capítulos de Zacarias 11 e 13 abandonam inteiramente tais esperanças.

Jeremias e Ezequiel têm um foco cronológico mais limitado nas décadas que se seguiram à morte de Josias, levando à destruição de Jerusalém e suas consequências. Por outro lado, Isaías e os Doze ignoram em grande parte esse período, saltando do reinado de Ezequias no século 8 (Isaías) ou do reinado de Josias no século 7 (os Doze) para o período persa, a fim de reapresentar a mensagem profética de YHWH a Judá.

Tomados em conjunto, os quatro manuscritos proféticos apresentam algo que se assemelha a uma sinfonia.[1] O julgamento se mistura com a libertação. O desespero se mistura com a esperança. Esses manuscritos testemunham o envolvimento de YHWH com Judá e Israel durante a monarquia. Quer se olhe para a visão de longo prazo da história em Isaías e os Doze ou para o foco mais estreito e cronológico de Jeremias e Ezequiel, os Últimos Profetas articulam o poder de YHWH, a longa duração do pecado do povo e de seus líderes, assim como um poderoso senso de esperança na presença de YHWH no futuro.

QUESTÕES PARA DISCUSSÃO

1. Por que falamos sobre quatro rolos proféticos na Bíblia Hebraica, e qual é a relação dos quatro rolos proféticos com os Nebi'im?
2. Descreva a função de ensino dos quatro pergaminhos proféticos.

---

[1] Veja Mark McEntire, *A Chorus of Prophetic Voices: Introducing the Prophetic Literature of Ancient Israel* (Louisville: Westminster John Knox, 2015) e Mark E. Biddle, *Polyphony and Symphony in Prophetic Literature: Rereading Jeremiah 7—20*, Studies in OT Interpretation 2 (Macon, GA: Mercer University Press, 1996).

1

Isaías

Isaías de Jerusalém: o profeta e o livro

A maioria dos estudiosos de Isaías reconhece que sabemos muito pouco sobre a pessoa que dá nome ao livro. Presumivelmente, o nome de seu pai, Amoz, reflete uma tradição genuína sobre o profeta. A maioria dos estudiosos também presumiria que Isaías veio de Jerusalém ou viveu lá a maior parte de sua vida adulta. Ele parece ter tido acesso imediato ao Rei Ezequias e refere-se aos acontecimentos que cercaram o cerco do rei assírio Senaqueribe em 701 a.C. Pelo menos partes do material nos capítulos 7—9 testemunham o funcionamento interno da monarquia na época da guerra Siro-Efraimita (734-732 a.C.). Isaías 6 é frequentemente interpretado como a experiência do chamado do profeta, e a visão se passa em 742 a.C., "ano em que o rei Uzias morreu". Alguns estudiosos dão credibilidade histórica a algumas das descrições das ações do profeta, como Isaías andando nu durante três anos como um ato simbólico em condenação ao Egito e à Etiópia (20:1-6). Um grande número de estudiosos considera que o material mais antigo compreende o chamado livro das memórias de Isaías (partes dos capítulos 6—8), juntamente com partes dos capítulos 28—31:1.[1]

[1] Joseph Blenkinsopp, *Isaiah 1—39: A New Translation with Introduction and Commentary*, AB 19 (Nova York: Doubleday, 2000), p. 223-45, é bastante típico rotular

Apesar de toda essa informação que aponta para um profeta do século 7, sobre o chamado Isaías pouco mais pode ser dito, exceto que todo o teor do livro de Isaías, ao longo dos seus muitos cenários históricos, o texto exibe um forte interesse no destino de Judá e de Jerusalém. Essa ênfase consistente não significa, porém, que todo o material tenha vindo das mãos do próprio profeta. Os estudiosos críticos reconhecem universalmente que os capítulos 40—66 não podem ser datados antes de 539 a.C. Modelos recentes relativos à composição do livro concluem que porções significativas dos capítulos 1—39 se referem a eventos ocorridos no século 7, mas o fazem com o conhecimento da destruição de Jerusalém ou da comunidade pós-exílica. Onde a voz do profeta aparece, a mensagem geralmente aparece como parte de um contexto literário que foi moldado, em grande medida, por copistas — pessoas que preservavam e passavam adiante a tradição — os quais viveram bem depois da época do profeta. Logo, embora essa introdução tenha muito a dizer sobre o papel do profeta no livro, ela não tentará oferecer percepções sobre o Isaías histórico.[2]

Cenários históricos

Um corpus em desenvolvimento que abrange do século 8 a.C. ao período persa

Isaías e o Livro dos Doze compartilham uma estrutura cronológica comum que vai de meados do século 8 a.C. até o período persa (539-332 a.C.). Ambas as coleções proféticas começam com cabeçalhos (Os 1:1; Is 1:1) nomeando quatro reis da Judeia: Uzias (786-746), Jotão (756-741, servindo como corregente com Uzias por dez anos), Acaz (742-725) e Ezequias (725-696). O Livro dos Doze liga as notas cronológicas de Oseias aos cabeçalhos de Amós, Miqueias e Sofonias. Em Isaías, os estudiosos há muito reconheceram que seções principais derivam de profetas anônimos que refletem contextos do exílio babilônico (capítulos 40—55) e o período do Segundo Templo (capítulos

6:1—8:22 como o livro de Memórias de Isaías, embora ele reconheça vários trechos nesses capítulos que refletem mãos posteriores.

[2] Veja também Blenkinsopp, *Isaiah 1—39*, p. 89-90.

56—66). Por essa razão, o Livro dos Doze e o livro de Isaías servem a uma função semelhante: documentar a palavra profética de YHWH ao povo de Judá e de Israel, desde o período assírio até o período persa, quando Judá perdeu cada vez mais território e o controle político para superpotências regionais (antes do exílio, grupos retornaram para reconstruir o templo, as muralhas da cidade e a estrutura política e de culto no período persa). Embora o Livro dos Doze cubra esse período de tempo com os nomes de doze vozes proféticas diferentes, o livro de Isaías menciona apenas o nome do profeta do século 8.

A expansão da Assíria e a intriga internacional constituem o pano de fundo para grande parte do texto inicial de Isaías. Uma série de reis assírios fizeram um esforço concentrado para criar um império que se estendesse desde a Assíria (atual Iraque) até o Mediterrâneo e daí até ao Egito. O Império Assírio atingiu seu apogeu em 663 a.C., quando capturou a capital egípcia, Tebas. Eles também controlaram a Síria, a Fenícia, a Filístia, Israel, Judá, Amom, Moabe e Edom. No livro de Isaías, os capítulos 7—9 refletem os eventos que cercaram a guerra Siro-Efraimita (734-732 a.C.), e os capítulos 36—39 enfocam o relato da Judeia sobre o cerco de Senaquerib (701 a.C.). Esses eventos tiveram um grande impacto sobre Judá e Israel. Israel perdeu sua condição de estado independente após 732 e uma série de revoltas levou os assírios a remover o rei de Israel do poder em 722. A relação de Judá com a Assíria foi mais complicada uma vez que durante grande parte de seu reinado Ezequias aliou-se à Assíria e se beneficiou territorialmente com essa aliança. No final, porém, Ezequias se rebelou e Senaquerib sitiou Jerusalém. Ezequias aparentemente providenciou o pagamento aos assírios, e depois disso o rei de Judá controlou muito pouco de seu território.

Após o capítulo 39, porém, o cenário histórico do livro salta para o período persa. O capítulo 40 começa apresentando uma mensagem a um grupo prestes a empreender o retorno da Babilônia para Judá (para onde fora exilado após a destruição de Jerusalém em 587 a.C.). Os capítulos 44—45 mencionam especificamente Ciro (rei da Pérsia de 539-529 a.C.) como o monarca que permitiu o retorno do grupo (veja 44:28; 45:1). Ciro derrotou a Babilônia em 539 a.C., mais de 160 anos após o cerco de Senaquerib. O material nos capítulos 40—66 mostra a percepção desses eventos, tanto antes (na maior parte dos capítulos 40—48) quanto depois (na maior parte dos capítulos 49—55) da volta do grupo para Jerusalém. Também inclui material de uma época posterior à reconstrução do templo (capítulos 56—66). Esse material presume mudanças que levarão Judá ao período persa, se não ao período helenístico. Esses cenários cronológicos mutáveis devem ser levados em conta na leitura da forma final de Isaías.

Atualizando o corpus no reinado de Josias?

Um grupo significativo de estudiosos no final do século 20 argumentou de forma convincente que o desenvolvimento de Isaías 1—33 resultou de uma grande formação da tradição na época de Josias (639-608 a.C.).[3] Apesar do consenso generalizado de que texto de Isaías foi atualizado durante aquele período, o debate continua sobre quais partes dos textos foram afetadas por essa modelagem.[4]

Atualizando o corpus ao longo do período persa

Isaías 40—66 reflete cenários do período persa inicial, intermediário e tardio (ou, em algumas passagens, do período helenístico). Primeiro, o núcleo de Isaías 40—55 representa uma coleção profética do início do período persa. As porções de 40—48 constituem os materiais mais antigos, uma vez que retoricamente eles se concentram em convencer os destinatários a retornarem da Babilônia para Jerusalém. Os capítulos 49—55 provavelmente vêm de um cenário um pouco posterior porque refletem sobre a jornada a partir da perspectiva de Jerusalém. A maioria desses capítulos ainda tem a perspectiva otimista de 40—48 e não pressupõe a existência do templo.

---

[3] Os nomes mais associados a essa posição são Hermann Barth e Ronald E. Clements. Veja Barth, *Die Jesaja-Worte in der Josiazeit: Israel und Assur als Thema einer produktiven Neuinterpretation der Jesajaüberlieferung*, WMANT 48 (Neukirchen-Vluyn: Neukirchener Verlag, 1977); e Clements, *Isaiah 1—39*, New Century Bible Commentary (Grand Rapids: Eerdmans, 1980), p. 5-6.

[4] Veja Blenkinsopp, *Isaiah 1—39*, p. 91-92.

Em contraste, os capítulos 56—66 geralmente pressupõem um templo em funcionamento em Jerusalém (i.e., depois de 515 a.C.) e testemunham uma hostilidade crescente dirigida aos copistas do livro por outros grupos associados ao templo. Três blocos de texto sugerem que esse conflito cresceu ao longo do tempo. O núcleo mais antigo (capítulos 60—62) mantém a perspectiva geralmente otimista de 40—55, mas as descrições da esperança são decididamente menos utópicas e refletem uma sensação de atraso nas grandes promessas expressas em 40—55. A linguagem desses capítulos, no entanto, permanece profundamente imbuída das imagens de 40—55 e antecipa um futuro brilhante para Sião.

Numa segunda fase, que consiste principalmente dos capítulos 56—59, o atraso no cumprimento das promessas para Sião baseia-se em grande parte na necessidade das mudanças de comportamento. A linguagem do arrependimento e da justiça social permeia esses capítulos como requisitos antes que a salvação possa ser implementada. Encontramos afirmações sobre o poder de YHWH para salvar se e quando mudanças forem feitas: "Vejam! Ao SENHOR não falta poder para salvar, nem seus ouvidos são entorpecidos demais para ouvir, mas seus erros separaram vocês de seu Deus. Os seus pecados esconderam de vocês o rosto dele, para que não sejam ouvidos" (Is 59:1-2 CEB).

A etapa final, os capítulos 63—66 e 56:1-8, espelha uma deterioração adicional das relações com outros grupos no templo, especificamente sobre a questão da inclusão de estrangeiros apoiada nesses capítulos, bem como a condenação de certas práticas de culto. Da mesma forma, no final do livro, o julgamento iminente de YHWH contra os ímpios pressupõe uma distinção dentro de Judá e Jerusalém entre aqueles que sobreviverão ao julgamento de YHWH e aqueles que não resistirão. Da mesma forma, os ímpios entre as nações serão punidos, mas alguns dentre as nações que reconhecem YHWH serão salvos.

DATAS IMPORTANTES PARA ISAÍAS

Morte de Uzias (742 a.C.)
Isaías 7—9: guerra Siro-Efraimita (734-732 a.C.)
Morte de Acaz/Tiglate-Pileser III (727 a.C.)
Isaías 13—23 (núcleo inicial dos OCN, 727-701 a.C.

Queda de Samaria (722 a.C.)
Rebelião de Asdode (713-711 a.C.)
Isaías 36—39: Cerco de Senaqueribe (701 a.C.)
Reformas de Josias (622 a.C.)
A morte de Josias (609 a.C.)
Destruição de Nínive/Assíria (612 a.C.)
Exílio de 597 a.C.
Destruição de Jerusalém (587 a.C.)
Isaías 13—23 (atualização antibabilônica dos OCN, após 539-482 a.C.)
Conquista da Babilônia por Ciro e o período persa (539 a.C.)
Período persa (539-333 a.C.)
Isaías 40—55 (539-521 a.C.)
Conclusão do templo (515 a.C.)
Isaías 60—62 (500-450 a.C.)
Esdras chega a Jerusalém (458 a.C.)
O muro é reconstruído por Neemias (445 a.C.)
Isaías 56—59 (450-400 a.C.)
Isaías 63—66 e 24—27 (400-300 a.C.)
Alexandre, o Grande e a Batalha de Isso (333 a.C.)
Morte de Alexandre (323 a.C.)

Uma outra característica do corpus de Isaías merece ser apresentada. Os materiais posteriores baseiam-se cada vez mais nas frases, conceitos e temas do livro em desenvolvimento. Quase todos os modelos composicionais de Isaías incorporam essa tendência. Hugh Williamson argumenta que esse processo já começa com o autor dos capítulos 40—55.[5] Odil Hannes Steck argumenta que Isaías 34—35 serve como um texto-ponte que liga a coleção inicial de Isaías com 40—66. Steck defende essa função, em parte, prestando atenção às ligações entre o julgamento contra Edom previsto no capítulo 34 e o hino de vitória

[5] Hugh G. M. Williamson, *The Book Called Isaiah: Dêutero-Isaiah's Role in Composition and Redaction* (Oxford: Clarendon, 1994).

em 63:1-6, o qual pressupõe que esse julgamento acabou de ocorrer.[6] Da mesma forma, os estudiosos agora reconhecem *inclusios* temáticas e lexicais (dispositivos de colchetes literários que enquadram e focalizam o conteúdo para os leitores) ligando os capítulos 65—66 aos capítulos 1—2 e 11. O início do manuscrito também foi modificado para antecipar os temas do livro como um todo. A criação de tais ligações sugere que os escribas que trabalharam em Isaías reconheceram o corpus em desenvolvimento como um documento coeso por direito próprio. Essas ligações entre materiais mais antigos e mais novos representam mais do que apenas uma forma de decoração artística. Refletem a convicção de que o material mais antigo tinha relevância em novos ambientes. As atualizações da coleção refletem, portanto, compromissos teológicos contínuos com a sua tradição vinda através do legado desses tradentes — copistas e mestres proféticos.

A estrutura e o conteúdo em Isaías

Isaías 1—12: Introduções ao livro e às tradições antigas

Isaías 1: A introdução temática do livro

Os estudiosos agora reconhecem que Isaías 1 foi compilado ou composto como uma introdução a todo o livro (caps. 1—66). Pelo menos partes desse capítulo contêm passagens que são melhor compreendidas como um enquadramento de *inclusio* com o capítulo 66. Como tal, tanto os temas quanto à perspectiva de Isaías 1 são voltados para a comunidade pós-exílica, pelo menos na sua forma final, não para uma audiência que existiu durante a vida do profeta Isaías, que viveu no século 8 a.C.

Isaías 1 e 2:2-4 participam de uma *inclusio* deliberada nas últimas passagens do livro. Essas *inclusios* enquadram a mensagem de Isaías ao remanescente que sobreviveu à destruição de Jerusalém. Estudos recentes chamam a atenção para quatro motivos de enquadramento nesses capítulos:

---

[6] Odil Hannes Steck, *Bereitete Heimkehr: Jesaja 35 als redaktionelle Brücke zwischen dem Ersten und dem Zweiten Jesaja*, Stuttgarter Bible Studies, p. 121 (Stuttgart: Catholic Bible Work, 1985).

- o papel do céu e da terra como testemunhas;
- reforma do culto impuro;
- restauração do remanescente de Sião;
- nações estrangeiras adorando YHWH em Sião.[7]

Essas ligações condenam sacrifícios impróprios (1:11; 66:3) nos pátios do templo (1:12; 56:5) ou nos jardins (1:29; 65:3; 66:17). Tudo isso antecipa a punição dos rebeldes (1:20; 66:24), a rejeição e restauração do sábado (1:13; 56:2, 4; 66:23) e a inclusão de estrangeiros como funcionários do templo (2:3; 66:22-23). A imagem das nações adorando YHWH em Jerusalém que aparece em 2:2-4 também funciona como parte da *inclusio* temática que reaparece no final do livro (66:18-23). Em suma, praticamente todos os motivos que se destacam na retórica acusatória de Isaías 1 retornam no final do livro como parte das promessas para o remanescente que sobreviverá ao julgamento vindouro de YHWH.

A ideia de que o povo não entende (1:2-3, 5-6) também representa um *leitmotiv* que percorre o corpus de várias maneiras.[8] A nação

---

[7] *O céu e a terra* testemunham os atos de YHWH contra aqueles que se rebelam (1:2, 4) e experimentam uma nova forma no final de Isaías (66:22) depois que YHWH destruiu os rebeldes (66:24). O *culto pecaminoso* do capítulo 1 dá lugar a um culto purificado no final do livro (66:22-23). A condenação das ofertas apresentadas pelos impenitentes zomba do culto verdadeiro (1:10-21). A purificação do culto representa um tema que reaparece nos últimos estágios de Isaías, em que o culto será purificado em 63—66 (bem como em 56:1-8). O *remanescente de Sião* já é chamado a responder no início de Isaías (1:8-9) e no final, onde YHWH restaurará Sião com seus filhos e com a riqueza *das nações que caminham para Jerusalém* (66:7-14). Isaías 2:2-4 antecipa *nações adorando em Sião,* usando um paralelo quase literal com Miqueias 4:1-3. A maioria dos estudiosos concorda em que Isaías 2:2-4 reflete perspectivas teológicas proféticas do período persa tardio, mas ainda não estabeleceram conclusivamente qual texto profético é a fonte da citação do outro. Os respectivos textos (Mq 4:1-4 e Is 2:2-4) terminam com variações distintas dessa teologia. Veja discussões em James D. Nogalski, *The Book of the Twelve: Micah-Malachi,* SHBC (Macon, GA: Smyth and Helwys, 2011), p. 898-99; e Jakob Wöhrle, *Die fruhen Sammlungen des Zwölfprophetenbuches: Untersuchungen zu ihrer Entstehung und Komposition,* BZAW 360 (Berlim: de Gruyter, 2006), p. 156-59.

[8] Esse tema recorrente provavelmente não deriva de uma única etapa redacional porque carece de vocabulário consistente e porque as perspectivas em que aparece variam consideravelmente. No entanto, a censura repetitiva sobre a ideia da falta

pecadora é condenada pelos erros da comunidade contra YHWH, que consequentemente a puniu severamente (1:4-6). Esse chamado à atenção (1:2-3) e um breve oráculo de ais (1:4-6) funcionam como um resumo acusatório sobre três problemas: rebelião (1:2, 5), pecado (1:4) e culpa (1:4). O oráculo acusa todo o povo e seus descendentes de abandonarem YHWH, tornando-os responsáveis pelo castigo vindouro.

Isaías 2—4: Removendo os ídolos e a injustiça

Isaías 2—4 começa com uma segunda introdução (2:1) que marca o início de uma nova unidade. A maioria desses três capítulos contém oráculos que enfocam dois temas: a eliminação de ídolos e idólatras (2:6-22) e o problema da injustiça social em Judá e Jerusalém (3:1—4:1). Eles fornecem exemplos concretos dos pecados mencionados em Isaías 1. A primeira passagem também antecipa o julgamento no dia de YHWH (2:11, 12, 17, 20).[9]

A eliminação de ídolos e idólatras em 2:6-22 pressupõe uma polêmica que condena a falsa adoração, concentrando-se na influência estrangeira na comunidade de culto/adoração, enfatizando os ídolos como criações humanas e expondo a incapacidade dos ídolos de proteger aqueles que recorrem a eles. A remoção da injustiça social de Judá e de Jerusalém representa o denominador comum proeminente da punição pronunciada em Isaías 3:1—4:1. Esses versículos descrevem o castigo divino pela opressão e o comportamento antiético quando vizinhos se voltam uns contra os outros (3:5). Portanto, como indicado ao longo do capítulo, YHWH os abandona para sofrer um tempo de punição atual e futuro (3:1-4, 9, 12; 3:24-4:1). A representação dessa punição passa do caos social à derrota militar.

A unidade temática final em Isaías 1—4 aborda o remanescente que sobreviveu à destruição de Jerusalém (4:2-6). Essa passagem pressupõe que o castigo previsto no capítulo 3 fora executado, uma vez que fala

---

de conhecimento é certamente distinta em Isaías. Veja especialmente 5:13; 6:9-13; 33:15; 44:18; 45:3-6; 48:3-8; 52:6; 55:10; 59:12; 60:16; 61:16.

[9] Embora a frase "dia de YHWH" não apareça, o contexto é claro, pois descreve um tempo de terror quando os arrogantes serão humilhados enquanto YHWH será "exaltado naquele dia" (2:11-12).

da devastação de Jerusalém por causa do seu derramamento de sangue e da desgraça das suas mulheres, resumindo assim as duas acusações dominantes de violência e orgulho que aparecem nas acusações do capítulo 3. O fato de que essa passagem se refere àqueles que se seguiram à devastação de Jerusalém levou vários estudiosos a abordar o texto como uma reflexão posterior sobre as consequências da destruição de Jerusalém, que também antecipa um tempo em que a glória de YHWH retornará a Jerusalém (4:5-6).[10]

Isaías 5:1—10:4: Julgamento sobre o Sul e o Norte

Os capítulos 5—10 refletem uma modelagem deliberada, baseada em uma combinação quiástica de motivos, gêneros e fontes, como frequentemente observado pelos estudiosos.[11] Seguindo a parábola da vinha (5:1-7), esses capítulos consistem em um quadro de sete oráculos de ais (5:8-24; 10:1-4) que cercam as chamadas memórias de Isaías (6:1-8:18) e uma série de oráculos poéticos relativos ao Reino do Norte (9:1-21).

A parábola da vinha (5:1-7). A passagem explora uma analogia que compara o cuidado de um proprietário de terras, que cultiva uma vinha, com o relacionamento entre YHWH e o seu povo. Quando a vinha produz frutos ruins, o jardineiro decide destruí-los. Essa parábola termina

---

[10] Veja Ulrich F. Berges, *The Book of Isaiah: Its Composition and Final Form,* trad. Millard C. Lind, Hebrew Bible Monographs 16 (Sheffield: Sheffield Phoenix, 2012), p. 70. Berges concorda com Wolfgang Werner que 4:2-6 mostra uma tendência de citar frases de outras partes do livro (Wolfgang Werner, *Eschatologische Texte in Jesaja 1—39: Messias, Heiliger Rest, Völker,* FB 46 [Wurzburg: Echter, 1982], p. 92). Williamson concorda, mas observa que as citações não o vinculam aos capítulos 40—55, portanto deve refletir um resumo pós-exílico (não exílico) (Williamson, *The Book Called Isaiah,* p. 143, 183).

[11] Berges, *The Book of Isaiah,* p. 74; Gerald T. Sheppard, "The Anti-Assyrian Redaction and the Canonical Context of Isaiah", *JBL* 104 (1985): p. 193-216, especialmente p. 196. Sheppard se baseia na descrição de Barth da redação antiassírica do final do século 7 (na época de Josias), que reinterpretou a Assíria como instrumento da ira de YHWH em um inimigo que YHWH destruiria, mas Sheppard defende uma dupla inclusão em torno das memórias de Isaías como um dos objetivos da realocação de Isaías 25—30 e o oráculo do ai final de 10:1-4 (Veja Barth, *Die Jesaja-Worte,* p. 110-17, 203-7).

propositalmente com uma aplicação tanto a Judá quanto a Israel (5:7), uma vez que o destino de ambos exerce um papel importante nos capítulos 5—10. Esses capítulos presumem o conhecimento dos eventos que levaram à guerra Siro-Efraimita (que colocou Judá contra Israel e a Síria e abriu a porta para a incursão da Assíria na região).

Sete oráculos de ais (5:8-24; 10:1-4). Embora esses oráculos de ais estejam separados por quatro capítulos, os especialistas há muito tratam o material como uma unidade originalmente integrada ou como uma moldura artisticamente criada em torno das memórias de Isaías. A teoria dominante afirma que os editores moveram o sétimo e último oráculo dos ais dessa coleção (10:1-4) de seu local original depois de 5:24, a fim de englobar o livro de memórias de Isaías (6:1-8:18) e os pronunciamentos de juízo contra os territórios do norte (9:1-21), assim como para antecipar a polêmica contra a Assíria de 10:5-34.[12] De forma simultânea, 5:25-30 inicia originalmente os oráculos de julgamento contra Israel (9:1-21), mas foi colocado após o sexto oráculo dos ais. Ao fazer isso, trechos de dois blocos de origem foram separados de suas posições originais para formar uma moldura em torno de um terceiro bloco de origem, o livro de memórias de Isaías.

As Memórias de Isaías (6:1—8:18). O livro das Memórias de Isaías contém o que muitos consideram ser uma coleção antiga sobre o profeta, embora ainda seja debatido até que ponto isso de fato ocorre.[13]

---

[12] Um número menor de estudiosos sugeriu que o sétimo oráculo dos ais apareceu originalmente em 5:23, mas que foi perdido ou deliberadamente alterado e que o sétimo e último oráculo dos ais foi criado com 10:1-4 para formar a moldura. Veja a discussão em Berges, *The Book of Isaiah,* p. 74; Uwe Becker *Jesaja: Von der Botschaft zum Buch,* FRLANT 178 (Göttingen: Vandenhoeck and Ruprecht, 1997), p. 142; e Erhard Blum, "Jesaja und der דבר des Amos: Unzeitgemässe Überlegungen zu Jes 5:25; 9:7-20; 10:1-4", *Dielheimer Blätter zur Archäologie und Textüberlieferung der Antike und Spätantike* 28 (1992-1993): p. 75-95, especialmente p. 82.

[13] Desde o início do período crítico, pensava-se que esse livro de memórias havia sido composto por Isaías logo após os eventos aos quais alude. Barth e Steck argumentam que a maior parte de 6—8 vem do profeta, com apenas alguns versículos acrescentados posteriormente (Barth, *Die Jesaja-Worte,* p. 278 a 79; Odil Hannes Steck, "Bemerkungen zu Jesaja 6", *Biblische Zeitschrift* 16 [1972]: p. 188-206). Mais recentemente, a discussão sobre a origem dessa coleção mudou para a época de Manassés (697-643) ou Josias (640-609) ou até mesmo para um período posterior a 587 a.C. Veja a discussão em Hermann Spieckermann, *Juda unter Assur in der*

Quatro narrativas proféticas, juntamente com vários comentários sobre essas narrativas, constituem esse livro de memórias: a narrativa do chamado de Isaías e a comissão do profeta para uma tarefa inútil (6:1-13), o confronto de Acaz por Isaías e seu filho Sear-Jasube (7:1-9), o nascimento de Emanuel e seus prognósticos para o futuro (7:10-23), e o relato do nascimento de Maher-Shalal-Hash-Baz juntamente com comentários acerca do destino de Judá e Israel em relação à Assíria (8:1-18). As três narrativas de nascimento envolvem crianças com nomes simbólicos como sinais acerca dos acontecimentos que envolveram a guerra Siro-Efraimita (734-732 a.C.).

Isaías 6 começa com relato de uma visão (6:1-8) que há muito é conhecido como a narrativa do chamado do profeta. Esse relato em primeira pessoa, ambientado no ano em que o rei Uzias morreu (ca. de 742 a.C.), descreve a sala do trono do templo celestial e os serafins que servem como assistentes, proclamando a santidade de YHWH (6:1-3). O profeta descreve a presença de YHWH como uma cena aterrorizante (6:4-5), considerando que o próprio profeta considera os lábios dele como estando impuros. Em resposta, um dos serafins traz uma brasa viva do fogo e a leva até os lábios do profeta, purificando-o assim de sua culpa e santificando simbolicamente sua fala (6:6-7). O relatório

---

Sargonidenzeit, p. 129 (Göttingen: Vandenhoeck and Ruprecht, 1982), p. 376. Becker, e.g., vê somente um pequeno núcleo que remonta à época do profeta (Becker, *Jesaja: Von der Botschaft zum Buch*, p. 121). Mesmo essa visão, no entanto, tem sido desafiada nas últimas décadas, uma vez que se tornou cada vez mais claro que esses capítulos têm um caráter literário que coloca o leitor nos acontecimentos da guerra siro-efraimita (734-732 a.C.), ao mesmo tempo em que espera que o leitor saiba que esses eventos iniciaram um longo período de declínio, levando à destruição de Jerusalém em 587 a.C. Veja especialmente Becker, *Jesaja: Von der Botschaft zum Buch*, p. 35. Questões sobre a plausibilidade histórica desses eventos retratados nos relatos bíblicos foram direta ou indiretamente levantadas por historiadores, e.g., Henning Graf Reventlow, "Das Ende der sog. 'Denkschrift' Jesajas", *BN* 38/39 (1987), p. 62-67; J. Maxwell Miller e John H. Hayes, *A History of Ancient Israel and Judah*, 2ª ed. (Louisville: Westminster John Knox, 2006), p. 380-83. A questão da verificabilidade não é pertinente aos retratos de Isaías que pressupõem os eventos, porque as tradições tornaram-se a versão judaica desses fatos relativamente cedo, provavelmente não durante a vida do profeta. Veja Berges, *The Book of Isaiah*, p. 77-79. Qualquer que seja a realidade por trás das tradições textuais, os relatos bíblicos do Antigo Testamento pressupõem o conhecimento das tradições sobre essa guerra.

da visão termina com a missão do profeta. YHWH pede um voluntário e o profeta responde: "Eis-me aqui; envia-me!" (6:8). Após essa cena dramática de purificação e comissão, a narrativa continua descrevendo a tarefa do profeta como a de um mensageiro condenado a experimentar a inutilidade de tentar mudar um povo teimoso (6:9-13). O profeta questiona YHWH: "Até quando, Senhor?" A resposta de YHWH oferece pouco alívio, uma vez que YHWH diz ao profeta que o resultado será a devastação da terra e o exílio de seu povo, de modo que apenas um pequeno remanescente permanecerá.

O capítulo 7 contém dois relatos (7:1-9, 10-17) que foram destinados para a leitura em conjunto, seguidos por uma série de quatro expressões "naquele dia" (7:18-25) a respeito dos futuros ataques do Egito e da Assíria. A primeira narrativa transmite uma ordem ao profeta e a seu filho Sear-Jasube (um nome que significa "um remanescente retornará") para confrontar o rei Acaz (742-725 a.C.) de Judá. Acaz soube que os reis da Síria e de Israel planejavam atacar Judá, e esse conhecimento fez com que o rei e o povo "tremessem como as árvores da floresta agitam-se com o vento" (7:2). O profeta adverte Acaz a não temer porque tanto a Síria quanto Israel fracassarão (7:4, 7-9).

A segunda narrativa (7:10-17) fala de um perigo vindo através do rei da Assíria que substitui a ameaça representada pelos reis da Síria e de Israel. Essa narrativa tem uma mensagem mais ambígua do que a narrativa anterior, uma vez que combina uma sensação de mau presságio com uma mensagem sutil de resistência. O profeta aponta para um sinal: "a virgem ficará grávida e dará à luz um filho" (7:14). O profeta aparentemente continua com uma palavra de encorajamento porque a jovem chamará a criança de "Emanuel", um nome que, como todo leitor hebreu desse texto reconheceria, significa "Deus está conosco". A apresentação do sinal, no entanto, não se concentra na esperança da presença de Deus, mas no perigo iminente que o país experimentará em breve, antes que a criança saiba distinguir o mal do bem (7:16). Assim, o mesmo versículo o qual anuncia que YHWH punirá a Síria e Israel ("a terra dos dois reis que você teme", v. 16) também anuncia que o rei da Assíria suscitará uma crise nunca vista desde que Judá e Israel se dividiram após a morte de Salomão (7:17).

O restante do capítulo 7 contém uma série de quatro pronunciamentos, cada um começando com a expressão "naquele dia" (7:18, 20, 21, 23) e cada um descrevendo o futuro como um tempo de desespero. O primeiro desses pronunciamentos alerta sobre o perigo vindo tanto do Egito quanto da Assíria (7:18-19), enquanto o segundo retrata o rei da Assíria como um homem perigoso que pretende cortar com uma navalha aqueles que estiverem em seu caminho (7:20). A terceira e a quarta expressões "naquele dia" (7:21-22, 23-25) enfocam a devastação agrícola da terra.

Assim como 7:1-9, Isaías 8 envolve o nascimento de um filho, desta vez para o profeta. Tal como 7:10-17, o filho tem um nome simbólico que serve de sinal (8:1-4). O profeta concebe um filho da "profetisa" e o chama de Maher-Shalal-Hash-Baz, um nome que significa "Rápido--Despojo-Presa-Segura". O nome implica uma derrota militar iminente para a Síria e Israel (8:4). O restante das memórias de Isaías consiste em uma série de breves pronunciamentos proféticos alertando a Síria, Israel e Judá contra a tentativa de resistir ao ataque da Assíria (8:5-18).

Os oráculos de 9:1-21 (provavelmente junto com a unidade de transição, em 8:19-22) representam um agrupamento temático que aponta em várias direções. O tema principal concentra-se na perda iminente de território associada ao Reino do Norte.[14] Isaías 9 começa, no entanto, com uma mensagem de esperança para um reino restaurado após o tempo de punição (9:1-7), o que contrasta com o sinais anteriores das memórias de Isaías e com a perda de território no norte prevista em 9:8-21. Isaías 9:1-7 antecipa o tema dos capítulos 10 (a destruição da Assíria) e 11 (uma renovação da linhagem de Davi). A mensagem é de esperança para Israel e vem com uma reviravolta política: embora Israel seja punido, um monarca judeu do "trono de Davi" (9:7) unirá o reino.[15]

---

[14] Os nomes de lugares mencionados explicitamente em Isaías 9 representam regiões do Reino do Norte (Naftali, Zebulom, Galileia, Efraim, Samaria, Manassés) ou nações que serão punidas por terem atacado Israel (os arameus e os filisteus; 9:12).

[15] Uma perspectiva semelhante aparece no final esperançoso de Amós. Veja especialmente Amós 9:11-12.

Isaías 10:5—12:6: Punição da Assíria e restauração do rei e do povo

Isaías 10:5—11:16 antecipa a queda do rei da Assíria (após YHWH usá-lo para punir o povo de YHWH), a renovação do reinado davídico (11:1-9) e a restauração da paz para o povo de YHWH (11:9-16). Depois disso, 12:1-6 marca o final da primeira seção principal do livro com um cântico de ação de graças que soa mais como um salmo do que como um oráculo profético. As advertências que se seguem nos capítulos 13—27 concentram-se no julgamento contra nações estrangeiras.

Isaías 10:5-34 contém uma série de oráculos antiassíricos que culminaram com a queda do rei assírio. Tematicamente, essa passagem justapõe o julgamento e a restauração contra o pano de fundo do período assírio. O conteúdo inclui tanto o julgamento divino contra Judá pelo rei da Assíria quanto anuncia que o rei assírio será punido por sua insolência. Declara tanto a punição contra o rei de Judá quanto a futura restauração do reinado davídico.

Isaías 11 fornece uma série de poemas escatológicos sobre a natureza duradoura da dinastia davídica. Como tal, forma uma contrapartida temática de 10:5-34. Enquanto 10:5-34 anuncia a punição por YHWH sobre Judá, usando o rei da Assíria, antes de punir o próprio rei da Assíria, o capítulo 11 concentra-se na sobrevivência da linhagem davídica de Judá e no retorno de Judá e Efraim. Ambos os capítulos provavelmente refletem uma história redacional complexa, mas juntos confirmam a decisão de YHWH de que Judá sobreviverá, enquanto a Assíria não.

Isaías 12 termina o primeiro grande bloco de Isaías com um cântico de ação de graças e louvor. Esses elementos de gênero desempenham um papel significativo tanto como resposta às promessas do capítulo 11 quanto como antecipação dos oráculos contra as nações nos capítulos 13—27. A localização desse cântico sugere consciência do contexto literário em vários pontos.[16]

---

[16] Esse cântico responde às promessas de Isaías 11. Isaías 12:2b cita Êxodo 15:2, o cântico de vitória que aparece imediatamente após a travessia do mar Vermelho. Visto que Êxodo 15 celebra a libertação de Israel do Egito por YHWH, a citação em Isaías 12:2 faz uma referência ao motivo com o qual Isaías 11 termina, ou seja, igualar um

A sobreposição temática entre os vários blocos composicionais dos capítulos 1—12 cria uma sensação de movimento para o leitor do livro como um todo. Os capítulos 1—12 introduzem os principais temas de toda a coleção (especialmente 1—4, 5) e oferecem reflexões teológicas sobre o significado do período assírio (6—11). Narrativas, poemas e oráculos demonstram que as lutas internas entre Judá e Israel, a falta de justiça social e a recusa em retornar a YHWH limitaram radicalmente as opções de YHWH. YHWH escolheu usar a Assíria para punir Judá e Israel. Ainda assim, o bloco termina com uma forte palavra de esperança para o futuro, quando um reino pacífico for estabelecido e o povo se regozijar pelo que YHWH fez.

Isaías 13—27: Julgando as nações e o mundo

Isaías 13—27 apresenta dois blocos temáticos: oráculos contra as nações em 13—23 e uma conclusão universalizante em 24—27. Estudos recentes entendem 13—23 como uma coleção inicial de oráculos que foi ampliada diversas vezes. Os estudiosos críticos geralmente localizam 24—27 depois da maior parte de 13—23 e associam 24—27 às últimas camadas redacionais de Isaías durante o final do período persa ou helenístico. Cada vez mais, os estudiosos tratam 24—27 como um texto composto que foi projetado para concluir e universalizar a mensagem dirigida contra nações específicas em 13—23.[17] Em razão disso, os contornos de Isaías 13—27 fazem mais sentido se forem tratados como um bloco em desenvolvimento. Isso inclui (1) um grupo central de textos alertando sobre as consequências da resistência à Assíria, (2) uma expansão babilônica, (3) uma segunda expansão focada na restauração de Sião e (4) textos que refletem uma visão escatológica tardia. A perspectiva que antecipa um julgamento universal que separa os justos dos ímpios, não por etnia, mas por compromissos teológicos.

---

retorno da Assíria com a libertação de Israel por YHWH da escravidão no Egito (veja 11:15-16).

[17] Veja Williamson, *The Book Called Isaiah*, p. 156-83; Blenkinsopp, *Isaiah 1—39*, p. 271-73; Berges, *The Book of Isaiah*, p. 123-80.

Isaías 13—23: Julgamento contra nações estrangeiras

O núcleo inicial de Isaías 13—23

Nas últimas três décadas, os estudiosos esclareceram as características que definem o núcleo inicial dos oráculos nos capítulos 13—23 (14:28-32; 17:1-3; e a maior parte dos capítulos 18—20 e 22). Esses textos advertem contra a resistência política ou militar à Assíria. Esse julgamento contra a atividade antiassírica alinha-se bem com as atitudes exibidas nas narrativas centrais dos capítulos 1—10 e 28—33. Em outras palavras, os oráculos contra as outras nações não as castigam por serem nações estrangeiras, mas por não reconhecerem e se submeterem ao emprego da Assíria por YHWH para redefinir as realidades políticas na região e por não reconhecerem o Egito como um falso aliado.

O anúncio da morte do Rei Acaz (que ocorreu em 727 a.C., no mesmo ano em que Tiglate-Pileser III rei da Assíria também morreu) em 14:28 teria se ajustado bem após o capítulo 10, antes dos acréscimos do material escatológico no capítulo 11 e o cântico de ação de graças no capítulo 12. Esses acréscimos agora completam os capítulos 1—12 como um bloco editorial do livro. Esse anúncio de falecimento introduz o oráculo contra os filisteus (14:28-32) que essencialmente os adverte para não tentarem tirar vantagem do vácuo de poder.[18] Esse oráculo prevê a rebelião de Asdode contra os assírios (713-711 a.C.), ocasião em que a cidade da Filístia se rebelou contra os assírios, um cenário que domina o núcleo inicial de 18—22.

Isaías 17:1-3 denuncia a Síria após a guerra Siro-Efraimita (734-732 a.C.).[19] As condenações contra a Etiópia (capítulo 18) e o Egito (capítulo 19) oferecem conselhos políticos a Ezequias: não confiar naqueles que apoiam a rebelião contra a Assíria.[20] A narrativa de 20:1-6 reflete

---

[18] Entre outros, Berges (*The Book of Isaiah*, p. 130-31) interpreta a vara quebrada que atingiu os filisteus como uma referência à morte de Tiglate-Pileser III.

[19] Isaías 17:1-3 faz sentido após a morte de Tiglate-Pileser III (727 a.C.), que morreu antes de derrotar Damasco e Samaria. Seu sucessor, Salmoneser V (726-722 a.C.), completou a tomada de Damasco e iniciou o cerco contra Samaria que seu sucessor Sargão II (722-705 a.C.) terminou.

[20] A Assíria esmagou a rebelião de Asdode em 713-711 a.C. e a resistência no Egito e na Etiópia diminuiu em face da campanha assíria. As alusões a esses eventos

a advertência do profeta contra aqueles em seu próprio país que veem o Egito e a Etiópia como aliados poderosos contra a Assíria.[21] Isaías 22:1-14 também reflete a condenação do profeta às nações estrangeiras e aqueles dentro de Judá que aconselhavam a resistência contra os assírios e que pagaram um preço pelo seu apoio a Asdode. A narrativa no final do capítulo (22:15-25) relata a substituição do mordomo do rei, Sebna, na preparação para o cerco de Senaqueribe em 701 a.C.

Assim, o núcleo inicial dos capítulos 13—23 essencialmente leva o leitor desde a morte de Acaz em 727 a.C. até a rebelião de Asdode (713-711 a.C.), ao alertar Ezequias para não unir forças com aqueles que tentam resistir à Assíria. Esse material inicial conduz o leitor até, mas não além, do cerco de Senaqueribe em 701 a.C., um evento que se torna o foco do texto principal que começa no capítulo 28. Esse material inicial exibe uma mensagem consistente: aqueles que antagonizam a Assíria irão pagar caro. Em contraste com essas passagens iniciais, a segunda fase no desenvolvimento dos capítulos 13—23 muda dramaticamente o foco, voltando a sua atenção para o papel da Babilônia nos planos de YHWH.

A expansão babilônica

De acordo com um consenso em desenvolvimento, um editor, ou vários, expandiram significativamente o núcleo inicial dos capítulos 13—23, atualizando o material existente com uma série de oráculos condenando Babilônia (13—14; 21:1-10; 23).[22] Embora a maioria dos comentaristas reconheça que esse processo tenha ocorrido, ainda não existe consenso no que diz respeito à sequência ou às datas desse processo.[23]

---

pretendiam alertar Ezequias contra o envolvimento em suas maquinações contra a Assíria.

[21] Esses versículos relatam a queda do rei de Asdode que liderou o leão rebelde de 713-711. Ele fugiu para o Egito em busca de segurança, mas foi levado pelo rei etíope e entregue à Assíria.

[22] Isaías 23 compreende vários oráculos contra os fenícios, mas eles demonstram conhecimento da punição de Tiro pela Babilônia. Observe especialmente 23:13.

[23] Compare as teorias em Steck, "Bemerkungen zu Jesaja 6", p. 188-206; idem, "Beiträge zum Verständnis von Jesaja 7, 10—17 e 8, 1—4", *TZ* 29 (1973), p. 161-78; Marvin

A natureza de tais debates envolve questões complexas e difíceis, e um caminho claro a seguir neste momento parece improvável em termos de uma data para a expansão Babilônica.[24] No entanto, embora o *quando* permaneça em debate, um consenso mais claro sobre o *como* tomou forma. Um antigo núcleo de oráculos foi atualizado para incluir perspectivas articuladas para a comunidade bem depois da destruição de Jerusalém em 587, a fim de enfatizar que a Babilônia — como a Assíria antes dela enfrentaria a destruição quando Deus decidisse agir.

Uma expansão de Sião em 13—23

Além do núcleo inicial e da expansão antibabilônica, vários textos dentro de Isaías 13—27 destacam-se pelos seus pressupostos positivos relativamente à relação das nações estrangeiras com Sião. Essa ênfase em Sião surge com destaque nos capítulos 24—27, mas também é visto nos capítulos 13—23 que se destacam tematicamente do julgamento contra nações estrangeiras. Esses textos de Sião não se concentram no julgamento contra essas nações. Eles, no entanto, exibem características semelhantes a alguns materiais de Sião nos capítulos 1—12 (mais notavelmente, Is 2:1-4), em que os justos de Israel e os justos de outras nações farão uma peregrinação a Sião.[25]

A. Sweeney, *Isaiah 1—4 and the Post-exilic Understanding of the Isaiah Tradition*, BZAW 171 (Berlim: de Gruyter, 1988); Jacques Vermeylen, "em *L'unité du livre d'Isaïe*", *in The Book of Isaiah/Le livre d'Isaïe: les oracles et leurs relectures unité et complexité de l'ouvrage*, ed. Jacques Vermeylen; BETL 81 (Leuven: Leuven University Press, 1989); Williamson, *The Book Called Isaiah, p. 156-83; Blenkinsopp, Isaiah 1—39, 273; and Berges, The Book of Isaiah*, p. 135-36.

[24] Se o bloco inteiro foi atualizado antes de 539 a.C. (Williamson) ou se um editor adicionou material preexistente sobre Babilônia depois de 482 a.C. (Berges) no final depende de decisões relativas a outros blocos de composição no livro, portanto, uma boa dose de cautela (Blenkinsopp) deve ser mantida. Sendo assim, os argumentos de Berges geralmente fazem mais sentido nas mais amplas variedades de textos dentro desses capítulos.

[25] Até seis textos entre 13—23 exibem algum aspecto dessa expectativa teológica: 13:2; 14:1-2; 16:1, 3-5; 18:7; 19:16-25; e 23:17-18 (embora 13:2 permaneça em debate). Veja Berges *The Book of Isaiah*, p. 143-54; e Williamson, *The Book Called Isaiah*, p. 135-36.

Embora ainda não esteja claro se todas essas passagens vêm do mesmo escritor, elas compartilham semelhanças hermenêuticas impressionantes, incluindo a suposição de que o destino atual de Sião mudará para melhor — baseado, em parte, no apoio de nações estrangeiras que reconhecerão o reinado de YHWH. Eles antecipam um futuro em que YHWH governará a partir de Sião, depois de Jerusalém ter sofrido o castigo, e um futuro em que as nações contribuirão para a proeminência renovada de Sião. Essa esperança para Sião reflete um dos temas recorrentes que ligam a maioria das principais seções de Isaías, e esses temas provavelmente derivam do período persa.

Isaías 24—27: Uma mudança para o julgamento universal

Isaías 24—27 constitui um bloco composicional tardio que abriga grande parte do quarto foco teológico em 13—27: o julgamento universal. Os capítulos 24—27 têm sido cada vez mais reconhecidos por sua relação com uma ampla gama de textos provenientes tanto de Isaías como além dele (especialmente a linguagem da criação e do dilúvio). Os capítulos 24—27 abordam as perspectivas do julgamento contra Babilônia e da restauração dos justos em Sião, universalizando-as a fim de que sejam "elevadas ao plano mundial".[26] Esses capítulos não mencionam Babilônia especificamente, mas descrevem o julgamento iminente contra "a terra" e uma "cidade do caos" sem nome, cujo anonimato torna possível que essa cidade sirva como uma referência para praticamente qualquer entidade política que se oponha a YHWH.[27] Esse julgamento pressupõe a punição do próprio povo de Judá, do qual um remanescente sobrevive, mas também antecipa uma restauração de Sião que será apoiada pelos justos entre as nações. O esboço geral que percorre esses capítulos, embora não seja exposto em forma narrativa, pode, no entanto, ser observado. YHWH julgou a terra (24:1-6), e então

[26] Berges, *The Book of Isaiah*, p. 163.

[27] Essa cidade sem nome aparece em 24:10, 12; 25:2; 26:5 e fica em segundo plano em contraste com a cidade restaurada em 26:1. Essa perspectiva universalizante domina a parte inicial dos capítulos 24—27, em que *a terra* aparece cerca de 16 vezes apenas no capítulo 24.

YHWH reina em Sião, onde as nações se regozijam com Israel (25:1-5) e YHWH oferece um banquete festivo (25:6-10). Isaías 26:1-6 contrasta o destino da cidade que foi restaurada (i.e., Sião) com o destino da cidade que foi destruída. O restante do capítulo (26:7-19) contrasta o destino dos justos com o dos ímpios, antes de retornar ao tópico do julgamento cósmico com a destruição do monstro do caos, Leviatã (26:20—27:1). O capítulo 27 apresenta dois textos de restauração relativos ao estabelecimento de uma nova vinha (27:2-6, reproduzindo o cântico da vinha em Is 5) e ao retorno da Diáspora (27:12-13). Esses textos emolduram uma passagem (27:7-11) que indica o julgamento de YHWH como expiação pelos pecados de Jacó.

Julgamento universal para os justos e os ímpios

Os poemas em 13—23 refletem o julgamento contra nações específicas, mas esse foco dá lugar a imagens em 24—27 que pressupõem que YHWH julgará todos os ímpios, tanto dentro como fora de Judá. Os destinos separados dos justos e dos ímpios desempenham um papel proeminente no capítulo 26. Esse capítulo expressa ideias de julgamento universal contra os ímpios (26:10) que não aprendem com o seu castigo (em contraste com os "habitantes do mundo" que "aprendem a justiça" em 26:9). Essa abertura para (algumas entre) as nações tem uma grande semelhança temática com as promessas feitas a algumas das nações em 13—23 que ajudarão Sião (e.g., 19:18-21).

No entanto, os capítulos 24—27 não definem os ímpios apenas como estrangeiros. Desde o início dos capítulos 24—27, um julgamento inevitável virá contra toda a terra e incluirá a humanidade como um todo (24:1-5), da qual apenas um remanescente sobreviverá (24:6). A culpa de Jacó é muitas vezes presumida e ocasionalmente declarada explicitamente (27:8-9, 11b). A conclusão de 24—27, contudo, antecipa a restauração de Jacó (27:1-6) e o retorno dos exilados da Assíria e do Egito (27:12-13). Assim, o início e o fim de 24—27 expressam julgamento contra o povo de YHWH, bem como contra nações estrangeiras. Esse julgamento universal resulta no retorno de um remanescente para Sião.

Uma articulação temática entre 13—23 e além

O surgimento de temas e vocabulário típicos de Isaías nos capítulos 24—27, como é frequentemente citado em literatura recente, levou vários especialistas a ver essa seção como um arremate e uma universalização dos oráculos em 13—23. Ainda é preciso dizer mais sobre a função dos capítulos 24—27 do livro de Isaías. Por um lado, 24—27 certamente fornece uma lente hermenêutica para compreender o julgamento contra nações estrangeiras em 13—23, e esse reconhecimento é um avanço significativo nos estudos de Isaías. Por outro lado, esse entendimento não esclarece satisfatoriamente a totalidade dos capítulos 13—27 por três razões:

Primeira: não explica o papel de Sião em 13—23 ou 24—27.

Segundo: não elucida de forma apropriada as palavras de julgamento contra o próprio povo de YHWH em 13—27.

Terceiro: não explica de forma clara essa tendência universalizante no restante do livro.

Muitos tratamentos em 24—27 não contemplam a questão: por que aqui? Por que 13—23 e 24—27 interrompem o contexto assírio que domina 1—11 e 28—32? Muitas vezes, o tratamento do texto de 24—27 ainda sofre sutilmente com os resquícios de modelos anteriores que estudavam esses capítulos como um apêndice tardio colocado ao acaso no final de 13—23. Embora o uso de temas, vocabulário e teologia de Isaías tenha levado muitos a abandonar essa ideia mais antiga na teoria, poucos param para considerar a colocação desses capítulos no livro como um todo. Os capítulos 13—27 funcionam literariamente como um extenso discurso entre parênteses que ancora as advertências proféticas de YHWH dirigidas às nações como parte de um plano maior. Contextualmente, a voz do profeta pronuncia essas palavras em meio à ameaça da Assíria que Judá enfrentava no final do século 7 a.C. No entanto, essas mensagens proféticas prenunciam eventos da perspectiva de um público do período persa, permitindo ao profeta, desse modo, antecipar o julgamento contra Judá e Israel que conduzirá ao exílio, bem como a queda final da Assíria, da Babilônia e dos seus respectivos aliados. Todos esses temas reaparecem em 28—66.

Isaías 28—35: Um núcleo inicial e atualizações do período persa

Comentaristas recentes argumentam que Isaías 28—35 consiste de um núcleo inicial em 28—31 e uma *série* de inserções e continuações *(Fortschreibungen)* em 32—35 do período persa. Esses estudos recentes compartilham pelo menos três pontos em comum, embora sejam diferentes em certos detalhes. Primeiro, os capítulos 32—35 são vistos como uma série de atualizações, mas não como uma composição unificada. Cada um dos quatro capítulos baseia-se em uma parte do texto anterior, ao mesmo tempo em que introduz novos elementos, alguns dos quais são melhor classificados como correções de material anterior. Em segundo lugar, esses estudos recentes oferecem uma série de argumentos para categorizar as perspectivas entre 32—35 como textos-ponte. Eles somam ideias e palavras do livro anterior ao capítulo 32 e antecipam os textos dos capítulos 40—66. Em terceiro lugar, as antecipações literárias entre 32—35 têm implicações diacrônicas. Algumas ligações incluem apenas textos de 40—55, enquanto outros envolvem 56—66, sugerindo dessa forma que o desenvolvimento no meio do livro manifesta uma reflexão aprofundada sobre a segunda metade de Isaías.

Isaías 28—31: Apelos para mudança

Como em Isaías 7—10, os capítulos 28—31 contêm um núcleo inicial de material que confronta aqueles membros da comitiva do rei que defendem uma ação contra a Assíria, e contêm material atualizado para um público do período persa.[28] Os capítulos 28—31 incluem vários

[28] O debate continua sobre até que ponto os capítulos 28—31 refletem fontes antigas do século 8 a.C. e quais os textos que representam atualizações posteriores. Por exemplo, Becker argumenta que muito pouco dos capítulos 28—31 poderiam ser classificados como textos do século 8 a.C. Para ele, apenas 28:1a, 3 e 28:7b-10 poderiam vir de uma data tão antiga, enquanto o restante exibe sinais de três fases de redação (Becker, *Jesaja: Von der Botschaft zum Buch*, p. 263-68). Por outro lado, Berges atribui consideravelmente mais do que 28—31 ao núcleo fundacional, incluindo os cinco oráculos de ais que começam com a palavra hebraica *hoy* (28:1-6; 29:1-8, 15-24; 30:1-5; 31:1-3) e porções iniciais de três oráculos de julgamento contendo "acusação e ameaça profética" (28:7-18*; 29:9-14*; 30:6-8, 12-14; Berges, *The Book of Isaiah,* 189-91). Para Berges, esse último grupo de textos alinha-se com a

grupos (Efraim, líderes em Jerusalém, a cidade personificada de Jerusalém e o povo) e alternam a retórica de confronto com palavras de esperança. Além disso, esses materiais alertam contra a confiança no Egito e antecipam a renovação para regiões do Reino do Norte que foram perdidas para a Assíria (Líbano e Carmelo). A mensagem central das seções de confronto procura convencer os líderes em Jerusalém a mudar de rumo, enquanto as atualizações do período persa imaginam uma restauração e implicam sutilmente a esperança de reunificar a família de Jacó (i.e., o norte e o sul), restaurando assim a promessa de Abraão.

Isaías 28 começa com um oráculo de ais (28:1-4) contra os líderes de Efraim, nome dado ao território central do Reino do Norte, onde estava localizada sua capital, Samaria. Uma palavra de encorajamento para o futuro segue o oráculo dos ais dirigidos ao "restante do seu povo" que confia no "espírito de justiça" de YHWH (28:5-6). Poderíamos entender essas mensagens distintas como uma preocupação com o remanescente de Efraim, mas 28:14-29 deixa claro que os pronunciamentos sobre Efraim servem como uma lição para os líderes de Jerusalém: o mesmo destino de Samaria poderia recair sobre Jerusalém (28:14).[29] Assim, a lógica retórica do capítulo assume que os eventos de 722 a.C. de fato ocorreram. Isaías 28:7-13 continua o pensamento dos versículos 1-4, expandindo o julgamento dos "bêbados de Efraim" (28:1) para os sacerdotes e profetas (28:7), cujo comportamento embriagado conduz ao desdém e os torna mensageiros de instrução pouco confiáveis (28:9). Isaías 28:13 anuncia sua destruição. Começando em 28:14, o texto é dirigido àqueles que governam em Jerusalém e que fizeram uma "aliança com a morte" (28:14, 18). A destruição de YHWH afetará toda a terra (28:22). Essa aliança está relacionada com as políticas antiassíricas de Ezequias, às quais o núcleo inicial de Isaías se opõe de modo consistente.

---

situação política do final do século 8. Esses oráculos seguem o padrão clássico em que a ameaça é introduzida pela palavra "portanto" no início da descrição da ação iminente de YHWH.

[29] Uma dinâmica muito semelhante está em jogo na mensagem das primeiras partes de Miqueias 1—3. Veja a discussão sobre Miqueias no capítulo "O Princípio dos Doze".

Isaías 29 contém seis seções com variações temáticas (1-8, 9-10, 11-14, 15-16, 17-21, 22-24). Tal como acontece com o capítulo 28, o capítulo 29 começa com um oráculo de ais (29:1-8), mas desta vez aborda a Jerusalém personificada, aqui chamada Ariel (que significa a Cidade de Deus). Ariel é a cidade onde Davi acampou antes de tomá-la (29:1), mas agora YHWH acampará ao seu redor (29:3) para liderar um exército de nações contra ela (29:7). Apesar do aviso, o povo não dará atenção (29:9-10). Ademais, 29:15 sinaliza um segundo oráculo de ais (29:15-16) que condenam os líderes, os quais pensam que operam em segredo, que, entretanto, não estão escondidos de YHWH (29:15-16). O final do capítulo, porém, antecipa a libertação e proclama que a casa de Jacó e seus filhos serão redimidos assim como o foi Abraão (29:22-24).

Isaías 30 continua a mesma justaposição de palavras de julgamento (30:1-17) com palavras de esperança (30:18-33). Começa com um quarto oráculo de ais contra aqueles que buscam ajuda do Egito sem procurar o conselho de YHWH (30:1-5) e aqueles que oferecem incentivos financeiros ao Egito (30:6-7).[30] O significado é claro: Deus não aprova seus planos, e o mensageiro profético ordena que as palavras sejam registradas em um livro como testemunho para o futuro (30:8). Aqui encontramos uma mistura de imagens de Isaías e Jeremias usadas para condenar o povo que não quer ouvir os profetas (30:9-14). O capítulo termina com a esperança de que YHWH libertará Sião (30:18) da Assíria (30:31). No processo, o povo de Sião receberá instruções de YHWH e destruirá os seus ídolos (30:20-21).

Isaías 31 também começa com um oráculo de ais (o quinto em Is 28—31) que alertam contra colocar a esperança no Egito (31:1-3). Em vez disso, segundo afirma o texto, YHWH livrará Sião (31:4-5) dos assírios (31:8) caso o povo se afaste dos seus ídolos (31:7).

Os estudos mais recentes identificam comentários ocasionais em 28—31 assim como atualizações do período persa que se ligam a tópicos

[30] Esses versículos tendem a ser entendidos como referências a uma tentativa de enviar uma delegação ao encontro dos egípcios em 701 a.C., a qual não conseguiu alcançá-los porque os assírios derrotaram os egípcios numa batalha perto de Elteque, fato que forçou o exército egípcio a recuar para seu próprio território. Veja Berges, *The Book of Isaiah*, p. 195.

nos capítulos 32—35.[31] Em contraste com 28—31, Isaías 32—35 mostra mais interesse nos eventos que se seguiram à destruição de Jerusalém, embora alguns dos textos também evoquem imagens que poderiam remeter ao cerco de Senaquerib e.

Isaías 32—35: Pontes literárias

Os capítulos 32—35 funcionam em grande parte como uma ponte que antecipa um futuro além do século 7 a.C., o qual pressupõe vida após a destruição de Jerusalém. Isaías 32 concentra-se tematicamente no retorno do rei a Jerusalém.[32] O capítulo dirige sua mensagem àqueles que passaram por uma situação dramática, oferecendo esperança para um novo conjunto de governantes que buscam paz e justiça e que farão de Sião um lugar de descanso. O retorno da paz e da justiça começa e termina o capítulo (32:1-2, 15-20), enquanto 32:3-8 e 32:9-14 tratam do castigo vindouro sob diferentes perspectivas. Os versículos 3—8 formulam o propósito da punição: remover os líderes (rotulados de tolos e vilões) que tramam a iniquidade e praticam a maldade contra os pobres. Isso, no entanto, significa que o castigo chegará a Jerusalém, assim 32:9-14 descreve esse castigo vindouro em termos gráficos: a terra não produzirá, a cidade será despovoada e os animais terão o controle dela.

---

[31] Por exemplo, veja Berges, *The Book of Isaiah*, p. 214. Esse autor fala de uma mensagem destinada a Sião na segunda metade do século 5 que atualiza os textos centrais em 28—31 para que a comunidade retornada promova Sião como o local de descanso.

[32] Alguns comentaristas entendem o rei como YHWH (sendo mais claramente o caso em 33:17, 22), enquanto outros interpretam o rei como um governante humano. Berges, que vê Isaías 32 como uma composição do período persa, interpreta o rei como YHWH (Berges, *The Book of Isaiah*, p. 215). Becker entende que Isaías 32 é uma composição, embora 32:9-14 possa fazer parte de uma unidade mais antiga que agora conduz a 32:15-20 (Becker, *Jesaja: Von der Botschaft zum Buch*, p. 268). Barth vê uma unidade central em 32:1-8 + 15-20 interrompida por uma unidade existente (Barth, *Die Jesaja-Worte*, p. 212-13). Williamson acredita que Isaías 32 se refere a um rei davídico, enquanto o capítulo 33 se conecta a Dêutero-Isaías (Williamson, *The Book Called Isaiah*, p. 226). Blenkinsopp considera 32—33 uma "compilação coesa unificada pelo tema anunciado no início e no final", bem como "muitos ecos dos discursos anteriores" (Blenkinsopp, *Isaiah 1—39*, p. 383).

Isaías 33 constitui uma mistura de peças retóricas que dirigem a atenção do leitor em diferentes direções, ao mesmo tempo em que atendem a um objetivo maior. De forma coletiva, essas peças descrevem a vida após a destruição de Jerusalém e oferecem o conforto de que Jerusalém será finalmente restaurada. O capítulo começa com um sexto oráculo de ais, desta vez dirigido contra o destruidor estrangeiro.[33] O pensamento retórico divide-se tematicamente em duas seções (33:1-13, 14-24), cada uma com sua própria lógica complexa que os estudiosos sugerem não ter resultado de mão única.[34] A primeira parte concentra-se na ação de YHWH contra o inimigo.[35] A segunda parte descreve o retorno de YHWH a Sião como rei e se dirige à população dentro de Sião e de fora da terra.[36]

---

[33] Cada oráculo de ais em 27—33 foi dirigido contra uma entidade diferente: Efraim (28:1), Ariel (29:1), aqueles que não ouvem conselhos (29:15), crianças rebeldes (30:1) e aqueles que, confiam no Egito (31:1), então faz certo sentido que o ai final voltasse sua atenção para a entidade que ameaça Sião e a terra, indicada aqui como o destruidor (33:1).

[34] Berges rotula Isaías 33 como o primeiro texto-ponte unindo Is 1—32* com 40:1-2 e 52:7-8. Para ele, na segunda metade do século 5 a.C., o manuscrito já continha a maior parte dos capítulos 1—32; 33; 40—52. O capítulo 33 baseia-se no capítulo 32 e o corrige, antecipando o retorno de YHWH para Sião em 52:7-10 (e 40:1-2). O que distingue Becker e Berges de Steck é a convicção de que o capítulo 35 (também um texto-ponte) *não* é o primeiro texto-ponte que liga a coleção anterior com material encontrado em 40—66. Em outras palavras, os estudos mais recentes do crescimento do livro tendem a ver uma clara função de ponte como a chave para a compreensão de 33—35, com 34 respondendo a 33 e 35 e respondendo a 34. O objetivo da ponte inicial (Is 33) é proclamar a *restauração* de Sião através da punição de um "destruidor" não especificado por YHWH, o rei de toda a terra.

[35] Após os ais contra o destruidor (33:1), os versículos 2-6 pedem a YHWH que mostre graça em nome de "nós" (2), afirmam, em forma de cântico, o poder de YHWH sobre as nações (3-4) e exaltem o cuidado de YHWH para Sião que repousa sobre justiça e retidão (5-6). Os versículos 7-9, no entanto, mudam o foco para o estado atual de Sião e para a terra que fora devastada, enquanto 10-13 revelam a decisão de YHWH para agir, assim como seu confronto com o inimigo.

[36] Os versículos 14-24 anunciam o retorno de YHWH a Sião como rei em nome daqueles que estão em Sião e numa terra estrangeira. Os versículos 14-17 referem-se aos pecadores em Sião que se perguntam quem sobreviverá (14), enquanto os versículos 15-17 respondem a essa pergunta retórica declarando que os justos e retos verão o rei retornar em sua beleza. Os versículos 18-21, no entanto, descrevem o terror daqueles que vivem numa terra estrangeira e que não terão mais de suportar

Isaías 34—35 constitui um segundo texto-ponte que conecta mais abertamente os temas e motivos dos capítulos 1—33 com os dos capítulos 40—66, mas esses capítulos provavelmente não constituem um texto que surgiu de um autor ou de uma época. Modelos redacionais recentes mostram uma forte tendência de tratar a maior parte de Isaías 34 com a incorporação de (pelo menos partes) 40—55. Por outro lado, Isaías 35 contém numerosas conexões para o texto e os conceitos não apenas das primeiras porções do capítulo 40, mas também de algumas das partes posteriores dos capítulos 63—66, sugerindo desse modo um estágio posterior de desenvolvimento.[37]

Isaías 36—39: Uma narrativa adaptada

Isaías 36—39 conduz o leitor de volta aos acontecimentos do século 7 através de uma série de relatos proféticos sobre Isaías e Ezequias. Partes significativas desses textos representam narrativas paralelas a 2Reis 18—20 e 2Crônicas 29—32. Estudiosos há muito concluíram que a versão de Isaías normalmente deriva do relato de Reis, embora a natureza dessa derivação seja complexa.[38] Os relatos de Isaías e de Reis foram escritos antes da composição de Crônicas. Longos trechos desses capítulos são literalmente paralelos, e ambos os relatos narram a história de Ezequias e Isaías em três figuras que provavelmente se originaram como tradições independentes, reunidas em 2Reis: a ameaça assíria e a libertação milagrosa de Jerusalém (2Rs 18—19; Is 36—37); a cura milagrosa de Ezequias (2Rs 20:1-11; Is 38:1-8); e a visita da delegação babilônica a Ezequias (2Rs 20:12-19; Is 39). O cântico de ação de graças

a vida entre um povo cuja língua não conseguem compreender (18-19). Em vez disso, olharão para Sião (20), onde verão o rei em sua majestade (21). Os versículos 22-24 anunciam que YHWH é juiz, governante e rei (22), apontando os pecados daqueles que vivem em Jerusalém (24).

[37] Steck, *Bereitete Heimkehr*; Berges, *The Book of Isaiah*, p. 228-42.

[38] O relato de Reis e o relato de Isaías partilham demasiadas palavras e fluxos estruturais idênticos para serem explicados como tradições independentes. Desde que Gesenius escreveu sobre o tema no início do século 19, a preeminência do relato de Reis permaneceu em grande parte incontestada até ao final do século 20, mas também não foi investigada. Para um extenso resumo dos argumentos de Gesenius, consulte Berges, *The Book of Isaiah*, 246-47.

em 38:9-20 aparece apenas em Isaías e é quase universalmente reconhecido como uma inserção feita pelo redator de Isaías que adicionou os capítulos 36—39. Recentemente, tornou-se mais comum reconhecer que o redator que adicionou 36—39 também modificou a tradição para incorporá-la em Isaías.

Vários autores nas últimas duas décadas lançaram desafios à preeminência da versão de Reis.[39] Os desafios não conseguiram, de modo geral, deslocar a teoria de que o relato de Reis veio primeiro, mas conseguiram demonstrar que o autor do relato de Reis o conhecia e foi influenciado pela coleção de Isaías que estava disponível na época. O redator de Isaías também se baseou no vocabulário e nos conceitos do rolo de Isaías para adaptar o relato de Reis a Isaías.[40] Talvez o significado mais duradouro esteja relacionado a essa contínua discussão acadêmica tem duas vertentes: explicar os retratos divergentes de Ezequias e a função literária de Isaías 36—39 no rolo de Isaías.

A maioria dos estudos acadêmicos (incluindo os tratamentos sincrônicos e os diacrônicos) agora reconhece que o retrato do relacionamento entre Isaías e Ezequias, derivado de Isaías 36—39 difere marcadamente das mensagens que confrontam as políticas reais de Judá, conforme encontradas no núcleo inicial do livro de Isaías, expostos nos capítulos 7—10 e especialmente 28—31. O material inicial desafia

[39] Esses autores minimizam o retrato muito diferente de Ezequias em 36—39 e o núcleo inicial do material no rolo de Isaías. Em lugar disso, eles argumentam que Isaías 36—39 revela textos e temas que se enquadram melhor no contexto de Isaías do que no contexto de Reis. Os intérpretes incluem Klaas A. D. Smelik, "Distortion of Old Testament Prophecy: Purpose of Isaiah XXXVI and XXX-VII", in *Crises and Perspectives: Studies in Ancient Near Eastern Polytheism, Biblical Theology, Palestinian Archaeology, and Intertestamental Literature*, ed. Johannes C. de Moor, OTS 24 (Leiden: Brill, 1986): p. 70-93; Edgar W. Conrad, "Second Isaiah and the Priestly Oracle of Salvation", ZAW 93 (1981): p. 234-46; Christopher R. Seitz, *Zion's Final Destiny: The Development of the Book of Isaiah; A Reassessment of Isaiah 36—39* (Mineápolis: Fortress, 1991); e Barry G. Webb, "Zion in Transformation: A Literary Approach to Isaiah", in *The Bible in Three Dimensions: Essays in Celebration of Forty Years of Biblical Studies in the University of Sheffield*, ed. David J. A. Clines, Stephen E. Fowl e Stanley E. Porter, JSOTS 87 (Sheffield: Sheffield Academic, 1990), p. 65-84.

[40] Veja os resumos de Williamson e Berges, que examinam e analisam cuidadosamente esses desafios à prioridade do relato de Reis (Williamson, *The Book Called Isaiah*, p. 189-209; e Berges, *The Book of Isaiah*, p. 253-209).

corajosamente as políticas de Ezequias que colocavam Judá no caminho da guerra com a Assíria. Em contraste, os relatos posteriores têm uma visão muito mais positiva de Ezequias, e essa interpretação desempenha um papel fundamental no livro dos Reis, onde Ezequias surge como o rei justo entre os reis ímpios Acaz e Manassés.[41]

Permanece ainda o debate sobre se Isaías 36—39 funcionou como parte de uma ligação deliberada de algum trecho encontrado em 1—35 com uma espécie de modelo de 40—66 ou se os capítulos 36—39 foram adicionados pela primeira vez como um apêndice a determinada parte de 1—35.[42] O fato de os capítulos 36—39 conterem extenso material preexistente complica essa questão. No entanto, a decisão do redator de incorporar praticamente inalterado (39:1-8) o quadro que descreve a visita da delegação babilônica fala a favor da função de ligação desses capítulos. Essa passagem expõe uma ameaça sutil, especificamente a falha de Ezequias em observar o desejo da Babilônia de tomar a riqueza de Jerusalém. Em resposta, o profeta Isaías anuncia o óbvio: a Babilônia tirará essa riqueza e exilará os descendentes de Ezequias para a Babilônia (39:7-8). De sua parte, o rei parece deliberadamente mostrar-se alheio às implicações desse pronunciamento porque o fato não acontecerá durante a vidado rei Ezequias (39:8). Essa sensação de mau presságio empurra o leitor para frente no tempo, pois sabe que a Babilônia

---

[41] De acordo com Blenkinsopp, os capítulos 36—39 pressupõem uma relação positiva entre Ezequias e Isaías, enquanto a poesia inicial em Isaías 28—31 difere marcadamente porque assume que a mensagem do profeta não é aceita (Blenkinsopp, *Isaiah 1—39*, p. 381-82).

[42] O debate sobre essas questões provavelmente continuará. Entre os estudiosos que defendem uma função nessa ligação, veja as análises em Berges, *The Book of Isaiah*, p. 253-56; e Williamson, *The Book Called Isaiah*, p. 188-211. Ambos concluem que 2Reis 18—20 surgiu independentemente de Reis e que 2Reis 18—20 já fora influenciado pelo conhecimento da coleção de Isaías que estava disponível naquele momento, embora ambos permitam que algumas das semelhanças com Isaías resultem do trabalho criativo do redator que incorporou esses capítulos como Isaías 36—39, apontando tanto para trás, para partes de 1—35, quanto para frente, para porções de 40—66. Blenkinsopp exemplifica estudos, os quais ainda pensam que os capítulos 36—39 foram simplesmente anexados a alguma forma de 1—35, da mesma maneira que Jeremias 52 adiciona 2Reis 25 ao final do rolo de Jeremias para fornecer contexto histórico e completar a narrativa da destruição de Jerusalém (Blenkinsopp, *Isaiah 1—39*, p. 458-61).

acabará destruindo Jerusalém. Essa ameaça contrasta dramaticamente com os versículos seguintes de Isaías 40 que anunciam o fim do exílio na Babilônia para Jerusalém.[43]

Isaías 40—55: O retorno do exílio

Os capítulos 40—55 são há muito reconhecidos como uma composição que pressupõe conhecimento do período persa. Pelo menos desde a época de Bernhard Duhm, a grande maioria dos estudiosos críticos reconhece Isaías 40—55 como um bloco literário que não pode ter surgido durante a vida do profeta Isaías, no século 7.[44] Ao contrário, os peritos procuraram mostrar que esse bloco de textos data, no mínimo, do século 6 e reflete os eventos que cercaram a derrota da Babilônia em 539 a.C. imposta por Ciro, o Grande, rei da Pérsia, mencionado nominalmente em Isaías 44:28; 45:1, 13. Nas últimas duas décadas, um número significativo de estudiosos apresentou novas teorias sobre os capítulos 40—55 em pelo menos duas frentes: as mudanças de perspectivas da Babilônia para Jerusalém e a questão da unidade autoral. Da mesma forma, os especialistas prestaram mais atenção às mudanças temáticas dentro desses capítulos e, portanto, é mais provável subdividir 40—55 em duas seções, distinguindo 40—48 de 49—55. Os capítulos 40—48 dirigem sua mensagem e tratam sobre Jacó/Israel. Do ponto de vista temático, eles se concentram principalmente na libertação do exílio como uma nova iniciativa de YHWH, na jornada iminente para fora da Babilônia e na polêmica contra a idolatria. Os capítulos 49—55 concentram-se na restauração de Sião de uma forma que estende os capítulos

---

[43] Essa ideia ganhou reconhecimento desde que passou a ser desenvolvida pela primeira vez na década de setenta. Veja os estudos seminais de Peter R. Ackroyd, "An Interpretation of the Babylonian Exile: A Study of 2Kings 20, Isaiah 38—39", *SJT* 27 (1974): p. 329-52; idem, "Isaiah 36—39: Structure and Function", in *Von Kanaan bis Kerala: Festschrift für Prof. Mag. Dr. J. P. M. van der Ploeg zur Vollendung des siebzigsten Lebensjahres am 4. Juli 1979*, ed. W. C. Delsman et al., AAOT 211 (Neukirchen-Vluyn: Neukirchener Verlag, 1982), p. 3-21.

[44] Bernhard Duhm, *Das Buch Jesaja ubersetzt und erklärt*, 4ª ed., vol. 1, HK (Göttingen: Vandenhoeck e Ruprecht, 1922). Embora Duhm não tenha sido de forma alguma o primeiro a fazer esta observação, seu trabalho solidificou a ideia de que 40—55 representa o trabalho de um profeta tardio exilado que vivia na Babilônia.

40—48, porém os capítulos 49—55 frequentemente presumem um cenário diferente.

Isaías 40—48: Saindo de Babilônia

A evidência para distinguir os capítulos 40—48 dos capítulos 49—55 deriva de quatro tópicos e termos que são exclusivos dos capítulos 40—48. Da mesma forma, os capítulos 49—55 divergem dos capítulos 40—48 no que diz respeito ao papel do servo e à conceituação da restauração. Juntas, essas mensagens exclusivas e mutáveis distinguem as duas partes uma da outra.

Tópicos distintivos de 40—48

Isaías 40—48 contém quatro tópicos e termos significativos que desempenham pouco ou nenhum papel em 49—55: uma ênfase formal em Jacó/Israel, declarações agudas contra a adoração de ídolos, menção explícita de Ciro e Babilônia e um contraste entre coisas antigas e coisas novas.

Preferência por Jacó/Israel. Isaías 40—48 demonstra uma preferência clara pelos termos *Jacó* e *Israel* quando fala acerca da comunidade de exilados. Jacó aparece 19 vezes em 40—48 e 15 vezes em 1—39, mas apenas cinco vezes (58:1, 14; 58:14; 60:16; 65:9) depois de Isaías 49, e nenhuma das menções aparece em Isaías 49:50-55. O fato de Jacó aparecer três vezes em Isaías 49 (49:5, 6, 29) sugere que Isaías 49 poderia ser uma composição dos discípulos de Dêutero-Isaías refletindo a mudança para o material orientado para Sião em 49—55.[45]

Da mesma forma, Israel aparece 33 vezes em 40—48, mas apenas três vezes em 50—55 e cinco vezes em 56—66 (56:8; 60:9, 14; 63:7, 16). Em contraste, Sião é mencionada explicitamente três vezes em 40—48 (40:9; 41:27; 46:13), porém oito vezes em 49—55 (49:14; 51:3, 11, 16;

[45] Berges, *The Book of Isaiah*, p. 344-50. O estudo recente de Williamson confirma o significado do termo *Jacó* em 40—48 e alerta contra uma simples atribuição de fontes com base em mudanças nessa terminologia: HGM Williamson, "Jacob in Isaiah 40—66", in *Continuity and Discontinuity: Chronological and Thematic Development in Isaiah 40—66*, ed. Lena-Sofia Tiemeyer e Hans M. Barstad, FRLANT 255 (Göttingen: Vandenhoeck e Ruprecht, 2014), p. 219-29.

52:1, 2, 7, 8) e oito vezes em 56—66 (59:20; 60:14; 61:3; 62:11; 64:10; 66:8). Um desses textos também introduz um discurso sobre Sião citado por YHWH (49:14). Menos óbvio em português, várias passagens em 49—55 usam referentes femininos singulares em 49—55 para se dirigirem diretamente à senhora Sião (e.g., 49:15-26; 51:12b; 51:17-21; 52:1-8; 54:1-16) ou para falar ao povo sobre ela (como na referência à "sua mãe" em 50:1 ou na descrição do "seu" conforto em 51:3).

Condenação dos ídolos. Além dessas formas de tratamento, os capítulos 40—48 contêm vários textos que zombam satiricamente da impotência e do absurdo de adorar ídolos. Embora a censura da adoração de imagens não esteja ausente em outras partes de Isaías, ela não aparece em 49—55.[46] Além disso, os capítulos 40—48 zombam da fabricação de ídolos com uma veemência não encontrada em nenhum outro lugar e exibem um foco particular em divindades babilônicas.

Esse tom polêmico não deixa espaço para mal-entendidos. Essas passagens não tentam compreender a função religiosa desempenhada pelas representações físicas das divindades entre os adeptos das práticas de adoração dos babilônios. Pelo contrário, ao ridicularizarem os ídolos como criações humanas, os textos em questão retratam a impotência de tais ícones como nada mais do que o trabalho manual de um artesão. Observe-se o discurso polêmico e pungente em 44:9-20. Começa com uma introdução temática que destaca o projeto humano e o trabalho artesanal dos ídolos bem como as consequências ineficazes tanto para aqueles que os adoram quanto para os artesãos que os criaram (44:9-11). A seguir, o texto ressalta a arte humana envolvida na fabricação dos ídolos. Ao enfatizar as habilidades do ferreiro (44:12) e do carpinteiro (44:13), esses versículos transmitem um conhecimento considerável do processo envolvido na forja e na escultura de ídolos. O propósito, em ambos os casos, volta-se rapidamente para as necessidades humanas desses artesãos que precisam comer para sobreviver. O ferreiro trabalha martelando tanto que fica exausto e busca alimento. O carpinteiro se torna o foco de uma longa parábola (44:13-17) que culmina com uma

[46] Is 2:8, 18, 20; 10:10-11; 19:1, 3; 21:9; 30:22; 31:7; 40:19-20; 41:29; 42:8, 17; 44:9-10, 15, 17; 45:16, 20; 46:1; 48:5; 57:13; 66:3.

hilária zombaria pelo fato de que o artesão usa metade da árvore para preparar seu jantar (44:15, 16) e a outra metade para fazer um ídolo a quem ele ora por libertação (44:17). Seguindo essa história dramática, 44:18-20 adverte os ouvintes a não serem como aqueles que adoram os ídolos na ignorância, porque deveriam ver o ídolo como uma fraude, o que de fato ele é.

Embora 44:9-20 sirva como uma âncora explicativa para a animosidade em relação à adoração de ídolos, o motivo da impotência dos ídolos que representam as divindades babilônicas aparece em outras partes de 40—48. Uma série de textos anteriores a 44:9-20 destaca a ineficácia da adoração a ídolos em contraste com o poder de YHWH (40:18-20; 41:7; 42.17). Depois de Isaías 44:9-20, a adoração de ídolos surge como uma das razões para o desaparecimento da Babilônia (46:1-7) e, de forma relacionada, como um meio de proclamar o poder onipotente de YHWH em 48:5. Em 46:1-7, o profeta adverte aqueles que confiam nas imagens de Bel e Nebo, ídolos não têm poder para libertá-los.

A condenação dos ídolos menciona, portanto, divindades específicas (46:1-7) e desempenha um papel nos motivos do poder incomparável de YHWH e na jornada futura durante a qual o povo de YHWH será liderado pelo próprio YHWH. A referência específica às divindades babilônica, que em breve cairão, enquadra-se bem com outras entidades históricas explícitas mencionadas em 40—48, notadamente Ciro, o rei da Pérsia, e Babilônia, a cidade e o império derrotados por Ciro.

Ciro e Babilônia em 40—48. No meio de Isaías 40—48, encontramos referências explícitas a Ciro (44:28; 45:1, 13), o rei persa que derrotou Babilônia em 539 a.C., e dominou sobre os babilônios ou os caldeus (43:14; 47:1, 5; 48:14, 20). A menção de Ciro desempenhou um grande papel no reconhecimento de que Isaías 40—55 surgiu em um período de tempo diferente do período de vida do profeta Isaías que dá nome ao livro. O material do livro associado ao profeta Isaías cobre um período de mais de 30 anos no final do século 7, incluindo interpretações de eventos desde a guerra Siro-Efraimita (734-732 a.C.) até o cerco de Senaqueribe (701 a.C.). O profeta, portanto, completou o seu ministério público mais de 160 anos antes de Ciro tomar Babilônia em 539 a.C.[47] Ademais, esses textos sobre Ciro funcionam integralmente dentro dos contextos imediatos e mais amplos. Os textos assumem que YHWH usará Ciro, rei da Pérsia, para realizar duas tarefas: (1) punir as nações que oprimiram o povo de YHWH (45:1-4), bem como (2) libertar o povo de YHWH e tornar possível que eles retornem à sua terra natal em Judá (45:13). Vários comentaristas recentes também consideram Ciro como a figura abordada em 48:14-16, embora ele não seja mencionado explicitamente pelo nome.[48] Essa atitude otimista em relação a Ciro desaparece inteiramente em 49—55.

Contraste entre coisas antigas e coisas novas. Um quarto tópico que surge com destaque em Isaías 40—48 (mas não em 49—55) é o contraste entre as coisas novas que YHWH está prestes a fazer e as coisas antigas. As coisas antigas geralmente se referem à situação dos judeus

---

[47] Objeções anteriores à datação dos capítulos 40—55 da época de Ciro tendiam a seguir um de dois caminhos, nenhum dos quais resiste ao escrutínio crítico. Primeiro, os fundamentalistas argumentam há muito tempo que Isaías simplesmente previu a ascensão de Ciro por causa da sua autoridade como profeta canônico. Além da improbabilidade de um profeta judeu do século 8 antecipar o nome de um rei persa do século 6, e do igualmente problemático mal-entendido sobre a natureza da literatura profética que tais explicações presumem, o maior obstáculo para tal explicação continua sendo o próprio texto. Os textos referentes a Ciro, quando lidos pelo sentido claro do seu significado, não usam linguagem preditiva. Em vez disso, eles presumem a existência de tal rei: é YHWH revelando, "que digo de Ciro: 'é meu pastor'" (44:28) e "assim diz o SENHOR ao seu ungido, a Ciro" (45:1). Segundo, alguns sugerem que as referências específicas a Ciro representam glosas posteriores que interpretaram Ciro como o cumprimento de anúncios proféticos anteriores. Contudo, não se pode encontrar nenhuma boa justificativa para retirar o nome Ciro da versão original desses textos. Tais tentativas de atribuir pelo menos a maior parte dos capítulos 40—55 ao profeta histórico Isaías foram abandonadas há muito tempo por estudiosos críticos, enquanto tentam compreender a dinâmica do texto contra o pano de fundo do início do período persa na época de Ciro e além dele.

[48] Por exemplo, veja as discussões em Joseph Blenkinsopp, *Isaiah 40—55: A New Translation with Introduction and Commentary*, AB 19A (Nova York: Doubleday, 2002), p. 292-94; Berges, *The Book of Isaiah*, p. 303. Além da menção explícita de Ciro pelo nome em 48:14-16, outros textos também são citados como contendo referências a Ciro, cujo papel de derrubar Babilônia o torna servo de YHWH. Esses textos incluem 41:1-5, 25; 43:14; 46:11, e alguns (e.g., Blenkinsopp) incluiriam a identidade original do servo no primeiro Cântico do Servo em 42:1-6.

no exílio ou ao comportamento de seus ancestrais que levou à decisão de YHWH em puni-los.

Isaías 42:9 anuncia que as coisas antigas já aconteceram (referindo-se ao julgamento sobre o povo de YHWH) e que YHWH está prestes a declarar uma coisa nova, posteriormente identificada em 42:15-16 como uma jornada em que os cegos serão conduzidos à segurança, enquanto aqueles que adoram ídolos serão envergonhados. Da mesma forma, em Isaías 43:18-19, YHWH adverte o povo a não se lembrar das coisas antigas porque YHWH está prestes a fazer algo novo: YHWH está próximo de conduzi-los em uma jornada pelo deserto, da Babilônia até Judá. Portanto, a "coisa nova" é o retorno do exílio.

O contraste entre as "coisas antigas" e as "coisas novas", que YHWH está prestes a fazer, representa uma parte central da mensagem em 48:1-6, na qual 48:3 refere-se ao castigo de YHWH que Ele anunciou antecipadamente (48:3, 5), uma punição que Ele também promulgou contra o povo por causa de sua obstinação (48:4). Nessa passagem, o termo "coisas novas" refere-se ao conteúdo da mensagem do profeta, que não é uma mensagem de julgamento (48:6-7). Embora as "coisas novas" sobre as quais YHWH fala, de acordo com essa passagem, não se relacionam *explicitamente* com uma jornada iminente, em que o contexto as trata como a cessação da ira de YHWH (48:9-10).

Outras passagens relacionam de alguma forma as "coisas antigas" com a impotência dos ídolos ou o poder de YHWH. Isaías 41:21-24 oferece um debate a respeito dos ídolos pedindo às pessoas que os adoram que apresentem os ídolos para que os mesmos possam contar sobre as coisas antigas e o que está prestes a acontecer. A passagem contrasta o poder de YHWH com o absurdo da adoração aos ídolos, uma crítica que permeia 40—48. Isaías 43:9 refere-se apenas às "coisas antigas" conhecidas por YHWH que nem o povo (43:8) nem as nações (43:9) poderiam ter conhecido, enfatizando assim o poder incomparável de YHWH como o único Deus (43:10). Em 46:9, as "coisas passadas desde a antiguidade" (como com 43:9) também se relacionam com o motivo do poder de YHWH.

Em contraste com 43:18-19 (não devemos lembrar das coisas passadas), Isaías 46:8-9 ordena ao povo a não se lembrar do "que se foi" referindo-se a 46:1-7 e à ineficácia dos ídolos ao enfrentar YHWH. As "coisas antigas" referem-se tanto ao conhecimento da superioridade de YHWH transmitida há muito tempo (43:9; 46:9) quanto ao castigo que o povo sofreu em tempos recentes (43:18). O contraste com as "coisas novas" não aparece quando as "coisas antigas" se referem ao conhecimento do poder incomparável de YHWH, mas surge quando se antecipa a iminente viagem a Jerusalém.

Tópicos compartilhados, mas distintos em 40—48 e 49—55

As canções do servo. Além dos quatro elementos distintivos de 40—48 que não aparecem em 49—55, deve-se mencionar brevemente dois motivos recorrentes que atravessam 40—48 e 49—55: o servo de YHWH e a restauração. Esses motivos, no entanto, têm um enfoque diferente nas duas seções. Quatro cânticos aparecem em Isaías 40—55 os quais há muito são designados como Cânticos do Servo: 42:1-4; 49:1-6; 50:4-11; e 52:13-53:12. Desde o comentário de Bernhard Duhm no final do século 19, que tratou esses poemas em forma de cânticos como entidades literárias preexistentes e que foram incorporados aos capítulos 40—55 no século 5 a.C., os estudiosos têm tentado explicar o papel complexo dos Cânticos do Servo nos séculos em 40—55. As interpretações desses cânticos no século 20 requereram muito tempo e esforço, levantando hipóteses sobre a identidade original do servo. Os estudiosos frequentemente (mas nem sempre) presumiam que os cânticos tinham uma pré-história como uma coleção própria. Várias propostas argumentavam que o servo era um indivíduo (Ciro ou o profeta autor dos capítulos 40—55) ou representava uma entidade coletiva antropomorfizada (ou Jacó/Israel como um todo ou alguma parte selecionada dele). Mais recentemente, as tendências mudaram para se prestar mais atenção às diferenças entre esses cânticos, às múltiplas identidades (mesmo no cenário original), à sua função dentro dos seus respectivos contextos e à forma como as Canções do Servo interagem com mudanças estruturais maiores.

Nesse contexto, o primeiro Cântico do Servo (42:1-4) apresenta um tom decididamente mais otimista do que os outros três cânticos, os as quais atestam algum nível de resistência ou violência para com o servo. Essa hostilidade crescente parece vir tanto de dentro da comunidade judaica quanto de povos estrangeiros. Apenas o primeiro Cântico do Servo aparece nos capítulos 40—48, mas diversas outras passagens se referem a Jacó/Israel como servo (44:1, 2, 21, 26; 45:4). Mesmo que um caso plausível possa ser apresentado para entender Ciro como o servo original no primeiro Cântico do Servo, o contexto literário mais amplo de 40—48 transmite a forte impressão de que o povo de YHWH no exílio funciona como a referência ao servo dentro de 40—48.[49] Em 49—55, o servo fala claramente como indivíduo e sofre níveis crescentes de violência.

Conceituando a restauração em 40—48. De modo geral, o texto apresentado nos capítulos 40—48 enquadra a sua mensagem para a comunidade na Babilônia, que em breve partirá para seu regresso. Após o capítulo 48, a perspectiva muda. As mensagens se voltam diretamente para a senhora Sião e referem-se a ela para esperar e observar a chegada de seus filhos vindo até ela e reconstruindo suas estruturas. A ação não reflete mais a perspectiva de quem está partindo, mas o leitor vê as coisas do seu ponto de vista vantajoso enquanto espera que elas cheguem.

Por exemplo, Isaías 40 começa com um pedido de conforto para o povo e Jerusalém, e esse conforto vem na forma de um anúncio do término do castigo (40:1-2). O fim da punição leva ao anúncio de uma viagem iminente pelo deserto que revelará a glória de YHWH (40:3-5). Esse conforto para Sião e o povo desempenha um papel significativo nas ordenanças do restante do capítulo, uma vez que tanto Sião (40:9) quanto o povo (40:18) são instados a responder. O capítulo 48 termina (48:20-22) com uma referência à jornada pelo deserto com a qual o capítulo 40 havia começado. A *inclusio* temática marca o fim dessa seção principal, mas também especifica a jornada de saída como uma marcha para fora da Babilônia: "Saiam da Babilônia, fujam da Caldeia" (48:20

[49] Assim, especialmente o teor real da comissão e 42.1-9; veja a discussão em Blenkinsopp, *Isaiah 40—55*, p. 209-12.

RSV).[50] Essa ordem para fugir da Babilônia também representa a última menção explícita do lugar de exílio em Isaías.

A polêmica contra a idolatria torna-se mais concreta quando menciona os deuses babilônios Bel e Nebo pelo nome, em Isaías 46:1. Bel é o nome frequentemente usado para o deus real Marduk, e Nebo é a grafia hebraica da divindade Nabû, o deus babilônico ligado à sabedoria e à escrita. Mais especificamente, Isaías 46:1-7 alude a um desfile no qual essas divindades são carregadas. A procissão de deuses acontecia regularmente na Babilônia para demonstrar que as divindades estavam retornando aos seus lugares a fim de simbolizar a renovação da fertilidade da terra. Essas referências ao transporte dos deuses em 46:1-2, 7, no entanto, transmitem uma mensagem de julgamento quando descrevem a impotência de Bel e Nebo para se salvarem (e também, por implicação, o seu povo). As divindades serão humilhadas e enviadas ao cativeiro (46:2), tornando-se incapazes de se mover ou de proporcionar libertação (46:7). Por outro lado, 46:3-6 descreve o incomparável poder e a capacidade salvífica de YHWH. Consequentemente, essa mensagem tem sido muitas vezes interpretada como refletindo um contexto babilônico, perto da época da queda de Babilônia em 539 a.C., que antecipa a própria queda de Babilônia e a salvação dos exilados de Judá.

Isaías 40—48 contém uma série de textos que antecipam a nova ação de YHWH que contrastará com o que tem sido a norma. Considere Isaías 42:9: "Vejam! As profecias antigas aconteceram, e novas eu anuncio; antes de surgirem, eu as declaro a vocês". Essa nova atividade envolve YHWH saindo como rei e guerreiro (42:13), o qual derrota os inimigos, e depois conduzirá seu povo em uma jornada por caminhos que eles não conhecem (42:15-16; veja também a repetição desses motivos em 43:18-19). O pronunciamento de YHWH de que Ele está prestes

---

[50] O final de 48:22 também manifesta um paralelo preciso com 57:21 que, como vários comentaristas notaram, funciona como uma divisão estrutural para todos os capítulos 40—66: "Não há paz, diz o Senhor, para os maus". Veja Blenkinsopp, *Isaiah 40—55, p.* 296; Berges, *The Book of Isaiah,* p. 256-57, 310-11. As divisões criadas por 48:22 e 57:21 dividem 40—66 em três seções de nove capítulos (40—48; 49—57; 58—66) e o conteúdo desses versículos se alinha com a ênfase dos capítulos finais de que o os ímpios não encontrarão paz (tanto dentro quanto fora de Judá). De acordo com Berges e outros, esse motivo conecta 39:8 e 66:24.

a fazer algo novo aparece pela última vez em 48:6.[51] Essas semelhanças de perspectiva que abordam a comunidade na Babilônia e antecipam um retorno à terra de Judá convidam o leitor a se identificar com a comunidade na Babilônia. Por outro lado, o material encontrado nos capítulos 49—55 exige uma reorientação da perspectiva do leitor, à medida que este vê a cena através da perspectiva da senhora Sião (= Jerusalém), enquanto ela olha de seu lugar à medida que espera o retorno do povo.

Isaías 49—55: Vindo para Jerusalém

Embora a perspectiva dos destinatários e os temas recorrentes que dominam os capítulos 40—48 se concentrem na partida iminente de Israel/Jacó da Babilônia, essas características se modificam nos capítulos 49—55. A expectativa deles muda visivelmente para a espera de Jerusalém pela chegada do seu povo, enquanto os temas cíclicos mudam para tópicos associados às práticas sociais e religiosas da comunidade em Jerusalém.

A alteração de perspectiva começa nas seções iniciais do capítulo 49 (49:1-7, 8-13), a primeira das quais contém o discurso do servo de YHWH que fala às nações (49:1a), descreve sua escolha como servo de YHWH (49:1b-3), e reconhece que sua força vem de YHWH (49:4). A partir daí, o servo relata que YHWH expandiu sua tarefa como servo, de restaurar os sobreviventes de Israel, para ser uma luz para as nações (49:6).

Essa fala do servo também o identifica explicitamente como ninguém menos do que o próprio Israel, citando o discurso direto de YHWH ao servo: "Você é meu servo, Israel, em quem mostrarei o meu esplendor" (49:3). O discurso do segundo servo de YHWH em 49:1-7 expande a ação do servo, ampliando esse papel de liderar Jacó/

[51] Essa ênfase não aparece nos capítulos 49—55, embora alguns afirmem que ela reaparece de forma modificada nas últimas adições editoriais aos 56—66 (especificamente na linguagem dos novos céus e da nova terra que aparece em 65:17 e 66:22). A imagem de um novo céu e uma nova terra, no entanto, não compartilha a mesma imagem do retorno da Babilônia ou das referências à impotência da idolatria que também aparecem nos textos de 40—48.

Israel para ser direcionado como testemunho do poder de YHWH para as nações (veja especialmente 42:5-9) numa função em que o servo atuará como uma "luz para os gentios" com o propósito de levar salvação a toda a terra (49:6; cf. 42:6). No primeiro Cântico do Servo e seu comentário (42:1-4, 5-9), a tarefa do servo concentra-se na redenção daqueles que estão no exílio, descritos como cegos e prisioneiros (42:7). Nesse cântico, as "coisas antigas" referiam-se ao castigo que Jacó/Israel estava experimentando, e a "coisa nova" fazia referência à partida antecipada (42:9). No primeiro Cântico do Servo, assim como no segundo, o servo é chamado de luz para os gentios (42:6; 49:6). No primeiro cântico, porém, essa luz deve refletir o poder de YHWH para redimir o seu povo, enquanto a tarefa do servo no segundo cântico é ser uma luz para os gentios com o objetivo de levar a salvação até os confins da terra.

A segunda seção de Isaías 49 (49:8-13) passa um encargo à comunidade que acabara de retornar, ao mesmo tempo em que continua a fazer referências à forma do servo de YHWH. Essa comunidade, ao contrário daquela mencionada em 42:1-4, 5-7, é retratada como tendo experimentado a libertação de YHWH: "No dia da salvação, eu te ajudei. Eu te guardei e te dei como aliança ao povo" (49:8 CEB). A perspectiva nesses versículos muda em comparação com os capítulos 40—48. Em vez de antecipar uma viagem *saindo da* Babilônia para Jerusalém, essa passagem antecipa a *chegada* de um grupo de múltiplas direções *vindo* para se juntar ao servo em Jerusalém.

A terceira seção (49:14-21) aborda diretamente a senhora Sião, usando formas femininas singulares de tratamento no restante do capítulo (49:14-21, 22-26). Além disso, 49:14-21 se dirige à senhora Sião enquanto se apropria da linguagem do capítulo 40 e das canções de lamento.[52] A apropriação dessa terminologia para a senhora Sião serve

---

[52] Vários comentaristas interpretam esses versículos como uma inversão dos cânticos de lamento em geral, e.g., Claus Westermann, *Isaiah 40—66*, OTL (Filadélfia: Westminster, 1969), p. 218-21; Blenkinsopp, *Isaiah 40—55*, p. 310; Berges, *The Book of Isaiah*, p. 348-49. Veja também os argumentos deles de que Isaías 49:14-21 ressoa com vários outros textos de Isaías e vai além. Para os paralelos e implicações, veja Williamson, *The Book Called Isaiah*, p. 53-54 (que enfoca os paralelos com Is 5—6);

retoricamente a vários propósitos, mas sem dúvida o mais significativo seria a reversão da linguagem de lamento e a transferência de um grupo corporativo Jacó/Israel/servo em 49:1-13 para a senhora Sião em 49:14-22.

O retorno da comunidade da Babilônia, assumido em 49—55, também significa que a maioria dos textos revela que YHWH também retornou a Jerusalém. Por exemplo, em 49:22 a imagem oferecida pressupõe que YHWH está em Jerusalém quando YHWH é retratado levantando a mão como um sinal para as nações devolverem os filhos de Sião a ela. Isaías 51:3 indica que YHWH oferecerá conforto para os lugares devastados de Sião, enquanto 51:4 inverte o quadro a fim de que a instrução de YHWH se expanda para fora de Jerusalém. YHWH pergunta em 52:5: "Agora, portanto, o que estou fazendo *aqui?*" (NRSV). Esse advérbio locativo refere-se a Jerusalém. Explicitamente, 52:8 descreve o retorno vitorioso de YHWH conforme visto pelas sentinelas de Jerusalém, enquanto 52:9-10 ordena ao povo que irrompa em cânticos de alegria por causa da vitória de YHWH.

Aqueles que estavam no exílio, muitas vezes chamados de grupo *golah*, retornaram à terra e agora se consideram servos de YHWH, mas encontram resistência por parte daqueles que ainda estão na terra, uma situação evidente nos textos de 50—53. Por exemplo, os filhos de Sião são confrontados com relação ao seu próprio pecado pelo qual a sua mãe — uma referência à senhora Sião — foi condenada (50:1). O servo foi atacado, mas será justificado (50:6-7). Os textos falam da reprovação de outros, presumivelmente de outros judeus, mas afirmam que a fé em YHWH conduzirá à libertação duradoura, em contraste com a morte que enfrentarão aqueles que insultam os justos (51:7-8, 12).

Essa mudança de perspectiva tem sido interpretada de diversas maneiras nos últimos anos. Para alguns, os capítulos 49—55 representam novas composições que refletem a vida na terra.[53] Para ou-

e Berges, *The Book of Isaiah*, p. 348-50 (que chama a atenção para as reivindicações duplas de abandono pela senhora Sião em 49:14 e Jacó em 40:27.

[53] Assim Berges, *The Book of Isaiah*, p. 335-44, 385-87. Berges vê os capítulos 49—52, como o quarto Cântico do Servo (52:13-53:14), e 54—55 como composições separadas adicionadas em momentos diferentes.

tros, as mudanças ainda espelham o trabalho do profeta na Babilônia, que projeta como será a vida na terra.[54] Essa última parece menos provável, uma vez que tais mudanças geralmente têm a ver com pressupostos embutidos no texto, e não com declarações explícitas que indicam ao leitor que essas mudanças representam uma mudança de localização.

A importância das mudanças de cenário não deve ofuscar a proeminência de Sião personificada em 49—55. Como já foi observado, a senhora Sião desempenha um papel crucial nesses capítulos, mas as alterações retóricas que ocorrem neles ocorrem em relação à sua personagem também criam um retrato dinâmico. YHWH repetidamente fala diretamente à senhora Sião, como indicado pelos verbos e pronomes no feminino singular (49:14-26; 51:17-23; 52:1-8; 54:1-14). Esses textos assumem que o castigo terminou e encorajam Sião a reconhecer a mudança que ocorreu. YHWH retornou e restaurará a estatura e o esplendor de Sião como rainha (49:23; 54:12-13), punirá aqueles que a atormentaram (51:22-23) e exigirá o retorno de seus filhos (49:19-26; 54:1-3).

Isaías 56—66: Contestação e debate no período do Segundo Templo

Consensos, fraturas, modelos

Diferenças acentuadas no conteúdo e no cenário de Isaías 56—66 criam a necessidade de explicações adicionais. Desde a época de Bernhard Duhm, no final do século 19, Isaías 56—66 tem sido amplamente reconhecido como uma série de textos que refletem cenários posteriores aos de 40—55. Apesar desse consenso, o debate continua sobre a datação absoluta desses textos e o processo por meio do qual eles foram reunidos. Durante grande parte do século 20, esses capítulos foram muitas vezes tratados como mensagens de um único profeta anônimo, uma figura que recebeu o nome de Trito-Isaías. Nos últimos 30 anos, contudo, o foco mudou completamente, de modo que uma percentagem menor de estudiosos atribui esses capítulos a uma única figura

[54] Por exemplo, veja Williamson, *The Book of Isaiah*, p. 150-52.

profética. Em vez disso, os estudiosos têm subdividido cada vez mais os capítulos 56—66 em blocos composicionais adicionados sequencialmente, de modo que não é mais adequado referir-se a esses capítulos como sendo da autoria de "Trito-Isaías" sem adicionar qualificadores significativos a esse termo para evitar a impressão de que os textos são originários de uma única mão.

Hoje, os estudiosos recorrem a uma infinidade de modelos composicionais que pressupõem configurações bastante diversas. Uma parte significativa do problema para chegar a um acordo sobre a época das composições resulta da falta de referências históricas concretas nesses capítulos. Recentemente, os especialistas têm relatado pelo menos oito modelos que abrangem um espectro de hipóteses, desde as unificadas até as fragmentárias e suplementares.[55] Para nossos propósitos, esses modelos podem ser entendidos em três categorias, cada uma das quais apresenta variações significativas. Os modelos abordam Isaías 56—66 como obra de um único autor ou compilador, como uma série de composições centrais atualizadas por comentaristas subsequentes ou como fontes para estudos socio-históricos. Alguma sobreposição dessas categorias é inevitável.

Trabalho de um único autor/compilador. Esse primeiro modelo trata os capítulos 56—66 em grande parte como uma composição única (1—66 ou 40—66 ou 56—66). No entanto, as razões para essa abordagem unificada assumem pelo menos cinco formas diferentes. A primeira, num extremo do espectro, alguns estudiosos firmemente conservadores sublinham que somente um profeta nomeado aparece no livro.[56] Esse grupo privilegia o profeta mencionado em Isaías 1:1. Um segundo grupo que trata 56—66 como parte de uma composição única e maior do livro opera a partir de um ceticismo sistemático sobre a reconstrução histórica.[57] Esses estudiosos preferem minimizar os sinais

[55] Veja as pesquisas mais extensas em Berges, as quais se baseiam no trabalho de Vermeylen (Berges, *The Book of Isaiah,* p. 388-93; e Williamson, *The Book Called Isaiah,* p. 3-18).

[56] Por exemplo, Oswald T. Allis, *The Unity of Isaiah* (Filadélfia: Presbyterian and Reformed Publishing, 1950); Edward J. Young, *Studies in Isaiah* (Grand Rapids: Eerdmans, 1954).

[57] Veja Edgar W. Conrad, *Reading Isaiah,* OBT 27 (Mineápolis: Fortress, 1991).

de material heterogêneo em favor de temas unificadores ou técnicas editoriais, que, segundo eles, se perdem no foco nas origens diversas (e debatidas) de passagens individuais.

Uma terceira versão da teoria de autor único assume que um bloco com 56—66 unificado deriva do autor de 40—55. Nessa abordagem, as indicações de Dêutero-Isaías tornaram-se mais moderadas ao longo do tempo, à medida que esse nome encontrou resistência quando regressou a Jerusalém.[58] Tal grupo reconhece que os capítulos 56—66 apresentam uma agenda teológica distinta quando comparados aos capítulos 40—55, mas o grupo assume que um modelo de autoria individual pode explicar a teologia menos otimista como consequência da hostilidade enfrentada pelo profeta anônimo exilado, Dêutero-Isaías, ao retornar a Jerusalém.

Um quarto grupo atribui os capítulos 56—66 a um discípulo de Dêutero-Isaías durante a época da reconstrução do templo. Esse modelo também procura chegar a um acordo com o material dos capítulos 56—66 que difere da agenda teológica dos capítulos 40—55, ao mesmo tempo em que reconhece um número significativo de lugares que aludem ou fazem uso dos capítulos 1—55.[59] Críticas contra esse modelo focam no termo questionável "discípulo" porque o termo implica alguém que estudou aos pés do mestre. Esses críticos afirmam que 56—66 pressupõe um período de tempo muito longo e um espectro bastante amplo de diversidade teológica para assumir que esses capítulos foram ensinados por um único profeta de meados do século 6. Em lugar de tal pressuposto, os copistas responsáveis pelo material mais recente desses capítulos viveram quase certamente um século ou mais depois de Ciro, rei da Pérsia, que derrotou Babilônia em 539 a.C. Por essa razão, o termo "discípulo" não poderia referir-se a um seguidor que tivesse contato direto com os ensinamentos do profeta exilado.

Uma quinta versão da abordagem de autor único reconhece a dependência literária das passagens de 56—66, não apenas dos textos de

[58] Por exemplo, Julian Morgenstern, "Isaiah 49—55", *HUCA* 36 (1965): p. 1-35.

[59] Os proponentes desse modelo baseiam-se em grande parte no trabalho de Elliger nas décadas de 1920 e 1930, como Karl Elliger, Die Einheit Tritojesajas (Jes. 56—66), BWANT 45 (Stuttgart: Kohlhammer, 1933).

Isaías 40—55, mas também de Malaquias, Esdras-Neemias e alguns salmos pós-exílicos. Devido às datas reconhecidas desses outros textos, o grupo data Isaías 56—66 como pertencendo ao século 5 ou 4.[60] Contrariamente à abordagem de autor único, a maioria dos estudiosos que lidam com questões de composição em Isaías 56—66 hoje rejeitam argumentos em favor de um único autor porque não levam em conta os muitos lugares em Isaías onde o sentido claro do texto reflete cenários de períodos de tempo significativamente diversos com diferentes agendas teológicas.

Compilações redacionais com atualizações. A segunda categoria trata 56—66 como o trabalho de múltiplos colaboradores. Um grupo desses especialistas nega que um projeto bem ordenado possa ser encontrado entre 56—66. Defendem uma coleção fragmentária que carece de uma agenda editorial única.[61] Esse grupo não conquistou muitos adeptos porque, apesar da sua complexidade, a maioria dos pesquisadores encontra algum tipo de coesão organizacional, mesmo que essa se desenvolva por fases.

Um segundo grupo articula hipóteses críticas de redação que se baseiam em um núcleo de textos de Trito-Isaías que são expandidos com *Fortschreibungen,* um termo que se refere a atualizações redacionais que comentam um texto existente, de modo geral com o propósito de tornar os textos relevantes para um período posterior. Westermann atribui um núcleo fundamental a Trito-Isaías (57:14-20; 60-62; 65:16b-25), ao qual foram adicionados vários textos suplementares.[62] Vermeylen defende seis estágios redacionais decorrentes do século 5 ao 3 a.C.[63] Koenen, Sekine e Lau também sugerem um de núcleo Trito-Isaías,

[60] Esse ponto de vista foi questionado já no começo do século 20 por Karl Marti, *Das Buch Jesaja* (Tübingen: Mohr Siebeck, 1900).

[61] Wolfgang Lau, *Schriftgelehrte Prophetie in Jes 56—66: Eine Untersuchung zu den literarischen Bezügen in den letzten elf Kapiteln des Jesajabuches*, BZAW 225 (Berlin: de Gruyter, 1994).

[62] Westermann, *Isaiah 40—66*, p. 296-308

[63] Jacques Vermeylen, *Du prophète Isaïe à l'apocalyptique: Isaïe, I-XXXV, miroir d'un demi-millénaire d'expérience religieuse en Israël* (Paris: J. Gabalda, 1977-1978), 2:503.

essencialmente localizado em 60—62, expandido por qualquer lugar de duas a seis camadas de expansões editoriais.

Um terceiro grupo é semelhante ao segundo, mas as suas propostas críticas de redação argumentam que os textos centrais não remontam de forma confiável a um único autor. Ao contrário, eles atribuem esses textos ao trabalho de escribas que estavam interessados em unir composições preexistentes a fim de contribuir para o desenvolvimento do livro de Isaías. Steck é talvez o principal proponente desse modelo.[64] Tal padrão permite aos estudiosos lidar com uma diversidade de textos que têm as suas próprias propensões estruturais e agendas teológicas independentes, juntamente com textos que refletem uma consciência dos contextos imediatos e mais amplos do livro.

Abordagens socio-históricas. Vários trabalhos recentes concentraram-se em pressupostos sociológicos de textos em 56—66, procurando dessa forma evitar debates críticos sobre a fonte. Assim como os modelos históricos de redação, os proponentes desse modelo tratam 56—66 como composições anônimas, mas encontram a unidade subjacente no ambiente comunitário e nas correntes tradicionais nas quais foram compostas e coletadas. Para Plöger e Hanson, o cenário comum reflete os conflitos do início do período persa que colocaram os dois grupos opostos entre si: os justos e os ímpios.[65] Os justos representam os visionários escatológicos, cujas raízes remontam ao período de Dêutero-Isaías, mas suas agendas eram geralmente ignoradas e as pessoas eram perseguidas. Os ímpios representam as estruturas de poder hierocráticas (i.e., sacerdotais) apoiadas pela burocracia e pelo pessoal do templo que empurram cada vez mais os visionários para as margens do sistema religioso. Hanson identifica os visionários como um grupo que permaneceu na terra, enquanto o grupo dos sacerdotes reflete as agendas dos exilados que retornaram para restabelecer o templo com o apoio dos recursos fornecidos pelos persas.

---

[64] Veja Odil Hannes Steck, *Der Abschluss der Prophetie: Ein Versuch zur Frage der Vorgeschichte des Kanons* (Neukirchen-Vluyn: Neukirchener Verlag, 1991).

[65] Otto Plöger, *Theocracy and Eschatology*, trad. S. Rudman (Richmond: John Knox, 1968); Paul Hanson, *The Dawn of Apocalyptic* (Filadélfia: Fortress, 1975).

Vários estudiosos têm criticado Plöger e Hanson por criarem um sistema binário de conflito que é organizado de maneira muito simplista em um elenco de heróis e vilões. Schramm, em particular, questiona como os visionários poderiam ter produzido o mais influente dos livros proféticos se tivessem sido tão marginalizados como Hanson sugere.[66] Em oposição a isso, Schramm observa que os estudos sobre Isaías demonstraram as inúmeras maneiras pelas quais os capítulos 56—66 dependem de um conhecimento profundo de 40—55, o que, segundo muitos relatos, provém de um grupo *golah*. Tal familiaridade contradiz a afirmação de Hanson de que Isaías 56—66 reflete os interesses de um grupo autóctone que permaneceu na terra.[67] Schramm argumenta que o grupo responsável por 56—66 tinha uma ligação mais em comum com os zadoquitas do que Hanson percebeu, e que as palavras polêmicas de Isaías 56—66 teriam sido dirigidas contra aqueles que praticavam a "religião israelita pré-exílica tradicional".[68]

Beuken concentra-se na continuidade entre o servo de 40—55 e os servos de 56—66 como indicativo de um grupo contínuo de copistas que se via como herdeiro do servo sofredor.[69] Ele também reconhece que os capítulos 65—66 constituem uma unidade bem composta que encerra explorações temáticas de Trito-Isaías (capítulos 56—64), Dêutero-Isaías e o livro de Isaías.[70] Beuken analisa cuidadosamente a maneira pela qual os servos estão presentes em 56—66 com base em um vocabulário inter-relacionado, mesmo quando não são mencionados explicitamente. Beuken entende que esses servos são filhos de Sião. Ele reconhece que os servos se opõem a outro grupo descrito no texto, mas não especula sobre identidades específicas num cenário histórico concreto para além desses conhecimentos gerais.

---

[66] Brooks Schramm, *Opponents of Third Isaiah*, JSOTSup 193 (Nova York: T & T Clark), p. 81-111.

[67] Schramm, *Opponents of Third Isaiah*, p. 108-9.

[68] Schramm, *Opponents of Third Isaiah*, p. 111.

[69] Willem A. M. Beuken, "The Main Theme of Trito-Isaiah: The 'Servants of Yhwh'", *JSOT* 47 (1990): p. 81.

[70] Willem Beuken, "Isaiah Chapters LXV-LXVI: Trito-Isaiah and the Closure of the Book of Isaiah", in *Congress Volume: Leuven, 1989*, ed. John A. Emerton, VTSup 43 (Leiden: Brill, 1991), p. 204-21.

Albertz reitera que a identificação desses grupos de transmissão não é apenas uma questão de documentar técnicas literárias, mas de reconhecer que tais grupos se aglutinam em torno de ideologias políticas ou religiosas compartilhadas.[71] Albertz trata a profecia escatológica no início do período persa como o resultado da religião oficial em uma resposta complexa às promessas fracassadas de Dêutero-Isaías que não foram cumpridas com a construção do templo.[72] Onde o compromisso exílico resultou em uma revisão da Torá, pelo fracasso das promessas proféticas de inaugurar uma nova era de prosperidade que levou a três respostas na literatura profética do início do período persa: (1) atenuação das expectativas proféticas com declarações muito genéricas, (2) marginalização social de grupos proféticos que não concordaram com as estruturas hierárquicas à medida que o culto se desenvolveu, e (3) observação de um nível crescente de expectativas escatológicas.[73]

Em Isaías 60—62, encontramos evidências para todas as três respostas. Albertz cita um exemplo da mudança na expectativa concreta da realeza em comparação com a linguagem real em Ageu (2:20-23). Em lugar disso, Isaías 62:3 retrata Sião personificada como uma figura real. A marginalização social reflete-se na perda do status sacerdotal. Ao invés de se referir apenas ao sacerdócio, esse texto retrata o povo como um todo, em termos sacerdotais (61:6; 62:12), e o povo serve como sacerdotes para as nações, apresentando-se com muitos dons. Também surgem expectativas escatológicas crescentes. Ainda emergem promessas de prosperidade econômica (60:5-9; 61:4-5), porém a sua grandiosidade não cumprida empurra essas promessas ainda mais para o futuro.

---

[71] Rainer Albertz, *A History of Israelite Religion in the Old Testament Period*, vol. 2, *From the Exile to the Maccabees*, trad. John Bowden, OTL (Louisville: Westminster John Knox, 1994).

[72] Albertz, *A History of Israelite Religion*, 2:442, p. 454-58.

[73] Albertz ilustra o primeiro desses elementos em Ageu—Zacarias e os dois últimos com Isaías 60—62. Para ele, uma camada de redação foi adicionada em Ageu e Zacarias (Ag 2:5a; Zc 1:1-6; 6:15b; 7:1—8:19) que usava a linguagem deuteronomista e a linguagem de JerD para mudar as incondicionais promessas de Ageu e Zacarias até as promessas que dependiam da obediência à Torá.

Os blocos composicionais

Apesar da grande variedade de modelos, já mencionados, empregados para explorar Isaías 56—66, pontos significativos de acordo começaram a surgir. Primeiramente, ao examinar Isaías 56—66, é melhor dividir esses capítulos em três ou quatro unidades maiores. Em termos de cronologias relativas, esses blocos composicionais incluem os capítulos 60—62; 56—59; e 63—66 (bloco que às vezes é subdividido em 63—64 e 65—66).

Isaías 60—62: Diálogos com a senhora Sião e o Servo

Em grande parte, considerado o bloco de texto 56—66 mais antigo, os capítulos 60—62 compartilham a perspectiva otimista para Sião que aparece em 40—55, todavia o cenário assumido em 60—62 tem uma perspectiva posterior. Esses capítulos baseiam-se extensivamente nas imagens de Isaías 40—55 e fazem referência cruzada a outras partes de 60—62.[74]

Os capítulos 60 e 62 abordam a senhora Sião diretamente (pronomes e verbos no feminino singular), enquanto 61 se dirige ao povo como um grupo. O orador nesses capítulos muitas vezes muda a forma de falar sobre YHWH na terceira pessoa (i.e., 62:2-3, 5-7, 9, 11-12) para apresentar YHWH falando na primeira pessoa (62:1, 8). A maioria dos estudiosos data o núcleo desses capítulos como sendo da primeira metade do século 5, antes de algumas das questões se tornarem tão controversas quanto parecem se mostrar em Esdras e Neemias.

O capítulo 60 de Isaías baseia-se fortemente nos capítulos 49 e 51, enquanto Isaías 61 utiliza a linguagem dos Cânticos do Servo de 42 e 49. O orador, em 61:1-3, apresenta as características do servo de YHWH com alusões específicas a 42:1, 3, 6, 7 e 49:8-9, juntamente com algumas frases que também são apresentadas nos capítulos 40—55. Retoricamente, o orador, em 61:1-3, reivindica a unção do servo de YHWH para reiterar o objetivo da restauração em 61:4-6: reconstruir a terra (61:4) para que os estrangeiros sirvam a YHWH (62:5), cujo povo,

[74] Veja Berges, *The Book of Isaiah*, p. 401-34.

por sua vez, servirá como sacerdote para YHWH (62:6). Ao fazer isso, Isaías 61 transfere em grande parte a tarefa do servo para o povo.

Isaías 62 baseia-se nas frases dos capítulos 40, 48, 49, 51 e 52, mas adapta a linguagem para uma nova situação. Por exemplo, Isaías 62:4-5 alude a 54:1-6 com suas referências a Sião como uma mulher que é a "abandonada" (54:6; 62:4; 60:15), a "desolada" (54:1; 62:4; 61:4), e a "casada" (62:4, usando o particípio feminino de *b'l* para se referir a Sião como a esposa, enquanto 54:5 usa o particípio masculino de *b'l* para se referir a YHWH). Por outro lado, o status da senhora Sião mudou em 62:4-5, uma vez que ela não está mais abandonada ou desolada, e seu marido se apraz com ela. Então, para o leitor do capítulo 62, tais formulações mais uma vez proporcionam continuidade e uma sensação de que o tempo já passou. Algo mudou, embora muitas das promessas não tivessem sido cumpridas.

A referência aos muros de Sião com sentinelas e pessoas passando por seus portões aparece no final do bloco (62:6-10), embora este comece (60:10) com expectativas de que os muros e os portões serão construídos em breve. Como resultado, percebe-se algum nível de movimento espacial e cronológico na disposição dos três capítulos. Deve-se também observar a tarefa das sentinelas. O texto presume que a tarefa principal das sentinelas é pedir a YHWH que cumpra as suas promessas para a glória de Sião (62.6b-7). A esperança expressa em Isaías 62 não procura muros de prata e ouro, como em Isaías 60:2, 6, 9. Em vez disso, articula promessas de uma Sião glorificada por sua justiça e beleza como uma rainha (62:2-3). O autor anseia voltar aos ritmos normais da vida. Os versículos falam da esperança de que os alimentos cultivados não serão levados por estrangeiros, mas fornecerão sustento para aqueles que os cultivaram (62:8). Ele espera que as portas de Sião sejam abertas para um povo santo e redimido.

Isaías 56:9—59:21: Culpando o povo e aguardando uma mudança

Em meados do século 5, apesar do retorno do povo a Judá e da reconstrução do templo, todos puderam ver que esses eventos não resultaram na prometida restauração de Sião, conforme previsto nas partes anteriores dos capítulos 40—55 (+ 60—62). O povo regressou, o templo foi reconstruído, porém mesmo assim a situação econômica de Sião não correspondeu às expectativas utópicas pronunciadas nos capítulos anteriores.

O fracasso dessas promessas exigiu uma revisão da mensagem. Em resposta, Isaías 56—59 coloca a culpa no povo e, em última análise, afirma que somente aqueles que se afastarem dos pecados de Jacó se beneficiarão da chegada do redentor (*gōēl*) para restaurar a justiça e a retidão (veja 59:15b-21). Ao colocar esses argumentos antes de 60—62, aqueles que redigiram 56:9—59:21 acrescentaram acusações de transgressões e apelos ao arrependimento para esclarecer que o cumprimento das promessas de restauração aconteceria apenas para aqueles que voltassem as costas aos pecados de Jacó.

Os pecados de Jacó impedem assim que a restauração se concretize plenamente. Os pecados articulados nesses capítulos representam uma combinação do fracasso do culto e das práticas éticas. As práticas de culto condenadas incluem a adoração de ídolos, bem como celebrações de jejum e sábado com motivações impróprias.

Isaías 57:6-13 propõe uma linguagem de prostituição e adultério usada na unidade anterior para confrontar o povo (57:3) e, ao fazê-lo, condena a idolatria de Sião. Essa forma de perífrase aparece repetidamente na poesia profética e aqui assume que qualquer presente oferecido a um poder que não seja YHWH configura idolatria: uma traição ao vínculo conjugal que deveria existir entre YHWH e a senhora Sião. Os versículos 6-13 são coerentes em torno da indicação específica à senhora Sião, usando formas femininas singulares. Isaías 57:6 a acusa de derramar libações e ofertas de cereais e de seduzir seus amantes impuros (57:7-8). Os versículos seguintes (9-10) apresentam outras ações sedutoras em termos metafóricos, como o envio de óleo e perfumes ao rei (estrangeiro).[75] As imagens nesses versículos também

[75] A NRSV, CEB e a NVI assumem corrupção textual para 57:9 e traduzem incorretamente *lammelek* ("ao rei") no TM como "Moloque". Veja NAS, NET e KJV que seguem o TM. Essa decisão é influenciada pela referência ao sacrifício de crianças em 57:5. Blenkinsopp tende a seguir a NRSV também, mas também observa que essa palavra é um dos vários (provavelmente deliberados) duplos sentidos na passagem.

sugerem a condenação dos cultos aos mortos.[76] O fato de que a idolatria carrega dimensões políticas *e* religiosas, não deveria surpreender, pois aparece com destaque nos textos proféticos que utilizam a infidelidade de uma personagem feminina para condenar a idolatria de Israel (Os 2) ou de Jerusalém (Jr 2—4; Ez 16; 23). O que se destaca claramente em Isaías 57 é a mudança de atitude em relação à senhora Sião que essa passagem representa em comparação com o papel que ela desempenha em Isaías 40—55 (e 60—62). Lá ela era um símbolo de promessa; aqui ela é condenada por seduzir um rei. Assim como na condenação do povo e das sentinelas acusadas de atenderem a seus próprios desejos (56:9-12 e 57:1-3), a punição da senhora Sião em 57:6-13 por idolatria reforça uma mudança radical de mensagem que começou em 56:9.

A condenação do jejum e das celebrações do sábado é central em Isaías 58. O texto de Isaías 58:3-6 refere-se sete vezes ao jejum que o povo faz na esperança de receber os julgamentos justos de YHWH (58:2). YHWH assume que o povo está "profanando o sábado" em 58:13-14, enquanto Ele os exorta a fazer uma mudança, empregando uma série de declarações condicionais (observe o "se" em 58:13 e "então" no início de 58:14). YHWH condena a celebração deles porque eles a desonram ao "fazer o que bem" entendem. Eles não reconhecem a santidade do dia de YHWH (58:13). Além do fato de que essas unidades (58:3-6 e 58:13-14) reprovam o comportamento cultual do povo, a retórica das passagens, bem como o material interveniente e envolvente em 56:9—59:21, deixando claro que o problema não reside nas práticas da observação do sábado e do jejum em si, e sim na motivação das pessoas e no seu desconhecimento da justiça social e do comportamento ético.

As acusações éticas nesses capítulos estão no centro dos argumentos apresentados por YHWH sobre o que há de errado com a observância do culto. O questionamento da eficácia do jejum (58:3) não condena o próprio jejum. Condena-o porque o praticante acredita que

---

Veja Joseph Blenkinsopp, *Isaiah 56—66: A New Translation with Introduction and Commentary*, AB 19B (Nova York: Doubleday, 2003), p. 160-63.

[76] Veja Blenkinsopp, *Isaiah 56—66*, p. 159, 164.

o jejum lhe trará algum resultado benéfico. O tom sarcástico decorre das perguntas retóricas que abrem e encerram o desafio da situação atual: "Por que nos humilhamos e não reparaste?" (58:3a)... "É isso que vocês chamam jejum, um dia aceitável ao SENHOR [YHWH]?" (58:5b β) Entre (58:3b-5b α), YHWH responde a essas perguntas, dizendo essencialmente ao povo: "Contudo, no *dia* do seu jejum vocês fazem o que é do agrado de *vocês*... Seu jejum termina em discussão e rixa, e em brigas de socos brutais". Não admira que YHWH não preste atenção a eles. Os versículos 6-8 invertem o argumento e descrevem o tipo de jejum que YHWH deseja: um dia para enfrentar a injustiça, para desafiar a opressão, para alimentar e abrigar os pobres e os desabrigados.

A maior parte do texto restante nesses capítulos desafia os ímpios que não conseguem demonstrar justiça e retidão, mas oferece esperança aos humildes e contritos: 57:14-21; 58:7-12; 59:1-15a. YHWH confronta aqueles que exercem poder sobre os contritos de coração (57:15, 20-21). YHWH acusa os ímpios de não praticarem a retidão e a justiça, ainda quando fingem fazê-lo (58:2).

Mesmo a última passagem (59:15b-21), que pronuncia a ira iminente de YHWH em termos de vingança contra seus inimigos (59:18), conclui com a promessa de um redentor para Sião e Jacó, para aqueles que "arrependerem-se dos seus pecados" (59:20). Além dessas declarações básicas, contudo, continua sendo difícil criar um consenso para datar os capítulos. A maioria dos especialistas recentes tende a argumentar que a declaração ocorreu durante algum tempo em meados do século 5, embora estudiosos importantes defendam fortemente o final do século 6 ou início do século 5, sendo que vários especialistas datam esses capítulos do final do período persa ou do início do período helenístico.[77] Os argumentos de Berges para uma data na segunda metade do século 5 parecem ser os mais plausíveis nesse ponto.

---

[77] Veja "Diagrama IV" in Berges, *The Book of Isaiah*, p. 520; e Steck, *Abschluss der Prophetie*, p. 196-98. Para Berges, a fase final de Isaías ocorre no início do século 4. Steck estende-se até as últimas partes do século 3 a.C.

Isaías 63—66: Vitória sobre Edom e um chamado aos servos

Os estudiosos chegaram a um certo consenso no que diz respeito a relação cronológica entre Isaías 63—66 e o restante do livro bem como a sua função como conclusão literária de Isaías.[78] No entanto, o desacordo continua no que se refere à datação absoluta. Grande parte dos especialistas aponta a data para esses capítulos em meados do século 5 a.C., mas um número significativo deles data os materiais do final do século 6, do período helenístico, ou em pontos intermediários.[79] Uma data em algum momento do século 4 a.C. parece mais provável. Os tratados mais recentes reconhecem que os capítulos 63—66 baseiam-se em formulações de Isaías para concluir o livro como um todo. Esses capítulos desenvolvem uma certa progressão lógica, ao mesmo tempo que criam ligações temáticas e alusivas a outras partes de Isaías (especialmente os capítulos 1, 2, 11, 34 e 56).

As unidades que constituem esses capítulos destacam-se claramente: 63:1-6; 63:7-64:11; 65; 66. Isaías 63:1-6 representa uma teofania que descreve o retorno vitorioso de YHWH da batalha contra Edom.[80]

---

[78] Judith Gärtner, *Jesaja 66 und Sacharja 14 als Summe der Prophetie: Eine traditions-und redaktionsgeschichtliche Untersuchung zum Abschluss des Jesaja-und des Zwölfprophetenbuches*, WMANT 114 (Neukirchen-Vluyn: Neukirchener Verlag, 2006), p. 1-7, 10-11.

[79] Embora os estudiosos concordem amplamente sobre a datação relativa desses capítulos como sendo posterior à dos capítulos 40—55, ainda não existe consenso quanto à sua datação absoluta. Vários estudos recentes sugeriram a possibilidade de que o grupo mais inclusivo responsável pelo material mais atual tenha em vista como adversários aqueles associados às reformas iniciadas por Esdras e Neemias, ou pelo menos que esses capítulos pressuponham a definição em meados do século 5 em Judá. Outros especialistas concluíram que esses capítulos pertencem ao período persa ou helenístico posterior. Veja Berges, *The Book of Isaiah*, p. 452-53; Blenkinsopp, *Isaiah 56—66, 51—54*; Lena-Sofia Tiemeyer, *Priestly Rites and Prophetic Rage: Post-exilic Critique of the Priesthood, FAT 2/19 (Tubingen: Mohr Siebeck, 2006), p. 274-86, todos os quais reconhecem uma relação complicada entre tais grupos. Veja também Odil Hannes Steck, "Zu jungsten Untersuchungen von Jes 56:1-8; 63:7-24", in Studien zuTritojesaja, BZAW 203 (Berlin: de Gruyter, 1993), p. 233-42; Gärtner, Jesaja 66 und Sacharja 14, passim; Konrad Schmid, The Old Testament: A Literary History, trad. Linda M. Maloney (Mineápolis: Fortress, 2012), p. 207–8.*

[80] Berges tem uma opinião diferente sobre essa passagem, argumentando que YHWH está continuamente em Jerusalém a fim de combater os inimigos dos servos de

Como vários estudiosos têm observado, essa passagem se conecta a Isaías 34, um texto que previa que o julgamento de YHWH contra as nações começaria com a punição para Edom (veja especialmente 34:5-15). Assim como Isaías 34:5-6 antecipa um evento futuro quando a espada de YHWH será saciada com sangue em uma batalha contra Edom/Bozra, então 63:1-6 descreve o retorno de YHWH vindo de uma batalha travada contra Edom/Bozra. O fato de que a batalha em 63:1-6 acabara de ocorrer (as vestes de YHWH ainda estavam manchadas de sangue) serve tanto para cumprir a expectativa de Isaías 34 quanto para aumentar a expectativa de que o julgamento de YHWH contra outras nações ocorrerá agora (portanto, continuando em Is 34:2-4).

Isaías 63:7—64:11 se destaca como uma unidade literária por motivos estilísticos e de crítica formal. No que diz respeito ao estilo, a combinação do orador da linguagem de "Eu" e "nós/nos" (particularmente no início e no final da unidade) distingue esses versículos dos versículos anteriores onde o "Eu" que fala é YHWH. Em 63:7—64:11, o povo relata uma queixa e uma confissão coletiva, passando de uma palavra introdutória de louvor (64:7) para uma reminiscência histórica da libertação do Egito (64:8-14a), a uma petição estendida para que YHWH mude a presente situação de sofrimento (63:14b-64:11).[81] Os estudiosos não têm concordado inteiramente sobre se esses versículos representam ou não uma composição preexistente que foi inserida aqui ou se a reclamação coletiva foi ou não escrita para essa posição.[82] Vários

YHWH na comunidade pós-exílica da Judeia. Veja Berges, *The Book of Isaiah*, p. 199-202, 399-400, 453-454. Embora sua leitura certamente exiba considerável coerência, ela deve basear o argumento na afirmação de que 63:6 representa uma adição posterior a 63:1-5.

[81] Os comentaristas têm, por vezes, referido erroneamente à unidade inteira como uma confissão de pecados. Na realidade, porém, o gênero é mais complicado do ponto de vista retórico, considerando que o povo *faz uma petição* a YHWH. Eles se referem aos eventos do passado, perguntam onde YHWH está agora (63:15), questionam por que YHWH se desviou deles (63:17) e pedem a YHWH que retorne para libertar seu povo de seus adversários (63:17b—64:11). Certamente 64:5 oferece uma breve confissão de pecados, mas o restante dessa unidade descreve uma situação desesperadora ou pede a YHWH que cesse a punição.

[82] Por exemplo, Blenkinsopp é cético quanto ao fato de a "composição semelhante a um salmo" ter sido escrita para o seu contexto (Blenkinsopp, *Isaiah 56—66*, p. 257).

especialistas datam essa composição no período exílico porque ela se concentra nas descrições da punição (64:12), a qual deixou Jerusalém e as cidades de Judá destruídas (64:10).[83] Apesar dessas referências, a ênfase nas petições frequentemente tem a ver com a longa duração da pena. Em face dessa ênfase, e devido ao fato de que as muralhas de Jerusalém nas narrativas bíblicas não haviam sido reconstruídas senão até ao tempo de Neemias (445 a.C.), cerca de 70 anos após a construção inicial do Segundo Templo, pode-se facilmente imaginar que essa linguagem de reclamação poderia ter sido relevante em praticamente qualquer momento do século 5, e até mesmo depois. Considere, por exemplo, Neemias 9:32, que relata um discurso de Esdras no tempo de Neemias que oferece uma perspectiva muito semelhante. Essa oração contém um longo ensaio acerca da história de Israel (Ne 9:9-31) seguido por uma petição para que sejam removidas as dificuldades daquele tempo que duram desde "os dias dos reis da Assíria até hoje" (Ne 9:32). Esse texto de Neemias retrata a metade do século 5 como uma época em que Judá ainda sofria sob o castigo de YHWH.

Isaías 65 muda o orador mais uma vez e funciona como a resposta divina a 63:7—64:11. Essa resposta ocorre em três movimentos retóricos (65:1-7, 8-16, 17-25). Em 65:1-7, YHWH afirma sua disposição de responder, mas descreve as ações daqueles que atualmente o provocam através de uma série de práticas abomináveis (sacrifícios em seus jardins, queima de incenso, passar a noite em tumbas, comer carne de porco e outros alimentos contaminados).

A segunda seção (65:8-16) oferece uma promessa aos servos que se baseia em vários outros textos (dentro e fora de Isaías). Tratados recentes sobre Isaías também citaram essa passagem como o meio pelo qual

---

Por outro lado, outros veem 63:7—64:11 como uma resposta ao material anterior contra Edom. Essa opinião tem sido expressa regularmente desde a época de Duhm *(Das Buch Jesaja,* p. 469). Veja também o trabalho de Bautch, argumentando que um lamento preexistente foi adaptado para esse contexto (Richard J. Bautch, "Lament Regained in Trito-Isaiah's Penitential Prayer", in The Origins of Penitential Prayer *in Second Temple Judaism,* vol. 1, *Seeking the Favor of God,* ed. Mark J. Boda, Daniel K. Falk e Rodney Werline, *Early Judaism and Its Literature* 21 [Atlanta: SBL, 2006], p. 83-99).

[83] Veja o resumo em Blenkinsopp, *Isaiah 56—66, p.* 257-58.

o caráter do servo em Isaías 40—66 muda a identidade de servo para servos de YHWH. Referências aos servos aparecem sete vezes nesses versículos (65:8, 9, 13 [três vezes], 14, 15). A promessa consiste de imagens positivas e negativas de que a terra se tornará fértil para os servos de YHWH, mas YHWH também aniquilará aqueles que o abandonarem (65:11-12).

A terceira seção (65:17-25) continua a promessa para os servos com uma mudança de tema para a iminente criação de um novo céu e uma nova terra por YHWH (65:17). Essa promessa concentra-se menos na fertilidade e mais na perseverança da alegria em Jerusalém (65:18-19), na longevidade da vida (65:20, 22b), na longevidade das habitações (65:21-22a), na continuidade de uma vida agradável de trabalho duradouro e nos descendentes (65:23-24). Aqui, essa vida aparece numa citação da bênção e maldição deuteronômica (Dt 8:12; 28:30; veja também Jr 29:5). Por fim, o versículo final do capítulo (65:25) descreve o novo céu e nova terra com uma citação do reino pacífico de Isaías 11:6, 9.

Isaías 66 encerra o livro retornando a alguns dos temas que abrem Isaías 1—2. A casa de YHWH serve como um lugar onde aquilo que alguém sacrifica é menos significativo do que o modo como alguém se comporta em relação aos pobres (66:2-4; cf. 1:11-17). Da mesma forma, a referência ao templo como o local de descanso de YHWH (66:1) imediatamente após uma referência ao reino pacífico (65:25) oferece um paralelo sugestivo ao reino de paz (11:6-9), seguido pelo templo como local de descanso de YHWH (11:10). Essas e outras alusões ilustram a função do capítulo 66 como a conclusão do livro.[84] Da mesma forma, a abertura para a inclusão de estrangeiros em 66:18-23 liga o final de Isaías 66 tematicamente com 56:1-8 (uma passagem cada vez mais associada à mesma camada redacional do capítulo 66) e 2:2-4.

Em suma, Isaías 66 demonstra uma consciência aguçada de todo o livro, mas acrescenta também uma agenda teológica distinta. A necessidade de arrependimento e do temor pela palavra de YHWH são

[84] Veja também a frase daqueles que "se rebelaram contra mim" (1:2; 66:24) no versículo inicial após o cabeçalho e no último versículo do livro que descreve a destruição dos rebeldes e pecadores, deixando um remanescente em Sião (cf. 1:27-28).

pressupostos (66:5) antes que venha o julgamento de YHWH (66:6). É distinto, porém, o fato de Isaías 66 antecipar o julgamento que virá sobre os inimigos de YHWH, tanto dentro quanto fora de Judá. Os ímpios a serem julgados, portanto, não são apenas nações estrangeiras, assim como os estrangeiros estarão entre os salvos em Sião (66:18-23). O grupo com o qual o autor desse capítulo se identifica (aqueles que tremem diante da palavra de YHWH em 66:5) sofreu nas mãos de outro grupo ("Seus irmãos que os odeiam e os excluem", 66:5). Esse antagonismo reflete uma divisão dentro da comunidade pós-exílica que foi particularmente aguda no que diz respeito às atitudes em relação aos estrangeiros e ao papel de Israel perante as nações. O autor de Isaías 66 (provavelmente junto com 2:2-4 e 56:1-8) está aberto ao envolvimento de estrangeiros *que professem lealdade a YHWH* (66:19-20) e até inclui a possibilidade de servirem no templo (56:3-6; 66:21).

Alguns também notaram que o trabalho mais recente sobre Isaías também trouxe uma série de paralelos temáticos com outras partes do cânone profético. Acima de tudo, estes incluem os temas paralelos de Isaías 66 e Zacarias 14.[85] No último estágio do trabalho editorial, o papel de Isaías como um compêndio de profecia do período assírio ao persa serviu para ajudar a estruturar o livro e seus topoi. Tal como o Livro dos Doze, essa longa duração do encontro profético entre YHWH e seu povo estrutura o livro como um todo e ajuda a fornecer o contexto por meio do qual deve ser compreendido. Repetidamente força o leitor a se reorientar para alterar as configurações. Isaías 32—35 olha para além dos eventos do século 7 tratados em 28—31, mas 36—39 força o leitor a voltar para a época de Ezequias, antes que o restante do livro exija que o leitor visualize o retorno da Babilônia (40— 48) e a restauração de Sião (49—55), antes de explorar a resistência encontrada pelos servos de YHWH uma vez de volta à terra. No entanto, Isaías transmite

[85] Steck, *Der Abschluß der Prophetie*, p. 29-30, 43-46; Gärtner, *Jesaja 66 und Sacharja 14*; James D. Nogalski, "Intertextuality in the Twelve", in *Forming Prophetic Literature: Essays on Isaiah and the Twelve in Honor of John D. W. Watts*, ed. James W. Watts e Paul House, JSOTSupp 235 (Sheffield: JSOT Press, 1996), p. 123-24; Schmid, *The Old Testament: A Literary History*, p. 208.

um sentido de promessa para o futuro destinado ao "humilde e contrito de espírito, que treme diante da minha palavra" (66:2).

QUESTÕES PARA DISCUSSÃO

1. O que são as "Memórias de Isaías" e como elas funcionam em Isaías 4—12?
2. Como as coleções e composições de Isaías 1—12 apresentam os temas de Isaías em relação à guerra Siro-Efraimita e suas consequências?
3. Qual é o papel de Isaías 24—27 para o leitor do livro?
4. Descreva as quatro figuras dos capítulos 36—39 e sua relação com 2Reis 18—20 e 2Crônicas 29—32 com as primeiras partes de Isaías que tratam de Ezequias.
5. Explique as diferentes perspectivas de Isaías 40—48 e 49—55.
6. Descreva a relação entre culto e ética em Isaías 56—66.

2

Jeremias

Contexto histórico

Os livros de Jeremias e Ezequiel não podem ser compreendidos a não ser que sejam apreciadas as mudanças dramáticas que estavam acontecendo na Mesopotâmia e no Egito, bem como em Judá. Enquanto Isaías e os Doze se concentram mais extensivamente na ascensão e queda da Assíria, Jeremias e Ezequiel lidam com os poderes concorrentes da Babilônia e do Egito. Se Isaías e os Doze ignoram em grande parte os acontecimentos da destruição de Jerusalém e dos seus exílios, Jeremias dedica um espaço considerável à avaliação dos acontecimentos que levaram à primeira deportação de habitantes de Jerusalém (597 a.C.), à destruição da cidade (587 a.C.) e às consequências a partir da perspectiva daqueles que permaneceram em Judá. Em contraste, Ezequiel inicia a sua mensagem em meio à primeira deportação do povo, mas o agir profético ocorre entre as comunidades deportadas para a Babilônia. Portanto, para compreender os livros de Jeremias e Ezequiel, é preciso levar em conta uma certa quantidade de informações sobre a situação política externa e interna no final do século 7 e início do século 6 a.C.

Potências regionais concorrentes: Assíria, Babilônia, Egito e outras

Os acontecimentos mostrados no livro de Jeremias relativos à vida do profeta refletem o conhecimento e a interpretação dos fatos do último quarto do século 7 a.C. e das duas primeiras décadas do século 6 (aproximadamente 626-582 a.C.). Os eventos políticos e sociais que tiveram lugar em Judá e noutros locais durante esse período remodelaram significativamente a dinâmica de poder da região. Para contextualizar tais fatos, é necessário compreender alguns dos movimentos políticos em grande escala do século anterior. Três grandes potências, Assíria, Babilônia e Egito tentaram controlar a região com vários níveis de sucesso, mas cada uma à sua maneira desencadeou eventos que desempenharam um efeito profundo na vida política e religiosa de Judá.

Expansão e declínio da Assíria

O final do século 7 viu a ascensão da Assíria como a primeira superpotência verdadeiramente regional a controlar terras desde a Mesopotâmia até ao mar Mediterrâneo. A expansão assíria ao longo da costa do Mediterrâneo e no Egito continuou até o século 7, culminando na captura de Tebas em 663 a.C. Tebas funcionava essencialmente como a capital do Egito na época, e sua captura deu à Assíria acesso desenfreado a toda a costa oriental desde o mar Mediterrâneo até o rio Nilo. Contudo, conseguir poder e ser capaz de mantê-lo, revelaram-se duas tarefas muito distintas. Em cerca de quarenta anos, o controle assírio do Egito não era mais uma realidade política, embora os dois permanecessem aliados bastante próximos. O Egito dominava as suas próprias fronteiras e a maior parte das rotas comerciais do sul, do Mediterrâneo ao mar Vermelho. A Assíria ultrapassou sua capacidade de controlar diretamente todo esse território. Também começou a sofrer problemas internos à medida que facções em guerra e reivindicações rivais por partes do território enfraqueciam a sua capacidade de cobrar impostos, de sustentar a guerra e de manter os seus muitos grupos de povos sob seu controle. Em 627, a morte do monarca assírio Assurbanípal exacerbou essas tensões, e uma guerra civil prolongada criou um vácuo político que encorajou várias nações (em última análise, incluindo até mesmo Judá) a procurar maior autonomia diante da hegemonia da superpotência. Esses acontecimentos enfraqueceram a Assíria e, em 612 a.C., os babilônios conquistaram Nínive, sua capital.

Usurpação babilônica

No últimos anos do século 7 a.C., após a morte de Assurbanípal, Babilônia buscou preencher o vácuo de poder. O rei da Babilônia liderou uma revolta contra os assírios, conseguindo destruir seus últimos vestígios como potência regional. Após a destruição de Nínive, a Babilônia agiu para solidificar as suas participações na Mesopotâmia, mas também precisou lidar com focos persistentes de resistência do antigo reino assírio. Não surpreende que muitos dos territórios nas regiões ocidentais periféricas do antigo estado tenham tomado medidas para criar, ou restabelecer, as suas próprias nações autônomas. Essas ações colocaram a Babilônia em rota de colisão com o Egito e também com países menores que tinham suas próprias ambições, como a Filístia, Judá, a Fenícia e a Síria, todos os quais procuravam a sua independência. A Babilônia, como potência vitoriosa, sentiu-se no direito de reivindicar os territórios anteriormente controlados pela Assíria. Muitos desses territórios, no entanto, que haviam sofrido economicamente enquanto pagavam altos impostos à Assíria, resistiriam às tentativas da Babilônia de lhes impor tributos. À medida que esses territórios se revoltavam, a Babilônia lançava campanhas militares para os manter sob controle. Além da incursão babilônica, a influência egípcia tinha crescido na região durante as décadas que antecederam a destruição de Nínive, e o Egito continuou a usar seu poder para resistir ao propósito da Babilônia de dominá-lo.

Defesa e intriga egípcia

Nas décadas anteriores à destruição de Nínive em 612 a.C., o Egito serviu como aliado leal da Assíria. Esta, por sua vez, proporcionou ao Egito maior controle das rotas comerciais que iam do mar Vermelho ao Mediterrâneo. À medida que a guerra entre a Assíria e a Babilônia enfraqueceu o domínio assírio, após a morte de Assurbanípal em 627, o

Egito também procurou controlar a costa oriental do Mediterrâneo até ao norte da Síria. Após a queda de Nínive em 612 a.C., a nação egípcia continuou a servir aos interesses do rei assírio que fugira dos babilônios. Em 609, o faraó Neco II matou o rei Josias, de Judá (2Rs 23:29), presumivelmente porque Neco considerava Josias uma ameaça aos interesses egípcios na região. Quase imediatamente, o Egito inseriu-se na política da Judeia ao instalar um dos filhos de Josias, Jeoaquim, no trono em Jerusalém, no lugar do filho mais novo de Josias, Jeoacaz, que reinou durante três meses após a morte de seu pai. A Babilônia continuou a buscar o controle da costa oriental do Mediterrâneo até 605, na batalha de Carquemis (na Síria), quando Nabucodonosor II da Babilônia derrotou o Egito. Essa derrota o forçou a recuar para o seu próprio território, onde manteve com sucesso uma política de contenção que impediu a Babilônia de capturá-lo como a Assíria havia feito. Embora Nabucodonosor tentasse periodicamente conquistar o Egito, ele nunca conseguiu fazê-lo. As políticas egípcias em relação à região do Levante foram concebidas para usar esses países como barreiras contra a Babilônia. Ao encorajar a insatisfação com o domínio babilônico, o Egito procurou enfraquecer a capacidade da Babilônia de montar uma campanha eficaz contra o seu território.

Em resumo, a queda da Assíria e a ascensão da Babilônia, no oriente, coincidiram com a ascensão econômica e militar do Egito — primeiro, como aliado da Assíria, e depois como reino independente. Essas duas grandes potências procuraram posteriormente o controle político e econômico da costa mediterrânica e dos países vizinhos como Judá, a fim de solidificar o controle das rotas comerciais de e para o mar Mediterrâneo. Essas ambições concorrentes criaram condições politicamente instáveis para toda a região entre o Egito e a Babilônia na última década do século 7 e nas duas primeiras décadas do século 6. Jeremias atuou como profeta durante grande parte desse período de tempo.

Os vizinhos de Judá

Os vizinhos de Judá enfrentaram as mesmas dificuldades e estavam igualmente vulneráveis de serem envolvidos na disputa entre as duas maiores potências, o Egito e a Babilônia. Nem todos agiram da mesma maneira. Os países ao redor de Judá incluíam Filístia, Fenícia, Amom, Moabe e Edom. De acordo com Jeremias 27:3, representantes dessas nações (excluindo a Filístia) reuniram-se, em 593 a.C., em Jerusalém na esperança de chegar a algum tipo de estratégia unificada para se protegerem das incursões babilônicas. O texto não diz se chegaram a um acordo, mas os acontecimentos subsequentes sugerem que não houve consenso. A Filístia rebelou-se contra a Babilônia em 604, fazendo com que esta retaliasse e assumisse o controle de seu território, matando ou exilando os reis de Asdode, Ascalom, Ecrom e Gaza. A Babilônia também sitiou Tiro, a principal cidade da Fenícia. O cerco começou por volta de 585 e durou 13 anos. Embora a Babilônia não tenha conseguido destruir Tiro, a Fenícia se tornou efetivamente isolada. Moabe e Amom parecem ter demorado mais para se rebelar, no entanto, pouco depois de Jerusalém ter sido destruída, um grupo de amonitas armados assassinou o governador da Judeia, Gedalias, que havia sido nomeado por Babilônia após a conquista de Jerusalém. Os babilônios subjugaram os amonitas e os moabitas de acordo com Josefo (*Ant.* 10.181-183). No entanto, vários textos sugerem que Edom pode ter-se aliado à Babilônia e até ter participado na derrubada de Jerusalém (cf. Ob 7, 10-14; Lm 4:21-22). Desse modo, Edom parece ter escapado da invasão militar da Babilônia, ao se aliar politicamente com os babilônios, no entanto enfrentaria ataques de tribos árabes a partir do século 6 que acabariam por forçar os edomitas a sair do seu território tradicional e a entrar em terras desocupadas no sul de Judá.

Reis da Judeia nos séculos 7 e 6 a.C.

De Ezequias a Manassés: Uma mudança de foco

Enquanto o rei judeu Ezequias se revoltava contra os seus dominadores assírios em 701, a maioria dos estudiosos reconhece que a libertação de Jerusalém provavelmente envolveu o pagamento de tributo a Senaqueribe e o monarca de Judá passou a ter um papel reduzido. Quando Ezequias morreu, alguns anos depois, seu filho mais novo e sucessor, Manassés (696-641 a.C.), desenvolveu um relacionamento mais próximo com os assírios. A genialidade de Manassés parece ter sido a sua capacidade de se adaptar às exigências assírias. Ele forneceu soldados de Judá aos assírios no Egito e em outros lugares, e também incorporou mais abertamente práticas religiosas assírias na adoração de YAWH no templo. Seu longo reinado chegou ao fim quando o poder assírio começou a diminuir e o poder do Egito passou a crescer.

De Manassés a Josias: Um retorno à visão de Ezequias?

O filho de Manassés, Amom, foi assassinado em um golpe interno dois anos depois de assumir o trono. Os seus assassinos se tornaram conhecidos como "os servos de Amom" em 2Reis 21:23, mas o "povo da terra" matou os responsáveis e colocou seu filho Josias, de oito anos, no trono (2Rs 21:24). As implicações de tal mudança foram significativas. Quando criança, Josias precisou ser orientado. Um corregente não foi nomeado segundo o relato de Reis, mas Safã, o escriba, comunicou-se diretamente com os sacerdotes no templo no décimo oitavo ano de Josias como rei (2Rs 22:3), sugerindo que um grupo de escribas de elite, sacerdotes e proprietários de terras tenham unido forças a fim de preparar Josias para a liderança.[1]

O livros de Reis e Crônicas retratam Josias como um reformador político e religioso. As reformas religiosas começaram no décimo oitavo ano de seu reinado (622 a.C.), quando o rei tinha apenas 26 anos (2Rs 22:3; cf. 22:1). Embora as reformas religiosas provavelmente tenham ocorrido sob o reinado de Josias, o relato encontrado no livro de Reis sobre a descoberta do livro da aliança também foi descrito com um drama teológico (um grupo de sacerdotes encontrou o livro da aliança enquanto limpava o templo). Os estudiosos há muito equiparam esse livro a alguma forma apresentada como o livro de Deuteronômio. Os sacerdotes levaram o pergaminho ao rei e o leram na sua presença (2Rs 22:10). Josias então rasgou suas roupas (um sinal de penitência) e enviou uma delegação de sacerdotes, escribas e funcionários do governo

[1] Para uma reconstrução mais extensa desses eventos, veja Rainer Albertz, *A History of Israelite Religion in the Old Testament Period, vol. 1, From the Beginnings to the End of the Monarchy,* trad. John Bowden, OTL (Louisville: Westminster John Knox), p. 198-231.

para consultar a profetisa Hulda sobre como evitar a ira de YHWH, uma vez que o livro da aliança trazia essencialmente uma acusação contra as atuais práticas religiosas (2Rs 22:11-14). Hulda prevê desastre para o povo, mas Josias fez mudanças drásticas. Ele se comprometeu a seguir a aliança (23:1-3), em seguida destruiu todos os vasos usados para a adoração de outros deuses no templo de YHWH (22:4, 6-7), removeu o apoio do governo aos sacerdotes não adoradores de YHWH, aos quais os reis anteriores haviam nomeado (22:5), destruiu os santuários religiosos nas cidades fora de Jerusalém e eliminou vários apetrechos de culto que os reis anteriores haviam instalado (23:8-15). De acordo com o relato de Reis, Josias também matou sacerdotes e outros oficiais que realizavam rituais nos altos ou praticavam outros atos idólatras (23:20, 24).

Essas reformas religiosas também tiveram implicações políticas. Ao eliminar os santuários públicos de Judá (e de Betel, de acordo com 23:15), purificar o templo de Jerusalém bem como o seus oficiais, Josias também retornou a uma forma de governo mais centralizada que parece ter sido também o objetivo de Ezequias. No mundo antigo, os templos não eram apenas estabelecimentos religiosos, pois também estavam envolvidos na cobrança de impostos.[2]

De Josias à destruição de Jerusalém: Poder, intriga e rebelião

Josias provavelmente se beneficiou da perda de poder da Assíria durante a década de 620, uma vez que não parece ter havido qualquer resistência dos assírios às suas reformas ou suas incursões nos territórios efraimitas (a região central do antigo Reino do Norte). Em 612, Nínive (capital da Assíria) caiu nas mãos da Babilônia. A Babilônia e o Egito lutaram então pelo controle da região. Em 609, o faraó egípcio Neco II matou Josias de Judá em Megido, no norte de Israel (2Rs 23:28). Nenhuma razão é apresentada para esse assassinato; ou Josias confrontou Neco diretamente, ou o faraó considerou Josias uma ameaça ao seu

[2] Veja Albertz, *A History of Israelite Religion*, 1:207-9. Albertz discute os privilégios que beneficiaram o sacerdócio de Jerusalém no contexto de sistemas sociais mais amplos, especialmente na coleta do dízimo.

próprio domínio da região. Com a morte de Josias, seu filho, Jeoacaz, foi colocado no trono pelos que estavam em Jerusalém, mas Neco removeu Jeoacaz (e o exilou no Egito) e depois colocou Jeoaquim em seu lugar. Jeoaquim também era filho de Josias. No entanto, com a batalha de Carquemis na Síria (em 605), a Babilônia estabeleceu o controle sobre a região, embora nunca tenha conseguido assumir o controle do Egito como a Assíria o havia feito.

Jeoaquim havia sido nomeado pelo faraó egípcio, mas inicialmente concordou com o controle da Babilônia depois de 605, até quando achou que poderia deixar de pagar tributos, pouco depois de um novo rei na Babilônia assumir o poder. Não surpreende que a rebelião de Jeoaquim (três anos depois de Nabucodonosor se tornar rei de Babilônia) tenha resultado num cerco a Jerusalém. Após três meses de cerco, Jeoaquim morreu. Seu filho Joaquim rendeu-se a Nabucodonosor e foi exilado para a Babilônia junto com uma parte significativa da elite de Judá (sacerdotes, escribas e funcionários reais). A população deportada incluía um sacerdote, chamado Ezequiel, que assumiria o papel de profeta para os exilados em Quebar a partir do quinto ano de exílio (Ez 1:2). Em Jerusalém, Nabucodonosor instalou Zedequias — um irmão de Josias — no trono em 597, provavelmente porque o considerava leal ao governo de Babilônia. Em 593, porém, Zedequias também estava planejando maneiras de escapar do controle babilônico. Quando ele se revoltou em 588, a resposta de Nabucodonosor foi rápida e violenta. Ele sitiou Jerusalém, um cerco que durou 18 meses antes de o rei da Babilônia romper o muro da cidade, destruindo Jerusalém e o templo (2Rs 25:1-12). Zedequias foi capturado tentando fugir. Seus filhos foram assassinados na frente dele e seus olhos foram arrancados, de modo que a morte de seus filhos foi a última coisa que ele viu antes de ser amarrado e conduzido para a Babilônia acorrentado (2Rs 25:7). Os tesouros do templo foram levados para a Babilônia antes que o próprio edifício fosse destruído (2Rs 25:14-17).

Nem Jeoaquim tampouco Zedequias jamais conseguiram libertar-se do domínio estrangeiro. Embora ambos tenham vindo da casa de Davi, os dois foram colocados no trono por estrangeiros (Jeoaquim pelo Egito e Zedequias pela Babilônia), e ambos instigaram rebeliões fracassadas contra a Babilônia. As últimas décadas do século 7 assistiram à ascensão e queda de impérios e à esperança de um reino de Judá se tornar forte e independente — uma esperança que foi frustrada com a morte de Josias. Essa situação política molda grande parte dos confrontos de Jeremias com os reis. Embora Jeremias tenha se entristecido com o falecimento de Josias (22:10), ele tem poucas coisas positivas a dizer sobre Jeoacaz, Jeoaquim, Joaquim ou Zedequias.

Questões introdutórias para o livro de Jeremias

O profeta e o livro

Qualquer discussão sobre a autoria do livro de Jeremias envolve uma interação complexa de vários fatores, incluindo a figura do próprio profeta, o relacionamento de Jeremias com o escriba Baruque (e outros que vêm em seu auxílio) e decisões envolvendo o relacionamento de Jeremias na versão TM (Texto Massorético) quando comparada à tradição grega.

O personagem profético de Jeremias desempenha um papel muito mais proeminente no livro do que a figura profética de Isaías ou de qualquer um dos Doze, exceto Jonas, mas seu personagem reflete as qualidades literárias daqueles que transmitiram e editaram os discursos, sermões e narrativas sobre ele. Embora saibamos mais sobre Jeremias do que a respeito de qualquer outro profeta, ainda temos pouco conhecimento sobre ele. Temos informações de que ele era natural de Anatote, distante cerca de cinco quilômetros a nordeste de Jerusalém. Somos conhecedores de que o pai de Jeremias era sacerdote em Anatote (Jr 1:1), uma linhagem sacerdotal cuja ascendência remonta a Eli (1Rs 2:26-27), mas que havia sido expulsa do serviço no templo em Jerusalém sob o reinado de Salomão.

A relação de Jeremias com a elite de Judá é decididamente complexa, mas ele continua a ser uma figura central com quem a nobreza têm de lidar. Jeremias é quase sempre retratado como adversário dos reis de Judá por causa de suas convicções políticas. Apesar desse conflito, ele era tão popular que os reis o conheciam bem, e Zedequias até procurou sua ajuda (veja Jr 37:1-3; 17-21; 38:14-28). O relacionamento de

Jeremias com as famílias poderosas de Anatote não era melhor do que o seu envolvimento com os reis de Judá, uma vez que Jeremias foi objeto de ameaças feitas pelos líderes de Anatote (e.g., 11:21-23; 12:6-7).

Jeremias, no entanto, tinha a confiança por parte de uma influente família de escribas que eram figuras políticas fundamentais na estrutura de poder de Jerusalém. A família de Safã desempenhou um papel complexo na política de Jerusalém como escribas e consultores políticos desde o tempo de Josias até Gedalias. Safã estava presente quando o livro da aliança foi encontrado no reinado de Josias e fez parte da delegação que consultou Hulda a respeito da mensagem de YHWH ao rei (2Rs 22:14). O livro de Jeremias menciona pelo menos três filhos de Safã que desempenham papeis nas narrativas sobre as relações de Jeremias com vários reis da Judeia: Aicão (26:24), Eleasa (29:3) e Gedalias (36:10-12). Este último, neto de Safã, serviu como governador de Judá em Mispá até ser assassinado (39:14; 40:5, 9, 11; 41:2; 43:6).

Jeremias é retratado como alguém que sofria profundas lutas internas em relação à mensagem que fora incumbido de transmitir, embora alguns questionem se essas "confissões" representam as palavras reais ou um retrato literário do profeta. Da mesma forma, o sofrimento físico do profeta não pode ser ignorado nas histórias relativas à sua prisão quando foi lançado no fundo de uma cisterna lamacenta, sem comida ou água.

Apesar de todas essas informações sobre o profeta Jeremias, os modelos desenvolvidos pelos estudiosos críticos para a compreensão do livro como o temos atualmente não pressupõem que Jeremias foi realmente o autor do manuscrito. Por um lado, o livro de Jeremias narra uma série de eventos da vida do profeta, a maioria dos quais está localizada nos capítulos 26—52, e esses relatos referem-se a Jeremias na terceira pessoa, embora alguns contenham diálogos em que o personagem Jeremias fala na primeira pessoa. Da mesma forma, uma dessas narrativas conta a história do primeiro rolo de Jeremias como uma obra que o profeta ditou ao escriba Baruque (36:1-32). De acordo com esse relato, o rei Jeoaquim queimou o rolo de Jeremias enquanto este era lido na sua presença, criando a necessidade de se reproduzir o manuscrito que havia sido destruído (36:22-32). Muito tempo e energia já foram gastos tentando isolar o conteúdo desse primeiro manuscrito, mas tais esforços não obtiveram sucesso. O fato de esse evento ter ocorrido no quarto ano de Jeoaquim (605 a.C.) descredencia grande parte do livro, uma vez que a maioria das introduções envolvendo os relatos proféticos nos capítulos 26—52 datam os eventos que ocorreram após 605 a.C. Embora o livro, em última análise, mostre que Jeremias foi levado para o Egito (segundo consta, contra a sua vontade) após o assassinato de Gedalias (caps. 42—43), as evidências sugerem que os responsáveis pela criação do livro (talvez com a ajuda do escriba família de Safã) permaneceram na terra e continuaram a reunir tradições a respeito de Jeremias.

Baruque, o escriba, desempenhou um papel ativo, ajudando Jeremias a registrar seus discursos (Jr 32:11-16; 36; 43:1-7; 45:1-5). Essas fatos confirmam que Baruque teria sido levado para o Egito com Jeremias (43:6), onde presumivelmente continuou a escrever as mensagens do profeta (43:8—44:30 contém material ambientado no Egito). No entanto, Baruque era apenas parte da aliança dos escribas que tentou persuadir a liderança de Judá a aquiescer às exigências babilônicas. Em algum momento, as tradições sobre o profeta foram registradas e preservadas nesses círculos. Coleções menores foram reunidas e, por fim, interligadas, embora com uma estrutura relativamente informal. Aqueles que elaboraram os relatos das tradições de Jeremias posteriormente continuaram a atualizar seu conteúdo, como foi evidenciado pelo crescimento contínuo da tradição hebraica em comparação com a tradição grega (veja a discussão sobre a unidade de Jeremias a seguir).

Ainda permanecem os debates sobre o lugar onde o rolo de Jeremias foi compilado, e essas discussões também se relacionam com divergências quanto à localização geográfica do trabalho sobre a História Deuteronomista. O livro de Jeremias compartilha características com os relatos deuteronomistas em Reis. Essas semelhanças verbais e literárias sugerem uma relação sustentada, mas a perspectiva teológica de Jeremias difere em algumas questões.[3] Vários estudiosos localizam

[3] As obras de Thiel representam uma voz importante na observação dessas diferenças, e.g., Winfried Thiel, The Deuteronomistic Redaction of Jeremiah 1—25, WMANT 41 (Neukirchen-Vluyn: Neukirchener Verlag, 1973); idem, The Deuteronomistic Redaction of Jeremiah 26—45, WMANT 52 (Neukirchen-Vluyn: Neukirchener Verlag, 1981). Veja o resumo recente de Mark Leuchter, "Jeremiah: Structure,

a composição de Jeremias na Babilônia, mas Mispá parece ser um local mais provável para a preservação de um número maior de coleções menores. Embora algumas passagens abordem a questão daqueles que viviam na Babilônia, a orientação e o tom geral dessas passagens dizem respeito ao papel desse grupo *na terra* após um período de exílio. Um grupo de repatriados incluía Zorobabel, neto de Joaquim, que foi nomeado governador. Vários textos em Jeremias privilegiam este grupo como a porção do povo de YHWH que Ele quer usar para repovoar a terra.[4]

Cada vez mais, evidências de trabalhos arqueológicos recentes sugerem que o centro administrativo de Mispá — que Jeremias 40—43 assume como o local da administração de Gedalias após a destruição de Jerusalém — permaneceu como o centro administrativo de Judá (junto com Samaria) durante o tempo de controle babilônico. Gradualmente, Ramate Raḥel substituiu Mispá como principal centro administrativo no período persa, antes que o complexo do templo crescesse a ponto de poder sustentar as funções administrativas.[5] Assim, as evidências sugerem que as tradições de Jeremias cresceram em etapas (veja "Fontes e o forma final", a seguir). Vários textos específicos indicam a presença

---

Themes, and Contested Issues", in The Oxford Handbook of the Prophets, ed. Carolyn J. Sharp (Oxford: Oxford University Press, 2016), p. 179-81.

[4] Jeremias 29 representa o tratamento mais extenso desse grupo. Eles são instruídos a plantar raízes na Babilônia e trabalhar pelo seu bem-estar (29:5-7) porque haveriam de permanecer lá por 70 anos (29:10; cf. 25:11) antes que YHWH os conduzisse de volta a Jerusalém, onde eles implementariam os planos de YHWH para restaurar a cidade (29:11). O fato, contudo, de "este lugar" se referir a Judá e Jerusalém indica que esse capítulo reflete um interesse na reintegração dos exilados de Judá, no final do século 6, quando regressarem à terra. Esse grupo retornou a Judá e trouxe recursos para ajudar a reassentar Jerusalém e reconstruir o templo. Veja também a discussão do modelo de redação orientado ao *golah* de Pohlmann a seguir. Veja também a posição pró-*golah* de Ezequiel no próximo capítulo.

[5] Para Samaria, veja Gary N. Knoppers, *Jews and Samaritans: The Origins and History of their Early Relations* (Oxford: Oxford University Press, 2013), p. 103-9; sobre Mispá, consulte Albertz, *A History of Israelite Religion*, 1:241-42, 2:371-73; e sobre Ramat Raḥel, consulte Oded Lipschits et al., "Palace and Village, Paradise and Oblivion: Unraveling the Riddles of Ramat Raḥel", *Near Eastern Archaeology* 74 (2011): p. 2-3, 5-13, 15, 19-21, 23-25, 30-49.

dessas coleções menores quando se referem a documentos ou grupos menores das mensagens de Jeremias.[6]

Datas de Composição

Inscrições com datas ligadas ao monarca reinante aparecem em um grande número de exposições proféticas. Essas histórias, entretanto, não aparecem em ordem cronológica. Além disso, os capítulos 39, 40—44 e 52 contêm material narrativo paralelo às narrativas de Reis. Os relatos de Jeremias 39 e 52 contêm descrições paralelas da destruição de Jerusalém, e cada uma delas tem uma notável semelhança com o material de 2Reis 25. Nenhum desses relatos em Jeremias é idêntico a 2Reis 25, mas o texto é muito semelhante para que fosse sugerida uma transmissão totalmente independente. Partes dos capítulos 40—41 contêm um relato paralelo do assassinato de Gedalias que também aparece em 2Reis 25, mas a exposição é ampliada com material adicional que se concentra em Jeremias (e.g., 42:7-22). O assassinato de Gedalias ocorreu algum tempo depois da destruição de Jerusalém e, temendo represálias babilônicas, um contingente de refugiados fugiu para o Egito, levando consigo Jeremias e Baruque.[7] O livro dos Reis não pode ter sido concluído antes de 560 a.C., levando-se em conta que o final de 2Reis 25 refere-se à libertação de Joaquim 37 anos depois de ter sido deportado para a Babilônia. O fato de o relato paralelo em Jeremias 52 também

---

[6] Além da narrativa dos dois rolos no tempo de Jeoaquim (capítulo 36), Jeremias 45:1 refere-se a esse primeiro rolo, e Jeremias 49:59-64 faz menção a um rolo contendo todos os pronunciamentos de julgamento antecipados contra Babilônia, que deveria ser levado para a Babilônia e jogado no Eufrates para simbolizar a queda da Babilônia. Dois outros textos (25:13 e 30:2) também se referem a uma coleção de materiais como um manuscrito/livro que marca seções específicas. O primeiro ocorre pouco antes da localização original dos oráculos contra as nações, enquanto o último abre o livro da consolação, a coleção de mensagens esperançosas que aparecem nos capítulos 30—33. Além disso, Jeremias 51:64 termina com a declaração "Aqui terminam as palavras de Jeremias" imediatamente anterior ao capítulo 52 (com seu relato paralelo de 2Rs 25).

[7] As estimativas para o tempo do governo e morte de Gedalias variam de dois meses a cinco anos, baseadas em parte na referência a uma terceira deportação em 582 A.C., que aparece em Jr 52:30, cerca de cinco anos depois da destruição da cidade. Veja Miller e Hayes, *A History of Ancient Israel and Judah*, p. 480-81, 485-87.

conter essa referência à libertação de Joaquim significa que o livro de Jeremias pode não ter sido concluído antes de meados do século 6 a.C. No entanto, considerações adicionais sugerem que Jeremias só foi completado na forma que temos hoje muito mais tarde. Uma característica significativa a esse respeito, é o fato de o livro de Jeremias ser consideravelmente mais longo na tradição hebraica do que na tradição grega, e a relação dessas duas versões de Jeremias tem implicações importantes para a compreensão da expansão do livro.

Unidade

As questões sobre a unidade de Jeremias são complicadas em razão de suas versões divergentes (representadas pelo Texto Massorético [TM] e pela Septuaginta [LXX]), pelas fontes subjacentes nas quais ele se baseia e pela falta de uma estrutura direcional. Esses fatores criam a impressão de Jeremias se parecer como uma antologia que se atualiza ao longo do tempo. Sua unidade deriva mais de agrupamentos temáticos grosseiros do que de uma configuração clara e convincente dos manuscritos.

Existem, para Jeremias, duas tradições textuais distintas, e ao mesmo tempo inter-relacionadas. A versão grega de Jeremias traduz um *Vorlage* hebraico (ou versão anterior do texto) que os acadêmicos estimam ser aproximadamente um sétimo a um oitavo mais curto do que o TM, que serve como texto base para a maioria das traduções para as línguas modernas. Com algumas exceções notáveis nos últimos anos, a explicação mais comum para essas variações é que o TM representa uma tradição textual que continuou a desenvolver-se (principalmente através de inserções, atualizações redacionais e reorganizações do conteúdo do livro). Ambas as versões refletem textos antigos. A LXX provavelmente foi traduzida no século 3 a.C. e apresenta o texto mais curto. Existem fragmentos de Qumran que espelham ambas as versões em hebraico, com dois deles (4QJer^b e 4QJer^d) mostrando um texto hebraico que se alinha estreitamente com o conteúdo do grego.[8] As diferenças entre o *Vorlage* grego e o TM aparecem ao longo dos capítulos

---

[8] Emanuel Tov, *Textual Criticism of the Hebrew Bible*, 3ª ed. (Mineápolis: Fortress, 2012), p. 286-94.

e geralmente incluem material adicional que varia em tamanho de versículos parciais a parágrafos inteiros. O material adicional no TM geralmente, embora nem sempre, funciona como um comentário sobre o texto existente que acrescenta informações ou demonstra uma reflexão mais aprofundada.[9]

Para ilustrar as expansões do TM, considere dois exemplos: Jeremias 7:1-2a e as mudanças nos oráculos contra as nações (OCN) nos capítulos 46—51 (que aparecem depois de 25:13 na LXX). Jeremias 7 contém uma linha notável, presumindo que o profeta está no recinto do templo quando condena aqueles que argumentam que o julgamento de YHWH não virá contra Jerusalém porque o templo de YHWH se faz presente. A passagem desafia essa ideia: "Não confiem nas palavras enganosas dos que dizem: 'Esse é o templo de YHWH, o templo de YHWH, o templo de YHWH'" (7:4). Os versículos 1-2a não aparecem na LXX: "Esta é a palavra que veio a Jeremias da parte do Senhor: 'Fique junto à porta do templo do Senhor e proclame esta mensagem'". Não há nada teologicamente censurável que aumentaria a probabilidade de que alguém removesse essas palavras do hebraico Vorlage usado para traduzir a LXX. No entanto, essas palavras parecem expandir o texto anterior e são inseridas aqui para benefício do leitor. O discurso em 7:2b-4 acontece no templo ("Esse é o templo de YHWH"). No entanto, essa localização difere do discurso que começa em 6:16, quando o profeta recebe a ordem para "ficar na encruzilhada" fora da cidade. Um editor inseriu assim um novo título com 7:1 para marcar o início de um novo discurso, e esse editor toma o comando de 6:16 como modelo para apresentar 7:2a, a mesma ordem em um local diferente: "Fique junto à porta do templo de YHWH e proclame esta mensagem".

Em segundo lugar, os OCN em 46—51 aparecem depois de 25:13 na LXX, um lugar onde eles se sentem tematicamente em casa. O TM

---

[9] Para uma apreciação da forma como essas diferenças funcionam nos dois textos, veja a tradução em inglês no comentário de Leslie Allen, que usa itálico para destacar lugares que considera expansões no TM em comparação com a *Vorlage* hebraica da LXX (Leslie C. Allen, *Jeremiah*, OTL [Louisville: Westminster John Knox, 2008]).

altera esses seis capítulos, e as mudanças envolvem realocação, ressequenciamento e reenquadramento dos oráculos individuais.

Realocação. Esses capítulos foram movidos como um bloco para sua localização atual (caps. 46—51), quase no final do rolo. Quando os capítulos foram movidos, Jeremias 25:14 foi acrescentado, o que basicamente resume a mensagem dos oráculos contra as nações: "Porque muitas nações e grandes reis os escravizarão, mas eu lhes retribuirei segundo as suas obras e as obras de suas mãos". Esse versículo antecipa a punição de Judá e a retribuição de YHWH contra as nações (ou pelo menos Babilônia como representante dessas nações), o que também oferece uma transição para as mesmas duas ênfases temáticas no restante do capítulo 25, o qual lista numerosas nações que YHWH punirá (25:19-26, 30-38) depois de primeiro castigar Jerusalém (25:15-18, 27-29).

Ressequenciamento. A ordem em que as nações aparecem nos capítulos 46—51 também foi alterada. Na ordem anterior mostrada na LXX, a disposição das nações parece aleatória. Em contraste, as nações na sequência do TM parecem mover-se num arco geográfico que vai do Egito à Babilônia.[10]

Reenquadramento. Com toda a probabilidade, o texto hebraico que serviu de base para a tradução da LXX reflete uma forma geralmente anterior do corpus que circulou fora de Jerusalém (talvez entre a comunidade judaica no Egito e em outros lugares), enquanto a versão do TM continuou a receber atualizações (provavelmente pelas mãos dos escribas e estudiosos do templo que tinha em sua custódia os manuscritos proféticos). Esses dois textos podem ter divergido originalmente no século 4, sugerindo que o crescimento da versão do TM continuou em Jerusalém durante boa parte do período persa. Manuscritos adicionais também podem ter existido, mas esses dois são os mais amplamente atestados. Ao mesmo tempo, a versão mais curta que serviu de *Vorlage* para a LXX também fornece evidências de que ela recebia periodicamente seus próprios acréscimos. Consequentemente, as duas versões

[10] Veja Moon Kwon Chae, "Redactional Intentions of TM Jeremiah Concerning the Oracles Against the Nations", JBL 134 (2015): 577-93. Veja também a discussão de 46—51 mais adiante neste capítulo.

derivam originalmente de uma fonte comum e oferecem vislumbres tentadores da história do texto, mas esses devem ser avaliados caso a caso. A reconstrução da forma mais antiga do livro continua sendo uma tarefa complicada. A *Vorlage* hebraica da LXX já mostra muitas das características dos livro e representa um estágio bastante avançado do processo de coleta de texto. No entanto, as duas recensões divergiram, e a versão mais longa (apresentada no TM) acabou ganhando prioridade para os leitores do templo.

As fontes e a forma final

O livro de Jeremias baseia-se em fontes preexistentes em um grau considerável, presumivelmente porque essas fontes já estavam de alguma forma associadas ao profeta. Basta olhar para as narrativas proféticas nos capítulos 26—45 para ver como essas fontes foram integradas ao livro. Nada menos que 13 delas começam com sua própria introdução, que estabelece a data no contexto de um período específico da vida do profeta.[11]Ao contrário de Ezequiel, porém, aqueles que coletaram essas histórias não demonstram interesse em organizá-las em ordem cronológica, o que significa que embora esses relatos sobre Jeremias dominem a segunda metade do livro, não foi a principal motivação para os compiladores contar uma história em sequência cronológica.

Na história da pesquisa sobre Jeremias, a classificação feita por Duhm e Mowinckel de quatro documentos-fonte (Fontes A-D) continua a influenciar a forma como se abordam os elementos composicionais do livro.[12] A Fonte A (que aparece nos capítulos 1—25) é uma coleção (ou melhor, coleções) que incluía discursos do profeta (Jr 2; 4—6; 21—23; etc.) e apresentações em primeira pessoa (Jr 1; 13; 18; 24; 25:15-26).[13] A fonte B apresenta relatos em terceira pessoa sobre

---

[11] Jr 26:1; 27:1; 28:1; 29:1; 32:1; 33:1; 34:1; 35:1; 36:1; 37:1; 39:1; 40:1; 41:1.

[12] Bernhard Duhm, *Das Buch Jeremia* (Tübingen: Mohr Siebeck, 1901); Sigmund Mowinckel, *Zur Komposition des Buches Jeremia* (Kristiania: Dybwad, 1914).

[13] O agrupamento desses materiais (principalmente poéticos) muitas vezes apresenta uma conexão flexível por tema, e alguns dos grupos de discursos mostram sinais de que existiam como uma coleção menor (e.g., os agrupamentos de materiais sobre reis nos capítulos 21:1—23:8, seguido por outro grupo que começa com o título "a

Jeremias. Eles aparecem principalmente — todavia não exclusivamente — na segunda metade do livro, e tendem a focar no sofrimento de Jeremias nas mãos de oficiais do governo (Jr 19:1—20:6; 26—29; 36—44; 45; 51:59-64). A Fonte C consiste de relatos em prosa que foram revisados à luz do pensamento e vocabulário deuteronomistas.[14] A Fonte D consiste nos oráculos contra as nações nos capítulos 46—51.

Estudos recentes têm rejeitado amplamente a ideia de que esse material já existisse como coleções escritas, separadas nesses formatos.[15] No entanto, essas categorias permanecem relevantes como classificações funcionais e não como exemplares físicos. Mesmo os estudiosos que não falam das fontes de Mowinckel continuam frequentemente a usar a sua terminologia para classificar o material do livro. No entanto, não cessou o interesse em saber como o livro surgiu. Estudos redacionais recentes abriram novos caminhos, embora sem prover um consenso claro.

Modelos redacionais

Os modelos redacionais variam amplamente no livro de Jeremias. Breves resumos dos modelos de Pohlmann, Schmidt e Allen demonstram a gama de diferenças. Pohlmann conquistou um grande número de seguidores ao isolar textos em Jeremias que buscam privilegiar aqueles que retornaram do *golah* (exílio) da Babilônia como os únicos

respeito dos profetas" no início de 23:9, o qual introduz o restante do foco daquele capítulo).

14 Esses textos concentram-se na culpa e na desobediência do povo, nas admoestações proféticas e nos pronunciamentos de punição. Os textos dessa fonte permanecem em debate, mas geralmente incluem 7:1—8:3; 11:1-14; 18:1-12; 21:1-10; 22:1-5; 25:1-11; 34:8-22; e 35.

15 Os estudos acadêmicos classificaram os argumentos de Mowinckel em vista de uma série de razões. Primeiro, suas "fontes" omitem diversas seções significativas do livro, incluindo a segunda metade do chamado livro da consolação (32—33). Em segundo lugar, essas "fontes" funcionam melhor como descrições de formas de texto (discursos poéticos, relatos autobiográficos, apresentações biográficas, sermões etc.). Terceiro, as quatro fontes por si só não explicam as diferenças nas tradições hebraica e grega de Jeremias. As diferenças sugerem que o corpus continuou a se desenvolver.

herdeiros legítimos do plano salvífico de YHWH para Israel.[16] Ele analisa uma série de textos que dão preferência aos exilados que retornaram da Babilônia.[17] Ele também demonstra que os textos-chave que promovem os interesses desses exilados geralmente interrompem o contexto literário e, portanto, representam uma grande expansão redacional do livro, que o autor data do século 6. O trabalho de Pohlmann oferece, assim, um modelo para dar sentido a textos que mostram uma preocupação especial com aqueles que regressaram da Babilônia muito depois da vida do profeta. Como resultado, cresceu o número de estudiosos que têm visto o desenvolvimento do livro durar até o período persa. Contudo, a sua datação do século 4 não passou sem questionamento.[18]

Schmidt não tenta isolar um esboço sistemático do processo porque não encontra um conjunto metodologicamente convincente de critérios que inclinariam a balança em direção a um consenso.[19] Ele, no entanto, delineia alguns dos processos que acredita terem moldado o livro ao longo do tempo. Schmidt (assim como Pohlmann) rejeita as fontes A e B de Duhm e Mowinckel, negando que essas fossem fontes escritas separadamente. Ele acredita que é preciso analisar como a

---

[16] Karl-Friedrich Pohlmann, *Studien zum Jeremiabuch: Ein Beitrag zur Frage nach der Enstehung des Jeremiabuches*, FRLANT 118 (Göttingen: Vandenhoeck and Ruprecht, 1978). Pohlmann baseia-se no trabalho de Rudolph e Thiel, os quais argumentam que o caráter deuteronomista do material da Fonte C, na verdade, se estende muito além no corpus, tornando provável que o redator que incorporou esse material deva ser considerado o redator principal do livro, ativo de alguma forma na época em meados do século 6 a.C. Pohlmann, no entanto, objeta que essa afirmação ignora uma agenda redacional significativa que pode ser ligada a textos específicos com um propósito reconhecível.

[17] Os principais textos que exibem essa perspectiva pró-golah incluem Jr 21.1-10; 24; 38:1-6; 39:1—40:6*; 40:7-10*; 41:4-7; e cap. 42.

[18] Pohlmann afirma, por exemplo, que essa agenda representa as fases finais dos debates sobre o estatuto privilegiado dos exilados babilônicos, que ele pensa representar o tempo próximo do cronista (Pohlmann, Studien zum Jeremiabuch, p. 183-91). Também se pode defender a época de Zorobabel e Esdras, quando o influxo de novos recursos trazidos pelos membros do *golah* babilônico e pelos administradores persas aumentou a influência dos repatriados de uma forma que teria aumentado o seu poder político e econômico em Judá.

[19] Werner H. Schmidt, *Das Buch Jeremia. Kapitel 1—20*, ATD 20 (Göttingen: Vandenhoeck and Ruprecht, 2011), p. 28-41.

transmissão oral levou a pequenas composições e coletâneas escritas, e até que ponto expansões posteriores atualizaram os discursos individuais. Além disso, a recordação e a criação de cenas para essas falas também moldaram as coleções. As recordações de discursos individuais (em primeira e terceira pessoa) e narrativas têm de ser avaliadas para identificar os discursos centrais em comparação com evidências de perspectivas posteriores. Além disso, deve-se determinar como esses discursos demonstram conhecimento e funcionam no contexto literário atual. Ele vê os capítulos 1, 2—6, 8—10 e 11—20 como exemplos de coleções menores que foram transformadas em composições, combinando falas e discursos individuais que podem ter vindo originalmente de diferentes ambientes.[20] Para Schmidt, as ligações entre os várias partes mostram um desenvolvimento literário prolongado. Ele cresceu à medida que a redação Jeremias-Deuteronomista (JerD) combinou as várias tradições, criando uma "sequência de introduções" que "organizam o livro".[21] Para Schmidt, a redação JerD representa o principal trabalho editorial que moldou o livro, mas ele enfatiza que não foi trabalho de um único redator.

Para Schmidt, esses materiais cresceram gradualmente no contexto de uma escola JerD. Portanto, as composições individuais mostram uma ampla gama de perspectiva s sobre o profeta, seu sofrimento e justificativas específicas para o que provocou a catástrofe. O modelo de acréscimo gradual de Schmidt também explica a falta de uma estrutura uniforme. Ele lista pelo menos cinco fatores adicionais que ajudam a explicar a forma do livro: (1) acréscimos generalizados

[20] Por exemplo, Schmidt argumenta que os capítulos 2—6 apresentam o conteúdo central do primeiro pergaminho mencionado em Jeremias 27, que foi reescrito depois que Jeoaquim queimou o primeiro pergaminho ditado por Jeremias. Em contraste, para Schmidt, as narrativas em terceira pessoa que dominam entre 26—45 não podem ter vindo de uma fonte totalmente independente. Relatos de terceira pessoa como aquelas em 26—45 já aparecem em 1—20.

[21] Schmidt, Jeremia 1—20, 37. Ele se refere especificamente aos inícios de palavras de eventos que aparecem em 1:2; 7:1; 11:1; 18:1; e 21:1, mas ele parece implicar também as introduções que aparecem na segunda metade do livro que se baseiam na mesma frase para apresentar novas cenas ou a palavra de YHWH dentro dessas narrativas: 27:1; 29:30; 30:1; 32:1, 26; 33:1, 19, 23; 34:1, 8, 12; 35:1, 12; 36:1, 27; 37:6; 39:15; 40:1; 42:7; 43:8; e 44:1.

com caráter de sabedoria;[22] (2) expansões de cultos de adoração;[23] (3) acréscimos pós-deuteronomistas;[24] (4) os oráculos contra as nações (TM 46—51), que parecem ser uma coleção própria; e (5) as variações que são refletidas em muitas das expansões do TM em relação à Vorlage da LXX.

Leslie Allen discute o desenvolvimento de Jeremias principalmente como uma obra exílica que foi "destinada aos exilados babilônicos".[25] Allen parte da existência das versões mais longas e mais curtas de Jeremias, porém argumenta que as versões longas e reduzidas já atestam o principal trabalho redacional no livro que forneceu a "estrutura geral, introdução, atribuição de cenários históricos e organização do material".[26] Nesse aspeto, ele descreve as coisas muito próximas do modelo de Schmidt, mas as diferenças surgem no tempo destinado à produção do livro. Tem-se uma clara noção de que Schmidt vê tal processo ocorrendo durante a maior parte do período persa, mas Allen acredita que a versão mais curta de Jeremias foi em grande parte concluída antes da queda da Babilônia, enquanto a versão mais longa surgiu "não muito depois", embora ele reconheça que alguns textos (e.g., 33:14-26) refletem claramente um cenário pós-exílico em Judá.[27] Parece improvável que a compilação original do livro tenha ocorrido na Babilônia ou que a preocupação com a reincorporação dos refugiados babilônicos se situasse tão cedo.

O livro de Jeremias representa uma antologia organizada tematicamente. Em algum momento (ou em determinados pontos), composições e relatos independentes sobre o profeta foram combinados em coleções menores antes de serem unidos uns aos outros. Numa fase relativamente tardia do processo de coleta, os oráculos contra as nações

---

[22] E.g., Jr 17:5-9; 9:22-23.

[23] E.g., a confissão de culpa do povo em 3.25; 8:14b-15; 14:19-20, e elementos das cerimônias de lamento em 3:21—4:2 que incluem a oração do povo em 10:23-25, o chamado ao louvor em 20:13 e talvez a promessa às nações em 16:19-21.

[24] E.g., a polêmica da idolatria no capítulo 10 e os ditos salvíficos que se baseiam na linguagem de Deutero-Isaías (31:35-37, 38-40).

[25] Allen, *Jeremiah*, 7.

[26] Ibid., p. 8.

[27] Ibid., p. 11.

foram movidos, sequenciados e atualizados com um tom mais escatológico. Outras atualizações continuaram, especialmente na versão de Jeremias que eventualmente se transformou no TM. Às vezes, essas atualizações evidenciam auxílios ao leitor com base na leitura e releitura contínua do texto (veja discussão de Jr 7:1-2a). Às vezes, as atualizações fornecem informações adicionais de um período posterior (como no oráculo egípcio de 46:25b-26, discutido a seguir). No entanto, as atualizações nem sempre mudam o foco central de Jeremias nos acontecimentos que levaram à destruição de Jerusalém e às suas consequências imediatas. Mesmo naqueles lugares onde o material de Jeremias expressa esperança para o futuro (e.g., o chamado livro da consolação nos capítulos 30—33), o texto ainda presume que o castigo deve chegar antes que a esperança possa ser concretizada. Nesse sentido, mesmo os acréscimos posteriores assumem um cenário "de Jeremias". Os escribas que atualizaram a mensagem do profeta fizeram-no com a convicção de que estavam estendendo as palavras do próprio Jeremias. Esse processo é refletido na história da queima do primeiro rolo de Jeremias por Jeoaquim:

> [27] Ora, *depois de* o rei ter queimado o rolo com as palavras que Baruque escreveu por ordem de Jeremias, veio a palavra do SENHOR a Jeremias: [28] Toma *outro rolo e escreve nele todas as palavras anteriores* que estavam no primeiro rolo, que o rei Jeoaquim de Judá queimou. [...]
> [32] Então Jeremias pegou outro rolo e entregou ao secretário Baruque, filho de Nerias, que escreveu nele, sob o ditado de Jeremias, todas as palavras do rolo que Jeoaquim, rei de Judá, havia queimado no fogo; *e muitas palavras semelhantes foram adicionadas a eles* (Jr 36:27-28, 32, NRSV; grifos acrescentados).

Assim, segundo a narrativa, a destruição de um rolo levou à produção de outro rolo para substituí-lo, mas a substituição não foi idêntica. Na verdade, conforme observado em 36:32, a reescrita do rolo envolveu a adição de "muitas palavras semelhantes". Os estudiosos ainda debatem se partes do segundo rolo podem ser isoladas no atual livro de Jeremias. Embora a maioria duvide sabiamente de que tenhamos quaisquer critérios sólidos para reconstruir esse manuscrito, Schmidt argumenta que o núcleo dos capítulos 2—6 provavelmente contém o segundo rolo.[28] Os debates e pressupostos sobre como explicar os processos complexos que levaram ao livro de Jeremias, tal como existe hoje nas tradições hebraica e grega, não mostra sinais de resolução tão cedo.

A ESTRUTURA E O CONTEÚDO EM JEREMIAS

O livro de Jeremias não apresenta um grande desígnio, mas isso não significa que não haja pontos de inflexão estruturais e temáticos. Os capítulos 1—25 contêm principalmente materiais poéticos (com algumas vinhetas narrativas), enquanto os capítulos 26—45 e 52 representam principalmente materiais narrativos (com algumas passagens poéticas). O terceiro grande bloco é a coleção de oráculos contra as nações, que contém o seu próprio desenvolvimento temático como uma coleção, tanto nas tradições gregas quanto hebraicas.

Jeremias 1—25: Acusações, lamentos e líderes fracassados

Esses capítulos contêm principalmente materiais poéticos que foram colocados e/ou editados em seções temáticas soltas, algumas delas podem ter circulado independentemente como coleções menores. Além disso, o TM contém numerosas seções curtas que não aparecem na tradição grega, e a maior parte (mas não o todo) desse material adicional representa suplementos posteriores a uma versão anterior do livro, algumas das quais serviram como Vorlage para a LXX.[29] Com

---

[28] Veja Schmidt, Das Buch Jeremia, p. 33. A dificuldade de estabelecer essa afirmação como plausível diz respeito ao caráter polifônico do material. Dificilmente se parece com uma única composição. Veja Mark E. Biddle, A Redaction History of Jeremiah 2:1—4:2, ATANT 77 (Zurique: TVZ, 1990), p. 30-32. Biddle demonstra a complexidade dos antecedentes que compõem a forma final de 2:1—4:2, que em última análise funciona como um paradigma teológico para o pecado e o arrependimento que mostra sinais claros de formas de templo pós-exílico. Biddle argumenta que a forma final demonstra pelo menos três agendas redacionais diferentes.

[29] A versão TM é aproximadamente 15 por cento mais longa do que a LXX quando vertida para o hebraico. Em algum momento, uma cópia dessa forma hebraica mais curta foi separada da cópia oficial em Jerusalém, e ambas as versões hebraicas foram revisadas independentemente, embora a versão mais curta tenha sido alterada de forma menos dramática

frequência, os estudiosos reconhecem agrupamentos temáticos nos capítulos 1, 2—10, 11—20 e 21—25.

Jeremias 1: Preparando o cenário

O capítulo 1 funciona como a introdução de dois temas proeminentes: a comissão do profeta como mensageiro por parte de YHWH e a devastação iminente causada pelo "inimigo do Norte". O livro começa com uma introdução estendida datando o ministério de Jeremias desde o décimo terceiro ano do reinado de Josias até a queda de Jerusalém (1:1-3). Essa introdução apresenta o livro, não apenas as primeiras unidades, visto que cobre quase todo o ministério do profeta.

Duas seções principais dominam o restante do capítulo para mostrar a história do chamado do profeta (1:4-10) e os dois relatos de visão juntamente com comentários interpretativos (1:11-13, 14-19). A história do chamado de Jeremias abre um tema recorrente sobre as dificuldades que o profeta enfrentará, mas também confirma o poder para superar essas dificuldades. Ele apresenta a comissão de YHWH de ser um profeta para as nações (1:4, 10), juntamente com o seu sentimento de inadequação para cumprir a tarefa por si mesmo (1:6) e a resposta de YHWH a ele (1:7-9). O segundo tema, julgamento contra Judá e as nações, já aparece na narrativa do chamado, mas torna-se o foco da segunda metade do capítulo. O profeta relata duas visões — o galho de uma amendoeira e uma panela fervendo inclinada para o norte (1:11, 13). O primeiro objeto serve como um jogo de palavras, de forma semelhante ao relato da terceira e quarta visão de Amós (7:7-9; 8:1-3). Jeremias vê o galho de uma amendoeira *(shāqēd,* 1:11) e YHWH anuncia (1:12) que Ele está "vigiando" (*shōqēd*), o que implica que Ele está prestes a realizar o julgamento.

A segunda visão aponta uma ameaça mais direta, muito semelhante às duas primeiras descrições da visão de Amós (7:1-3, 4-6). O profeta vê uma panela fervente inclinada para longe do norte (1:13), e a longa interpretação da visão por YHWH (1:14-16) descreve o desastre vindo do norte contra todos os habitantes da terra. O profeta não diz que o julgamento é como água fervente derramada sobre a terra, mas a interpretação está ligada à visão da palavra-chave "do norte" (1:14, 15).

Jeremias 2—10: Expondo os problemas

Os capítulos 2—10 apresentam longas acusações contra Judá, Israel e vários líderes. As acusações culpam o povo, a cidade personificada, os pobres, os ricos, os reis, os sacerdotes, os profetas, os escribas, os sábios, assim como as nações de Judá e Israel. Nenhum grupo passa despercebido. As acusações incluem a rejeição das expectativas de YHWH (3:13, 23, 25; 6:10), a veneração de ídolos e outras divindades (1:16; 2:28; 5:7, 19; 9:12-14; 10 :1-16), a incapacidade de distinguir o bem do mal (4:22; 5:21; 7:30), mentiras (8:4-6, 8-10) e a opressão dos pobres (5:26-29). Tal como Oseias, Jeremias frequentemente compara a desobediência a uma esposa adúltera (2:20; 3:1-11). Tais acusações aparecem ao longo desses capítulos, e alguns textos consistem quase inteiramente de incriminações (5:1-9; 8:4-12). Cada vez mais, porém, as denúncias abrangem circunstâncias de destruição iminente, incluindo relatos dos ataques ao inimigo (4:13-18, 29-31; 5:10), exposição da devastação da terra (4:19-28) e a manifestação, no capítulo 7, da futura destruição do templo (7:1-15).

Esses capítulos igualmente contêm passagens que descrevem o sentimento do profeta e de YHWH, temas que desempenharão um papel mais intenso nos capítulos 11—20. No final do capítulo 1, o profeta descobre com YHWH que o povo se voltará pessoalmente contra ele (1:19) e que terá de confiar na força de YHWH (1:17-18). Essa imagem inclui tanto a rejeição da mensagem do profeta (7:27) quanto os seus lamentos sobre o destino do seu próprio povo (e.g., 8:18-22).

A princípio, YHWH oscila entre duras palavras de julgamento ao mesmo tempo em que se oferece para permitir que o povo retorne se apenas mudar seu comportamento (3:12-16). Esses apelos para mudança não são atendidos (3:10). No final, YHWH testemunha a sua decepção por ter de executar o julgamento contra o seu próprio povo porque eles se recusam a lhe dar atenção (10:18-21).

O capítulo 10 termina com um discurso idealizado que é posto na boca de um indivíduo falando em nome de todo o povo. O orador aceita o julgamento de YHWH como correção, pedindo apenas uma medida de misericórdia que permita ao orador sobreviver (10:23-24) antes de pedir a YHWH que castigue as nações que "devoraram Jacó" (10:25).

Esse discurso talvez tenha funcionado como a conclusão de uma coleção anterior, mas também cria uma pausa significativa para o leitor.

A coerência dos capítulos 2—10 deriva mais da forma poética e da repetição (de vocabulário, oradores e temas recorrentes) do que de qualquer enredo específico. Os materiais poéticos dominam, embora os textos em prosa também sejam frequentes (mais extensivamente em 7:1-8:3). O conjunto de mensagens sobre idolatria em 10:1-16), e alguma concatenação de materiais através de palavras-chave (e.g., composições adjacentes contando o fracasso de Israel/Judá em retornar a YHWH em 3:1-5, 6-10, 11-13, 14-16). A lógica, portanto, de Jeremias 2—10 transmite a figura de uma antologia: repetição e variação trabalham juntas para criar uma imagem enfática, inegável e dramática com uma mensagem clara. O povo de YHWH repetidamente lhe virou as costas, ignorou suas instruções e adorou outras divindades, deixando YHWH sem outra escolha a não ser agir contra o seu próprio povo. Essa repetição não deixa dúvidas ao leitor sobre o que aconteceu, o que viria a acontecer e o porquê. O leitor informado sabe que Jerusalém foi derrotada não uma, mas duas vezes pelos babilônios. Esses discursos nos capítulos 2—10 relatam repetidamente a recalcitrância do povo de YHWH em toda a sua amplitude: de norte a sul, de rico a pobre, de rei a sacerdote, de profetas a escribas.

Jeremias 11—20: Reclamações e diálogos

Os capítulos 11—20 continuam a abordar muitos dos mesmos temas de 2—10, mas os elementos de lamento (que desempenharam um papel menor em 2—10) aumentam em extensão e frequência. Os lamentos são proferidos pelo profeta e por YHWH, mas o conteúdo diz respeito à maioria dos principais personagens da literatura profética: o profeta, o próprio YHWH, a cidade personificada e o povo. Além disso, os temas recorrentes nesses capítulos tornam-se progressivamente sombrios.

O capítulo 11 começa com uma série de três passagens cada vez mais pessimistas (11:1-5, 6-8, 9-15) nas quais YHWH ordena ao profeta que exija do povo a obediência a "esta aliança" (cf. 11:2, 3, 6, 10). A primeira adverte o povo a cumprir a aliança (v. 2) porque aqueles que não o fizerem experimentarão a maldição (v. 3). A passagem da segunda aliança também adverte o povo a guardar a aliança (v. 6) e a não agir como o fizeram seus ancestrais que YHWH trouxe para a terra. Na passagem da terceira aliança YHWH afirma explicitamente que a geração atual de fato "quebrou a aliança que fiz com os antepassados deles" (11:10), levando ao julgamento divino contra eles (11:11-13). O efeito desse grupo de alianças dá o tom para uma série de formas pelas quais os temas do livro manifestam um declínio significativo nas relações entre YHWH e os outros personagens no diálogo contínuo. Essa depreciação continua ao longo de 11—20 enquanto YHWH se dirige a outros personagens e até pronuncia vários monólogos que funcionam como lamentos divinos.[30]

Os lamentos divinos aparecem em pelo menos quatro lugares em 12—15, caracterizando a tristeza de YHWH no julgamento que Ele foi forçado a implementar (12:7-13; 13:15-17; 14:17-18; 15:5-9). No primeiro lamento divino nestes capítulos, YHWH pondera sobre as implicações de entregar "aquela a quem amo" aos seus inimigos (12:7), mas Ele também indica que ela não lhe deixou escolha porque se voltou contra Ele como um leão na floresta (12:8). Os termos que YHWH usa para se referir à terra de Judá (amada, família) transmitem um sentimento de intimidade que torna a traição ainda mais dramática, especialmente porque dá sequência direta à primeira "confissão" do profeta que traz aos olhos de YHWH que sua própria família em Anatote se voltou contra ele. A passagem baseia-se nas imagens de Isaías 5 para condenar os muitos pastores (i.e., reis) que destruíram "a minha propriedade" (12:10-11).

O segundo (13:15-17) e o terceiro (14:17-18) lamentos divinos falam das lágrimas de YHWH. Muitos estudiosos atribuem a primeira dessas passagens ao profeta, mas no centro, o orador lamenta a perda da terra se o povo não mudar. O terceiro lamento indica que não há saída e até provoca uma resposta comunitária (14:19-22), em que o povo pergunta a YHWH: "Rejeitaste Judá completamente?" O quarto lamento divino (15:5-9) dirige-se diretamente à senhora Sião, afirmando que

[30] Veja Biddle. *Polyphony and Symphony in Prophetic Literature.*

Ele está cansado "de mostrar compaixão" (15:6). Essa frase pressupõe conhecimento de um tema bíblico recorrente. Começando em Êxodo 32:14, uma longa série de textos relata quantas vezes YHWH "cedeu" (i.e., mudou de ideia) em relação à sua decisão de destruir seu povo.[31] Assim, a senhora Sião, a cidade personificada, faz uma aparição dramática nos capítulos 11—20, como ela faz nos capítulos 2—6 e nas outras coleções proféticas. YHWH a confronta com a acusação de que ela é incapaz de mudar por causa de sua infidelidade política e religiosa, fazendo com que Ele a rejeite (13:20-27). Ela também é confrontada por YHWH (15:5-9), dizendo que seu castigo é inevitável e ninguém lamentará sua morte.

As assim chamadas confissões de Jeremias (11:18-23; 12:1-6; 15:10-21; 17:14-18; 18:18-23; 20:7-12; 20:14-18) cercam os lamentos de YHWH. Essas confissões expressam em termos cada vez mais explícitos a turbulência interna que o profeta sofre como resultado de ter de entregar a mensagem do julgamento de YHWH. Como tal, essas confissões funcionam como cânticos de reclamação no Saltério. Eles colocam tristezas e problemas diante de YHWH na esperança de que Ele resolva a turbulência em curso. As três primeiras queixas incluem uma resposta divina que segue a queixa profética e explicitamente tranquiliza o profeta de que seus inimigos seriam punidos (11:21-23) ou o exorta a permanecer forte (12:5-6) porque seus inimigos não prevalecerão (15:19-21). No final, porém, o profeta que foi chamado antes mesmo de seu nascimento (1:5) se desespera a tal ponto que amaldiçoa o dia de seu nascimento (20:14-18). A não resposta divina a essas queixas do profeta contribui para a caracterização do profeta como cada vez mais isolado.

Os capítulos 11—20 também relatam uma série de atos de sinalização, e essas ações exibem uma mensagem cada vez mais negativa. Por

[31] Veja, por exemplo, Êxodo 32:14; Juízes 2:18; 2Samuel 24:16; Joel 2:13-14; Amós 7:3, 6. O mais importante desses textos é provavelmente Amós 7:3, 6, onde YHWH responde à intercessão profética. Lá, YHWH cede duas vezes em face de sua decisão em destruir Israel porque o profeta interveio em favor deles. Em Jeremias 15:6, YHWH diz a Sião que está cansado de ceder, o que simultaneamente reconhece que YHWH tem um histórico de fazer isso, mas que ele atingiu o limite de sua paciência.

exemplo, o capítulo 16 começa com uma ordem para Jeremias não se casar ou ter filhos, para que não sofram o destino de outras esposas e filhos quando Jerusalém for destruída. Jeremias 18 descreve a ordem de YHWH ao profeta para ir à casa do oleiro e observá-lo em seu ofício. A interpretação retórica desta visita sublinha o poder de YHWH para determinar o destino das nações (18:7-10). Como o oleiro, YHWH pode destruir uma nação e reconstruí-la. YHWH anuncia o fim de Judá. No capítulo 19, YHWH ordena que Jeremias vá ao vale de Hinom e anuncie o julgamento (19:1-9). Lá ele quebra um jarro nas pedras para simbolizar como YHWH destruirá Judá (19:10-13).

Jeremias 21—25: Acusações contra a liderança

Os capítulos 21—25 condenam coletivamente os líderes de Judá e Jerusalém. O bloco inicia uma nova unidade temática em Jeremias com uma afirmação inicial: "palavra de YHWH".[32] O tema referente à liderança fracassada ocupa o centro do palco nesses capítulos. Primeiro, esses o texto trata sobre todos os reis de Judá após Josias, citados pelo nome (embora não em ordem cronológica): Zedequias (21:1), Jeoaquim (22:18), Salum (= Jeoacaz, 22:11) e Conias (= Joaquim, 22:24). Pela primeira vez desde 1:3, vários textos mencionam Jeoaquim e Zedequias pelo nome, prenunciando as narrativas em 26—40, onde eles se tornam atores centrais nos relatos dramáticos sobre eventos da vida de

[32] Veja Allen, *Jeremiah*, p. 237. Allen observa corretamente que 25:1 começa com outro cabeçalho da "palavra de YHWH" que marca uma nova unidade, então ele limita a unidade mais longa aos capítulos 21—24. No entanto, Allen ignora os dois focos temáticos diferentes refletidos no capítulo. Ele isola Jeremias 25 como uma composição separada, mas seu foco como um resumo da obra do profeta nos últimos vinte e três anos (veja 25:3), juntamente com a referência em 25:13 a "neste livro", sugere que o capítulo cumpria duas funções conectivas. Originalmente serviu como conclusão editorial dos capítulos 1—24 com um resumo da obra do profeta (25:1-13) e um resumo temático do julgamento vindouro sobre as nações (25:15-38). O versículo 14 foi acrescentado por aqueles que moveram a posição dos oráculos contra as nações. Essas duas partes do capítulo foram originalmente separadas por seis capítulos, de modo que o capítulo não era uma composição única desde o início. Em sua forma atual, combina melhor com 21—24. As expansões no TM devem geralmente ser interpretadas como acréscimos à forma anterior representada pela tradição grega.

Jeremias. Em 21—25, esses reis e toda a casa de Davi são condenados por desobedecerem a YHWH. No capítulo 21, YHWH diz a Zedequias que ele terá uma morte terrível (v. 7) e, em seguida, adverte toda a casa de Davi que o tempo deles praticamente se esgotou (v. 12). De acordo com o capítulo 22, Jeremias diz a Jeoaquim que o filho de Josias, Salum (que havia sido exilado no Egito depois que o faraó colocou Joaquim no trono) nunca mais voltará a Judá (v. 11) e que YHWH rejeitará o filho de Jeoaquim, Conias (= Joaquim) para ser rei (v. 24). Assim, YHWH rejeita todos os reis depois de Josias, de acordo com Jeremias 21—22.

Mais tarde, um editor inseriu uma coleção de ditos sobre os profetas que abusaram de suas posições (23:9-40). Os manuscritos preexistentes começam com uma expressão ("a respeito dos profetas") que os diferenciam dos textos circundantes. O capítulo 24 representa um relato de visão em que Jeremias vê dois cestos de figos, um que tinha figos "muito bons" e o outro contendo figos que era muito ruins, intragáveis. Os bons figos bons representam o grupo levado para a Babilônia que formará a base dos regressados (v. 6), enquanto os figos ruins incluem aqueles que permaneceram na terra e os que fugiram para o Egito (24:8).

Finalmente, no capítulo 25, Jeremias apresenta um oráculo de julgamento que começa com um resumo de seu próprio trabalho, segundo o qual ele pregou por 23 anos (v. 3), mas ninguém deu ouvidos a ele (v. 5). Por essa razão, YHWH devastaria a terra e o povo serviria Babilônia por 70 anos (v. 11). Essa parte do capítulo volta aos temas do capítulo 1: a força do profeta para cumprir sua tarefa e a ameaça do inimigo do norte. Os versículos 12-13 fazem a transição para o destino final da Babilônia e de todas as nações. Jeremias 25:13 refere-se ao material anterior como "tudo o que está escrito neste livro", sugerindo que, em um determinado momento, 25:12-13 encerrou uma coleção, mas 25:12 também menciona apropriadamente o julgamento contra a Babilônia e as nações, uma vez que os oráculos contra as nações que aparecem nos capítulos 46—51 na tradição do TM surgem originalmente logo após 25:13, e os oráculos contra a Babilônia ocupam a maior parte de cinco capítulos (26—30 na tradição do grego antigo; veja a discussão dos capítulos 46—51 a seguir).

Jeremias 26—45 + 52: Narrativas, ilustrações e repetição

Os capítulos 26—45 + 52 contêm principalmente (mas não exclusivamente) narrativas sobre episódios da vida de Jeremias. A estrutura desses textos (e outros) é, entretanto, complexa. Várias delas são datadas por meio de inscrições ou da lógica nos relatos de épocas específicas nos reinados dos últimos reis de Judá, no entanto essas narrativas datadas não aparecem em uma ordem cronológica estrita. Na verdade, as inscrições fluem em três ciclos episódicos que relatam eventos no reinado de Jeoaquim a Zedequias e além (caps. 26—34, 35—44, 45 + 52). Esse movimento, entretanto, não significa que esses três ciclos representem três composições originais.

Três ciclos de tragédia

Esse triplo movimento cronológico cria uma sensação sinistra de mau presságio em relação ao destino de Judá. Notavelmente, Jeremias é o mais longo dos quatro rolos proféticos, mas suas datas cobrem um período de tempo mais curto. De fato, os ciclos narrativos após o capítulo 26 forçam o leitor a reviver três vezes os eventos que levaram à destruição de Jerusalém, e criam paralelos entre os reinados de Jeoaquim e Zedequias que levaram à deportação e destruição de Judá em 597 e 587, respectivamente.

Introduções datadas nas seções narrativas de Jeremias

CICLO 1

Jr 26:1 começa com o início do reinado de Jeoaquim (608).

Jr 27:1 fala do início do reinado de Zedequias (597).

Jr 28:1 relata o confronto "no mesmo ano" entre Jeremias e Hananias, assim como suas consequências (597/593?).

Jr 29:1 inicia a carta de Jeremias aos líderes dos que estavam no primeiro exílio (597, cf. 29:2).

Jr 30—31 contém textos predominantemente poéticos de conforto (sem data).

Jr 32:1 estabelece a data do material no décimo ano de Zedequias (587).

Jr 33:1 traz uma "segunda" palavra a Jeremias durante esse período (587).

Jr 34:1 designa a data da época em que Nabucodonosor sitiou Jerusalém no reinado de Zedequias (após 588).

CICLO 2

Jr 35:1 estabelece a data da mensagem no reinado de Jeoaquim (609-598).

Jr 36:1 estabelece a data do confronto entre Jeremias e Jeoaquim no 4º ano do reinado de Jeoaquim (605).

Jr 37:1 apresenta o cenário no reinado de Zedequias depois que Nabucodonosor da Babilônia o fez rei (após 597).

Jr 39:1 marca o momento em que Nabucodonosor sitiou Jerusalém no nono ano do reinado de Zedequias (588) e contém um relato paralelo a 2Reis 25.

Jr 40:1 o fato se passa após a destruição de Jerusalém, quando Jeremias foi libertado de Ramá (após 587), mas antes do assassinato de Gedalias.

Jr 41:1 aponta uma data para o assassinato de Gedalias no sétimo mês (587).

Jr 44:1 identificado como a carta seguinte de Jeremias aos refugiados no Egito após a morte de Gedalias (587).

CICLO 3

Jr 45:1 estabelece a data do 4º ano de Jeoaquim, quando Jeremias ditou o segundo rolo a Baruque (605).

Jr 51:59 estabelece a data uma mensagem a Seraías no 4º ano do reinado de Zedequias (594).

Jr 52:1 resume o reinado de Zedequias desde sua ascensão até a destruição de Jerusalém (587) em seu 11º ano, com material paralelo de 2Reis 24—25.

Os eventos datados dentro dos três ciclos apresentam episódios biográficos organizados cronologicamente, mas cada ciclo começa no reinado de Jeoaquim. Os três ciclos também traçam paralelos entre Jeoaquim e Zedequias. No primeiro ciclo, 26:1 e 27:1 são datados como "o início do reinado de" Jeoaquim e Zedequias, respectivamente, enquanto o capítulo 28:1 também estabelece sua exposição no mesmo tempo que 27:1 (no do reinado de Zedequias). Então, 29:1 não apresenta uma data, mas introduz uma carta enviada aos exilados na Babilônia, que teria sido escrita depois da morte de Jeoaquim, mas ainda no início do reinado de Zedequias. As introduções do chamado livro da consolação (30—33) não contêm muitas datas e tratam de promessas sobre a futura restauração da terra, portanto transcendem a época de Jeremias. No entanto, 32:1 data a afirmação de Jeremias sobre a morte de Zedequias no décimo ano de seu reinado, e 34:1 marca o tempo durante o cerco de Nabucodonosor a Jerusalém em 587 a.C. Assim, 26—34 apresenta um movimento cronológico desde o tempo de Jeoaquim até a destruição de Jerusalém, mas 35:1 e 36:1 remontam ao reinado de Jeoaquim.

Muitos dos relatos são episódicos, mas um número significativo de estudiosos trata os capítulos 37—44 como uma narrativa contínua. Considerando isto, partes dos capítulos 37—44 contêm relatos paralelos e quase literais a 2Reis 25, o que significa que é, no entanto, uma narrativa composta que incorpora múltiplas fontes. Ambos os capítulos 39 e 52 contêm relatos da destruição de Jerusalém que oferecem extensas equivalências com 2Reis 25. Os estudiosos continuam a debater a relação precisa de 2Reis com Jeremias, uma vez que os paralelos contêm algumas diferenças notáveis e Jeremias, o profeta, não é mencionado em Reis.

O terceiro ciclo cronológico enquadra os oráculos contra as nações no TM com dois relatos de oráculos que sublinham a decisão de YHWH em destruir a terra (45:1-5) e a Babilônia (51:59-64) antes do relato final da destruição de Jerusalém no capítulo 52. De acordo com 45:1, o material narrativo retrocede novamente no tempo, desde as implicações da morte de Gedalias (caps. 43-44) até o quarto ano de Jeoaquim, quando Jeremias ditou o manuscrito. Em vez de recapitular esses eventos, no entanto, o capítulo 45 registra um lamento de Baruque

(45:3), o escriba de Jeremias, junto com a palavra de YHWH para ele (45:4-5), que reitera a decisão de YHWH de destruir toda a terra, mesmo enquanto poupava a vida de Baruque. Jeremias 51:59-64 aparece no final dos oráculos contra as nações e registra um oráculo dirigido a Seraías do quarto ano de Zedequias que também diz respeito a um manuscrito ditado por Jeremias. Esse manuscrito, porém, contém uma mensagem de esperança para aqueles que serão levados para Babilônia após a destruição de Jerusalém, no décimo primeiro ano de Zedequias. Eles são informados de que a Babilônia também será destruída. Portanto, o final da história de Gedalias condena aqueles que fugiram com Jeremias para o Egito (43—44) antes de reconfirmar antecipadamente a destruição da terra (45:3-4), enquanto os oráculos contra as nações pronunciam uma garantia final da destruição de Babilônia (51:59-64) antes de apresentar a destruição de Jerusalém uma última vez (52). Essa ênfase na destruição tanto do Egito quanto da Babilônia no início e no final dos OCN acontece apenas na versão TM.

Temas recorrentes em Jeremias 26—45 + 52

O conteúdo das narrativas em Jeremias 26—45 + 52 recapitula, em muitos aspectos, os mesmos temas (e em alguns casos, até as mesmas configurações de fala) que o material nos capítulos 1—25. Os episódios documentam a hostilidade dirigida ao profeta por vários líderes políticos e religiosos; eles confrontam Judá com as ofensas do povo; transmitem a mensagem de Jeremias às comunidades exiladas no Egito e na Babilônia; e oferecem palavras de esperança para um povo remanescente após a destruição de Jerusalém.

Hostilidade em relação ao profeta por parte dos líderes de Judá. Como já se pôde observar, os episódios apresentados nos capítulos 26—45 destacam a resistência dos líderes de Judá às palavras de Jeremias vindas de YHWH. Na maioria dos casos, Jeremias também teve defensores que falaram ou agiram em seu nome. A imagem que se desenvolve retrata uma dinastia em crise.

Quando o capítulo 26 apresenta Jeremias oferecendo ao povo uma chance de arrependimento no início do reinado de Jeoaquim, os "sacerdotes e profetas" tentam matar Jeremias (26:7-9). Esses grupos se referem, com toda a probabilidade, a oficiais cujo sustento estava atrelado ao templo, o que, por sua vez, dependia de bons relacionamentos com o rei. Esse relato parece referir-se a partes do discurso do templo que aparecem em Jeremias 7 de forma mais expandida. O capítulo 26 concentra-se mais nos eventos após o discurso do que no discurso em si. Os profetas e sacerdotes acusam Jeremias de espalhar a sedição política porque proclamou que Jerusalém seria destruída. A vida de Jeremias só é salva quando um grupo de oficiais reais e "todo o povo" recorrem à tradição profética para salvar a vida dele, citando Miqueias 3:12. Essa previsão da destruição de Jerusalém se passa no tempo de Ezequias e indica que ele se recusou a matar Miqueias o profeta de YHWH (Jr 26:16-19). A situação perigosa é sublinhada, no entanto, pelo relato da execução de outro profeta por Jeoaquim que profetizou palavras semelhantes às de Jeremias (26:20-23). Esse profeta, Urias, foi avisado de que Jeoaquim estava procurando tirar-lhe a vida, então ele fugiu para o Egito, mas Jeoaquim trouxe Urias do Egito e o executou em Judá. O versículo final do capítulo credita a Aicão, filho de Safã, a salvação de Jeremias (26:24). A família de Safã parece ter servido aos reis desde Josias até Zedequias como conselheiros políticos, e essa não é a única vez que essa família se alia a Jeremias.[33]

O capítulo 28 registra um encontro com o profeta Hananias, que confronta Jeremias em vários níveis. Ele confronta Jeremias publicamente (28:1), afirma ter recebido uma palavra de YHWH que contradiz diretamente a mensagem de Jeremias (28:2-4) e tenta ofuscar a ação simbólica de Jeremias relatada no capítulo 27. Nessa passagem Jeremias colocou um jugo de madeira (27:2) para simbolizar o julgamento de YHWH contra aquelas nações que tentariam resistir ao poder da Babilônia (27:9-12). No capítulo 28, Hananias remove o jugo de madeira do pescoço de Jeremias e o quebra (28:10a). Hananias interpreta suas ações como a palavra de YHWH de que Ele traria Joaquim de volta da Babilônia dentro de dois anos (28:11). A princípio, Jeremias responde com moderação, dizendo essencialmente esperar que Hananias estivesse

[33] Observe o número de vezes que um membro da família Safã é mencionado em Jr 26-45: 26:24; 29:3; 36:10-12; 39:14; 40:5, 9, 11; 41:2; 43:6.

certo, mas permaneceu cético e foi embora (28:6-9, 11b). Algum tempo depois, Jeremias recebe sua própria palavra de YHWH, na qual YHWH diz a Jeremias que substituirá o jugo de madeira por um de ferro e que o próprio Hananias estaria morto dentro de um ano (28:12-16). Por fim, o narrador conta ao leitor que Hananias morreu no sétimo mês daquele ano. Esse relato propõe vários pontos que valem a pena analisar. Os profetas falavam em nome de YHWH, mas faziam afirmações contraditórias. Jeremias, embora cético, permite que a palavra de Hananias supostamente vinda de YHWH permaneça até que ele viesse a condenar Hananias por abusar do poder da palavra: "Escute, Hananias! O Senhor não o enviou, mas assim mesmo você persuadiu esta nação a confiar em mentiras" (28:15).

Jeremias tem um relacionamento complicado com os últimos reis de Judá. O profeta desafia as políticas antibabilônicas de Jeoaquim e Zedequias, não porque Jeremias fosse a favor de Babilônia, mas porque ele acreditava que YHWH enviou Babilônia para punir Judá por sua desobediência contínua e sua adoração a outras divindades. Em face disso, os dois reis não são caracterizados da mesma forma. Jeoaquim parece brutal e perigoso. Ele teria matado Jeremias se pudesse, mas Jeremias escapou. Por outro lado, o narrador retrata Zedequias de forma mais ambivalente. Por um lado, Zedequias permitiu que Jeremias fosse preso e Jeremias quase morreu (38:4-6). Por outro, Zedequias demonstrou um certo nível de compaixão ao colocar Jeremias num ambiente menos severo e ao fornecer-lhe comida e proteção (38:14-28). O narrador registra que Zedequias pediu a Jeremias que orasse por ele (37:3) e relata conversas secretas e íntimas entre o profeta e o rei, nas quais o rei expressa seus próprios dilemas (38:14-28). Assim, o relacionamento de Zedequias com Jeremias parece mais complexo, e muitos diriam até que Zedequias foi um personagem mais simpático, preso no paradoxo entre o poder real e suas limitações.[34]

Confronto com as ofensas de Judá. Em 26—45, as acusações contra o povo estão menos concentradas nesses capítulos do que nos relatos

[34] Veja a avaliação de Mark Roncase, *Jeremiah, Zedekiah, and the Fall of Jerusalem*, LHBOTS 423 (Nova Iorque: T & T Clark, 2005).

poéticos, e a maior parte do material transmite uma sensação de que a liderança de Judá falhou. Os profetas e sacerdotes são castigados por enganarem o povo, mentindo sobre as mensagens que teriam recebido de YHWH (27:10, 14, 16; 28:15; 29:9, 21, 31). Os reis não ouviram quando os profetas lhes falaram (e.g., 29:16-19). A liderança recusa-se a reconhecer que YHWH usará a Babilônia para punir Judá, a menos que ocorra alguma mudança.

Palavras aos exilados. As mensagens de Jeremias às comunidades exiladas no Egito e na Babilônia são diferentes. Os exilados no Egito são condenados por dois tipos de desobediência. Primeiro, Jeremias 44 condena os refugiados da Judeia que fugiram para o Egito porque continuam a adorar outras divindades. Em segundo lugar, eles são condenados pelo medo (42:10-12) que causou a desobediência (42:13-17). Como resultado, Jeremias avisa um grupo após o assassinato de Gedalias que não fuja para o Egito, uma vez que Babilônia acabará por atacá-lo (42:18-22). Em vez de ouvirem, forçaram Jeremias a acompanhá-los. Além disso, Jeremias 24 retrata os refugiados egípcios no tempo de Zedequias como figos ruins (24:8-10), juntamente com aqueles que permanecem em Jerusalém e se alinham com Zedequias. Ironicamente, a Babilônia nunca conquistou o Egito, o que não parece ter desqualificado Jeremias como um verdadeiro profeta, apesar da estreita associação de Jeremias com as tradições deuteronômicas.[35]

Os refugiados na Babilônia não são condenados, mas são instruídos a se prepararem para uma longa permanência de 70 anos (29:1-11). No final dos OCN, 51:59-64 contém um breve relato da carta de Jeremias a Seraías no quarto ano do reinado de Zedequias. Jeremias diz a Seraías que ele será levado para a Babilônia, onde deverá abrir o rolo e lê-lo. Contém uma declaração de julgamento de que a própria Babilônia será destruída. Seraías deveria lançar então o rolo no Eufrates para simbolizar o fim iminente do poder de Babilônia. Essa palavra final de Jeremias não aparece como a última mensagem na versão inicial

[35] Veja Dt 18:22: "Se um profeta falar em nome do SENHOR, mas a coisa não acontecer nem se confirmar, é uma palavra que o SENHOR não falou. O profeta falou isso presunçosamente; não se assuste com isso" (NRSV).

dos oráculos contra as nações, mas tem um papel proeminente no TM como o discurso final de Jeremias.[36]

Esperança e consolação. Palavras de esperança não aparecem com frequência em Jeremias, mas os escribas compilaram a maioria dessas mensagens de esperança nos capítulos 30—33. Tematicamente, essa seção segue de perto a mensagem de Jeremias aos exilados na Babilônia que continha uma mensagem de esperança que YHWH falou:

> 10 Pois assim diz o SENHOR: Somente quando os 70 anos da Babilônia se completarem eu os visitarei e cumprirei a minha promessa e os trarei de volta a este lugar. 11 Porque certamente conheço os planos que tenho para vocês, diz o SENHOR, planos para o seu bem-estar e não para o mal, para lhe dar um futuro com esperança (Jr 29:10-11, NRSV).

O final do capítulo 29 também contém palavras de julgamento contra líderes específicos na Babilônia que falavam contrariamente à mensagem de Jeremias como tendo vindo de YHWH a respeito dos exilados na Babilônia (29:15-32). No entanto, os capítulos 30—33 devem sua localização a esse tópico nos planos de YHWH após a destruição de Jerusalém. Esses capítulos contêm uma série de discursos dirigidos ou são relativos a grupos já abordados no livro: Israel e Judá, a senhora Sião personificada e o povo como um todo. Esses capítulos contêm inúmeras fórmulas introdutórias que podem iniciar novos discursos.[37] Como resultado, os capítulos (como Amós 3—6 e Zacarias 7—8) se parecem como uma antologia. Eles servem a um propósito retórico, uma vez que estão reunidos, mas não mostram nenhuma progressão lógica real. Eles enfatizam a ideia de que YHWH não destruiu o remanescente, rotulado como Judá, Israel, Jacó e Jerusalém.

---

[36] Veja a discussão a seguir sobre como essa teologia avançou a agenda daqueles que retornaram da Babilônia no início do período persa.

[37] Essas fórmulas incluem os modelos como mensagens (30:2, 5, 12, 18; 31:2, 7, 15, 16, 23, 35, 37; 32:3, 14, 15, 28, 36, 42; 33:2, 4, 10, 12, 17, 20, 25), do tipo "naquele tempo" (31:1; 32:2; 33:15), várias fórmulas de "palavras" (30:1, 2, 4; 31:10, 23; 32:1, 6, 8, 26; 33:1, 19, 23) e outros. Nem sempre se pode ter certeza de que dessas fórmulas introduzem discursos completamente independentes porque alguns dependem sintaticamente de seu contexto literário.

Vários desses discursos se dirigem aos que já estão no exílio, enquanto outros se concentram nas condições da terra. Por exemplo, 30:3 refere-se a restaurar "a sorte do meu povo, Israel e Judá" e delineia essa ação como "e os farei *retornar* à terra". O mesmo é verdade em relação a Jacó em 30:10; 31:8, 11-15. Por outro lado, 30:12-17 dirige-se a uma entidade feminina (senhora Sião) que é lembrada do motivo pelo qual ela está sendo punida antes de ser informada de que YHWH também punirá aqueles que a atacarem e que Ele também a restaurará. A imagem resultante é aquela em que YHWH purifica Jerusalém para recomeçar com uma nova geração. Da mesma forma, 30:18 promete reconstruir a cidade sobre o monte da sua destruição.

O conteúdo das unidades de esperança oferece diferentes retratos de quando e como a restauração ocorrerá. Por exemplo, o capítulo 32 contém uma mensagem profética na qual Jeremias é instruído a comprar uma propriedade em Anatote, pretendendo simbolizar que o povo de YHWH terá um futuro quando casas e vinhas forem compradas novamente (32:15). Ao mesmo tempo, o restante do capítulo faz um esforço considerável para lembrar ao povo dos grandes atos de YHWH e que sua desobediência causou os desastres, incluindo as rampas de cerco que foram colocadas pelos babilônios (32:16-24). YHWH então relata os erros do povo como uma defesa do motivo pelo qual Ele deveria entregar Jerusalém aos babilônios (32:27-36). Somente depois que o profeta e YHWH retratam os pecados do povo é que YHWH oferece uma palavra de esperança de que o povo será reunido de onde foi enviado, para que a vida na terra possa ser retomada (32:37-44).

Jeremias 46—51: Os oráculos contra as nações

Os OCN em Jeremias 46—51 (TM) tem uma história complexa que envolve a seleção e organização dos discursos individuais contra nações selecionadas em um bloco que foi originalmente colocado no meio de Jeremias 25 (especificamente, depois de 25:13bα).[38] Esses discursos

---

[38] Os OCN foram movidos, mas apareceram originalmente no meio de 25:13, entre 25:13bα e 25:13bβ (a parte sublinhada): "Trarei sobre aquela terra todas as palavras que pronunciei contra ela, tudo escrito neste livro, que Jeremias profetizou contra todas as nações" (Jr 25:13, NRSV). A sentença dependente sublinhada de 25:13bβ

individuais contra essas nações provavelmente não foram todos compostos ao mesmo tempo. Em outras palavras, os oráculos contra Edom em 49:7-22 incluem várias mensagens curtas contra Edom que o compilador agrupou. Da mesma forma, grande parte do material contra Moabe (48:1-47) parece ser composto de reformulações dos oráculos que aparecem em outros lugares.[39] O compilador dos oráculos reuniu essas coleções para afirmar em Jeremias que YHWH controla o destino de todas as nações. Esse bloco foi originalmente colocado após 25:13bα onde se encaixava tematicamente.

Um editor posterior moveu a coleção do meio para o fim do corpus, entre Jeremias 45 e 52. Simultaneamente, a ordem desses oráculos foi alterada e algumas nações receberam promessas qualificadas. A mudança de ordem reflete um padrão geográfico geral que se move do sul e do oeste para o leste. Em suma, os oráculos reorganizados passam do Egito para a Babilônia. O agrupamento na tradição do TM manifesta uma progressão mais lógica. Além disso, começando no Egito e concluindo com a Babilônia, a ordem começa e termina com os dois centros de servidão que figuram tão proeminentemente na narrativa da Torá (explicação da chegada de Israel ao Egito, bem como da sua libertação da escravidão no Egito no Êxodo) e a história deuteronomista (devastação de Judá e exílio para a Babilônia em Reis). Da mesma forma, o Egito e a Babilônia representam as duas potências históricas que mudaram o curso de Judá após a queda da Assíria.

Em acréscimo ao rearranjo, quase metade das nações recebe promessas de restauração na tradição do TM, a maioria das quais não aparece no texto mais curto apresentado no grego. Os oráculos contra o Egito (46:25b-26), Moabe (48:40-47), Amom (49:6) e Elão (49:39) contêm breves promessas (juntamente com outras atualizações) no TM, enquanto os oráculos contra a Filístia (47:1-7), Edom (49:7-22), Síria

---

era originalmente uma frase completa e funcionava como uma declaração conclusiva para os OCN na versão grega mais curta. Jeremias 25:13bβ ainda aparece no final dos OCN na versão grega em 32:13: "Isto é o que Jeremias profetizou contra todas as nações".

[39] Compare o seguinte: Jeremias 48:5 com Isaías 15:5; Jeremias 48:29-39 com Isaías 15-16; Jeremias 48:43-44 com Isaías 24:17-18; e Jeremias 48:45-46 com Números 21:28-29.

(49:23-33), Quedar (49:28-32) e Babilônia (50:1-46) não as contêm. As promessas qualificadas para algumas dessas nações — e que não são estendidas para outras — refletem diferentes perspectivas teológicas e históricas, assim como pontos de vista posteriores para a coleção quando comparados ao texto mais curto. Somente o oráculo de Elão contém uma promessa na tradição grega mais curta. Em contraste, os oráculos do Egito, de Moabe e de Amom falam de restauração após punição.

Considere o seguinte acréscimo aos oráculos contra o Egito em 46:25b-26 (em que o texto sublinhado não aparece na tradição grega mais curta).

> [25] Disse o SENHOR dos exércitos, o Deus de Israel: Eis que trarei castigo sobre Amom de Tebas, e sobre Faraó, e sobre o Egito, e sobre os seus deuses, e sobre os seus reis, sobre Faraó e sobre os que nele confiam. [26] Entregá-los-ei aos que procuram a sua morte, a Nabucodonosor, rei da Babilônia, e aos seus oficiais. Depois o Egito será habitado como nos dias antigos, diz o SENHOR (NRSV).

O material acrescentado no TM 46:25b-26 não elimina o julgamento contra o Egito, mas antecipa um resultado diferente e positivo após o julgamento da Babilônia. Por meio de outras palavras, o TM prevê um processo em duas fases: a Babilônia punirá o Egito, mas depois o Egito será habitado como antes. Essa segunda fase não se reflete na tradição grega anterior. O texto mais curto promete apenas destruição para o Egito e consolação para Jacó (= Israel).

O oráculo contra Moabe em 48:40-47 mostra sinais semelhantes de expansão que incluem um final positivo e esperançoso (48:47):

> [40] Porque assim diz o SENHOR: Eis que ele descerá como águia e estenderá as suas asas contra Moabe; [41] as cidades serão tomadas e as fortalezas conquistadas. O coração dos guerreiros de Moabe, naquele dia, será como o coração da mulher em trabalho de parto. [42] Moabe será destruído como povo, porque se engrandeceu contra o SENHOR. [43] Terror, cova e armadilha estão diante de vocês, ó habitantes de Moabe! diz o SENHOR. [44] Todo aquele que foge do terror cairá na cova, e todo aquele que sair da cova será apanhado na armadilha.

> Porque trarei essas coisas sobre Moabe no ano do seu castigo, diz o Senhor. [45] À sombra de Hesbom os fugitivos param exaustos; porque um fogo saiu de Hesbom, uma chama da casa de Sião; destruiu a testa de Moabe, o couro cabeludo do povo tumultuado. [46] Ai de você, ó Moabe! O povo de Quemós pereceu, porque os teus filhos foram levados cativos e as tuas filhas para o cativeiro. [47] Contudo restaurarei a sorte de Moabe nos últimos dias, diz o Senhor. Até agora é o julgamento sobre Moabe (NRSV).

O oráculo moabita em 48:40-47 foi expandido significativamente em comparação com a tradição mais curta que vai apenas até 48:44. O TM contém dois meios-versículos adicionais (48:40b, 41b) e mais três versículos adicionais (48:45-47) que não fazem parte do texto mais curto. O material adicional no TM faz três coisas: (1) fortalece a imagem do julgamento sobre Moabe (48:40b, 41b) — incluindo o uso de linguagem encontrada em outras partes de Jeremias (cf. a imagem da "mulher em trabalho de parto" em 48:41b com Jr 4:31; 6:24; 13:21; 22:23; 30:6; 48:41; 49:22, 24; 50:43); (2) antecipa um tempo distante de julgamento (usando "naquele dia") que colore o oráculo com conotações escatológicas; e (3) permite a restauração de Moabe depois de ter sido punido (48:47).

O oráculo amonita acrescenta 49:6 usando a mesma frase que foi usada em 48:47 para Moabe:

> [5] Vou trazer terror sobre vocês, diz o Senhor Deus dos Exércitos, por parte de todos os seus vizinhos, e vocês serão espalhados, cada um precipitadamente, sem que haja quem reúna os fugitivos. [6] Mas depois restaurarei a sorte dos amonitas, diz o Senhor (NRSV).

O TM acrescenta uma promessa de restauração para os amonitas em 49:6. Ao contrário dos exemplos anteriores, o TM não expande as declarações de julgamento no restante do oráculo. No entanto, Jeremias 49:6 antecipa uma restauração completa para os amonitas, como aconteceria com o Egito e Moabe, mas somente após um período de punição. A adição ainda usa a mesma linguagem de restauração usada para Moabe (48:47), Elão (49:39) e o próprio povo de YHWH (30:3,

18; 33:7). O material extra estende assim o oráculo para incluir um período de tempo mais distante ("mas depois") e um eventual tempo de restauração.

Por conseguinte, essa versão atualizada dos OCN (com a sua nova disposição e a sua nova localização) transmite um tom mais escatológico no final do livro do que no meio do corpus, e permite um retorno final de algumas nações estrangeiras para criar uma situação mais pacífica.

Apesar das breves mensagens de esperança para algumas nações, o impulso principal dos OCN continua sendo o pronunciamento do juízo contra as nações envolvidas na intriga política do final do século 7 e início do século 6. Vários comentaristas notaram que esses oráculos não expressam principalmente as razões do julgamento como preocupações teológicas.[40] Os OCN não contêm condenações de ídolos, por exemplo. Em seu lugar, os oráculos proclamam o julgamento contra as nações por causa da sua própria maldade e orgulho. Em outras palavras, são condenados por atos de violência contra outros e por agirem sem se preocuparem com as consequências dos seus atos.

Temas principais em Jeremias

O conteúdo do livro de Jeremias assume muitas formas, porém os temas principais são recorrentes em todas as partes do livro, não importa onde se dividam as seções. Esses temas recorrentes incluem acusações de infidelidade religiosa, injustiça contra os pobres, equívocos políticos, o preço pago pelos emissários de YHWH, uma esperança qualificada para o futuro e palavras de julgamento dirigidas às nações estrangeiras que contribuíram para o sofrimento de Judá.

A infidelidade religiosa desempenha um papel importante nas acusações contra o povo de YHWH, de que eles quebraram a aliança (e.g., 11:6-8) e adoraram outras divindades (e.g., 1:16; 5:7; 44:3-5). Os textos documentam tentativas passadas e presentes de convocar o povo ao arrependimento dos seus erros, mas as pessoas (e especialmente os seus

---

[40] Veja Terence E. Fretheim, *Jeremiah*, SHBC (Macon, GA: Smyth e Helwys, 2002), p. 576.

líderes) revelam-se incapazes de agir para reparar o seu relacionamento com YHWH (e.g., 8:6; 9:5).

Um segundo tema recorrente envolve as inúmeras maneiras pelas quais os ricos e poderosos ignoram a expectativa de YHWH quanto à justiça social. A ganância e a violência motivam os grupos (e.g., 22:15-18). Essas acusações são feitas contra a senhora Sião (2:34), conforme indicado pelo discurso no feminino, e contra os ricos (5:28) que abusam dos pobres, dos estrangeiros, das viúvas e dos órfãos (veja 7:6; 22:3).

Em terceiro lugar, os inimigos de YHWH sofrem de miopia política. Desde o início, a mensagem é clara. YHWH comissionou o inimigo do norte (que o leitor logo entende ser Babilônia) para assumir o controle de Judá e, finalmente, destruir Jerusalém. Às vezes, os reis de Judá (Jeoaquim e Zedequias) pensam que podem ter sucesso sozinhos, ou recorrem a outros para ajudar a enfrentar Babilônia. Partes de Jeremias ecoam as palavras de Oseias para sublinhar que o Egito não libertará Judá da Assíria ou da Babilônia (e.g., 2:18, 38). De acordo com Jeremias, o Egito será invadido pela Babilônia e não ajudará em nada Judá ou os seus refugiados (veja 43:7-13). Ao abordar essas insanidades políticas, o livro retrata o profeta falando a verdade aos poderosos em nome de YHWH.

Quarto, o custo da proclamação da palavra de Deus desempenha um papel importante na vida do profeta. Desde a advertência inicial para permanecer firme diante da oposição, Jeremias enfrenta uma série de inimigos poderosos: confrontos com os reis Jeoaquim e Zedequias, desafios com o pessoal do templo, ameaças de sua própria família, conspirações dos líderes de sua cidade natal e finalmente, ser levado para o Egito contra a sua vontade, após o assassinato de Gedalias por aqueles que temiam represálias babilônicas. O profeta sobrevive a todos esses confrontos, exceto o último, mas os lamentos do profeta (em 11—20) e os relatos de suas prisões e situações difíceis (em 26—44) documentam os perigos de ser um verdadeiro mensageiro de YHWH.

As nações estrangeiras desempenham um papel importante desde o início do livro, quando Jeremias é proclamado profeta para as nações (1:4). O inimigo do norte funciona como uma ameaça enviada por Deus contra Judá. O inimigo (Babilônia) atacará Judá sob o comando de YHWH. No entanto, a Babilônia também experimentará a justiça divina juntamente com as nações que rodeiam Judá pela forma como se comportaram (46—51). As nações não são condenadas por serem estrangeiras, mas por causa do seu comportamento. Esse aspeto representa uma parte importante da esperança teológica do livro. A imagem do cálice da ira (e.g., 25:15-17, 28; 49:12; 51:7) pressupõe que a punição representa um ato de justiça. Se Jerusalém deve ser punida pelo seu comportamento, então YHWH também deve responsabilizar as nações vizinhas em razão de seu procedimento.

Finalmente, em nível sociológico, verifica-se que um sentimento recorrente de hostilidade e partidarismo está por trás de muitas das histórias. Jeremias confronta os poderes do palácio e do templo, mas não está totalmente sozinho. Ele tem aliados bem posicionados, incluindo a maioria dos membros da família Safã; Baruque, o escriba; Gemarias, filho do sumo sacerdote Hilquias (29:3); o eunuco da corte de Zedequias, Ebede-Meleque (38:7-13; 39:16-18); e Nebuzaradã, o capitão da guarda que ajuda a providenciar a libertação de Jeremias por Gedalias, neto de Safã nomeado governador após a destruição de Jerusalém (Jr 39:11-14). Esses aliados aparecem em postos-chave das narrativas para ajudar Jeremias a escapar de seus inimigos. Quanto a esses inimigos, o profeta enfrenta os sacerdotes e os profetas no templo em vários lugares (e.g., Jr 7; 23; 26; 28). Ele confronta Jeoaquim e Zedequias sobre o mau uso de seu poder e suas políticas equivocadas. Ao mesmo tempo, o retrato do profeta toma consistentemente partido contra aqueles que promovem a insanidade política. Ele também privilegia alguns grupos em detrimento de outros. Por exemplo, o profeta oferece palavras de conforto e esperança aos exilados na Babilônia (29), mas oferece pouca esperança ou conforto aos refugiados no Egito (42:15-22). A expectativa para os que estão na Babilônia não é uma solução rápida, mas sugere que aqueles que transmitiram a tradição incorporaram uma posição pró-*golah* na mensagem de Jeremias, que continuou a ter implicações sociais durante boa parte do período persa. Para muitos, um cenário do início do período persa dá melhor sentido a essa agenda teológica ao interpretar tais passagens como "textos que sustentam a legitimação teológica daqueles que regressam do exílio e que queriam ver as suas reivindicações de liderança ancoradas na profecia".[41]

O livro de Jeremias apresenta assim o final do século 7 e o início do século 6 a.C. como um tempo trágico de punição de YHWH. Ele estava sem paciência por causa da profundidade do problema que atravessava todos os segmentos da sociedade. Para seus inimigos, Jeremias é um traidor que deveria ser preso ou morto. Ele se recusa a seguir a linha do partido porque fala em nome de YHWH e, como resultado, paga um preço. Para aqueles que recolheram e moldaram as tradições, Jeremias tornou-se o principal exemplo de um profeta que confrontou corajosamente as estruturas de poder com uma palavra genuína, mas impopular, de YHWH.

O papel do livro dentro do corpus profético dificilmente pode ser superestimado. Através da repetição e do testemunho, o rolo de Jeremias representa uma coleção de oráculos e narrativas que contam uma história, sublinhando a necessidade de seguir YHWH e apenas YHWH. Esse livro tem uma função didática: orientar a elite de Judá após a destruição de Jerusalém. Em muitos aspectos, representa uma continuação das reformas de Josias, enfatizando a necessidade de manter a aliança e de impedir a adoração de ídolos. Também demonstra os limites da realeza. A obstinação de Jeoaquim e a fraqueza de Zedequias levaram Jerusalém à ruína. Aqueles que transmitiram o texto de Jeremias aprenderam bem essa lição e a ensinaram durante um longo processo de coleta e revisão para testemunhar sobre a necessidade de seguir YHWH. O livro se concentra em um breve período de tempo, mas documenta a tragédia que ocorre quando o poder e a religião ficam enredados no ego dos responsáveis. Ele fornece aos seus leitores um lugar na primeira fila para observar os eventos que levaram à destruição de Jerusalém. O profeta, que permaneceu na terra de Israel e falou em nome de YHWH, não poderia mudar os acontecimentos, mas esse livro o apresenta como a voz de YHWH que se opôs aos grandes poderes religiosos e políticos de sua época, como um último esforço para cessar a loucura. Ezequiel cobrirá parte do mesmo tema, porém da perspectiva daqueles que estão

---

[41] Schmid, *The Old Testament: A Literary History*, p. 170.

fora da terra. Isaías e os Doze ignoram em grande parte o período abordado por Jeremias e Ezequiel, mas testemunham a grande duração do problema e a vida além da destruição de Jerusalém.

QUESTÕES PARA DISCUSSÃO

1. Explique o relacionamento do profeta Jeremias com os reis, sacerdotes e escribas de Judá.
2. Descreva a relação entre as versões de Jeremias no TM e na LXX. Como essas duas versões afetam sua compreensão do conceito de Escritura?
3. Descreva as questões que dificultam a obtenção de um consenso sobre como surgiu o livro de Jeremias.
4. Compare o desenvolvimento temático de Jeremias 2—10 com os capítulos 11—20.
5. Explique as mudanças nos oráculos contra as nações em Jeremias e como explicar essas mudanças.
6. Cite e ilustre os temas recorrentes de Jeremias 26—45 + 52.

3

Ezequiel

Contexto histórico

Ezequiel foi contemporâneo de Jeremias, o que significa que eles partilham o conhecimento de um grande número de eventos históricos (veja o contexto histórico no início do capítulo sobre Jeremias). No entanto, os livros relatam expectativas e atitudes muito diferentes sobre a experiência desses eventos. A maior diferença entre os dois é que Jeremias permaneceu na terra onde sofreu ataques de reis, sacerdotes e profetas, enquanto Ezequiel atuou como profeta para os exilados a partir de 597 a.C., que foram realocados à força quando Joaquim se rendeu a Nabucodonosor. Ezequiel reflete sobre o destino dos exilados em 597. Uma segunda diferença reside na formação educacional dos grupos que transmitiram os dois manuscritos. O rolo de Jeremias espelha a linguagem e o pensamento do movimento deuteronomista, que provavelmente tem raízes nos círculos levíticos, enquanto Ezequiel recorre com regularidade às tradições sacerdotais, especialmente do Código de Santidade.

Sabemos poucos detalhes sobre Ezequiel antes de sua deportação, exceto o nome de seu pai, Buzi, e que ele foi educado para ser sacerdote no templo de Jerusalém (1:3). A introdução do livro (1:1-3) refere-se ao quinto ano do exílio de Joaquim (593 a.C.) e faz uma referência enigmática ao "trigésimo ano", que é interpretado de várias maneiras como o trigésimo ano após as reformas de Josias, o trigésimo ano do próprio profeta quando ele poderia começar a cumprir os deveres sacerdotais, ou o trigésimo ano do exílio de Joaquim (568).[1]

Ezequiel foi exilado em Tel-Abibe, às margens do rio Quebar, a sudeste da capital da Babilônia. Várias sugestões foram apresentadas a respeito do seu papel como profeta entre esses exilados da Judeia. Alguns sugerem que o profeta/sacerdote serviu como líder nos grupos de trabalho dos judeus encarregados de cavar canais, enquanto outros argumentam que a comunidade de Ezequiel serviu às necessidades agrícolas da economia da Babilônia.[2] Estudos recentes complicaram a nossa compreensão dessas comunidades, em parte devido às diferenças entre as políticas de deportação cruzada dos neoassírios e dos neobabilônicos.[3] Os babilônios exilaram as populações de volta para a Babilônia e tenderam a acomodá-las em bolsões étnicos. Além disso,

---

[1] Ezequiel 1:1 reflete uma certa confusão sobre a data de sua escrita, pois fala "no trigésimo ano" sem maiores esclarecimentos, e 1:2 refere-se ao quinto ano do exílio de Joaquim. A maioria entende essa data como uma referência ao nascimento do próprio profeta. Para muitos, o fato de Ezequiel ser sacerdote (1:3) apresenta um contexto significativo, uma vez que um homem da linhagem sacerdotal só pode começar a servir como sacerdote depois de completar 30 anos (Nm 4:3, 23, 30, 39). Um segundo grupo postula que uma frase que faltava foi eliminada, associando essa frase ao trigésimo ano desde a descoberta do Livro da Lei (que ocorreu em 622, durante o décimo oitavo ano do reinado de Josias). Outros têm sugerido que o trigésimo ano se refere ao trigésimo ano do exílio de Joaquim, visto que todas as outras introduções datadas estão ligadas a esse evento. Então, para esses eruditos, essa data seria a última introdução datada (por volta do ano 569) e representaria uma breve nota sobre a data em que o livro de Ezequiel foi publicado pela primeira vez; veja a discussão e rejeição desse ponto em Karl-Friedrich Pohlmann, Der Prophet Hesekiel/Ezechiel Kapitel 1—19, ATD 22, pt. 1 (Göttingen: Vandenhoeck e Ruprecht, 1996), p. 47-48; e Moshe Greenberg, Ezekiel 1—20: A New Translation with Introduction and Commentary, AB 22 (New Haven: Yale University Press, 1983), p. 39-40.

[2] John Ahn, "Ezekiel 15: A משל", in *The Prophets Speak on Forced Migration*, ed. Mark J. Boda et al., Ancient Israel and Its Literature p. 21 (Atlanta: Society of Biblical Literature, 2015), p. 103-4; Andrew Mein, "Ezekiel: Structure, Themes, and Contested Issues", in *The Oxford Handbook of the Prophets*, p. 194.

[3] Veja David Vanderhooft, *The Neo-Babylonian Empire and Babylon in the Latter Prophets*, HSM 59 (Atlanta: Scholars Press, 1999), p. 110; e David L. Petersen, "Prophetic Rhetoric and Exile", in *The Prophets Speak on Forced Migration*, p. 12.

Nabucodonosor parece ter reduzido o número de exilados que trouxe para o reino em comparação com os seus antecessores.[4] Os oráculos proféticos do livro não se concentram na vida diária. Em vez disso, apresentam as atividades proféticas de Ezequiel, especialmente em termos de suas visões e ações simbólicas. No entanto, a perspectiva teológica do livro de Ezequiel é geralmente associada à perspectiva do grupo sacerdotal zadoquita ou aarônica, que acabou assumindo o controle da liderança sacerdotal do templo nos primeiros anos após sua reconstrução.[5] De alguma forma, ocorreram diálogos sobre a composição da Torá e dos Antigos e Últimos Profetas, sendo que Ezequiel foi incluído entre os rolos proféticos. Esses diálogos exigiram um grande compromisso por parte dos intervenientes teológicos. Em muitos aspectos, a teologia de Ezequiel representa uma voz minoritária nessas conversas proféticas. O tom excludente de Ezequiel, que procurou manter uma forte identidade religiosa para os exilados de 597 a.C., parece estranhamente deslocado entre os outros três rolos proféticos cuja configuração final foi em grande parte realizada dentro dos limites de Judá. Por outro lado, os comentaristas mais recentes concordam que o livro de Ezequiel, embora fixado nos acontecimentos em Jerusalém, tomou forma em grande parte na Babilônia.

REIS DE JUDÁ RELEVANTES PARA EZEQUIEL

JOSIAS (640-609 a.C.). Colocado no trono aos oito anos de idade, instituiu reformas (622 a.C.), morto pelo Faraó Neco II (609).

JEOACAZ (609 a.C.). Filho de Josias, tornado rei com a morte de seu pai. Governou três meses antes de ser exilado no Egito por Neco II.

JEOAQUIM (609-597 a.C.). Filho de Josias colocado no trono por Neco II. Jeoaquim rebelou-se contra a Babilônia em 597,

[4] Veja Petersen, "Prophetic Rhetoric and Exile", p. 12.

[5] Veja Ezequiel 40:46; 43:19; 44:15; 48:11; Steven Tuell, *Ezekiel*, NIBC (Grand Rapids: Hendrickson, 2009), p. 288-89.

fazendo com que Nabucodonosor sitiasse Jerusalém. Jeoaquim morreu durante o cerco.

JOAQUIM (597-560?): Filho de Jeoaquim, neto de Josias. Ele negociou o fim do cerco iniciado por seu pai e foi exilado na Babilônia, onde ficou preso até pelo menos 560 a.C., quando foi libertado (2Rs 25:27-30). As datas em Ezequiel referem-se ao reinado de Joaquim. O neto de Joaquim, Zorobabel, foi nomeado governador na época de Ageu.

ZEDEQUIAS (597-587 a.C.): Filho de Josias, foi nomeado rei em Jerusalém por Nabucodonosor II da Babilônia após o fracasso da revolta de Jeoaquim e do exílio de Joaquim na Babilônia. Zedequias rebelou-se contra Nabucodonosor em 588/587, levando à destruição de Jerusalém. Após 30 meses de cerco, Zedequias tentou escapar por um buraco no muro de Jerusalém, mas foi capturado pela Babilônia nas planícies de Jericó. Os filhos de Zedequias foram mortos na sua frente e ele ficou cego antes de ser levado acorrentado para a Babilônia.

QUESTÕES INTRODUTÓRIAS DO LIVRO DE EZEQUIEL

O profeta e o livro

Um estilo autobiográfico permeia Ezequiel, o que dá a impressão de acesso direto ao profeta de uma forma que substitui os outros três rolos. As qualidades dramáticas incorporadas no material também representam uma característica distintiva da tradição de Ezequiel. Os relatos de visão e os de ação simbólica dominam grande parte do livro, mas exigem material explicativo que também contribua para as qualidades distintivas do livro. As visões têm de ser interpretadas, e frequentemente essa interpretação assume a forma de discurso divino explicando as visões. As ações simbólicas também incluem interpretação, muitas vezes expressamente transmitida pela boca do profeta como a palavra de YHWH. Além disso, diversas passagens são estruturadas como instrução sacerdotal usando um estilo casuístico, em que vários casos são apresentados para esclarecer a complexidade de uma questão ou para esclarecer um ponto específico.

Um senso de santidade e pureza também permeia o livro. O exílio é visto como punição pelas abominações cometidas no templo. Essas abominações dão continuidade a uma longa história de rebelião por parte do povo e dos seus líderes, que o profeta remonta ao tempo no deserto. Para Ezequiel, YHWH decide acabar com essas abominações, o que exige a destruição completa da terra e a dizimação de sua população através da guerra, da peste e do exílio. Para Ezequiel, YHWH decidiu começar de novo, e os exilados de 597 formam essencialmente o núcleo exclusivo da população remanescente. Essa decisão não significa, contudo, que todos os exilados constituiriam o remanescente. Para Ezequiel, mesmo os exilados de 597 ainda deveriam ser purificados. Eles teriam de rejeitar a idolatria e pagar pelos seus pecados, e alguns se recusariam a fazê-lo. No entanto, o profeta exclui em grande parte os cidadãos de Judá e de Jerusalém que foram exilados depois de 587 e 582. Para Ezequiel, YHWH rejeita a ideia de um grupo central vivendo na terra. Em muitos aspectos, essas atitudes excludentes colocaram Ezequiel em conflito com os outros três rolos proféticos.

Datas de composição

Quatorze vezes no livro de Ezequiel, as aberturas de capítulos datadas introduzem material novo. A maioria dessas datações aparece em ordem cronológica, dando ao livro uma sensação de progressão sequencial que vai de 593-571 a.C. (veja a tabela a seguir). Em outras palavras, as datações fornecem um elemento estrutural importante do livro.

FÓRMULAS DE DATAS EM EZEQUIEL

Versículo	Data aproximada	Tema
1:1-3	Junho de 593	Visão de uma carruagem
3:16	Junho de 593	Chamado para ser um vigia
8:1	Agosto de 592	Visão do Templo

20:1	Agosto de 591	Discurso para os anciãos
24:1	Janeiro de 588	Segundo cerco de Jerusalém
26:1	Março 587	Julgamento sobre Tiro
29:1	Janeiro 587	Julgamento sobre o Egito
29:17	Abril de 571	Julgamento sobre o Egito
30:20	Abril de 587	Julgamento sobre o Egito
31:1	Junho de 587	Julgamento sobre o Egito
32:1	Março de 585	Lamento sobre Faraó
32:17	Março de 585	Lamento sobre Faraó
33:21	Dezembro de 586	Queda de Jerusalém
40:1	Abril de 573	Nova visão do templo

As introduções de capítulos que não seguem a ordem cronológica podem ser explicados pela colocação temática. As datações que não são mostradas em ordem cronológica aparecem como parte dos oráculos contra as nações (caps. 25—32) e especificamente como oráculos dirigidos contra o Egito. A maioria dos estudos sobre Ezequiel hoje aborda essas datas como mais confiáveis do que os estudiosos críticos no início do século 20.[6] No entanto, o papel que as datações desempenham na estrutura literária e no desenvolvimento temático de Ezequiel nem sempre é considerado. Os estudiosos frequentemente apenas assumem que essas datas foram transmitidas com os materiais que introduzem, mas a sua presença em locais-chave sugere que elas também fazem parte da estrutura conceitual do livro, portanto os leitores igualmente devem reconhecer suas implicações literárias.

A unidade de Ezequiel

A questão da unidade do livro de Ezequiel envolve um conjunto complexo de questões que, em última análise, dependem da definição de unidade de cada um. Por um lado, grande parte do livro apresenta

[6] Veja a pesquisa acadêmica em Walther Zimmerli, *Ezekiel 1: A Commentary on the Book of the Prophet Ezekiel*, Chapters 1—24, trad. Ronald E. Clements, Hermeneia (Filadélfia: Fortress, 1979), p. 3-8.

um programa teológico consistente que se concentra na punição pelo pecado, na purificação da terra e de um remanescente do povo, na retribuição contra as nações estrangeiras que se aproveitam dos problemas de Judá e, finalmente, na restauração do povo, a reconstrução do templo, a reorganização do seus oficiais e a redistribuição dos territórios tribais.

Por outro lado, a tradução do grego antigo que forma a base da Septuaginta (LXX), assim como o livro de Jeremias, demonstra que o livro de Ezequiel, tal como o temos agora, não resultou da obra de um único autor. A versão grega, quando vertida para o hebraico, representa um texto consideravelmente mais curto que o TM. Tal como acontece com Jeremias, comparações detalhadas das duas tradições mostram um processo complexo no qual o TM geralmente representa o crescimento contínuo da tradição (embora não em todos os casos), enquanto o texto grego mais curto geralmente representa uma versão anterior do corpus. No entanto, mesmo essa versão mais curta sofreu atualizações tanto em sua *Vorlage* hebraica quanto entre as próprias traduções gregas.

Além das questões de extensão, a transposição de passagens complica a questão da unidade. O exemplo mais claro aparece quando comparamos os capítulos 37—39 do TM com a LXX. Na tradição grega, provavelmente na versão anterior, o relato da derrota do exército de Gogue nos capítulos 38—39 precede o capítulo 37 com a sua antecipação da reunificação de Judá e Israel. A mudança deriva da convicção de alguém de que a derrota de Gogue oferece uma transição melhor para a restauração do templo que começa no capítulo 40, mas só podemos especular sobre o porquê.

Finalmente, o livro de Ezequiel apresenta mensagens conflitantes sobre alguns assuntos. Por exemplo, a maior parte de Ezequiel 34 rejeita inteiramente os pastores de Israel (i.e., os seus reis). O texto os condena por sua ganância, violência e idolatria. No entanto, dois versículos (34:23-24) afirmam que YHWH estabelecerá Davi como seu príncipe na terra, reduzindo em grande parte a relevância da mensagem do capítulo 34. Esses dois versículos, no entanto, coincidem com a ação simbólica de Ezequiel 37:15-28 onde os bastões com o nome de Judá e Israel são unidos sob um rei (37:22), e esse personagem real vem da linhagem de Davi (37:24), dando preferência à linhagem real de Judá (especialmente através de Joaquim).[7] A mensagem em favor de Davi em 37:22, 24 quase certamente vem de um escriba posterior ao profeta, mas sua localização não é acidental e é coerente com 34:23-24.[8]

As fontes e a forma final

Mais do que qualquer outro manuscrito, o livro de Ezequiel é conhecido por seus *Fortschreibungen* (comentários inseridos por leitores posteriores para esclarecer, qualificar ou corrigir algo no texto). Como será visto na discussão dos modelos redacionais, bem como nas comparações das evidências críticas do texto, Ezequiel tem um histórico de comentários adicionais embutidos em sua mensagem. Alguns argumentam que o próprio profeta expandiu as descrições das visões e das ações simbólicas. Outros atribuem mais dessa reflexão aos copistas que transmitiram e expandiram o livro. A extensão de tal material difere de acordo com o estudioso que tenta descrevê-lo, mas quase todos os modelos redacionais e as diferenças entre as tradições grega e hebraica prestam-se a tais argumentos.

Duas ilustrações de *Fortschreibungen* amplamente reconhecidas podem demonstrar essas várias funções. Primeiro, considere a ampla passagem de 36:23c-38 que enfatiza a necessidade de o povo passar por um processo de limpeza e purificação. Esse trecho está faltando no grego antigo e em um manuscrito grego do final do século 2 (P967). Estudos recentes continuam a avaliá-lo como um acréscimo posterior ao texto. Essa passagem acrescenta detalhes consideráveis à purificação do povo que envolve aspersão com água limpa, renovação do espírito, remoção da intransigência e um espírito de obediência às ordenanças

---

[7] Expectativas semelhantes aparecem nas promessas escatológicas em Amós (9:11-12) e Oseias (1:11 [Hb 2:2]) que provavelmente datam de uma época aproximadamente contemporânea de Ezequiel. Veja Paul Redditt, "The King in Haggai-Zechariah 1—8 and the Book of the Twelve", in *Tradition in Transition: Haggai and Zechariah 1—8 in the Trajectory of Hebrew Theology* (Nova York: T & T Clark, 2008), p. 56-82.

[8] Veja a discussão sobre a localização de 37:22-23 no fluxo retórico do discurso maior na seção A estrutura e conteúdo em Ezequiel a seguir.

de YHWH. A purificação da iniquidade dificilmente contraria a teologia de Ezequiel, mas a sua inclusão numa data posterior implica que alguém pensou que precisava de uma articulação explícita nesse ponto do discurso.

Em segundo lugar, a inserção pró-Davi em Ezequiel 34:23-24 mencionada há pouco busca *corrigir* uma leitura direta do capítulo 34 no que diz respeito à rejeição dos pastores. A rejeição da liderança real por parte de YHWH parece ser enfraquecida com a afirmação de que o descendente davídico continuará a funcionar como rei na terra. Na verdade, nenhum rei davídico governou novamente o reino de Judá (embora os persas tenham nomeado Zorobabel, neto de Joaquim, para administrar a terra em seu nome, junto com o sumo sacerdote Josué, de acordo com Ageu e Esdras).

Modelos redacionais

Os estudos acadêmicos sobre Ezequiel dividem-se em dois campos gerais quando se fala sobre como o livro surgiu, juntamente com a questão de quando os discursos individuais e os relatos de visão teriam sido compostos.[9] O grupo maior argumenta que o livro surgiu gradualmente como uma coleção de peças individuais de tradição que documentou a atividade profética de Ezequiel. Esse grupo argumenta que, em graus variados, as lembranças dos discursos e da atividade do profeta contêm material que remonta ao tempo do profeta, mas que a seleção e organização dessas peças provavelmente deveriam ser atribuídas aos seguidores de Ezequiel.[10]

---

[9] Um terceiro grupo, bem menor, argumenta que, embora algumas passagens possam remontar ao tempo do profeta, uma percentagem muito maior do livro pressupõe processos editoriais posteriores. Assim, para esse grupo o livro representa essencialmente uma obra pseudepígrafa do século 5 a.C. ou posterior. Veja Gustav Hölscher, *Hesekiel, der Dichter und das Buch: Eine literarkritische Untersuchung* (Giessen: Töpelmann, 1924); Volkmar Herntrich, *Ezechielprobleme* (Giessen: Töpelmann, 1932); Jörg Garscha, *Studien zum Ezechielbuch: Eine redaktionskritische Untersuchung von 1—39* (Bern: Lang, 1974). Poucos seguiram essa linha de entendimento.

[10] Por exemplo, veja Walther Eichrodt, *Ezekiel*, trad. Coslett Quinn, OTL (Filadélfia: Westminster, 1970), p. 18-22; Zimmerli, Ezekiel 1, p. 68-74; e Pohlmann, Ezekiel 1—19, p. 22—39.

Um segundo grupo enfatiza os marcadores conceituais unificadores do livro e os atribui ao profeta. A predominância da linguagem da primeira pessoa quase certamente desempenha um papel nessas decisões. Por exemplo, Moshe Greenberg opera com o que ele chama de método interpretativo "holístico" assumindo que *se* for possível encontrar uma maneira de explicar as tensões aparentes, *então* deveremos fazê-lo e atribuir o livro ao profeta.[11] Não surpreende que Greenberg consiga encontrar explicações para a maioria das tensões observadas por outros estudiosos. Embora Greenberg represente um caso extremo, e até mesmo fale ocasionalmente de editores (como em 34:23-24), muitos tratados nos últimos 40 anos concluíram que o livro de Ezequiel fornece informações confiáveis sobre o profeta e a respeito da comunidade em que ele atuava.

Mesmo o primeiro grupo de estudiosos muitas vezes admite dificuldades em distinguir as palavras do profeta no material explicativo posterior que poderia vir do profeta ou daqueles que transmitiram o manuscrito. No entanto, o segundo grupo muitas vezes minimiza ou ignora a distância cronológica entre o material mais antigo (593 a.C.) e o mais recente (571 a.C.) datado no livro. A estrutura cronológica criada pelas redes de material introduzidas por essas aberturas, combinada com os blocos temáticos de julgamento contra Israel (1—24), oráculos contra nações estrangeiras (25—32) e restauração (33—48) proporciona um esquema abrangente que pleiteia ser levado a sério. O fato de uma das aberturas de capítulos mais recentes (40:1) introduzir material que interage especificamente com uma das primeiras partes do livro (a partida e o retorno da glória de YHWH nos capítulos 11 e 43), pressupõe que o autor deseja que os leitores estejam cientes do material anterior do manuscrito. Consequentemente, o caráter literário do rolo não pode ser contestado. Na verdade, essa visão unificadora estende o período crucial da composição até a última dessas datas, e não à mais antiga. O livro, tal como o temos agora, inclui relatos de visão inter-relacionados, ostensivamente separados por cerca de 20 anos, e esses relatórios refletem sobre o significado da

---

[11] Assim Greenberg, *Ezequiel* 1—20, 14—15, 18—27.

visão de maneiras que mostram alguma distância dos próprios eventos. Parece, portanto, menos provável que a forma atual do livro tenha vindo diretamente das mãos do profeta. Por outro lado, a estrutura do livro e a sua teologia defendem uma visão idealista do regresso dos exilados em 597 a.C., o que não parece alinhar-se bem com outros relatos da vida em Judá no início do período persa. Essa descontinuidade sugere a muitos que Ezequiel tomou a sua forma inicial antes dos acontecimentos de 539 permitirem o regresso de vários grupos diferentes de exilados.

A ESTRUTURA E O CONTEÚDO EM EZEQUIEL

Os estudiosos concordam amplamente que o livro de Ezequiel apresenta três seções estruturais e temáticas: os pronunciamentos de julgamento contra Israel em 1—24, os oráculos contra nações estrangeiras em 25—32 e os pronunciamentos que enfocam a restauração da terra em 33—48.

Ezequiel 1—24: Julgamento contra Israel

Ezequiel 1—3: Visão do trono e comissão

O primeiro grande bloco estrutural (caps. 1—24) em grande parte pronuncia o julgamento sobre o povo de YHWH, principalmente aqueles que vivem em Jerusalém, mas também certos grupos entre os exilados. Os capítulos 1—3 abrem com um relato de chamado mais extenso entre os profetas. O capítulo 1 descreve a carruagem e o trono divinos, começando com uma breve descrição do todo (1:4-5) como uma nuvem de fogo vindo do norte com "algo como âmbar" dentro da nuvem que estava no topo de quatro criaturas (cuja identidade como querubins é finalmente revelada no cap. 10).

Seguindo essa breve descrição, o profeta fornece uma descrição detalhada que se move da base para cima. Começa com os querubins carregando o trono, movendo-se dos pés (1:7) para as mãos sob as asas (1:8), para as quatro faces (1:10) e para as asas (1:11). Cada querubim tinha quatro rostos: um que parecia um anjo, um humano, um leão e um boi. Cada querubim tinha quatro asas, duas que se elevavam acima deles e duas que cobriam seus corpos.

Ao lado de cada um dos querubins, o profeta descreve uma elaborada "roda dentro de outra roda" que parecia "semelhante a berilo brilhante" (1:16, ou topázio), um mineral translúcido que pode aparecer em tons de verde, amarelo e âmbar. Os aros das rodas estavam pontilhados de olhos. As rodas moviam-se livremente em qualquer direção (inclusive horizontal e verticalmente). Quando a carruagem se movia, as asas emitiam o som de "águas poderosas" e "o trovão do Todo-poderoso" (1:24).

Continuando o movimento ascendente, o profeta descreve "algo como uma abóboda" acima das cabeças dos querubins (1:22) que brilhava como cristal. A palavra "abóboda" tem conotações cósmicas, pois representa aquela parte da criação que, de acordo com a tradição sacerdotal da criação, separa as águas acima das águas abaixo da terra, mesmo antes da criação da terra seca (veja Gn 1:6-8). Acima da abóboda havia "algo semelhante a um trono", sobre o qual estava sentado algo que parecia "uma forma humana" (1:26). Acima dos lombos, essa forma brilhava como âmbar ardente e abaixo dos lombos dessa forma humana emanava "algo que parecia fogo" (1:27). A cena inteira parecia um arco-íris, e o profeta finalmente afirma que ele está contemplando a "semelhança da glória de YHWH", uma compreensão que o força a cair de rosto em terra imediatamente (1:28).

O propósito do aparecimento de YHWH é o tema de 2:1—3:3. YHWH ordena ao profeta que se levante (2:1), e então YHWH anuncia que está enviando Ezequiel para falar a uma nação rebelde e pecadora (2:1-3). Nesse comissionamento, YHWH diz ao profeta que não fará diferença se a nação ouvir ou não, embora YHWH não acredite que eles ouvirão (2:5; 3:7). O papel do profeta, porém, é garantir que o povo saiba que um profeta esteve em seu meio (2:5). Ele diz a Ezequiel para não temer o povo (2:6; 3:9). YHWH então abre diante do profeta um rolo coberto de escritos na frente e no verso (2:8-10) e ordena a Ezequiel que coma o rolo, que o profeta relata ter um sabor tão doce quanto mel (3:1-3).

O restante do capítulo 3 contém quatro unidades que criam uma sensação de descontinuidade (3:4-11, 12-15, 16-21, 22-27). A primeira (3:4-11) essencialmente repete a mensagem de 2:3-7, exceto que articula a convicção de que o povo de Israel se recusará a ouvir, enquanto 2:3-7 transmite uma resposta mais aberta.[12] A segunda unidade (3:12-15) então narra como o espírito de YHWH levou o profeta aos exilados em Tel-Abibe, perto do rio Quebar, onde ficou sentado, atordoado por sete dias (3:12-15). A passagem poderia representar a conclusão original de qualquer um dos dois relatos de comissionamento, mas agora essa função serve para ambos os casos.

Na terceira unidade (3:16-21), a palavra de YHWH chega a Ezequiel depois de sete dias e diz-lhe que ele será sentinela do povo. O papel do sentinela conforme definido na passagem é alertar os ímpios e

[12] Compare Pohlmann, Ezekiel 1—19, p. 53-54; Zimmerli, Ezequiel 1, p. 106-7; e Greenberg, Ezekiel 1—20, p. 73. Uma breve examinada nos argumentos desses três casos ilustra como os diferentes modelos redacionais explicam o material subjacente. Tanto Pohlmann quanto Zimmerli observam as duplicações presentes nos dois textos e a dificuldade de remover qualquer um dos relatos da composição mais ampla dos capítulos 1—3. Com relação a 2:3-7, Pohlmann reconhece que as duas passagens não vêm do mesmo autor. Na verdade, ele argumenta (1) que 2:3-7 dá uma forte impressão de ser um texto suplementar, (2) que o motivo da apostasia ancestral reflete as ideias de um autor posterior influenciado pelas ideias deuteronomistas sobre os profetas, e (3) que 2:3-7 foi inserido junto com 3:4-9 por causa do material interconectado nessas duas passagens. Zimmerli argumenta que 3:4-9 representa um acréscimo que desenvolve ideias de 2:3, 5, traçando conexões com as narrativas de chamado de Isaías 6 e Jeremias 1. Parece implausível que o profeta Ezequiel teria tido acesso a um rolo de Jeremias, distante centenas de quilômetros de Jerusalém, para que se possa entender como Zimmerli poderia tratar esse material como uma reflexão posterior sobre 2:3-7. Em contraste, Greenberg não trata 3:4-9 como uma duplicação, mas classifica-o como "uma acusação renovada" que prossegue retomando os temas do material anterior e "em todos os casos, intensificando-os". Considerando que 3:4 começa com a sua própria fórmula introdutória e, portanto, dá a impressão de uma nova unidade, a ideia de que 3:4-9 apenas representa uma renovação da acusação parece menos provável do que a de que representa uma peça de transmissão separada. Greenberg, porém, destaca corretamente o efeito que a sequência das duas versões comunica ao leitor. A segunda unidade é decididamente mais pessimista que a primeira, mas o ponto de vista de Zimmerli não deve ser ignorado. Alguém estruturou 3:4-9 para que parecesse e soasse mais como as palavras de Isaías e Jeremias, cujas narrativas de chamado prenunciam a falha do povo em ouvir a palavra de YHWH (Is 6:9-13 e Jr 1:16-19).

os justos entre o povo de YHWH sobre o julgamento iminente. O texto descreve o cenário no estilo "se então" da lei casuística. Enfatiza que aqueles que recebem a mensagem são responsáveis pela forma como respondem, incluindo o profeta. O profeta cumpre seu papel ao apresentar a advertência. Os ímpios são avisados com antecedência, mas o texto pressupõe que eles ignorarão a advertência. Também sugere que pelo menos alguns dos justos ignorarão a mensagem (3:20-21).

Na quarta unidade (3:22-27), YHWH ordena ao profeta que vá até o vale para obter mais instruções. Lá, YHWH diz a Ezequiel para fechar-se em si mesmo, amarrar-se com cordas e permanecer sem palavras até que YHWH lhe diga o contrário. Essa unidade cria uma clara dicotomia no retrato do profeta. Por um lado, os capítulos 1—3 retratam consistentemente o papel de Ezequiel como alguém que entregará a mensagem de YHWH, mas 3:22-27 ordena ao profeta que fique em silêncio. A mudez do profeta surge novamente até que finalmente lhe é ordenado falar (33:21-22), pouco antes do ponto do livro onde Ezequiel começa a apresentar palavras de restauração no capítulo 34. Essa justaposição deriva, sem dúvida, da compilação de diversas tradições proféticas, uma vez que nos capítulos 4—7 há vários relatos de ações simbólicas onde o profeta fala. Os relatórios contêm comentários interpretativos sobre o significado da ação, bem como as ordens para o profeta falar.[13] Ezequiel parece falar rotineiramente, complicando ainda mais qualquer explicação das ordens conflitantes de falar e de se calar. Essas tensões não desaparecem e são difíceis de serem explicadas.[14]

---

[13] Observe que ao profeta é ordenado falar mais de 20 vezes em Ezequiel e a maioria dessas referências aparece entre a ordem de ficar calado (3:22-27) e a suspensão da ordem (33:21-22): Ezequiel 6:11; 11:5, 16, 17; 12:10, 11, 23, 28; 13:11; 14:6; 17:9, 12; 20:30; 21:14; 22:24; 24:21; 28:2; 31:2; 33:10, 11, 12, 25; 36:22; 39:17.

[14] Três exemplos ilustram a variedade de explicações: Pohlmann, Ezekiel 1—19, p. 69-70; Zimmerli, Ezekiel 2, p. 183, 191; e Tuell, Ezekiel, 17—18. Pohlmann argumenta de forma convincente que a dupla aparência da ordem de ser sentinela seguida de perto pelo motivo do silêncio do profeta não pode ser acidental. Os motivos aparecem como parte da missão de abertura ao profeta (3:16-21, 22-27) e no final dos oráculos contra as nações, pouco antes de os oráculos começarem a focar na restauração de Israel (33:1-20, 21-22). O fato do levantamento da suspensão da capacidade do profeta de falar na mesma noite em que toma conhecimento da destruição de Jerusalém solidifica ainda mais a importância de ligar esses dois motivos

Ezequiel 4—7: Relatórios de ação simbólica e oráculos

Os capítulos 4—7 continuam diretamente do discurso do capítulo 3, mas relatam uma série de ações simbólicas ordenadas por YHWH ao profeta. Essas ações incluem a criação de um modelo desenhado em um tijolo tirado da Jerusalém sitiada (4:1-3), deitar-se sobre o seu lado esquerdo durante 390 dias (4:4-5) e depois sobre o seu lado direito durante 40 dias (4:6) enquanto é amarrado com cordas (4:8), comendo pão ritualmente impuro (4:9-15) e usando uma espada para rapar a cabeça e a barba (5:1-4). Além dos relatos das ações simbólicas, os capítulos 4—7 também contêm passagens que interpretam os atos e apresentam oráculos adicionais. Por exemplo, YHWH explica o significado do pão ao profeta em 4:16-17, e 5:5-17 esclarece porque os cabelos são divididos em três partes que representam a população. Por outro lado, os capítulos 6—7 tratam principalmente de acusações contra aqueles que

---

em momentos-chave do livro. Pohlmann limita, portanto, o motivo do silêncio ao conceito de sentinela. O leitor deve compreender o silêncio em relação ao papel do profeta como sentinela. Em outras palavras, Ezequiel só poderia desempenhar o papel de sentinela quando Jerusalém já tivesse caído porque YHWH havia determinado destruir Judá.

Zimmerli vê o motivo do vigia em 3:17-21 e 33:2-9 como inserções em contextos existentes. Ele trata a recorrência do motivo do vigia em 33:2-9 como tendo "algo como o peso de um segundo chamado ao profeta para a fase de proclamação durante e após a queda de Jerusalém". Ele entende que 33:21-22, por outro lado, originalmente encerrava uma versão do manuscrito antes da inserção dos oráculos contra as nações. Em outras palavras, Zimmerli argumenta que 33:21-22 seguiu imediatamente 24:25-27. Certamente, 24:25-27 antecipa 33:20-21, uma vez que se refere tanto ao mensageiro que chegará à noite com a notícia da destruição de Jerusalém como ao retorno da capacidade de falar do profeta. Isso significa, no entanto, que 33:21-22 se conecta ao início e ao final dos capítulos 1—24 e faz a transição dos oráculos contra as nações para a terceira parte do livro de Ezequiel, onde o material começa a lidar com o processo de restauração.

Tuell prefere ver a ordem de YHWH de ficar em silêncio como YHWH colocando limites ao papel do profeta de interceder pelo povo. Tuell pode estar certo ao dizer que o editor do livro que criou essas conexões não poderia ter pretendido que a ordem de silêncio fosse interpretada literalmente, uma vez que o capítulo 4 começa imediatamente a relatar as ações e o discurso do profeta. A ideia de que o editor conceituou esta ordem em termos de delimitar a intercessão do profeta parece problemática, entretanto, uma vez que o livro registra vários exemplos de tal intercessão entre os capítulos 4 e 33.

permanecem na terra. O capítulo 6 transmite dois discursos divinos em prosa (6:1-10, 11-14) que têm uma associação temática vaga com o capítulo 5, mas são dirigidos aos "montes de Israel", enquanto o capítulo 7 contém uma série de composições poéticas e discursos que anunciam consistentemente o fim iminente da terra. As formulações nos capítulos 6—7 relatam as ordens dadas ao profeta para falar ao povo (i.e., 6:2-3, 11; 7:9), à terra personificada (a maior parte de 7:1-10), e sobre vários grupos (7:10-27) a respeito do "fim" que está chegando. O capítulo 6 menciona a idolatria pela primeira vez no livro (6:4, 5, 6, 9, 13), que constitui o foco principal das acusações contra os que vivem na terra. De acordo com Ezequiel, aqueles que estavam na terra e alguns no exílio adoravam ídolos e ofereciam sacrifícios nos altos, contaminando desse modo o templo e a própria terra.[15]

Ezequiel 8—11: Visão da culpa de Jerusalém e do afastamento de YHWH

Os capítulos 8—11 relatam uma segunda visão que, de acordo com 8:1, é datada pouco mais de um ano após a narrativa do chamado (cf. 1:1). O cenário desse relato visionário ocorre enquanto os "anciãos de Judá" visitam Ezequiel em sua casa na Babilônia (8:1). A visão narra o profeta sendo carregado fisicamente pelos cabelos até Jerusalém pela mesma "glória de YHWH" que viu no capítulo 1. Ele é levado à entrada norte do átrio interno do templo (8:3), um espaço reservado para os sacerdotes. Deus então revela uma série de "grandes abominações" (8:6) que incluem uma "imagem de ciúmes" ao norte do altar, 70 "autoridades da nação de Israel" adorando imagens e ídolos dentro do átrio interno (8:3, 7-13), mulheres chorando pelo deus mesopotâmico Tamuz (8:14-15) e uns 25 homens no pátio do templo adorando o sol (8:16). YHWH interpreta essas abominações como um sacrilégio que não pode ficar impune porque contaminou o próprio templo (8:17-18).

---

[15] Veja também a condenação dos ídolos (Ez 8:10; 14:3-7; 16:36; 18:6, 12, 15; 20:7-8, 16, 18, 24, 31, 39; 22:3-4; 23:7, 30, 37, 39, 49; 30:13; 33:25; 36:18, 25; 37:23; 43:9; 44:10, 12) e os lugares altos (6:3, 6; 20:29).

O capítulo 9 descreve a preparação de YHWH para destruir a cidade. Seis executores vêm, ao comando de YHWH (9:1-3), e um escriba é comissionado para percorrer a cidade e colocar uma marca naqueles que lamentam essas abominações para que não sejam destruídos (9:3-4, 11). O restante dos algozes da parte de YHWH começou a massacrar os que estavam na cidade. Dificilmente se pode perder a alusão à história do Êxodo, onde as casas dos israelitas foram marcadas para libertação antes que os filhos primogênitos dos egípcios fossem atingidos (Êx 11:1-10; 12:29-32). O profeta responde como Amós em suas duas primeiras visões (Am 7:2, 5), intercedendo em favor do povo, pois o castigo é muito severo (9:8), mas YHWH rejeita o apelo do profeta por causa da gravidade dos crimes (9:9-10).

O capítulo 10 adiciona três elementos narrativos. Primeiro, ele relata a ordem e a execução do incêndio de Jerusalém usando brasas que saem das rodas em chamas da carruagem (10:2, 6-7). Em segundo lugar, a maior parte do capítulo (10:1, 3-5, 8-17, 20-22) rearticula a descrição da carruagem e da cúpula, ancorando essa visão no capítulo 1. O capítulo 10 esclarece que as quatro criaturas que impulsionam a carruagem são querubins (10:15, 20, 22). Terceiro, a visão narra a saída da glória de YHWH do centro do templo para o portão leste (10:18-19).

O capítulo 11 concentra-se nos 25 homens no portão leste que foram descritos em 8:16-18 como adoradores do sol. O segundo relato menciona dois deles pelo nome e incumbe o profeta de pronunciar julgamento sobre eles pela traição à cidade (11:1-12). Um desses dois líderes, Pelatias, morre enquanto Ezequiel fala, fazendo com que o profeta questione novamente o castigo de YHWH que é muito severo (11:13). O fato de que esse segmento da visão parece ignorar a destruição da cidade, que foi descrita no capítulo 10, mostra mais uma vez como a incorporação de blocos de fala individuais aproveita a progressão da narrativa mais ampla (portanto, a pausa no portão leste do templo) e cria tensões insolúveis nos detalhes do fluxo narrativo. Duas unidades adicionais fornecem o clímax do capítulo 11 com YHWH descrevendo seus planos (11:14-21), seguido por um relato da partida de YHWH do templo para a montanha a leste da cidade e do retorno do profeta aos exilados na Babilônia (11:22-25). A descrição programática dos planos de YHWH (11:14-21) marca um grande discurso de YHWH no qual a divindade anuncia que a comunidade exilada que foi removida da terra (i.e., aqueles deportados com Joaquim em 597 a.C.), e não os que ficaram para trás, representam os grupos com quem YHWH trabalhará no futuro.[16] Em vez de abandonar os exilados em uma terra impura, YHWH anuncia que Ele tem sido um "santuário" para eles onde foram dispersos e que lhes devolverá a terra assim que ela for purificada das abominações (11:18). Por outro lado, aqueles envolvidos com as abominações serão derrubados (11:21).

Os capítulos 8—11 representam em poucas palavras a mensagem fundamental de Ezequiel. A visão ocorre em um ambiente público na Babilônia, conforme indicado pelos versículos iniciais e finais (8:1; 11:25), mas o profeta faz uma caminhada pelo templo em uma visão em que YHWH lhe mostra a profundidade dos problemas de Jerusalém. As abominações no templo profanaram o santuário e a terra. Como resultado, YHWH determina destruir tanto a cidade quanto o templo. A inscrição data a visão cinco anos antes da destruição de Jerusalém, mas também encoraja os exilados, que são informados de que representam a esperança de YHWH para o futuro. Essa atitude negativa para com os que estão em Jerusalém representa uma atitude teológica consistente no panorama do livro de Ezequiel.

Ezequiel 12—19: Atos simbólicos, alegorias e contemplações

Ezequiel 12—19 apresenta uma série de alegorias e oráculos que, de muitas maneiras, servem para reforçar a mensagem da visão de 8—11. Coletivamente, esse material ilustra por que as abominações praticadas na terra condenaram Judá e seus líderes à destruição e por que os exilados de 597 a.C. serão contados como o remanescente que retornará para assumir o controle da terra.

O capítulo 12 apresenta quatro unidades (12:1-16, 17-20, 21-25, 26-28) dirigidas aos exilados na Babilônia, as duas primeiras relatando ações simbólicas (e interpretações relacionadas) e as duas últimas

[16] Compare esta visão com Amós 9:8-10, onde os punidos são removidos da terra.

enfatizando a veracidade da mensagem de Ezequiel, apesar do aparente atraso no seu cumprimento. No primeiro relato de ação simbólica, YHWH ordena ao profeta que junte a bagagem do exílio e depois cave um buraco no muro à noite. Ele recebe uma ordem para que realize ambos os atos diante dos exilados (12:1-7), e então ele recebe uma palavra de YHWH para interpretar a ação a fim de que o público de Ezequiel entenda que YHWH pretende enviar a população de Jerusalém para o exílio e para frustrar a tentativa de Zedequias de fugir dos babilônios (12:8-16).

Após uma introdução (13:1-2), o capítulo 13 contém uma série de oráculos contra os falsos profetas. Cinco fórmulas de mensagens criam a impressão de oráculos distintos (13:3-7, 8-12, 13-16, 17-19, 20-23). Um desses oráculos (13:13-16) representa uma duplicação expandida do anterior. Três desses oráculos são dirigidos contra profetas do sexo masculino que "estão profetizando pela sua própria imaginação", enquanto os dois últimos condenam as profetisas que "profetizam pela sua própria imaginação", traçando claramente um paralelo intencional (13:2, 17).

Ezequiel 14—15 contém uma série de advertências contra a idolatria e contra futuros exilados que forem para Babilônia. O capítulo 14 começa com advertências dirigidas a certas "autoridades de Israel" que abordaram Ezequiel para consulta (14:1), mas YHWH rejeita a consulta porque este grupo de líderes estava adorando ídolos (14:3). Ezequiel 14:1-20 contém, portanto, uma série de diatribes contra a idolatria como advertências aos exilados. Esse capítulo termina com uma breve mensagem (14:21-23) admoestando os exilados de Ezequiel a se consolarem na justiça de YHWH quando os sobreviventes de Jerusalém chegarem como exilados na Babilônia. Essa breve mensagem leva a uma alegoria mais longa sobre a inutilidade de uma videira que foi queimada (15:1-5), seguida por um comentário interpretativo (15:6-8) que iguala a videira carbonizada aos habitantes de Jerusalém, criando a lógica conectiva entre 14:21-23 e 15:1-5. Ezequiel condena a idolatria entre os exilados nos termos mais fortes possíveis, mas o propósito da condenação dos exilados de Jerusalém deriva em grande parte das acusações na visão dos capítulos 8—11 que censuravam as práticas idólatras no templo. A teologia de Ezequiel exige a rejeição dos ídolos, mas considera que os de Jerusalém foram inequivocamente contaminados por tais práticas. Os justos entre os exilados de Ezequiel que serão purificados, e não os grupos subsequentes de exilados de Jerusalém.[17]

Ezequiel 16 contém a primeira de duas alegorias extensas relativas à Jerusalém personificada (o capítulo 23 é a outra). Essas alegorias contêm imagens chocantes de uma expressão teológica perturbadora e misógina que, no nosso tempo, deveria levantar inúmeras questões sobre um texto que precisa ser desafiado. Certamente, as imagens teriam sido chocantes na época de Ezequiel, mas os pressupostos desse texto levantam problemas teológicos e éticos que vão além do reconhecimento de que Ezequiel usa as imagens de uma esposa infiel para retratar a severidade da idolatria. O capítulo retrata Jerusalém como a filha selvagem e órfã de pai amorreu e mãe hitita (16:3), que foi deixada nua e abandonada num campo aberto desde o momento do seu nascimento (16:4-5). YHWH a salva, e quando ela se torna uma mulher, YHWH a toma como sua esposa (16:6-8), em seguida, Ele a banha e a presenteia com joias e roupas finas até que ela seja bonita o suficiente para ser uma rainha que irradia o esplendor que YHWH lhe concedeu (16:9-14). Aí termina a lua de mel. YHWH a acusa de confiar em sua própria beleza e de se prostituir com qualquer pessoa, em qualquer lugar que ela deseja (16:15-22). Portanto, YHWH a entrega nas mãos dos filisteus, dos assírios e dos caldeus, aos quais ela também se entregou (16:23-29). YHWH acusa sua esposa adúltera de ser pior que uma prostituta porque ela deu presentes aos seus amantes em vez de ser paga pelos seus serviços (16:30-34). YHWH então a entrega nas mãos de uma multidão que irá despi-la e apedrejá-la (16:34-43). Seu comportamento é comparado desfavoravelmente ao comportamento de suas irmãs que já haviam sido punidas, especificamente Samaria e Sodoma (16:44-52). Finalmente, YHWH anuncia que restaurará a sorte de todas as três irmãs (Sodoma, Samaria e Jerusalém) para a envergonhar ainda mais, porém somente depois de terem suportado a penalidade pelo seu

---

[17] Pohlmann identifica corretamente a teologia *pró-golah* como integrante do livro (Pohlmann, *Ezekiel* 1—19, p. 20-21.

comportamento (16:53-58). YHWH então se enaltece por ter restabelecido sua aliança com ela, sabendo que ela foi devidamente envergonhada para que então Ele pudesse perdoá-la (16:59-63).

Tais acusações sobre o comportamento ilícito da esposa de YHWH aparecem em outras partes da literatura profética para condenar a idolatria, mais notavelmente contra Israel em Oseias 2 e contra Jerusalém personificada em Jeremias 3:1-8, Isaías 1:21 e 23:15-17. Deste modo, esse motivo aparece em cada um dos quatro rolos proféticos, mas a qualidade gráfica da retórica de Ezequiel supera todos os outros. Essa teologia pode ser considerada perigosa por diversas razões. Primeiro, pressupõe uma visão antiga de que a esposa de um homem era sua propriedade e transpõe essa imagem doentia para o relacionamento entre YHWH e o povo de YHWH. Em segundo lugar, as descrições da brutalidade dirigida contra o cônjuge reduzem o retrato de Deus a pouco mais do que um valentão ciumento cujo ego ferido não pode ser saciado até que ele próprio tenha agido de forma violenta. Em nossa cultura, chamamos isso de abuso conjugal, e dificilmente representa uma divindade digna de adoração. Terceiro, eticamente, deixar incontestado esse retrato de Deus poderia nos tornar cúmplices. Se a violência contra o cônjuge representa um comportamento aceitável para a divindade, então, por extensão, qualquer cônjuge ciumento poderia se sentir no direito de comportar-se de forma semelhante.

Ezequiel 17 apresenta-se explicitamente como um enigma e uma alegoria (17:1) destinada a rejeitar Zedequias como rei em Judá em favor de Joaquim, que havia sido exilado na Babilônia em 597 a.C. A alegoria conta uma história (17:3-10, 22-24) interrompida por uma palavra explicativa de YHWH (17:11-21). Uma águia (= o rei da Babilônia) removeu o ramo superior do cedro (= Joaquim) e o levou para uma cidade estrangeira. A águia então plantou uma semente (= Zedequias) que se tornou uma videira. A videira, porém, estendeu a mão para outra águia (= o rei do Egito), na esperança de que ela desse à videira a capacidade de produzir frutos. Uma série de perguntas retóricas lança dúvidas sobre a capacidade de prosperar sob a segunda águia (17:11-21). No epílogo da história (17:22-24), YHWH promete pegar o galho do topo do cedro (= Joaquim) e plantá-lo em uma montanha alta e elevada para que a semente produza frutos e sombra protetora para todos os tipos de pássaros. Mais uma vez, as concepções teológicas dominantes privilegiam aqueles que estão associados ao exílio sob Joaquim, ao mesmo tempo que antecipam o fracasso de Zedequias e a devastação de Jerusalém.

O capítulo 18 apresenta um tratado teológico que mostra uma exploração extensa da culpa. Essa composição começa com uma pergunta sobre uma parábola axiomática que sem dúvida foi usada para explicar por que as crianças foram enviadas para o exílio quando não haviam abandonado YHWH: "Os pais comeram uvas verdes, e os dentes dos filhos ficaram embotados" (18:2). Poderíamos interpretar esse ditado essencialmente como um resumo da explicação deuteronomista da destruição de Jerusalém que atribuiu a decisão de YHWH de destruir Jerusalém pelos pecados de Manassés (2Rs 21:11-12), embora ele tenha governado por 55 anos e tenha morrido mais de 50 anos antes da destruição de Jerusalém. Usando uma série de expressões casuísticas, Ezequiel 18 argumenta contra essa ideia. Em vez disso, essa composição declara que a punição vem para aqueles que pecaram, não para os seus descendentes. E também, a punição é reservada para os ímpios que não abandonam seus pecados.

O capítulo 19 exibe duas alegorias adicionais como lamentações pelos líderes de Israel (19:1, 14b). A primeira conta a história do fim dos reis de Judá como a história de uma leoa e do trágico destino de seus filhotes (19:2-9). A segunda usa a imagem de uma videira cujos ramos são destruídos (19:10-14a). Ambas adotam a rejeição de YHWH aos reis de Judá.

Ezequiel 20—24: O julgamento se aproxima

Os capítulos 20—24 continuam a pronunciar julgamento sobre certos grupos no exílio e sobre Judá e Jerusalém. As características literárias não diferem radicalmente do texto nos capítulos 12—19, mas uma nova introdução em 20:1 localiza esse material cerca de um ano depois da introdução em 8:1. O leitor atento sabe, portanto, que o tempo da destruição de Jerusalém se aproxima cada vez mais. Na verdade, a próxima abertura (24:1) ocorre no tempo em que Nabucodonosor sitiou

Jerusalém antes de destruir a cidade, incendiar o templo e remover à força seu rebelde rei Zedequias. Os redatores organizaram os capítulos tematicamente, criando uma composição a partir de discursos curtos dirigidos a vários grupos (os anciãos da terra, os santuários de Jerusalém, a cidade do derramamento de sangue e a adúltera cheia de luxúria). A repetição desempenha um papel nessas composições, assim como o fato de os próprios destinatários terem sido abordados antes.

O capítulo 20 abre com uma segunda visita dos "líderes de Israel" que YHWH rejeita por causa de sua idolatria. Sem dúvida, esse grupo representa os líderes dentre os exilados que se acomodaram à expressão religiosa na Babilônia ou que mantiveram as práticas idólatras das quais participaram em Jerusalém.[18] Em ambos os casos, YHWH anuncia através do profeta a rejeição das propostas deles para consultá-lo (20:3, 32) por causa da extensa história de tais abominações desde o tempo de Jacó em diante. O capítulo relata a história da recalcitrância de Israel através do uso e repetição de frases-chave, como os termos sacerdotais "práticas repugnantes" (20:4), "coisas repugnantes" (20:7, 8, 30) e "ídolos" (20:7, 8, 16, 18, 24, 31, 39). Eles esqueceram os "decretos", "leis" de YHWH (20:11, 13, 16, 18, 19, 21, 24, 25) e sábados (20:12, 13, 16, 20, 21, 24), que eles deveriam guardar "por amor do meu nome" (20:9, 14, 22, 44). O capítulo relembra a história de Israel: como a família de Jacó foi escravizada no Egito (20:5-10); como YHWH os tirou do Egito e lhes concedeu decretos, leis e sábados (20:11-12); como eles se rebelaram no deserto (20:13-17); como seus filhos fizeram o mesmo (20:18-22); como eles foram avisados das consequências da desobediência (dispersão entre as nações) antes de entrarem na terra (20:23); e como eles se rebelaram uma vez estabelecidos na terra (20:24-26). Somente por causa da decisão de YHWH de não destruir Israel por causa do seu nome lhes possibilitou continuar, mas agora os exilados foram removidos da terra para se purificarem da idolatria enquanto YHWH destrói a terra que foi profanada (20:27-32). Só então YHWH os trará de volta à terra, onde a vergonha do conhecimento de seu comportamento anterior os impedirá de repeti-lo (20:33-44).

[18] Veja Tuell, *Ezekiel*, p. 128.

Ezequiel 21—23 volta sua atenção para a destruição de Jerusalém, um tema que fica evidente pela repetição da palavra espada cerca de 21 vezes no capítulo 21. Ao contrário do foco do capítulo anterior nos pecados dos antepassados, o capítulo 21 concentra-se no julgamento vindouro, não na racionalidade (idolatria e desobediência à aliança). O capítulo 22 preenche essa lacuna quando começa com uma longa lista (22:2-13) de acusações contra a cidade "sanguinária" (22:2). As acusações incluem violações éticas e de culto: derramamento de sangue (22:3-4, 6, 13), adoração de ídolos (22:3-4), desprezo aos pais (22:7), maus tratos a estrangeiros residentes, órfãos e viúvas (22:7), profanação do sábado (22:8), cometimento de calúnia (22:9), contaminação sexual (22:10-11), suborno (22:12) e usura (22:12-13). A conclusão dessa lista anuncia a decisão de YHWH de espalhar os que estavam na cidade entre as nações (22:14-16). O capítulo termina com uma alegoria (22:17-22) e uma condenação da liderança de Jerusalém (22:23-31). A alegoria explora a imagem da fundição para refinar a escória do metal, enquanto 22:23-31 condena o estado impuro da realeza de Jerusalém (22:25 na LXX e a maioria das versões em inglês e português), seus sacerdotes (22:26) e seus profetas (22:28, 25 TM).[19]

O capítulo 23 oferece uma segunda alegoria a respeito do adultério de Jerusalém personificado. Tal como Ezequiel 16, a retórica sexualmente carregada personifica Jerusalém e Samaria como duas irmãs simbolicamente chamadas Oolá (a que tem sua própria tenda) e Oolibá (a minha tenda está nela), onde *tenda* alude a um templo.[20] Ambas as irmãs provam ser adúlteras, mas o texto condena as ações de Jerusalém como mais flagrantes do que as de sua irmã (23:11), porque ela cobiçou os assírios (23:12), os babilônios (23:14) e os egípcios (23:19). Diferenças sutis entre os capítulos 23 e 16 aparecem no foco cultual do 16 versus o foco mais político do 23. Contudo, não se pode fazer uma distinção muito grande, uma vez que o estado estava intimamente associado às suas divindades no antigo mundo de pensamento do Oriente Médio, e visto que o discurso de YHWH também interpreta o adultério

---

[19] Ezequiel 22:25 no TM condena "seus profetas", enquanto a tradição grega tem "seus príncipes". A diferença entre as duas palavras é apenas uma letra em hebraico.

[20] Veja Amós 9:11-12.

no capítulo 23 como idolatria e uma contaminação do santuário de YHWH (23:38-39).

O capítulo 24 oferece um clímax para as palavras de julgamento contra Israel que dominaram os capítulos 1—23. Contém três partes: a introdução que apresenta uma data situando a mensagem no mesmo dia em que Nabucodonosor sitiou Jerusalém (24:1-2), a alegoria do pote anunciando a destruição de Jerusalém (24:3-2), e o relato de ação simbólica da ordem de YHWH para que Ezequiel se recusasse a lamentar a morte de sua esposa para simbolizar como os exilados deveriam responder à destruição de Jerusalém (24:15-27). Mais uma vez, o fundamento teológico motriz da maioria das declarações de julgamento em Ezequiel, procura criar uma identidade entre os exilados como um remanescente purificado que rejeita a idolatria e indicar um sentimento de distância entre eles e aqueles habitantes de Jerusalém, ou os que estão exilados na Babilônia depois da destruição de Jerusalém em 587. Em outras palavras, os exilados de 597 a.C., para Ezequiel, constituem o remanescente com quem YHWH restaurará a terra.

Ezequiel 25—32: Os oráculos contra as nações

Os capítulos 25—32 formam a seção intermediária do livro, que pronuncia o julgamento sobre sete povos estrangeiros, primeiro sobre aqueles que estão a leste de Israel (Amom, Moabe e Edom), depois a oeste (Filístia, Tiro, Sidom) e, finalmente, ao sul (Egito). Coletivamente, esse arranjo geograficamente padronizado rodeia efetivamente Judá e Israel, mas deve-se também notar a omissão de Babilônia como objeto de julgamento, uma lacuna que contrasta marcadamente com os oráculos de Jeremias contra as nações. Na verdade, Nabucodonosor e Babilônia influenciam positivamente o pronunciamento do julgamento contra Tiro (26:7) e Egito (29:18, 19; 30:10, 24, 25; 32:11).

Além desse padrão geográfico, porém, o grande volume de pronunciamentos enfatiza o julgamento contra Tiro e Egito. Quatro países (Amom, Moabe, Edom e Filístia) aparecem no primeiro capítulo antes de o foco mudar para Tiro durante quase três capítulos (26:1—28:19), seguido por um breve oráculo contra Sidom, outra importante cidade da Fenícia (28:20-26). Finalmente, o manuscrito dedica seus quatro capítulos finais à condenação do Egito (29—32). A ênfase desses capítulos reflete eventos do início do século 6. Nabucodonosor sitiou Tiro por 13 anos, de 586 a 573 a.C. Apesar da confiança de Ezequiel de que a cidade cairia, Nabucodonosor nunca a conquistou.[21] Da mesma forma, vários dos pronunciamentos contra o Egito preveem a conquista do Egito por Nabucodonosor (i.e., 30:10), mas a Babilônia nunca derrotou o Egito dentro de seu próprio território, como os assírios haviam feito. O antagonismo de Ezequiel contra o Egito é bastante compreensível, uma vez que os egípcios claramente seguiram políticas em desacordo com os Babilônios e usaram os reis de Judá para fomentar a resistência. No entanto, quando a situação caiu e Babilônia entrou no Levante, o Egito optou por seguir políticas de proteção da sua fronteira em vez de ajudar os seus aliados.

O capítulo 25 contém uma série de oráculos de estilo semelhante que começam com uma acusação ("porque você fez X") e depois passa para um veredito (introduzido pela frase "portanto assim diz o Senhor"). Amon e Moabe são ambos julgados por terem se alegrarem com a destruição de Judá (25:3, 6, 8). Sua punição é descrita em termos da sua destruição pelas tribos árabes do deserto (25:4-5, 7, 10). Edom, em contraste, é condenado pela ação violenta que tomou contra Judá (25:12), o que leva ao pronunciamento da vingança de YHWH contra aquele país até que seus habitantes sejam totalmente destruídos (25:13-14). Essa breve nota coincide com outras alusões ao envolvimento de Edom na destruição de Jerusalém ou nas suas consequências (veja Ob 11-14 e Sl 137:7). O oráculo contra os filisteus os condena por sua animosidade histórica, mas também sugere que eles se aproveitaram de Judá após a destruição de Jerusalém (25:15). Cada oráculo termina com uma declaração proposital indicando que ações serão tomadas "para que saibam que eu sou YHWH" (25:5, 7, 11, 17; cf. 25:14). Esse refrão continua nos oráculos contra Tiro e o Egito, embora de uma forma menos consistente e estilizada (25:5, 7,

[21] Somente com a chegada de Alexandre, o Grande, mais de 200 anos depois, Tiro foi conquistada. Veja Tuell, *Ezekiel*, p. 229.

11, 17; 26:6; 28:22, 23, 24, 26; 29:6, 9, 16, 21; 30:8, 19, 25, 26; 32:15). Consequentemente, os oráculos contra todas as quatro entidades no capítulo 25 pronunciam o julgamento no suposto rescaldo da destruição de Jerusalém. A maioria dos oráculos contra Tiro (caps. 26—28) e Egito (caps. 29—32) gastam mais espaço pronunciando julgamento do que declarando uma justificativa para a destruição, mas esses oráculos pressupõem que o julgamento vem contra Tiro por causa de seu orgulho e sua riqueza, e contra o Egito por causa de sua resistência contínua ao controle babilônico.

Ezequiel 33—48: Restauração do povo, do templo e da terra

O terceiro e último segmento do livro começa com uma composição redacional (cap. 33) que remete à narrativa do chamado do profeta no capítulo 3 (uma represália ao motivo da sentinela de 3:16-21 e à cessação da ordem de silêncio por YHWH de 3:22-27), juntamente com citações e alusões a Ezequiel 18 e 24. Ao mesmo tempo, as notícias da destruição de Jerusalém permitem ao profeta falar, e suas primeiras palavras rejeitam os sobreviventes da destruição de Jerusalém antes de se voltarem para uma exploração de como deveria ser a restauração. A seção de restauração começa (caps. 34—37) com vários oráculos distintos. Ele passa para uma visão da derrota dos inimigos míticos por YHWH (38—39), que resulta na limpeza da terra e, finalmente, apresenta uma descrição programática de um novo templo, uma nova hierarquia de templos e uma nova divisão da terra em territórios tribais (40—48).

Ezequiel 33—39: Esperança de purificação e restauração

Ezequiel 33: Sentinela, silêncio e sobreviventes da destruição de Jerusalém

Ezequiel 33 se desdobra em três importantes unidades temáticas (33:1-20, 21-22, 23-32). Como já observado em Ezequiel 3, o capítulo 33 reitera a comissão do profeta como sentinela (33:1-20), mas cancela a ordem de ficar em silêncio (33:21-22). A primeira parte do capítulo cita e alude ao tratado teológico de Ezequiel 18 de forma bastante extensa.[22] Pelo menos em parte, tais citações afirmam que a função de Ezequiel como sentinela para alertar o povo deveria começar novamente.

Permanecem dúvidas sobre o significado do silêncio de Ezequiel, uma vez que claramente o profeta falou em inúmeras ocasiões entre os capítulos 4 e 33, depois que lhe foi dito para ficar em silêncio em 3:22-27. Contudo, igualmente de forma clara, as ligações entre 3:22-27 e 33:21-22 não podem ser ignoradas. Essas passagens sugerem que o leitor deve compreender a repetição como uma redução dramática da sua comissão profética para marcar uma mudança na mensagem do profeta que está prestes a ocorrer. Do capítulo 34 em diante, a mensagem do profeta diz respeito à sua visão de esperança e restauração na terra purificada.

O terceiro bloco temático (33:23-33) levanta o caso da relação entre os sobreviventes da destruição de Jerusalém e os exilados de 597 a.C. e reitera a forte convicção de Ezequiel de que apenas o seu grupo representava o verdadeiro remanescente de Israel. Esse discurso divide-se em quatro partes: a introdução da questão sobre se os refugiados da destruição de Jerusalém deveriam ser considerados proprietários da terra de Abraão (33:23-24), uma resposta em duas partes que relata os pecados do grupo (33:25-26) e anuncia o veredito de YHWH sobre devastar a terra e exterminar os sobreviventes (33:27-29), e finalmente um aviso ao profeta para não se deixar levar por sua própria celebridade (33:30-33). Os oráculos de restauração em Ezequiel não pronunciam apenas uma palavra de esperança incondicional. Em lugar disso, eles ainda transmitem palavras de advertência sobre o passado ao olharem para o futuro.

Ezequiel 34—37: Oráculos da restauração

Cada capítulo de 34—37 apresenta um novo espaço para uma discussão temática. Ezequiel 34 trata da questão da liderança através de uma alegoria sobre pastores e seu rebanho. A metáfora do pastor aparece em todo o antigo Oriente Médio como uma designação para o rei.

[22] Veja Tuell, *Ezekiel*, p. 229.

O que está em questão aqui é a rejeição da aliança davídica por parte de YHWH. A estrutura básica do capítulo se desenrola claramente: primeiro, YHWH rejeita os atuais "pastores de Israel" (34:1-10); então YHWH anuncia sua intenção de retomar o papel de pastor (34:11-16); essa decisão leva a uma reavaliação do rebanho para separar os puros dos impuros (34:17-22); e a passagem termina com a promessa de restaurar uma aliança de paz, descrita como segurança contra nações saqueadoras e a fertilidade da terra (34:25-31).

A promessa em 34:23-24 destaca-se dramaticamente uma vez que nessa promessa YHWH reafirma sua intenção de estabelecer um pastor com linhagem davídica. Esses versículos minam todo o argumento do restante do capítulo porque é difícil ver como a condenação dos "pastores" não teria incluído Joaquim. Duas possibilidades explicam os versículos 23-24: diacrônica e literária. Pode-se entender 34:23-24 como a inserção de um editor posterior que não rejeitou a promessa da realeza davídica. Ageu 2:20-23 mostra que essa perspectiva existia em Judá na época de Zorobabel. Essa explicação diacrônica pode explicar *como* os versículos 23-24 entraram no corpus, mas é necessária uma explicação literária para explicar *por que* a promessa davídica aparece em 34:23-24.[23] Três sugestões enfocam elementos distintivos: a localização, a terminologia e a função dos versículos.[24] Primeiro, os versículos 22-23 não aparecem em uma colocação sem sentido. Seu contexto literário pressupõe que YHWH retomou a posição de pastor (34:11-16) e começou a separar o rebanho com base na aptidão das ovelhas (34:17-19, 20-22). A lógica, portanto, dessa promessa davídica *assumiria* que o leitor poderia deduzir que esse Davi passou no teste de YHWH para ser contado entre os bons animais do rebanho. Segundo, alguns inferem dessa terminologia que uma linha de autoridade é presumida em 34:22-23,

---

[23] Tais são essencialmente os argumentos, por exemplo, de Zimmerli, *Ezekiel* 1, p. 218; Allen, *Ezekiel* 20—48, p.159.

[24] Os comentaristas lutam para explicar esses versículos. Greenberg indica apenas que eles estão fora do contexto, mas depois diz que a questão é "elaborada" em 37:15-22, 24 (Greenberg, *Ezekiel* 21—37, p. 702). Zimmerli explora os problemas de várias tentativas de explicação (Zimmerli, *Ezekiel* 2, p. 218-20), incluindo a singularidade do "único" pastor, a evitação da palavra *rei* ao referir-se a Davi como um "príncipe", e a ideia de um Davi *redivivo*.

na qual o rei está sujeito a YHWH. Consequentemente, argumenta-se que o editor evita o termo *rei* para designar o representante de Davi.[25] Para esses intérpretes, o elemento crucial da promessa é que ela chama o descendente de Davi de príncipe, não de rei. YHWH é o rei, então o príncipe governa sob a autoridade do rei.[26] O problema com essa interpretação é que ela ignora outra passagem (37:15-28) que se refere a "meu servo Davi" como "rei" (37:24). Uma terceira opção concentra-se na função. Talvez 34:22-23 meramente tente reconciliar a mensagem muito diversa que forma o núcleo de Ezequiel 34, rejeitando os pastores de Israel e a mensagem de Ezequiel 37:15-28, um relatório de ação simbólica enaltecendo a reunificação de Judá e Israel sob um único rei davídico.

Ezequiel 35 apresenta uma condenação extensa de Edom. Não sabemos por que esse capítulo não aparece com os OCN, exceto para enfatizar o forte sentimento de traição desse reino irmão.[27] Ezequiel 35 condena Edom por duas razões: porque ele mantinha "uma velha hostilidade" (35:5) e porque tentou tomar as terras de Judá (35:10: "Uma vez que você disse: 'Estas duas nações e povos serão nossos e nos apossaremos deles'"). Essas descrições se ajustam a outros relatos que descrevem Edom trabalhando com Babilônia de alguma forma após os acontecimentos de 587 a.C., quando Jerusalém foi destruída. Ao condenar Edom nos textos da restauração, o livro enfatiza a traição de Edom. Tematicamente, Edom também serve como uma ilustração específica do motivo pelo qual o povo de YHWH não será mais saqueado

---

[25] Ezequiel tende a evitar o termo *rei* em favor da palavra *príncipe* quando fala sobre a liderança real da casa de Davi ou dos reis do Reino do Norte. Veja Tuell, *Ezekiel*, p. 240, e a rejeição dessa ideia em Zimmerli, *Ezekiel* 2, p. 218.

[26] Essa interpretação enfatiza que Ezequiel poderia favorecer Joaquim com base no fato de que as introduções datadas em Ezequiel se alinham com o reinado de Joaquim, não de Zedequias e nem de Nabucodonosor. Compare as introduções de Ezequiel com as de Ageu e Zacarias, que datam o material do reinado do rei persa Dario.

[27] Veja a discussão sobre Obadias no último capítulo deste livro. Pode-se ver, por exemplo, uma dinâmica semelhante em jogo na colocação de Obadias seguindo Amós no Livro dos Doze. Edom é avisado e sua destruição é antecipada imediatamente após a visão final de Amós relatar a destruição de Samaria. Os paralelos estruturais e temáticos entre Obadias e Amós 9 querem claramente que os leitores vejam as semelhanças.

pelas nações nem ser alvo de seus insultos — esperanças expressas na promessa de restauração em Ezequiel 34:25-31 (veja especificamente 34:28-29) e o início do capítulo 36.

Ezequiel 36 começa expandindo dois temas articulados na bênção descrita em Ezequiel 34:25-31: julgamento sobre todas as nações que tomaram a terra de YHWH (36:1-7), e restauração da fertilidade da terra e reconstrução de suas cidades, a fim de remover os insultos das nações (36:8-15). O restante do capítulo trata do conteúdo das provocações das nações ao restabelecer o santo nome de YHWH (36:20-23) e ao descrever a purificação do povo que lhes permitirá retornar à terra (36:24-35). Como resultado dessa limpeza, a casa de Israel pedirá a YHWH que aumente a população em Jerusalém e nas cidades destruídas (36:37-38).[28]

Ezequiel 37 também consiste em duas partes distintas (37:1-14 e 15-28), um relato de visão e uma ação simbólica, tematicamente relacionados pelo seu foco na natureza da nova comunidade que retornará à terra. A primeira parte do capítulo provavelmente contém o mais famoso relato da visão de Ezequiel a respeito do vale dos ossos secos (37:1-14). Nessa visão, o profeta fala diretamente com YHWH, que pergunta ao profeta se ele acha que os ossos poderiam viver, e o profeta responde enigmaticamente: "SENHOR Deus, tu sabes" (37:3). Curiosamente, YHWH não revigora simplesmente os ossos. Em vez disso, YHWH ordena ao profeta que profetize não uma, mas duas vezes (37:4, 9) para que o *rûah* venha e traga vida aos ossos. A palavra, *rûah,* tem uma ampla gama de significados que incluem espírito, vento e respiração. A primeira vez que o profeta profetiza aos ossos, ele ouve um barulho alto quando os ossos se juntam e se unem com tendões e carne. No entanto, o *rûah* ainda não estava neles (37:8), então YHWH ordena ao profeta

[28] Essas duas últimas unidades, juntamente com o final de 36:23, não aparecem no Codex Vaticanus ou no manuscrito grego P967, que representa a cópia física mais antiga de porções significativas de Ezequiel. Um estudo recente confirmou em grande parte o TM como a versão posterior, embora tanto o Vaticanus quanto o P967 também mostrem sinais de desenvolvimento. Veja Ingrid E. Lilly *Two Books of Ezekiel: Papyrus 967 and the Masoretic Text as Burial Literary Additions*, VTSup 150 (Leiden: Brill, 2012); e Ashley Crane, *Israel's Restoration: A Textural Comparative Exploration of Ezekiel 36—39*, VTSup 122 (Leiden: Brill, 2008).

que profetize uma segunda vez pedindo aos quatro ventos (o plural de *rûaḥ)* que venham e tragam *rûaḥ* para eles. O profeta faz o que lhe foi dito, o *rûaḥ* penetra nos ossos e eles ganham vida. A parte final do relato da visão (37:11-14) fornece a interpretação. Os ossos representam "toda a nação de Israel" que secou por falta de esperança. Duas coisas se destacam. Primeiro, o profeta é necessário para reavivar a esperança do povo, e a exposição dessa visão reorienta essencialmente a missão do profeta, como sentinela, para a missão de proporcionar esperança. Pinta o retrato de uma comunidade em crise, forçada a viver numa terra estrangeira e a trabalhar para um rei estrangeiro. Em segundo lugar, a "casa inteira de Israel" assume um significado adicional como o parâmetro temático para o que se segue. Ironicamente, o profeta que rejeitou os exílios de 587 a.C. e 582 a.C. tem a tarefa de revigorar toda a casa de Israel. A parábola que se segue deixa claro que os compiladores do livro entendiam que a restauração incluía o território do antigo reino do norte.

O restante do capítulo (37:15-28) narra uma ação simbólica relativa à reunificação de Judá e Israel numa única entidade política. YHWH ordena ao profeta que rotule duas varas, inscrevendo uma "para Judá e todos os israelitas associados a ela" e a segunda "para José (a vara de Efraim) e toda a casa de Israel associada a ela" (37:16). Quando o povo lhe perguntar o significado das duas varas, ele deverá juntá-las colocando Judá em cima de Efraim e dizendo-lhes que YHWH em breve trará o povo de Israel de volta à terra de onde foram dispersos. "José" representa a entidade política do reino do norte. As varas representam assim a reunificação dos dois reinos que YHWH pretende unir numa única nação com um rei sobre todos eles (37:22). Esse rei será descendente de Davi (37:24), e YHWH habitará entre eles (37:27).

Ezequiel 38—39: Grande derrota dos inimigos

Ao contrário do uso posterior no livro do Apocalipse, Gogue e Magogue em Ezequiel representam um rei e um país centrado na Ásia Menor. Em Ezequiel, Gogue mora em Magogue. Duas abordagens dominaram a discussão sobre a identidade de Gogue. Uma delas enfoca a semelhança do nome com o famoso rei de Giges, que governou a Lídia no oeste da Ásia Menor no final do século 7 a.C. O segundo grupo concentra-se no número de nomes nessa passagem que aparecem em Gênesis 10, onde são associados aos filhos de Jafé.[29] Essas duas abordagens não são mutuamente exclusivas. Na sua totalidade, os capítulos 38—39 preveem um ataque contra as montanhas de Israel liderado por Gogue, mas o exército inclui povos de praticamente todos os territórios, desde o extremo oeste da Ásia Menor até aos extremos orientais da Pérsia. Certamente, alguns dos nomes são mais enigmáticos do que outros, mas Ezequiel 38—39 descreve fundamentalmente o fim do inimigo vindo do norte, uma tradição conhecida tanto em Ezequiel como em Jeremias. A menção de Etiópia e Líbia (38:5) envolve terras ao sul e ao oeste do Egito. É difícil imaginar um exército concebido de forma mais massiva no mundo antigo, e a fluidez desses capítulos na transmissão de Ezequiel sugere que múltiplas compreensões do inimigo poderiam ter desempenhado um papel na sua posição.

A história de Gogue se desenrola nos capítulos 38—39 em sete fases: 38:1-9, 10-13, 14-16, 17-23; 39:1-16, 17-24 e 25-29. O tratado começa com a fórmula reveladora comum de Ezequiel (38:1), e cada oráculo contém uma fórmula mensageira ("Assim diz o Senhor Deus" em 38:3, 10, 14, 17; 39:1, 17, 25). Cada uma das sete passagens avança a ação da batalha, mas as evidências sugerem que esses capítulos entraram no livro após sua composição inicial.[30] Ezequiel 38:1-9 apresenta Gogue e ordena que o povo esteja preparado quando ele atacar, enquanto 38:10-13 adverte o rei para não procurar saquear Israel, e 38:14-16 prediz a derrota de seu exército. A seguir, 38:17-23 descreve a batalha iminente em termos da própria criação, enquanto 39:1-16 descreve a destruição do exército de Gogue em grande escala, bem como um local de sepultamento para o próprio Gogue. Ezequiel 39:17-24 descreve a derrota nas montanhas de Israel como uma grande festa (39:17-20) que manifestará

---

[29] Veja Tuell, *Ezekiel*, p. 263.

[30] O grego antigo e o P967 indicam que a maior parte dos capítulos 38—39 precedeu originalmente o capítulo 37 com a instalação de um monarca davídico para governar o reino unido. Pohlmann argumenta que 39:25-29 originalmente pertencia a 36:16-23bα antes da adição do restante de 38—39 (Pohlmann, Ezekiel 20—48, p. 525). A tradição proto-TM em algum momento mudou os capítulos 38—39 após o capítulo 37 e adicionou 36:23c-38.

a glória de YHWH (39:21-24). Finalmente, 39:25-29 remete aos temas dos capítulos 36—37, restaurando toda a casa de Israel, o santo nome de YHWH e a segurança da terra.

Ezequiel 40—48: Visão do novo templo, o retorno de YHWH e nova distribuição tribal

Os capítulos 40—48 concluem Ezequiel com uma série de esboços que apresentam um programa visionário para restaurar o culto e reorganizar a terra. Essa visão retrata um dos mensageiros de YHWH como o guia do profeta que também mede as dimensões do complexo do templo (40:3).[31] Esses capítulos se desdobram em blocos temáticos, começando com 40:1—44:3, que descreve sistematicamente a construção do complexo do templo, desde os portões externos até os portões internos, o edifício do templo e até as suas regiões internas. Uma passagem (43:1-9) interrompe a descrição para narrar o retorno da glória de YHWH através do portão leste e de volta aos recessos do templo. Essa narrativa remonta às visões dos capítulos 8—11, em que a glória de YHWH deixou o templo e a cidade por causa de suas abominações, mas 43:4-5 retrata de forma dramática o retorno de YHWH no exato momento em que o templo é purificado. O relato apresenta evidência de que os compiladores de Ezequiel pretendiam que o rolo fosse lido do início ao fim. Dentro do fluxo contextual mais amplo, a glória de YHWH retorna imediatamente após a construção do templo e a confirmação de que ele tem 250 metros perfeitamente quadrados de cada lado (42:15-20). Após o retorno de YHWH, a narrativa descreve o altar sacrificial (43:13-17) e uma série de sacrifícios com duração de sete dias que consagram o altar e expiam os pecados dos zadoquitas (43:18-27). O significado desse elemento não pode ser exagerado do ponto de vista sacerdotal, uma vez que o altar fora profanado. Finalmente, uma breve passagem estabelece uma entrada especial no portão leste para que o príncipe tenha um lugar (44:1-3).

[31] A natureza programática da descrição desmente o fato de o plano de Ezequiel ter pouca ou nenhuma semelhança com o templo que foi realmente reconstruído. Deve-se notar, é claro, que o texto presume que o profeta permanece na Babilônia durante essa visão. O profeta é transportado ao templo pela "mão de YHWH" (40:1).

Com a estrutura do templo completa e a glória de YHWH que retorna, 44:4—45:9 trata dos oficiais do templo e do distrito sagrado da terra para apoiar os sacerdotes, os levitas e os interesses reais. A seção começa com declarações excludentes de que os estrangeiros serão excluídos do templo (45:4-9) e que os levitas (exceto a família de Zadoque) serão excluídos dos deveres sacerdotais dentro do edifício do templo (45:10-14). O serviço dentro do templo será estritamente limitado aos descendentes de Zadoque, e eles recebem uma série de condições que regem o seu comportamento (44:15-31). Da mesma forma, Ezequiel visualiza um distrito sagrado ao redor do templo que inclui terras para os sacerdotes, os levitas e o representante real.[32]

A terceira seção temática inclui 45:10—46:24. Diz respeito à regulamentação da atividade cultual, incluindo pesos e medidas (45:10-12), distribuição das porções sacerdotais (45:13-17) e uma longa série de regulamentos relativos a ofertas e festas (45:18—46:24).

O quarto e último bloco temático diz respeito à alocação da terra (47:1—48:35). A descrição do terreno começa com o templo no centro. No primeiro segmento (47:1-12), o profeta descreve um rio que flui do templo para o leste, tornando-se mais profundo à medida que atravessa a terra para poder regar o deserto e restaurar o mar "a água ali é saneada" (47:8), uma referência ao mar Morto. Essa imagem de água doce abundante repleta de peixes fluindo do complexo do templo dificilmente corresponde à topografia real. O restante do texto descreve os limites ideais da terra (47:13-20) e depois apresenta uma renovação da distribuição da terra por regiões tribais (47:21—48:7, 23-29), e a adição de um distrito sagrado em 48:8-22 (veja 44:4—45:9). A passagem final

[32] Cada seção medirá 12 quilômetros e meio de comprimento e 10 quilômetros de largura (45:3, 5). Uma terra adicional é reservada para cada uma das 12 tribos e para o príncipe, embora cada uma dessas seções seja menor (dois quilômetros e meio de largura e 12 quilômetros e meio de comprimento; 45:6, 7. Considerando que um côvado pode representar aproximadamente 48 centímetros, a terra atribuída aos sacerdotes e levitas teria cerca de 17 a 12 quilômetros de comprimento por cinco de largura. O comprimento de um côvado variava de acordo com o tempo e o local, por isso só podemos falar em termos aproximados, mas essas seriam dimensões enormes para uma cidade do tamanho de Jerusalém. Esse distrito sagrado também influencia a distribuição de terras de acordo com Ezequiel 48:8-21.

descreve os maciços muros de Jerusalém e os 12 portões da cidade, cada um com o nome de uma das tribos. A organização por regiões tribais está em conflito significativo com o modelo de realeza davídica que aparece em 34:23-24 e 37:24-25.

Temas importantes em Ezequiel

Vários temas importantes devem ser observados no livro de Ezequiel: o papel da glória de YHWH, a abstenção do termo Sião, os seus ensinamentos sobre a realeza e a sua orientação sacerdotal. A glória de YHWH desempenha um papel importante na mensagem do livro. A sua mobilidade (veja caps. 1, 10, 43) e a sua localização (caps. 11 e 43) enfatizam a mensagem de julgamento contra Jerusalém, a disponibilidade de YHWH para os exilados na Babilônia e, finalmente, a restauração de uma terra purificada.

As imagens reais também fundamentam o retrato de YHWH. Embora o texto mencione explicitamente YHWH como rei apenas uma vez (20:33), esse texto deixa claro que a realeza está no centro da visão para o futuro no livro de Ezequiel. O capítulo 34 retrata YHWH como pastor, uma metáfora com conotações reais. A carruagem imaginada por Ezequiel carrega um trono. A glória de YHWH se eleva acima do trono carregado pelos querubins (1:26), mas a glória de YHWH também deixa o templo nessa carruagem entronizada (11:22-23) e não retorna até que Jerusalém seja purificada (43:2-7).

O movimento da glória de YHWH tem implicações literárias e teológicas significativas. A partida e o retorno a Jerusalém (nos caps. 11 e 43, respectivamente) simbolizam a rejeição de Jerusalém e seu templo por YHWH por causa de suas abominações (cap. 11) e a aceitação de Jerusalém por YHWH depois que o templo foi reconstruído e reconsagrado (cap. 43).

O livro de Ezequiel evita completamente o termo *Sião* e apenas menciona Jerusalém na seção de julgamento do livro, com duas exceções (33:21; 36:38), mas ambas as referências envolvem polêmica contra Jerusalém. Essa omissão de *Jerusalém* não é acidental. Na perspectiva sacerdotal, Jerusalém tornou-se um lugar de contaminação, e até que a terra e os habitantes sejam purificados, nenhuma verdadeira comunidade remanescente poderá viver naquela cidade. Ezequiel refere-se desdenhosamente a Jerusalém mais de 30 vezes como "a/na cidade" ou "esta/nesta cidade".[33]

A planta do templo de Ezequiel não é a mesma que foi construída. Esse fato aponta para a natureza complicada dos livros proféticos, das previsões neles incorporadas e das realidades históricas no terreno. Vários estudiosos argumentam que o plano não cumprido do templo sugere que esse plano idealista foi elaborado antes do início da reconstrução do templo.[34] Tão importante quanto esse fato, o livro de Ezequiel representa um documento de fé para um dos grupos de exilados que retornaram e que haviam um grande interesse em promover a agenda teológica do livro. O livro continuou a ser adaptado por gerações, como sabemos comparando as versões representadas pela versão mais curta (e geralmente anterior) que aparece no grego antigo com a versão que resultou no Texto Massorético. Inconsistências ocorrem nas declarações teológicas da forma final, e as especificidades de várias previsões proféticas não se materializaram (a mais óbvia é que nenhum rei davídico jamais governou novamente e Nabucodonosor nunca derrotou Tiro). No entanto, a previsão mais ousada de que Jerusalém cairia parece ter superado todas as outras questões. Armados com essa mensagem, aqueles que retornaram de Babilônia com esse livro profético, sem dúvida, usaram a sua mensagem de preferência pelos exilados de 597 a.C. em seu benefício. Adicionalmente, a preferência pelos sacerdotes zadoquitas e o rebaixamento dos levitas ao status de clérigos secundários, coincide em grande parte com o retrato do pessoal do templo em Esdras, Neemias e Crônicas (embora cada uma dessas obras documente

---

33 Veja "a/na cidade" (4:3; 5:2; 7:15, 23; 9:1, 4, 5, 7, 9; 10:2; 11:23; 30:18; 33:21; 40:1; 43:3; 45:6, 7; 48:15, 17, 18, 19, 20, 21, 22, 30, 31, 35) ou "esta/nesta cidade" (11:2, 3, 6, 7, 11).

34 Veja a discussão em Zimmerli, *Ezekiel* 2, p. 345, 356-58. O autor dá especial atenção ao motivo pelo qual essa visão não pode ser tratada como uma lembrança do templo salomônico. Além disso, a descrição do edifício não pode ser uma planta, uma vez que as direções são bidimensionais (apenas comprimento e largura). Zimmerli tipifica aqueles que atribuem o núcleo da visão ao próprio Ezequiel, com expansões periódicas da escola sacerdotal que transmitiu o rolo de Ezequiel.

uma certa fluidez no status dos levitas também, provavelmente porque a burocracia do templo continuou a crescer).

A perspectiva sacerdotal de Ezequiel dá uma coloração ao livro de diversas maneiras. Ezequiel atuou como profeta para os exilados em Tel-Abibe, e ele usa assiduamente fórmulas de discurso profético (e.g., "a palavra de YHWH veio a mim") e formas (e.g., oráculos de julgamento). Ao mesmo tempo, praticamente todos os comentaristas observam que o livro de Ezequiel apresenta um forte sentido de tradições, formas e teologia sacerdotais. A maioria atribui essa orientação à sua formação como sacerdote, que levaria anos para ser realizada. Estudos recentes começaram a esclarecer quais tradições sacerdotais aparecem em Ezequiel. Steven Cook sugere que Ezequiel mostra uma marcante afinidade com a Escola de Santidade.35 Segundo Cook, a Escola de Santidade representa uma tradição sociológica contínua que se alinha estreitamente com as tradições zadoquitas em Ezequiel. E mais, a teologia sacerdotal de Ezequiel o coloca em conflito tanto com os sacerdotes aarônicos (cuja influência ele encontra representada em Isaías 40—55 e na Torá Sacerdotal [PT]) quanto com o espectro de tradições deuteronomistas que se encontra em Deuteronômio, a História Deuteronomista, e Jeremias, bem como os que tinham laços mais estreitos com os levitas. Segundo Cook, a Escola de Santidade (ES) e Ezequiel têm uma visão muito mais hierárquica da organização sacerdotal:

Da mesma forma, a vertente PT não está interessada em distinções funcionais entre as linhagens sacerdotais de Levi, Arão e Zadoque (veja Knohl, *Sanctuary of Silence*, p. 66, 85, 192, 209-12). As coisas são muito diferentes tanto em HS quanto em Ezequiel. A passagem de Ezequiel 40:44-46 diferencia dois tipos de sacerdotes que servem no restrito pátio interno do templo, onde não se permite a entrada dos levitas.[36]

Os sacerdotes de Jerusalém exilados com Joaquim refletem em grande parte a tradição zadoquita, cujo controle do templo de Jerusalém, segundo eles, remontava à nomeação de Zadoque por Davi e Abiatar, ao exílio do sacerdote em Anatote por Salomão por apoiar Adonias

---

[35] Stephen L. Cook, "Second Isaiah and the Aaronide Response to Judah's Forced Migrations" in *The Prophets Speak on Forced Migration*, p. 48-49.

[36] Cook, "Second Isaiah and Aaronide Response", p. 48.

como rei.[37] As observações de Cook sugerem que grupos sacerdotais também tinham interesses em preservar as tradições proféticas. A inclusão de Ezequiel entre os profetas representava os interesses dos zadoquitas, mas esses interesses não eram a única nem a voz dominante no corpus profético.

QUESTÕES PARA DISCUSSÃO

1. Compare a função das introduções datadas em Ezequiel com as de Jeremias, Isaías e os Doze.
2. Explique a interação entre sinais de unidade e desconformidade em Ezequiel.
3. Como os estudiosos lidam com os processos redacionais de Ezequiel?
4. Explique a estrutura tripartite de Ezequiel.5. Compare a narrativa do chamado de Ezequiel (caps. 1—3) com as narrativas do chamado de Jeremias (cap. 1), Isaías (cap. 6) e Oseias (caps. 1—3).
6. Como você interpreta as ordens para o profeta falar versus as ordens que o mandam calar, em Ezequiel?
7. Explique as questões literárias, cronológicas, composicionais e teológicas associadas à partida e ao retorno da "Glória" de YHWH em Ezequiel 8—11 e 40—43.
8. Explique os problemas das imagens misóginas em Ezequiel 16 e 23, juntamente com imagens semelhantes nos outros três rolos proféticos.
9. Descreva e ilustre o papel do remanescente purificado em Ezequiel.
10. Como Ezequiel 33—48 retrata a restauração?
11. Como a formação sacerdotal de Ezequiel colore o livro?

[37] Tuell, Ezequiel, p. 288. Tuell fala apenas de duas linhas de tradição sacerdotal, os levitas e os zadoquitas. Cook baseia sua tripla distinção nas obras de Israel Knohl (Knohl, *The Sanctuary of Silence: The Priestly Torah and the Holiness School* [Mineápolis: Fortress, 1995]; idem, *The Divine Symphony: The Bible's Many Voices* [Filadélfia: Jewish Publication Society 2003]).

4

O começo dos Doze

Introdução

Tradições antigas

O grupo de manuscritos contendo Oseias-Malaquias tem vários nomes: o Livro dos Doze, os Doze Profetas, os Doze e os Profetas Menores. As tradições antigas deixaram claro que esses escritos foram deliberadamente transmitidos em conjunto num único rolo e contados como um livro, não doze. Os intérpretes cristãos ignoraram em grande parte essa tradição após a produção da Vulgata, mas os estudiosos dos últimos 30 anos mostraram um interesse renovado no que acontece quando se interpreta os Doze como um manuscrito deliberadamente organizado. Esses mesmos acadêmicos também acreditam que o significado que se alcança por meio da leitura do corpus envolve mais do que simplesmente a colocação dos escritos concluídos lado a lado. Em vez disso, desenvolveu-se um diálogo sustentado sobre o processo pelo qual esses escritos foram reunidos, o grau de formação editorial que receberam e o papel dos manuscritos individuais no desenvolvimento temático e teológico dos Doze.

A referência mais antiga à coleção canônica dos Doze Profetas aparece em Sirácida 49:10, do início do século 2 a.C., como parte do Hino dos Ancestrais (Sirácida 44—49). Essa passagem é uma espécie de ensaio da história do povo de Deus através dos personagens principais (do ponto de vista individual e coletivo), mas segue uma ordem particular que coincide com a ordem do TM para os livros canônicos: Juízes (46:11), Samuel (46:13), Isaías (48:23), Jeremias (49:6), Ezequiel (49:8) e os Doze Profetas (49:10).

Durante os séculos 3 e 2 a.C., o corpus profético foi traduzido para o grego. Essa tradução grega é normalmente chamada de Septuaginta (que significa "os setenta"; abreviada como LXX), a qual na verdade tem uma história própria muito complexa. A maioria dos manuscritos da LXX apresenta uma ordem diferente dos primeiros seis escritos:

TM	Oseias	Joel	Amós	Obadias	Jonas	Miqueias	Na, Hb, Sf, Ag, Zc, Ml
LXX	Oseias	Amós	Miqueias	Joel	Obadias	Jonas	Na, Hb, Sf, Ag, Zc, Ml

A ordem da LXX altera a sequência original do TM, puxando os três profetas do século 8 para a frente (Oseias-Amós-Miqueias) e deixando os outros na mesma ordem em que já estavam colocados (Joel-Obadias-Jonas). Esse rearranjo mantém os escritos individuais juntos, ressaltando sua existência como um rolo único. No primeiro século a.C., o Quarto Esdras e Josefo afirmam que 24 e 22 livros, respectivamente, são autoritativos para todos os judeus. Nenhuma das contagens se iguala aos 39 livros computados nas Bíblias modernas, mas ambos exigem a contagem dos Doze como um único livro.

Jerônimo completou sua tradução da Vulgata por volta de 400 d.C., e em sua introdução a Oseias, ele escreve especificamente que "os Doze Profetas são um só livro",[1] desde a época do último rei mencionado.

As notas Massoréticas no Códice de Leningrado também testificam que os Doze ainda eram considerados uma unidade entre 700-900 d.C. A nota no final dos Doze indica que o conjunto tem 1.025 versículos, e a nota Massorética, na margem de Miqueias 3:12, indica que esse versículo representa a metade dos Doze, quando classificados por versículos.

---

[1] "Incipit prologus duodecim prophetarum", *Biblica Sacra Vulgata*, vol. 2, p. 1374.

Todas essas evidências sugerem uma forte tradição de que os Doze foram escritos em um único rolo e contados como um único livro. No entanto, outra tradição enfatizava o tamanho dos escritos individuais. Agostinho e outros chamaram essa coleção de Profetas Menores, considerando que os escritos individuais eram pequenos se comparados a Isaías, Jeremias e Ezequiel.[2] Com o tempo, tal tradição tornou-se dominante e, no século 20 bem poucas pessoas tinham ouvido falar do Livro dos Doze ou os Doze Profetas.

Investigações recentes

Na primeira metade do século 20, Karl Budde e Rolland Emerson Wolfe postularam que a atividade redacional, entre e dentro dos Doze, os ajudou a explicar sua característica como um único pergaminho.[3] Budde descreveu essa atividade como exclusões que removiam elementos narrativos desses livros. Wolfe propôs 13 níveis redacionais distintos que gradualmente foram responsáveis pela inclusão dos 12 livros. Contemporaneamente, Umberto Cassuto fez uma importante série de observações que o levaram a concluir que os escritos dos Doze foram colocados em suas posições por escribas que observaram os temas compartilhados entre os manuscritos.[4]

As investigações acadêmicas sobre o Livro dos Doze aumentaram muito a partir do final do século 20. Essas investigações reconheceram o Livro dos Doze como uma unidade canônica. Esse trabalho começou com os tratados de Dale Schneider e Andrew Lee, os quais escreveram dissertações influenciados pela crítica canônica.[5]

---

[2] Veja Steven Tuell, *Reading Nahum-Malachi: A Literary and Theological Commentary* (Macon, GA: Smyth e Helwys, 2016), p. 2-5.

[3] Karl Budde, "Eine folgenschwere Redaktion des Zwölfprophetenbuchs", *ZAW* 39 (1921): p. 218-29; Rolland Emerson Wolfe, "The Editing of the Book of the Twelve", *ZAW* 53 (1935): 90-129.

[4] Umberto Cassuto, "The Sequence and Arrangement of the Biblical Sections", in *Biblical and Oriental Studies*, trad. Israel Abrams (Jerusalem: Magnes,1973), 1:5-6.

[5] Dale Allen Schneider, "The Unity of the Book of the Twelve" (PhD Diss., Yale University, 1979); Andrew Yueking Lee, "The Canonical Unity of the Scroll of the Minor Prophets" (PhD Diss., Baylor University, 1985).

As investigações redacionais do Livro dos Doze por Nogalski, Schart, Zapff, Bosshard- Nepustil, Wöhrle e outros criaram um quadro consideravelmente diferente das teorias anteriores. Nogalski investiga palavras-chave entre os manuscritos e argumenta que elas acentuam as conexões entre escritos adjacentes.[6] Ele demonstra que muitas das conexões de palavras-chave foram deliberadamente criadas como inserções editoriais. Schart concorda com Nogalski em muitas das características, mas difere em três aspetos: ele usa Amós como ponto de partida; traça uma série mais complicada de etapas que levam aos Doze;[7] e ainda argumenta que Malaquias foi anexado ao final de Zacarias 14, enquanto Nogalski defende que Zacarias 9—14 foi inserido entre Zacarias 8 e Malaquias.[8] Como Nogalski, Schart argumenta que Oseias, Amós, Miqueias e Sofonias existiam como um livro de quatro profetas, e que Ageu e Zacarias 1—8 também permaneciam como um livro de dois manuscritos, originalmente independentes, que foram redigidos juntos. Zapff concorda amplamente com Schart, mas trabalha mais a partir de Miqueias do que de Amos.[9]

Bosshard-Nepustil enfatiza o desenvolvimento do Livro dos Doze como um processo que criou um paralelo deliberado com o livro de Isaías por meio de composições redacionais concebidas como espelhos temáticos nas duas coleções proféticas.[10]

---

[6] James D. Nogalski, *Literary Precursors to the Book of the Twelve*, BZAW 217 (Berlin: de Gruyter, 1993); idem, *Redactional Process in the Book of the Twelve*, BZAW 218 (Berlin: de Gruyter, 1993).

[7] Por exemplo, Schart argumenta que Oseias e Amós formaram um livro de dois profetas que circulou juntos e que Naum e Habacuque entraram logo após o Livro dos Quatro.

[8] Aaron Schart, *Die Entstehung des Zwölfprophetenbuchs: Neubearbeitungen von Amos im Rahmen schriftenübergreifender Redaktionsprozesse*, BZAW 260 (Berlin: de Gruyter, 1998).

[9] Burkard M. Zapff, *Redaktionsgeschichtliche Studien zum Michabuch im Kontext des Dodekapropheton*, BZAW 260 (Berlin: de Gruyter, 1997); idem, "The Book of Micah—The Theological Center of the Book of the Twelve?" in *Perspectives on the Formation of the Book of the Twelve: Methodological Foundations—Redactional Processes—Historical Insights*, ed. Rainer Albertz, James D. Nogalski, and Jakob Wöhrle, BZAW 433 (Berlin: de Gruyter, 2012), p. 129-46.

[10] O primeiro artigo de Boshhard documenta esses paralelos; veja Erich Bosshard, "Beobachtungen zum Zwölfprophetenbuch", *BN* 40 (1987): 30-62. Sua dissertação

Wöhrle critica os modelos existentes por não levarem totalmente em conta as histórias de desenvolvimento de cada livro antes de perguntar como ele se relaciona com os Doze.[11] Wöhrle analisa cada livro quanto à sua história redacional, exceto Oseias, e mantém o julgamento sobre as inter-relações até determinar a camada fundamental e os acréscimos subsequentes. No entanto, ele também encontra camadas que ligam os manuscritos e também conclui que um livro de quatro profetas incluía Oseias, Amós, Miqueias e Sofonias. Wöhrle descreve a origem dos escritos individuais em termos mais de desenvolvimento do que de composição, postulando uma série de camadas temáticas dentro do corpus: os corpus 1 e 2 das nações estrangeiras, a camada de graça, e assim por diante, cada uma com suas próprias características.

Alguns pontos em comum resultam dessas investigações. A maioria concorda que duas coleções preexistentes foram editadas juntas e que suas introduções datadas formam a espinha dorsal cronológica do Livro dos Doze. O Livro dos Quatro liga Oseias, Amós, Miqueias e Sofonias por padrões nos reis mencionados nas introduções.

Oseias	Amós	Miqueias	Sofonias
Uzias →	Uzias		
Jotão →		Jotão	
Acaz →		Acaz	
Ezequias →		Ezequias ↘	
Jeroboão II →	Jeroboão II		
			Josias (Ezequias)

Oseias relaciona quatro reis da Judeia e Jeroboão II, rei de Israel. Amós lista o primeiro e o último reis mencionados em Oseias, que são

explora ainda mais os paralelos com Isaías (Erich Bosshard-Nepustil, *Rezeptionen von Jesaia 1—39 im Zwölfprophetenbuch: Untersuchungen zur literarischen Verbindung von Prophetenbüchern in babylonischer und persischer Zeit*, Orbis Biblicus et Orientalis p. 154 [Freiburg, Suíça: University Press, 1997]).

[11] Jakob Wöhrle, *Die frühen Sammlungen des Zwölfprophetenbuches: Entstehung und Komposition*, BZAW 360 (Berlin: de Gruyter, 2006); idem, *Der Abschluss des Zwölfprophetenbuches: Buchübergreifende Redaktionsprozesse in den späten Sammlungen*, BZAW 389 (Berlin: de Gruyter, 2008).

contemporâneos entre si. Miqueias cita os três reis da Judeia não mencionados em Amós, culminando em Ezequias. Sofonias data do reinado de Josias, mas o profeta está ligado a Ezequias por uma genealogia de cinco gerações.

Além disso, esses livros partilham padrões macroestruturais comuns. Oseias e Amós direcionam sua mensagem principalmente ao Reino do Norte, enquanto Miqueias e Sofonias se concentram no Reino do Sul. Também, o primeiro desses dois pares (Oseias e Miqueias) alterna regularmente mensagens de julgamento com palavras de esperança, enquanto os dois segundos livros não oferecem expressões reais de esperança ou promessas até o final dos escritos (em Am 9:7-15 e Sf 3:9-20), sendo que a maioria dos estudiosos trata essas passagens como acréscimos posteriores às primeiras formas dos livros de Amós e Sofonias. O segundo desses pares (Amós e Sofonias) oferece uma seção dos OCN que termina com uma palavra de julgamento contra o Reino do Norte e contra Jerusalém, respectivamente (Am 1—2; Sf 2:4—3:7). Finalmente, a transição da mensagem ao Reino do Norte para o Reino do Sul ocorre na significativa passagem de Miqueias 1:2-7, em que a destruição de Samaria aparece como um aviso a Judá. Nogalski argumenta que essa linha de raciocínio se baseia no conhecimento do livro de Reis, uma vez que representa a única fonte literária que contém essa inclinação particular sobre a história de Judá (veja especialmente 2Rs 17).

A segunda coleção preexistente envolve Ageu-Zacarias 1—8. Esses dois profetas também compartilham um padrão de datação semelhante que estabelece os discursos proféticos em dias e meses específicos do reinado de Dario, rei da Pérsia.[12] Essas datas das fórmulas criam uma cronologia sobreposta que situa as introduções em cada livro em datas específicas de 520-518 a.C. E mais, esses dois escritos concentram-se em discursos motivacionais e expectativas de culto em torno das obras de Ageu e Zacarias na ajuda à reconstrução do templo (Ageu) e no estabelecimento do seu papel na comunidade (Zc 1—8).

Os restantes seis manuscritos não apresentam as datas em que foram iniciados, mas a sua colocação na ordem do TM não é de forma

[12] Veja Ag 1:1, 15; 2:1, 10, 18, 20; Zc 1:1, 7; 7:1.

alguma aleatória. O papel de cada escrito no Livro dos Doze será abordado a seguir. Para Nogalski, a maioria desses escritos sem data mostram o uso deliberado de um paradigma da história relacionado com as imagens e temas de Joel. Muitas das palavras-chave inseridas nos escritos nesse ponto baseiam-se em Joel e nos escritos existentes. Nogalski chama essa expansão das coleções de camada relacionada a Joel. Ele se refere a Joel como a âncora literária da coleção maior que inclui todos os livros, exceto Jonas e Zacarias 9—14, que foram acrescentados posteriormente.

Esses diferentes modelos redacionais terão de ser resolvidos ao longo do tempo, mas, cumulativamente, eles constituem um forte argumento de que o Livro dos Doze surgiu gradualmente, envolveu considerável reflexão teológica sobre os textos e incluiu o trabalho de editores que usaram vários meios para conectar os escritos uns aos outros. Todos esses trabalhos acadêmicos concordam em grande parte com duas conclusões principais: (1) os seis escritos contendo elementos cronológicos em suas introduções não surgiram todos simultaneamente, mas fornecem ao Livro dos Doze uma estrutura cronológica que vai do século 8 até o período persa; (2) aqueles escritos que não contêm elementos cronológicos em suas introduções possuem, no entanto, sua localização no corpus maior a partir de considerações temáticas. Questões relacionadas a essa macroestrutura cronológica e a temas recorrentes devem, portanto, receber atenção. Segue-se, desse modo, que qualquer leitura dos Doze como um corpus precisa considerar de que modo a localização e a mensagem dos escritos proféticos individuais contribuem para o significado do todo.

Escritos individuais e o coletivo como um todo

Os escritos individuais dos Doze têm uma história de desenvolvimento anterior à sua inclusão no corpus em desenvolvimento. Considerado assim, muitos estudiosos reconhecem agora que a colocação e a edição dos escritos individuais acrescentam significado às coleções individuais devido à interação intencional entre elas.

Os debates continuam sobre a natureza do trabalho redacional, sobre os escritos individuais e até que ponto eles manifestam conhecimento de sua localização nos Doze. Alguns modelos redacionais baseiam-se mais fortemente na ideia de que o autor/compilador/editor combinou fontes preexistentes para criar a maior parte do livro. Esses modelos veem as tensões literárias como resultado dos blocos de origem usados em combinação com transições editoriais e comentários. Outros modelos explicam as mesmas tensões literárias resultantes de uma série mais longa de atualizações. O primeiro tende a produzir um menor número de etapas editoriais.

Detalhes relativos aos livros individuais entrarão nas discussões a seguir, mas também se dará atenção ao aspecto da função literária de cada uma das doze coleções proféticas contidas no rolo. Especial atenção será dada à estrutura cronológica que molda a forma final do Livro dos Doze e à sobreposição temática entre escritos adjacentes. Em razão disto, a dissertação começará com Oseias, Amós, Miqueias e Sofonias (que os estudiosos agora frequentemente rotulam como o Livro dos Quatro Profetas). Passaremos então para Ageu-Zacarias-Malaquias. Esses capítulos refletem a convicção de que as duas coleções preexistentes (o Livro dos Quatro e Ageu-Zacarias 1—8) criam a cronologia que orienta a leitura do rolo dos Doze Profetas. Finalmente, o último capítulo tratará dos livros restantes (Naum, Habacuque, Joel, Obadias e Jonas) que estão tematicamente ligados aos seus escritos adjacentes.

Oseias

O profeta e o livro

Os dados biográficos explícitos em Oseias incluem apenas os nomes dos reis que reinaram simultaneamente no tempo do profeta (1:1), o nome do seu pai, Beeri (1:1), o nome de sua esposa Gômer (1:1-3), e os nomes simbólicos de três filhos (Jezreel em 1:4; Lo-Ruama em 1:6; e Lo-Ami em 1:8). Com base nesse pressuposto, os estudiosos concordam que os primeiros textos de Oseias sugerem que esse profeta pregou no Reino do Norte, Israel (e provavelmente lá tem sua origem). As referências históricas mais concretas no livro referem-se à época que gira em torno da guerra Siro-Efraimita (734-732 a.C.). A maioria dos modelos redacionais conclui que o direcionamento do livro mudou para

Judá depois dos acontecimentos de 722 a.C., quando o Reino do Norte foi destruído e um número significativo de refugiados seguiu para o sul, em direção a Judá, para escapar dos assírios. A aplicação de mensagens a Judá ao longo do livro, especialmente aquelas que aludem positivamente à monarquia judaica, fornecem a principal evidência de tal perspectiva.[13]

A retórica de Oseias geralmente é dirigida ao Reino do Norte e em sua maior parte, alerta-o sobre a catástrofe que se aproxima, caso seu povo não mude de atitude. Seria portanto plausível supor que os editores do livro esperassem que o leitor situasse esses versículos antes de 722 a.C., quando os assírios destruíram Samaria e exilaram os seus líderes. No entanto, com muita probabilidade, partes de Oseias são posteriores a 722, e em nenhum lugar isso é mais claro do que nas passagens onde as palavras dirigidas originalmente a um público do Reino do Norte foram atualizadas com declarações específicas, incluindo também Judá.

Apesar do fato de Oseias dar início ao Livro dos Doze em todas as ordens variantes, os estudos críticos determinaram com um grau incomumente alto de unanimidade que Oseias não é o primeiro dos profetas do século 8 representados nos Últimos Profetas ou no Livro dos Doze. Tanto Isaías quanto Amós provavelmente surgiram antes de Oseias, e Miqueias é considerado o mais jovem dos quatro. Esse consenso crítico levanta a pergunta sobre a razão por que Oseias aparece consistentemente no início do Livro dos Doze, especialmente porque a cronologia parece ter sido um fator levado em conta na compilação desses escritos numa coleção. Duas sugestões aparecem com certa frequência, uma antiga e outra sugerida por estudos críticos recentes. Fontes judaicas antigas (e.g., Baba Batra, 14b) explicam a localização de Oseias no início dos Doze como resultado do versículo inicial do livro (1:2): "Quando o SENHOR *começou* a falar por meio de Oseias..." Investigações recentes sugerem que a razão para colocar Oseias na posição inicial tem mais a ver com certas considerações temáticas. Um dos principais

[13] Observe as diferentes mensagens para Judá e Israel em 1:7 e a ideologia pró-Davi em 1:11 e 3:5. Nem toda referência a Judá requer uma leitura posterior, no entanto, muitas dessas referências se destacam do seu contexto.

componentes estruturais de Oseias é a sua alternância deliberada em relação a palavras de julgamento com mensagens de esperança e sua inclusão muito frequente de apelos para o retorno a YHWH. O livro de Oseias parece deliberadamente concebido para mostrar que Israel teve inúmeras oportunidades de mudar o seu comportamento. O livro de Amós, em contraste, não oferece aos seus leitores tal ambiguidade. Desde o início, os pronunciamentos proféticos e divinos em Amós anunciam um julgamento iminente contra Israel, o qual não pode ser evitado.

A estrutura e o conteúdo de Oseias

Os estudiosos há muito notaram que pontos de transição em Oseias podem refletir coleções anteriores ou tendências editoriais para justapor textos que anunciam julgamento em contraste com aqueles que anunciam um futuro mais esperançoso. Os capítulos 1—3 contêm metáforas de casamento ligadas ao relacionamento de Israel e YHWH. Cada uma das três unidades centrais também começa com palavras de julgamento e termina com mensagens de esperança. A maior parte dos capítulos 4—6 pronuncia o julgamento sobre Israel, mas o capítulo 6 começa com a voz do povo clamando por um retorno a YHWH (6:1-3). O julgamento domina os capítulos 7—10, mas Oseias 11 oferece um solilóquio divino que retrata o conflito interno de YHWH antes de decidir *não* punir Efraim. Os capítulos 12—13 novamente condenam a incapacidade de Efraim a permanecer fiel, mas o livro termina de forma otimista quando o profeta conclama o povo a retornar a YHWH (14:1-3), enquanto YHWH responde com uma promessa eventual de restauração. Em outras palavras, cada uma das seções principais (1—3; 4—6; 7—11; 12—14) oscila entre palavras de julgamento e um anseio de restauração.

Oseias 1—3: Metáforas do casamento e ações simbólicas

Oseias 1—3 começa o livro apresentando três unidades literariamente distintas (caps. 1, 2 e 3), as quais exploram o relacionamento entre YHWH e Israel usando metáforas de casamento. Essas figuras criam imagens teológicas preocupantes para os leitores modernos por causa da violência é tolerada contra as mulheres.[14] O capítulo 1 relata um ato de sinal profético no qual YHWH ordena que Oseias se case com uma mulher chamada Gômer, descrita como uma mulher adúltera, e que tenha filhos com ela.[15] Três cenas (1:3-5, 6-7, 8-9) apresentam o nascimento de três crianças, cada uma das quais recebe um nome simbolizando julgamento: Jezreel (o nome de um vale que foi o local de uma famosa derrota para Israel), Lo-Ruama (que significa "não haverá perdão") e Lo-Ami (que implica "vocês não são meu povo"). O capítulo 1 termina com uma promessa que contém um jogo de palavras para cada criança (1:10-2:1). Notavelmente, essas promessas apresentam uma conceituação decididamente judaica.[16]

O capítulo 2 descreve poeticamente o relacionamento entre YHWH e sua esposa promíscua, agora personificada como a terra de Israel (não a esposa do profeta). Em Oseias 2, YHWH descreve seu sentimento de traição porque sua esposa vai em busca de outros "amantes", oferecendo erroneamente aos seus amantes os presentes dados por YHWH (2:8 [Hebr. 2:10]). YHWH responde de forma perturbadora com ameaças de violência contra sua esposa: ele a desnudará (2:5, 10 [Hebr. 2:7, 12]) e tentará mantê-la cativa enquanto tenta reconquistá-la (2:14 [Hebr. 2:16]). O autor antigo descreveu tais imagens para transmitir a ideia de que a punição conduzirá à restauração (2:15-23 [Hebr. 2:17-25]). Tais imagens funcionam contra si mesmas para os leitores modernos

[14] Por exemplo, veja Peggy L. Day, "A Prostitute unlike Women: Whoring as Metaphoric Vehicle for Foreign Alliances", in *Israel's Prophets and Israel's Past: Essays on the Relationship of Prophetic Texts and Israelite History in Honor of John H. Hayes*, LHEBR. OTS 446 (Nova York: T&T Clark, 2006), p. 167-73; e Renita J. Weems, *Battered Love: Marriage, Sex, and Violence in the Hebrew Prophets*, OBT (Mineápolis: Fortress, 1995).

[15] O termo hebraico *zônâ* é muitas vezes traduzido erroneamente como *prostituta*. A expressão *zônâ* refere-se a qualquer ato sexual ilícito e não regulamentado, embora a palavra seja usada apenas para se referir a mulheres. Veja J. Kuhlewein, "znh", *Theological Lexicon of the Old Testament 1:389*.

[16] Essas promessas contendo uma perspectiva distintamente judaica aparecem em outros lugares em Oseias (e.g., 4:15; 11:12), bem como no final de Amós (9:11). Judá também é castigado em Oseias por seguir o exemplo de Efraim (5:5, 10, 12-14; 6:4, 11; 8:14; 12:2).

porque descrevem o comportamento de YHWH em termos análogos ao abuso conjugal.

Pelo menos três elementos distintivos podem ajudar a contextualizar as reivindicações teológicas, embora não possam redimir as imagens: o contexto cultural, a linguagem metafórica e a alternância de julgamento e restauração. Primeiro, essas imagens não toleram a violência humana em nome de Deus, e pode-se contrastá-las com o pano de fundo da cultura do antigo Oriente Médio, incluindo a tradição judaica, em que o adultério era considerado um crime punível com a morte (cf. Lv 20:10-14). O público antigo poderia, portanto, considerá-las figuras perturbadores, mas por razões muito diferentes: porque a mulher não é punida com morte. Em segundo lugar, Oseias 2 descreve a relação entre YHWH e Israel em termos metafóricos, quase alegóricos. A imagem da amante promíscua domina o capítulo. No entanto, o texto usa uma retórica que aponta Israel como o verdadeiro destinatário do julgamento bem como da restauração, tal como outras expressões de julgamento profético. Terceiro, assim como o capítulo 1 de Oseias, o capítulo 2 estrutura a sua mensagem paradigmaticamente para incluir o julgamento e a promessa de restauração. A primeira dessas promessas (2:14-20 [Hebr. 2:16-22]) reverte a punição anunciada em 2:1-13. Depois de YHWH anunciar que a atrairá para a "porta da esperança" (2:14-15 [Hebr. 2:16-17]) e restaurar as vinhas como nos dias de sua juventude, ela deixará de invocar os Baalins (2:16 [Hebr. 2:18]) e se tornará uma esposa fiel (2:20 [Hebr. 2:22]). A segunda promessa (2:21-23 [Hebr. 2:23-25]) retorna a Oseias 1 e usa os nomes dos filhos do profeta (Jezreel, Lo-Ruama e Lo-Ami) em forma de jogos de palavras contendo mensagens de restauração.[17]

A maioria dos estudiosos reconhece que um redator adicionou pelo menos a segunda seção dessas promessas como uma inserção posterior

---

[17] A promessa de YHWH de que ele "semeará" (i.e., a terra) para si mesmo reproduz o nome "Jezreel", que significa "Deus semeia". É claro que a palavra *semear* também carrega conotações de fertilidade. Os nomes dos outros dois filhos estão invertidos. Os nomes significam "não tem perdão" (Lo-Ruama) e "não é meu povo" (Lo-Ami). Em vez disso, YHWH promete ter piedade de Lo-Ruama e chamar Lo-Ami de "meu povo".

para conectar os dois capítulos de modo mais próximo.[18] Esses capítulos não exibem uma agenda pró-Judeia explícita como fazem as promessas nos capítulos 1 e 3, mas 2:18 (Hebr. 2:20) usa uma linguagem intimamente associada à história sacerdotal da criação (Gn 1:20-25) e o relato do dilúvio (Gn 6:18-20). Assim, esses versículos equiparam as promessas de YHWH à recriação da terra e fazem questão deliberada de reverter o julgamento dos capítulos 1—2.

Oseias 3 conclui as extensas metáforas do casamento com outra narrativa sobre o profeta e uma amante. Vários fatos diferenciam a narrativa dos capítulos 1 e 2. Primeiro, Oseias 3 fala de uma ação simbólica, de forma semelhante ao capítulo 1, com o capítulo 3 usando um estilo autobiográfico. Assim, o "eu" que fala no capítulo 3 é o profeta, enquanto o "eu" no capítulo 2 é YHWH. Esse estilo autobiográfico também difere do estilo de relato de Oseias 1, em que a voz de um narrador fala tanto sobre YHWH quanto acerca do profeta. Segundo, a mulher em Oseias 3 não tem nome e é chamada de adúltera (3:1), e não de prostituta como em Oseias 1. Terceiro, esse capítulo nunca menciona os filhos. Ao contrário, o profeta diz à mulher que ela e ele não terão relação conjugal por um longo período de tempo (3:3). Essas diferenças levaram muitos estudiosos a argumentar que Oseias 3 representa uma versão variante da narrativa do chamado profético em Oseias 1, a qual teria sido transmitida de forma independente, antes de ser unida aos outros dois relatos de casamento.[19] Muitos perguntam se o capítulo de

---

[18] Weiser já demonstra essa visão (Artur Weiser, *Die Propheten Hosea, Joel, Amos, Obadja, Jona, Micha,* ATD 24 [Göttingen: Vandenhoeck and Ruprecht, 1955], p. 22-23). Apesar das isenções de responsabilidade de uma série de estudos sincrônicos no final do século 20, tal opinião continua sendo um pensamento majoritário hoje entre os estudiosos diacrônicos; mas até recentemente, um número surpreendente de estudiosos diacrônicos tratava de 2:16-23 (Hebr. 18-25) conforme acrescentado pelos discípulos de Oseias no último terço do século 8. Assim, e.g., Weiser, ibid.; e Hans Walter Wolff, *Hosea,* trad. Gary Stansell, Hermeneia (Filadélfia: Fortress, 1974), p. 48. Ambos datam o texto de 2:16-23, pouco depois de 733 a.C. Estudos recentes veem a edição do capítulo como um processo mais complexo, por exemplo, Roman Vielhauer, *Das Werden des Buches Hosea: Eine redaktionsgeschichtliche Untersuchung,* BZAW 349 (Berlim: de Gruyter, 2007).

[19] Por exemplo, Fretheim resume três abordagens possíveis para a questão sugerida pelos estudiosos: (1) continuar a história de Oseias e Gômer de Oseias 1, (2) outra

Oseias se refere à mesma mulher de Oseias 1, ou se o "novamente" em 3:1 implica uma segunda mulher.

Apesar das diferenças estilísticas, Oseias 3 transmite uma mensagem semelhante aos capítulos 1—2. Assim como o capítulo 1, ele descreve o casamento do profeta (não o de YHWH) como uma ação simbólica para defender uma posição teológica. Tal como Oseias 2, retrata o cônjuge (não os filhos) como uma metáfora para o povo (3:1, 4-5). Assim como o capítulo 1, Oseias 3 termina com uma promessa decididamente judaica de restauração, quando os israelitas "voltarão e buscarão ao SENHOR seu Deus, e a Davi, seu rei" (3:5).

Oseias 4—6: Acusações, julgamento e convites para o retorno

Oseias 4—14 apresenta características de uma antologia de discursos proféticos de duração variada, contendo três ciclos que oscilam entre o julgamento e a restauração (caps. 4—6; 7—11; 12—14). O arranjo envolve associações temáticas soltas de acusação e pronunciamentos de julgamento que levam periodicamente a uma reflexão de esperança de que o povo retornará para YHWH. O verbo *retornar (shûb)* funciona como um *leitmotiv* importante para o livro.[20] Oseias 4:1—5:7 lança uma litania de acusações contra o povo e os sacerdotes envolvendo delitos éticos e de culto, pontuados com pronunciamentos de julgamento (4:5, 10, 19; 5:2, 6, 7b). Oseias 5:8-10 toma um rumo mais político como comentário sobre a guerra Siro-Efraimita e suas consequências. Oseias 6 diz respeito à condição de Israel/Efraim, se a nação poderá de fato retornar para YHWH. O capítulo assume que o afastamento de Israel de YHWH diz respeito aos crimes cultuais citado nos capítulos 4—5. As expectativas da aliança de YHWH, no entanto, também se concentram no comportamento ético (6:7-9) e na infidelidade cultual (= a

---

versão da história de Oseias 1 que apresenta detalhes diferentes, e (3) a história de uma segunda mulher e do profeta. Veja Terence E. Fretheim, *Reading Hosea-Micah: A Literary and Theological Commentary* (Macon, GA: Smyth e Helwys, 2013), p. 33-37. Fretheim opta pelo capítulo como uma continuação de Os 1—2.

[20] O verbo aparece mais de 20 vezes em Oseias: 2:9, 11; 3:5; 4:9; 5:4, 15; 6:1, 11; 7:10, 16; 8:13; 9:3; 11:5, 9; 12:3, 7, 15; 14:2, 3, 5, 8.

promiscuidade de Israel em 6:10). YHWH articula preocupações com a fidelidade nas ações e orientação de alguém: "Pois desejo misericórdia e não sacrifícios; conhecimento de Deus em vez de holocaustos" (6:6).

Oseias 7—11: Política, idolatria, punição e indulgência

Oseias 7 retorna ao tema da condenação de entidades políticas, incluindo o rei e a família do rei, enquanto Israel volta-se aleatoriamente para o Egito e a Assíria, e o abandono da adoração de YHWH por Israel. O capítulo 8 mistura os temas da idolatria e da realeza, referindo-se à transgressão da lei (8:1), ao bezerro de Samaria (8:5, 6), ao sacrifício em altares fora de Jerusalém (8:11) e à referência ao Egito e Assíria (8:9, 13).

Os capítulos 9—10 anunciam principalmente uma série de punições a Israel por causa de sua infidelidade no culto.[21] Esses capítulos levantam acusações contra Israel/Efraim (9:1, 3; 10:1, 6b-11), seus profetas (9:7, 8) e seus sacerdotes idólatras em Betel (10:5).

O capítulo 11 conclui essa terceira seção com o solilóquio dramático de YHWH, no qual ele fala sobre seu conflito interno em punir ou não Efraim ou permitir o retorno do povo *(shûb)*. O final desse solilóquio não resolve essa tensão. Por um lado, 11:9 sugere a inclinação de YHWH para a libertação: "Não executarei a minha ira impetuosa, não tornarei a destruir Efraim. Pois sou Deus e não homem, o Santo no meio de vocês. Não virei com ira". Os versículos 10-11 retratam o futuro retorno do povo da terra da Assíria. Por outro lado, o último versículo do capítulo (11:12) muda dramaticamente de rumo e começa a acusar Efraim/Israel de mentir mais uma vez (11:12).

---

[21] Oseias 9 começa com o uso final da metáfora de uma prostituta (9:1) e depois ameaça a terra com a perda de fertilidade (9:1-2) e exílio no Egito e na Assíria (9:3). Eles perderão a capacidade de oferecer sacrifícios e celebrar festas (9:4-6). "Dias de castigo" virão para os profetas que se mostraram corruptos e pecadores (9:7-9). As famílias de Israel também sofrerão infertilidade (9:14), e Efraim será punido por não ouvir a Deus (9:16-17). Oseias 10 anuncia a punição vindoura em termos da derrubada do culto e do rei de Israel pela Assíria (10:1-9). Esses versículos anunciam a morte do rei e a destruição dos altares, das colunas e do bezerro de Israel em Betel, juntamente com os sacerdotes que atuam.

Oseias 12—14: Julgamento e um chamado para retornar

O bloco final estendido, em Oseias, também passa do julgamento para a promessa potencial. A lógica retórica da colocação de unidades menores confere a essa seção um caráter jurídico e dialógico. Os elementos retóricos incluem incriminações e acusações (12:1-6; 13:1-3), a negação da culpa por parte de Israel (12:7-8), e vereditos na forma de pronunciamentos de julgamento divino (12:9-14; 13:4-8). Oseias 12—14 também inclui dois apelos ao arrependimento (12:6; 14:1-8 [Hebr. 12:7; 14:2-9]) antes do tema final do livro, o qual adverte aqueles que têm discernimento para levarem a sério as palavras do livro (14:9 [Hebr. 14:10]). Assim, os capítulos finais de Oseias transmitem um claro sentimento de culpa de Israel combinado com o desejo de YHWH em demonstrar compaixão.

Os capítulos 12—13 atribuem a Efraim (bem como Judá e Jacó) uma série de acusações.[22] Como resultado, o profeta dá o veredito de YHWH: Efraim deve pagar por seus crimes (12:14 [Hebr. 12:15]). Oseias 13 então repete a dinâmica jurídica do capítulo 12, embora a maior parte de Oseias 13 apareça na forma de um discurso divino em primeira pessoa, em lugar de um orador profético.

Oseias 14 termina o livro com um chamado final para o retorno a YHWH, a fim de permitir que Ele demonstre sua compaixão por Israel (14:1-8). Notavelmente, após as duas cenas de julgamento que se concentram cada vez mais nos julgamentos que recairão sobre Israel, a última grande unidade retórica do livro oferece novamente a Israel

---

[22] A acusação inclui um chamado para "voltar para Deus" (12:1-6 [Hebr. 12:2-7]). Imediatamente depois disso, o profeta relata a negação da culpa por Efraim (12:7-8 [Hebr. 12:8-9]), após o que YHWH relata a libertação de Israel do Egito e o envio dos profetas (12:9-10, 13) [Hebr. 12:10-11, 14]), cujos esforços não tiveram sucesso em impedir que Efraim fizesse sacrifícios impróprios em múltiplos altares (12:11 [Hebr. 12:12]). Em 13:1-3, encontra-se um breve oráculo de julgamento que pesa sobre a acusação contra Efraim por adorar Baal, fazer ídolos e prestar culto a eles (13:1-2), seguido por um breve veredito de que esses adoradores serão destruídos (13:3). YHWH fala sobre si mesmo em 13:4-8. O restante do capítulo continua com uma série de pronunciamentos de julgamento nos quais YHWH anuncia que removeu os reis de Israel (13:9-11), reterá sua compaixão (13:12-14) e destruirá Samaria bem como o seu povo (13:15-16 [Hebr. 13:15—14:1]).

uma oportunidade de regressar a YHWH e termina com uma promessa. Jörg Jeremias demonstrou conclusivamente, no entanto, que essa promessa é contingente.[23] A declaração final (14:8 [Hebr. 14:9]) ainda aguarda a resposta de Israel: "O que Efraim ainda tem com ídolos?" Esse apelo e promessa exigem uma resposta, uma noção sublinhada pelo versículo final do livro que convida os leitores a discernirem de que forma responderão: "Quem é sábio? Aquele que considerar essas coisas. Quem tem discernimento? Aquele que as compreender. Os caminhos do SENHOR são justos; os justos andam neles, mas os rebeldes neles tropeçam" (14:9 [Hebr. 14:10]).

Temas recorrentes

O comportamento ético e de um culto correto ocupa o centro do palco em Oseias, mas não se deve perder de vista o fato, na leitura de Oseias, de que o impulso da mensagem se volta para o Reino do Norte. O termo *Efraim* refere-se à região central do Reino do Norte. Nenhum outro livro em todo o Antigo Testamento se refere a Efraim tantas vezes quanto Oseias. As alusões aos eventos do século 7 permanecem obscuras, porém muitos enxergam referências à guerra Siro-Efraimita (734 a.C.),[24] à dramática derrubada de vários reis antes da nomeação de Oseias pelos assírios (732 a.C.),[25] e possivelmente a destruição de Samaria (722 a.C.).[26]

Comportamento cúltico

A terminologia religiosa desempenha um papel central nas acusações. Sacerdotes e profetas são condenados, e aparecem com frequência textos que descrevem a idolatria como prostituição. Um forte consenso acadêmico compreende as práticas religiosas que são condenados como

[23] Jörg Jeremias, *Der Prophet Hosea*, ATD 24, pt. 1 (Göttingen: Vandenhoeck and Ruprecht, 1983), p. 169.

[24] Por exemplo, veja James L. Mays, *Hosea*, OTL (Londres: SCM, 1969), p. 4; e Wolff, *Oseias*, xxi. Wolff e Mays associam Oseias 5:8-11 à guerra Siro-Efraimita.

[25] Veja, por exemplo, Mays, *Hosea*, p. 4. Mays observa que 7:7 e 8:4 aludem ao período final de Israel, quando vários reis foram assassinados.

[26] Veja Wolff, *Hosea*, xxi; Mays, *Hosea*, p. 4-5.

refletindo mais de perto as práticas religiosas do Reino do Norte. A maioria das passagens que mencionam Judá (embora não todas) refletem o trabalho de editores posteriores aplicando as críticas contra o Reino do Norte para Judá.[27]

A culpa cúltica de Israel/Efraim domina as acusações no livro de Oseias, e esse elemento se manifesta em pelo menos seis motivos recorrentes. Primeiro, a infidelidade serve como característica para a idolatria. Segundo, a adoração de Baal é mencionada pela primeira vez na representação da esposa promíscua, mas aparece em diversas passagens no restante do livro (Os 2:8, 13, 16, 17 [Hebr. 2:10, 15, 18, 19]; 9:10; 11:2; 13:1). Terceiro, a menção específica à adoração de ídolos surge em vários contextos diferentes (Os 4:17; 8:4; 10:5-6; 11:2; 13:2; 14:8). Algumas delas referem-se à imagem do bezerro estabelecida em Betel por Jeroboão I (10:5-6), enquanto outras provavelmente fazem menção a imagens fundidas que desempenhavam um papel na religião doméstica de Israel e Judá (13:2). Quarto, vários textos condenam especificamente as práticas cúlticas de Israel através das quais o povo oferecia sacrifícios em altares impróprios (4:19; 8:11; 10:1, 2, 8; 12:11). Quinto, não surpreende que o profeta condene a participação sacerdotal inapropriada nesses rituais e outras ações questionáveis (4:4, 6, 9; 5:1; 6:9; 10:5). Sexto, uma série de passagens neste livro castigam Israel por sua falha em dar ouvidos aos profetas enviados por YHWH (6:5; 9:7, 8; 12:10, 13).

Expectativas comportamentais

Um número significativo de textos mencionados anteriormente acusa Israel de infidelidade à aliança, ou pronuncia juízos contra Israel por violar as expectativas de YHWH. Ao mesmo tempo, vários textos articulam as expectativas de YHWH em relação ao comportamento de

[27] A grande maioria dos epítetos é dirigida especificamente a Efraim, Israel, Betel ou Samaria como alvo da ira de YHWH. Na verdade, essas referências judaicas contêm pelo menos duas ideias diferentes. As palavras de julgamento implicam um certo nível de temor que os pecados de Israel cheguem a Judá (4:15; 5:5, 12-14) ou que Judá também seja punido (6:11; 8:14; 12:2). Por outro lado, as palavras de promessa que refletem uma perspectiva judaica sustentando que Israel encontrará a sua verdadeira restauração somente quando se reunir com Judá (e.g., 1:7, 11; 11:12).

Israel em termos positivos. Em lugar de condenar o povo pelo que deixou de fazer, esses textos exortam o povo a fazer o que é correto: mostrar fidelidade à aliança, praticar a justiça e demonstrar retidão. Mais notavelmente, entre essas advertências encontramos as expectativas articuladas como expressões concretas de um novo compromisso com YHWH: "Mas quanto a você, volte para o seu Deus, apegue-se ao amor (*ḥesed*), à justiça (*mišpaṭ*), e espere continuamente pelo seu Deus" (12:6, NRSV [Hebr. 12:7]). Também são encontradas declarações indicando que essas qualidades relacionais substituem, ou melhor, servem como base para atos rituais de culto: "Pois desejo amor inabalável (*ḥesed*) e não sacrifício, o conhecimento de Deus em vez de holocaustos" (6:6, NRSV). Essas expectativas reaparecem consistentemente no Livro dos Quatro.[28]

Insensatez política

O livro de Oseias acusa Israel de praticar um absurdo político, porque os seus líderes vacilam continuamente entre políticas que os aliam à Assíria e ao Egito (5:13; 7:11, 16; 8:9, 13; 9:6; 10:6; 12:1). Durante o século 8 a.C., o Egito e a Assíria eram inimigos, de modo que tais políticas resultariam no exílio para a Assíria, no que esses textos descrevem como um retorno à escravidão do Egito antes da época de Moisés (9:3; 11:5).

Oseias dentro do Livro dos Doze

Oseias, Amós, Miqueias e Sofonias foram editados e transmitidos juntos como uma coleção com finalidade didática. Essa coleção sublinha a ligação entre a destruição do Reino do Norte, Israel, e do Reino do Sul de Judá, que desempenha um papel importante no livro de Reis. Esses quatro livros compartilham elementos inter-relacionados, incluindo padrões cronológicos que conectam as introduções, padrões macroestruturais, finais incomuns para os OCN e o otimismo escatológico. A vinculação das introduções tem sido observada. Padrões

[28] Os 2:21; 4:1; 5:1, 11; 6:4-6; 10:4, 12; 12:7; Am 5:7, 15, 24; 6:12; Mq 3:1, 8-9; 6:8; 7:9, 18, 20; Sf 2:3; 3:5, 8, 15.

macroestruturais podem ser vistos no emparelhamento de dois escritos enfocando o Reino do Norte (Oseias e Amós), seguidos por dois escritos direcionados ao Reino do Sul (Miqueias e Sofonias). Cada par começa com um livro alternando palavras de julgamento com mensagens de esperança (Oseias e Miqueias), seguido por um livro que se concentra exclusivamente no julgamento até o final do texto (Amós e Sofonias), com um dramático oráculo de julgamento contra o próprio povo de YHWH.

O Livro dos Quatro apresenta com bastante eficácia dois aspectos. Primeiro, as introduções proporcionam ao Livro dos Quatro um sentido claro de progressão cronológica. Em segundo lugar, Oseias e Miqueias alternam palavras de julgamento com mensagens de esperança para criar uma tensão dramática com respeito ao destino dos dois reinos, enquanto os pronunciamentos consistentes de julgamento em Amós e Sofonias eliminam qualquer questão sobre se Israel e Judá serão punidos. O livro de Oseias lança as bases que exigem uma decisão de Israel. O livro de Amós começa com a suposição de que o tempo para Israel mudar já passou. Posteriormente, Joel baseia-se conceitualmente em Oseias 2 e 14.

Amós

O profeta e o livro

Somente uma breve narrativa profética (7:10-17) e a introdução (1:1) contêm informações biográficas sobre Amós. Ele veio de Tecoa (uma vila a cerca de 20 quilômetros ao sul de Jerusalém), onde trabalhou como pastor e agricultor (cf. 7:14) durante o reinado de Jeroboão II (786-746 a.C.). Ao contrário de Oseias, a cidade natal de Amós indica que ele é procedente de Judá, porém, como Oseias, o livro dirige sua mensagem especialmente contra Israel. Esse status de forasteiro colore o livro a partir do tema de abertura (1:2).

Os estudiosos datam a carreira profética de Amós em meados do século 8 a.C., tornando-o o primeiro dos Últimos Profetas. A evidência de uma data anterior deriva de memórias explícitas e implícitas. A ação de 7:10-17 (cf. 7:9) ocorre durante o reinado de Jeroboão II, embora o relato venha de uma época posterior. Da mesma forma, o cenário social de vários oráculos pressupõe uma economia próspera em Israel, que se alinha bem com a época de Jeroboão II, quando comparada com Oseias e Miqueias. Este último, por exemplo, fala da tomada das casas (provavelmente como parte da preparação de Ezequias para a guerra; veja Mq 2:1-2), enquanto Oseias faz referência a uma série de reis que chegaram ao poder pela força (veja Os 7:7; 8:4). A segunda metade do século 8 a.C. foi uma época mais volátil do ponto de vista político e social.

A estrutura e o conteúdo de Amós

Amós se desenvolve em quatro seções principais (1—2; 3—6; 7:1—9:6; e 9:7-15). Por conveniência, esses blocos podem ser rotulados pelas suas características literárias primárias como os OCN, os discursos, as visões e as promessas. Essas seções foram reunidas ao longo do tempo, tendo sido atualizadas durante o período exílico e além. Duas dessas seções (1—2 e 7:1—9:6) apresentam movimentos de clímax, bem como sinais de remodelação editorial posterior. Os capítulos 3 a 6 apresentam as características de uma antologia (como Os 4—14), mas os títulos no início de cada um desses capítulos sugerem que um editor relacionou coleções independentes entre si. Amós 7:1—9:6 orbita em torno de uma composição inicial de relatos de visão (7:1-3, 4-6, 7-9; 8:1-3; e talvez 9:1-4) nos quais dois blocos adicionais de materiais foram incorporados em posições-chave: uma narrativa profética (7:10-17) e um resumo teológico da mensagem do livro (8:4-14). Finalmente, 9:7-15 oferece diversas promessas distintas.

Amós 1—2: Os oráculos contra as nações

O primeiro grande bloco de Amós contém uma introdução (1:1), um tema que resume a mensagem do livro (1:2) e uma série de oráculos contra as nações vizinhas (1:3—2:16).

A introdução (1:1). Ela fornece dados biográficos limitados sobre o profeta, incluindo sua cidade natal (Tecoa), sua ocupação (pastor) e dois esquemas de datação distintos (dois reis contemporâneos e um terremoto). A maioria dos estudiosos críticos concorda que a introdução foi estendida com o tempo. Com toda a probabilidade, a referência aos dois reis entrou durante o exílio, quando o Livro dos Quatro Profetas passou a existir. Uzias e Jeroboão II governaram Judá e Israel como contemporâneos (786-746 a.C.). A coordenação dos reinados dos reis de Judá e de Israel se ajusta ao conteúdo e ao padrão baseado em inícios encontrados nos Quatro Profetas.

O tema (1:2). Amós 1:2 funciona como um resumo temático do livro e é sintaticamente separado tanto da introdução quanto dos OCN. Suas quatro afirmações poéticas representam dois pares de paralelismo sinônimo:

> O SENHOR ruge de Sião e troveja de Jerusalém;
> secam-se as pastagens dos pastores, e murcha o topo do Carmelo.

Essas linhas estão inter-relacionadas pela suposição de causa e efeito. O leão ruge e a terra murcha. Além disso, os termos geográficos na primeira linha nomeiam locais da Judeia, enquanto Carmelo representa Israel na segunda linha, significando que o julgamento de YHWH emana de Jerusalém, o que implica uma perspectiva teológica da Judeia. O julgamento afeta a terra de Israel. Os ditos, discursos e composições de Amós pronunciam esmagadoramente o julgamento sobre Israel, tornando esse tema de abertura bastante apropriado para resumir o tema do livro. O pronunciamento implacável do julgamento contra Israel em Amós 1:1—9:6 difere notavelmente da contínua vacilação entre julgamento e promessa em Oseias, e essa qualidade provavelmente explica por que Amós vem depois de Oseias em todos os arranjos dos Doze.

Os oráculos contra as nações (1:3—2:16). Os OCN em Amós exibem um estilo composicional e uma agenda retórica claros. Cada um dos oito oráculos começa de forma idêntica com o refrão "por três transgressões de *[X]* e por quatro, não anularei o castigo". A partir daí, cada um dos oráculos segue um padrão semelhante.[29] A localização geográ-

[29] Os estudiosos explicam as variações de forma diferente. Alguns consideram todos os oito como originais, e.g., Francis Andersen e David Noel Freedman, *Amos: A New Translation with Introduction and Commentary,* AB 24A (Nova York: Doubleday, 1989), p. 26-30. Outros diferenciam os dois grupos, e.g., Hans Walter Wolff,

fica desses oráculos deixa claro que a composição circunda Israel intencionalmente antes de pronunciar o julgamento contra a nação. O objetivo final desses pronunciamentos contra outras nações atinge o seu clímax quando o oráculo final e mais longo usa o mesmo refrão (2:6) para pronunciar o julgamento contra Israel.

Os oráculos contra Tiro (1:9-10), Edom (1:11-12) e Judá (2:4-5) diferem em pequenos aspetos estilísticos dos outros oráculos.[30] Além disso, as acusações nesses oráculos provavelmente pressupõem a destruição quando um editor atualizou a coleção.

Os OCN em Amós chamam a atenção do leitor pela brutalidade que atribui a esses povos vizinhos. Surpreendentemente, esses oráculos culminam num pronunciamento de julgamento contra Israel usando o mesmo refrão que inicia os sete oráculos anteriores. De igual modo surpreendente é o fato de que o profeta não acusa Israel por crimes de guerra, mas descreve graficamente a insensibilidade daqueles que ignoram as exigências de justiça social e de fidelidade à aliança. O retrato de Israel apresentado por esses versículos certamente não são belos. Aqueles dentre a sociedade israelita que não tinham proteção foram vendidos como escravos por aqueles a quem deviam dinheiro (2:6-7a). A devassidão mancha o nome de YHWH (2:7b). Cidadãos de elite com posses tratam os locais de culto como se fossem sua própria zona de festa quando deitam sobre roupas deixadas como penhor de dinheiro devido e bebem o vinho recebido como multa (2:8). Tal comportamento insensível não mostra nenhum respeito por YHWH ou pelas pessoas de quem eles abusam. Portanto, o profeta anuncia o castigo de Israel (2:13-16) e comunica que a decisão anterior de YHWH de redimir Israel da escravidão não os protegerá da destruição (2:9-12). Para o povo de YHWH, a opressão dos pobres, a má conduta ética e a profanação do que é sagrado, ascendem ao nível de crimes de guerra contra nações estrangeiras aos olhos de YHWH.

Joel e Amos: A Commentary on the Books of the Prophets Joel and Amos, trad. Waldemar Janzen et al., Hermeneia (Filadélfia: Fortress, 1977), p. 139-40.

[30] Por exemplo, veja a discussão em Wolff, *Joel e Amos,* p. 139-40; e o gráfico em James D. Nogalski, *The Book of the Twelve: Hosea-Jonah,* SHEBR. C (Macon, GA: Smyth and Helwys, 2011), p. 276-77.

Amós 3—6: As mensagens

Os capítulos 3—6 diferem do movimento culminante nos oráculos contra as nações (Am 1—2) que o precedem e nas visões dos capítulos 7—9 que se seguem. As unidades em Amós 3—6 são geralmente menores (comumente de apenas 4 a 5 versículos) e refletem vários antecedentes. Como consequência, eles se apresentam mais como uma coleção de discursos ou uma antologia da mensagem do profeta. A lógica não é conclusiva mas repetitiva, a fim de enfatizar temas essenciais.

Quatro subseções começam abordando um grupo diferente (3:1; 4:1; 5:1; e 6:1) e podem representar coleções menores que foram unidas editorialmente. Três apelos introdutórios exigem que o povo de Israel, as "vacas de Basã" e a casa de Israel prestem atenção à palavra de YHWH (3:1; 4:1; 5:1). A seção final começa com um oráculo de adversidade contra os líderes de Sião e também de Samaria (6:1). Essa mudança sutil coincide com uma série de passagens em Oseias e Amós em que a mensagem de julgamento contra Israel faz uma afirmação retórica aos leitores judeus de que eles não estão imunes ao julgamento de YHWH.[31] As mensagens introdutórias também apresentam uma intensificação sutil do perigo. As três primeiras começam com a mesma frase ("Ouça esta palavra"). Pode-se detectar uma intensificação editorial do perigo em 5:1 quando YHWH classifica "esta palavra" como uma lamentação. A linguagem da lamentação implica morte, e 5:2 sublinha essa imagem ao retratar "Israel virgem" caída no chão. Essa linguagem da morte muda para a linguagem fúnebre com a introdução em 6:1, que começa com a palavra *hôy*, muitas vezes traduzida como "ai" ou "lamento". Essa linguagem evoca ambientes fúnebres.[32] Portanto, 5:1 e 6:1 mostram uma progressão lógica da morte ao funeral, e 6:1 amplia o destinatário retórico para incluir aqueles "que vivem tranquilos em Sião", bem como os "que se sentem seguros no monte em Samaria". Essa mudança prenuncia o foco teológico do Livro dos Quatro, ou seja, que

---

[31] Oseias 4:15; 5:5, 10, 12-14; 6:4, 11; 8:14; 10:11; 12:2; Amós 2:4-5; 6:1.

[32] James L. Mays, *Amos*, OTL (Filadélfia: Westminster, 1969), p. 114; Jörg Jeremias, *Der Prophetmos*, ATD 24, pt, 2 (Göttingen: Vandenhoeck e Ruprecht, 1995), p. 85.

os pecados que engoliram Israel e levaram à sua destruição acabarão por causar a destruição de Judá também.[33]

Os motivos em 3—6 reforçam as principais acusações de 2:6-16: maus-tratos em relação aos pobres e necessitados, impropriedade ética e frouxidão cultual. O oráculo do julgamento de 3:9-11 acusa Israel de acumular violência e roubo enquanto a elite de Samaria oprime os pobres e necessitados (4:1). Amós 5:6-7 (e 6:11-14) ameaça Israel com destruição por causa da perversão da justiça e da retidão feita pelo povo; acusações que são concretizadas em 5:10-12 contra aqueles que rejeitam a justiça nos seus tribunais, que abusam dos pobres física e financeiramente, além de aceitar subornos para decidir em favor dos ricos. O profeta adverte o povo a buscar o que é bom, a odiar o que é mau e a estabelecer a justiça nos tribunais públicos (5:14-15). O capítulo 6 também condena as pessoas que vivem luxuosamente e são alheias ao sofrimento dos outros, até que elas próprias sejam levadas para o exílio (6:4-7).

Tal como acontece com 2:6-16, os capítulos 3—6 realçam as suas acusações de injustiça com repreensões pelo comportamento grosseiro e impróprio em locais de culto. O santuário de Betel aparece repetidamente como o centro de culto (3:14; 4:4; 5:5-6), o que não é surpreendente, em face do seu papel no livro de Reis, mostrando-se como um símbolo da rejeição de Jerusalém pelo Reino do Norte, o único templo legítimo de YHWH. Não é nenhuma surpresa, portanto, ver Betel condenado em Amós porque representa um altar não aceitável, do ponto de vista judaico. No entanto, Gilgal também é condenada como local de adoração ilícita (4:4) e está associada a Betel como cidade condenada à destruição (5:5). Gilgal era um dos locais de culto mais antigos no centro do território efraimita e uma cidade central que desempenha um papel significativo no livro de Josué (Js 4:19-20; 5:9-10; 9:6; 10: 6-7, 9, 15, 43; 14:6; 15:7).

Além dos locais de culto não aceitáveis, os textos de Amós 3—6 condenam certas práticas em locais religiosos no norte, embora (em contraste com Oseias) Amós nunca mencione explicitamente a

[33] Veja especialmente a discussão mencionada em Miqueias 1:2-7.

adoração de Baal. Amós 4:4-5 condena a multiplicidade de sacrifícios em Betel e Gilgal como meios ineficazes de proteção contra o castigo de YHWH. Acusações semelhantes aparecem em 5:21-27 sem mencionar Betel e Gilgal pelo nome. Em 5:21-22, YHWH rejeita os sacrifícios em termos fortes: "Eu odeio e desprezo as suas festas religiosas; não suporto as suas assembleias solenes. Mesmo que vocês me tragam holocaustos e ofertas de cereal, isso não me agradará. Mesmo que me tragam as melhores ofertas de comunhão, não darei a menor atenção a elas". Amós 5:24 fornece o motivo para a rejeição dos sacrifícios por parte de YHWH, implicando que, como aqueles que oferecem sacrifícios não levam a sério nem a justiça e nem a retidão, os sacrifícios nada significam. Em vez de aceitar seus sacrifícios, YHWH admoesta: "corra a retidão como um rio, a justiça como um ribeiro perene!" (5:24). Pode-se inferir dessa afirmação uma teologia que rejeita o sacrifício ritual quando a vida do adorador não reflete um compromisso com a justiça e a retidão.

Outras práticas também aparecem. Amós 5:25-26 parece condenar a adoração de ídolos e divindades astrais associadas às práticas assírias. Também, e de forma bastante incomum, dois textos criticam o uso estridente de instrumentos musicais e canções nessas festas (5:23; 6:5). A natureza exata destas práticas não pode ser reconstruída com clareza a partir de tais acusações, mas a sua presença ajuda a reforçar a imagem do profeta no livro como um estranho. Amós vem de Tecoa, em Judá, mas suas acusações dirigem-se à população do Reino do Norte.

São muitas as acusações em Amós 3—6, porém a maior parte do material trata da certeza do julgamento vindouro. Esses oráculos e ditos desafiam vigorosamente aqueles que pensam que YHWH não os responsabilizará. Motivos recorrentes transmitem a mensagem da devastação que está por vir. Referências à libertação do Egito aparecem periodicamente como reversões de eleição (3:1-2; 4:10; 6:1). Essas declarações enfatizam que os atos passados de salvação de YHWH não os protegerão do perigo naquele momento. A severidade da devastação vindoura também destaca restos inúteis: um pedaço da orelha de um cordeiro, o canto de uma cama e populações dizimadas (3:12; 5:3; 6:9-10). Uma passagem (5:15) oferece esperança de um remanescente para

José, mas a afirmação é condicional. Várias passagens nesses capítulos aludem a um ataque vindouro de um inimigo que levará Israel para o exílio (3:11; 4:2; 5:27; 6:14), mais uma vez, dificilmente surge uma promessa de bem-estar para aqueles que sobreviverem.

Consistentemente com essas declarações recorrentes sobre a certeza do julgamento vindouro, Amós 5:18-20 apresenta outra inversão poderosa de um conceito antigo, especificamente o dia de YHWH. A ideia surgiu da tradição da guerra santa, na qual aqueles que lutavam sob o nome de YHWH o invocavam para agir contra os seus inimigos. O profeta confronta aqueles que acreditam que o dia de YHWH os protegerá. Por outro lado, Amós 5:18-20 argumenta que o dia de YHWH não oferecerá nenhuma proteção se o próprio povo for alvo da ira de YHWH. A natureza do dia de YHWH torna-se um dos motivos distintivos e recorrentes nos Doze (veja Joel).

Uma das unidades mais longas nos capítulos 3—6, 4:6-12 articula a frustração de YHWH pelo fracasso das tentativas anteriores de corrigir o comportamento de Israel, deixando YHWH sem outra escolha a não ser rejeitar Israel. Cinco vezes YHWH utiliza um refrão para enfatizar uma série de medidas punitivas que não conseguiram mudar Israel. Sendo cada ato punitivo mais e mais devastador (fome, seca, praga de gafanhotos, pestilência à maneira do Egito e devastação como Sodoma e Gomorra), esse refrão deixa claro que não importa quais medidas YHWH tomou para punir Israel, "ainda assim vocês não se voltaram *(šûb)* para mim, diz o SENHOR" (4:6, 8, 9, 10, 11). Essa passagem desempenha um papel crítico em Amós, especialmente quando comparada com o uso do verbo *retornar (šûb)* em Oseias, que também usa o mesmo verbo para relatar a recusa de Israel em retornar (5:4; 7:10; 11:5), no entanto é articulada uma esperança de que Israel retornará (2:9; 3:5; 6:11), ou é uma exortação a Israel com um chamado para retornar a YHWH (6:1; 12:6; 14:2-5). Por outro lado, Amós 4:6-12 nega cinco vezes que Israel tenha retornado. Pouco depois, o canto fúnebre de 5:1-2 anuncia que Israel caiu e não se levantará novamente.

Através de acusações, oráculos de julgamento e descrições do poder de YHWH, Amós 3—6 apresenta de modo insistente articulações curtas e poderosas dos temas da justiça, adoração adequada e responsabilidade. O movimento retórico dos títulos pronuncia julgamento contra Israel, cujo comportamento ameaça Jerusalém.

Amós 7:1—9:6: As visões

A terceira unidade estendida em Amós, como os OCN, começa como uma composição que exibe um movimento climático, mas também parece ter apresentado a contribuição de passagens adicionais que retardam esse clímax. Tais passagens posteriores, no entanto, desempenham papeis retóricos importantes por si mesmas. Elas não são meros apêndices.

Cinco relatos de visão. As primeiras quatro visões (7:1-3, 4-6, 7-9; 8:1-3) transmitem uma ameaça crescente quando se observa com muita atenção a estrutura dos discursos e o conteúdo das visões. O relato da quinta visão (9:1-4) não registra nenhuma fala, mas descreve a destruição do templo de Israel. Os dois primeiros relatos de visão descrevem ameaças inequívocas contra a nação israelita: uma praga de gafanhotos (7:1) e um fogo cósmico enviado por YHWH para devorar a terra (7:4). Em ambos os casos, o horror da própria visão resulta imediatamente num pedido de misericórdia por parte do profeta, usando as mesmas palavras: "Senhor Soberano, perdoa! Como Jacó poderá sobreviver? Ele é tão pequeno... Soberano Senhor, eu te imploro que pares!" (7: 2, 5). Ambas as vezes YHWH muda de ideia em resposta à petição do profeta (7:3, 6).

Os relatos das terceira e quarta visões seguem um padrão diferente. O conteúdo das visões parece bem menos ameaçador, todavia as consequências revelam-se mais graves. Essas visões começam com o profeta vendo um objeto aparentemente inútil, um pedaço de metal ao lado de uma parede (7:7) e uma cesta de frutas de verão (8:1). Duas vezes YHWH pede a Amós que relate o que está vendo (7:8; 8:2), e logo pronuncia um julgamento devastador. Na terceira visão, Amós responde que vê um "prumo" (*'anâk*); YHWH anuncia que está prestes a colocar um prumo de metal no meio de Israel e não irá mais suspender a punição. Ele destruirá os altos e os santuários de Israel e enviará uma espada contra a casa de Jeroboão (7:8b-9). A quarta visão se desenrola de forma ainda mais dramática. Amós vê uma cesta de frutas de verão (*qayits*). YHWH responde com um trocadilho dizendo que o fim (*qêts*) chegou. YHWH não mais reterá o castigo, porém os cânticos do templo se tornarão o som de lamento por causa de todos os cadáveres (8:2b-3).

Os debates a respeito da originalidade do relatório da quinta visão continuam (9:1-4). Um número significativo de estudiosos sustenta que a quinta visão foi acrescentada posteriormente depois das primeiras quatro.[34] No entanto, ninguém duvida da sua função como clímax literário do ciclo da visão. O diálogo entre YHWH e o profeta domina as primeiras quatro visões, entretanto o profeta nunca fala na quinta visão. Ele apenas desempenha o papel de espectador enquanto YHWH fica ao lado do altar e ordena que o templo seja destruído, golpeando os capiteis das colunas de modo que sejam despedaçados sobre as cabeças do povo (9:1a). O profeta só pode observar enquanto YHWH destrói o templo do Reino do Norte para que ninguém possa escapar (9:1b-4).

Crescimento do ciclo da visão. O ciclo de visão circulou como uma composição independente. Em algum momento, as visões se juntaram aos OCN e aos discursos para formar a primeira edição do livro de Amós. A maioria sugere que essas pequenas coleções foram juntadas no início do século 6.[35] Três composições adicionais foram acrescentadas para produzir um efeito dramático: uma narrativa profética sobre a expulsão de Amós pelo sumo sacerdote em Betel (7:10-17), uma série de discursos que repetem frases do livro (8:4-14), e a última de três doxologias em forma de hinos que enfocam o poder de YHWH sobre a criação (9:5-6; cf. 4.13; 5:8-9). Todas as três peças inseridas aparecem em locais concebidos para produzir um impacto literário na coleção em ritmo crescente.

---

[34] Os argumentos contra a originalidade realçam a estrutura muito diferente e a probabilidade de refletir a destruição de Samaria (722 A.C.). Compare as opiniões opostas de Wöhrle, *Die fruhen Sammlungen*, p. 114-17 e Marvin A. Sweeney, *The Twelve Prophets*, Berit Olam (Collegeville, MN: Liturgical Press, 2000), p. 268-70

[35] Por exemplo, veja Werner H. Schmidt, "Die deuteronomistische Redaktion des Amosbuches: Zu den theologischen Unterschieden zwischen dem Prophetenwort und seinem Sammler", ZAW 77 (1965): p. 168-93; e J. DW. Watts, "The Origin of the Book of Amos", *Expository Times* 66 (1954-1955): p. 109-12.

O relato em 7:10—17 é incomum no Livro dos Doze porque apresenta uma história da vida do profeta.[36] No entanto, a combinação do seu enredo e de sua localização constitui uma declaração poderosa nas visões. Esse encontro dramático coloca o profeta de Judá contra o sumo sacerdote de Betel. O narrador transmite a força de Amós através de sua dependência do poder da palavra de YHWH, enquanto o sacerdote parece manipulador, escondendo-se atrás do poder do rei, todavia ele é impotente contra YHWH. Amos enfrenta toda estrutura política e religiosa do Reino do Norte.

O drama dentro do relato cresce quando é adicionado às visões. Nas duas primeiras visões, o profeta intercede em nome de Israel e faz com que Ele mude de ideia. Na terceira visão, o pronunciamento de julgamento de YHWH encerra o relato da visão (7:9), e essa narrativa aparece precisamente no lugar onde o leitor esperaria que o profeta implorasse pela misericórdia de YHWH. Ao contrário disso, o sumo sacerdote de Israel, com a permissão implícita do rei, exige que Amós permaneça em silêncio. A colocação do discurso dificilmente poderia ser mais enfática.

Amós 8:4-14 representa um segundo bloco de textos inseridos no ciclo de visão. Em vários aspectos, 8:4-14 exibe as mesmas qualidades literárias daquelas que apareceram na antologia (caps. 3—6). Unidades pequenas (8:4-6, 7-8, 9-10, 11-12, 13-14) transmitem acusações (8:4-6), declaram punição iminente (8:7-8) e anunciam o que acontecerá, com o uso de fórmulas escatológicas introdutórias: "naquele dia" (8:9, 13) e "estão chegando os dias" (8:11). O que diferencia esses versículos, porém, é a maneira como evocam frases de outras partes do livro. Quase

---

[36] Existem debates sobre a origem dessa narrativa. Muitos postulam que ela circulou com as visões, considerando que 7:10 pressupõe que o leitor conheça bem Amós. Outros sugerem que tais narrativas foram transmitidas durante muito tempo entre os seguidores do profeta. Apontam ainda outros para um dístico semelhante sobre Jeremias e sugerem que os círculos deuteronomistas coletavam histórias sobre os profetas. Alguns estudos sugerem que a narrativa foi composta para esse contexto por causa da referência à espada de Jeroboão que aparece no final da terceira visão (7:9) e no seu relato (7:11). Veja Wolff, *Joel and Amos,* p. 119-21, 308-10; Jeremias, *Der Prophet Amos,* p. 106-12; e Helmut Utzschneider, "Die Amazjaerzählung (Am 7:10-17) zwischen Literatur und Historie", *BN* 41 (1988): p. 76-101.

todas as linhas desses versículos contêm linguagem ou imagens que o leitor já havia encontrado.[37] Esses grupos lexicais fornecem um resumo temático da mensagem do profeta pouco antes da visão final, em que o profeta observa YHWH destruindo o templo de Israel. Parece plausível que tais declarações tenham sido acrescentadas aqui quando as três partes de Amós foram combinadas. Cumulativamente, esses versículos forçam o leitor a refletir sobre a mensagem de Amós entre o anúncio de que o fim chegou (8:3) e a destruição do templo (9:1).

Terceiro, na história da erudição crítica, três textos chamados doxologias (4:13; 5:8-9; 9:5-6) têm sido tratados há muito tempo como inserções em seus respectivos contextos. Eles se destacam por seu estilo em forma de hino e sua ênfase temática na criação. Os estudiosos geralmente os tratavam como um poema independente, inserido para marcar passagens importantes.[38] Recentemente, os estudiosos questionam até que ponto as três doxologias realmente se colocam como um único poema e sugerem, em vez disso, que as doxologias foram compostas para se ajustarem às suas localizações atuais.[39] Sem dúvida, os debates sobre a sua gênese continuarão, mas ambos os modelos concordam quanto à sua função literária. Ao enfatizar o poder de YHWH como criador do cosmos, os versículos enfatizam a capacidade de YHWH em executar o julgamento pronunciado nos versículos anteriores (4:6-12; 5:3-7; e 9:1-4).

Amós 9:7-15: As promessas

O quarto bloco em Amós contrasta fortemente com o restante do livro. Antes de 9:7, os oráculos, os discursos e as visões enfatizam que o julgamento inevitável devastará Israel. Em contraste, Amós 9:7-15 oferece uma série de promessas apresentadas com uma tendência judaica, expressando uma esperança cada vez mais otimista de restauração a longo prazo, depois que tiver ocorrido o julgamento. Primeiramente,

---

[37] Veja o gráfico em James D. Nogalski, *The Book of the Twelve: Hosea-Jonah*, SHEBR. C (Macon, GA: Smyth e Helwys, 2011), p. 344.

[38] Veja a discussão em Nogalski, *Literary Precursors*, p. 81.

[39] Rick W. Byargeon, "The Doxologies of Amos: A Study of Their Structure and Theology", *Theological Educator* 52 (1995): p. 47-56.

Amós 9:7-10 apresenta duas visões diametralmente opostas que, de modo efetivo, criam um debate sobre se um remanescente sobreviverá ou não ao julgamento de YHWH contra Israel. A primeira parte (9:7-8a) nega que Israel possua qualquer condição especial diante de YHWH, relativizando a afirmação dos israelitas de que a libertação de YHWH da escravidão no Egito foi exclusiva para Israel. Ao usar uma série de questões retóricas, Amós 9:7 implica que YHWH também agiu redentoramente em nome dos filisteus e dos arameus. Então, 9:8a anuncia que YHWH aniquilará Israel completamente, apenas para a seguir reverter o curso e afirmar que YHWH deixará um remanescente (9:8b) usando exatamente a mesma raiz verbal:

> Os olhos do SENHOR Deus estão sobre o reino pecaminoso, e *eu o destruirei* da face da terra (9:8a, NRSV; grifos adicionados) — exceto que *não destruirei completamente* a casa de Jacó, diz YHWH (9:8b, NRSV; grifos adicionados).

A segunda metade do argumento (9:9-10) procede de 9:8b usando a metáfora de uma peneira sacudida entre as nações para argumentar que YHWH punirá os pecadores, no entanto, alguns sobreviverão.

A segunda e a terceira promessas (9:11-12, 13-15) experimentam uma expansão editorial; portanto, na sua forma atual, elas articulam três promessas de restauração distintas (embora inter-relacionadas), todas as quais pressupõem a destruição de Jerusalém (i.e., a casa caída de Davi). Essas promessas podem ser categorizadas como restauração física, geográfica e utópica.

Amós 9:11, 14-15 articula a restauração como a reconstrução de Jerusalém ("a casa caída de Davi") e das cidades para que tenham condições de serem reabitadas e a normalidade agrícola possa regressar. Essas promessas provavelmente refletem uma segunda fase de edição do Livro dos Quatro, que acrescentou finais esperançosos a Amós e Sofonias.[40] Essas promessas mostram uma perspectiva de esperança pró-judaica, uma vez que é a casa de Davi que será restaurada, entretanto, a ênfase está na sua reconstrução.

[40] Veja a seguir a discussão sobre a composição de Amós.

Os dois versículos restantes refletem horizontes literários mais amplos que se estendem além do Livro dos Quatro. Amós 9:12 oferece uma justificativa para 9:11 além da simples reconstrução. Isso antecipa a reintegração de posse de Edom e de outros territórios reivindicados por YHWH, prevendo, dessa forma, a restituição das fronteiras do reino davídico. Esse mesmo tema reaparece em Obadias, o livro que segue Amós. Em contraste, 9:13 expande a imagem de refertilização já presente em 9:14 ao adicionar uma perspectiva escatológica utópica que substitui o retrato da normalidade em 9:14. Essa promessa descreve a restauração como uma colheita tão grande que continuará quando chegar a hora de aguardar a próxima colheita. Essa promessa também se baseia na linguagem de Joel 3:18 (Hebr. 4:18): "das colinas manará leite; todos os ribeiros de Judá terão água corrente".[41] Desse modo, o texto de Amós 9:12, 13 reflete o conhecimento dos livros que precedem e seguem Amós nos Doze.

Composição de Amós e seus contextos

Os modelos composicionais assumem que o núcleo dos OCN, os discursos e o ciclo de visões refletem as primeiras lembranças das ideias do profeta, cuja redação foi ajustada durante o curso de sua vida. Muitos dos oráculos pressupõem um período de prosperidade econômica para a elite em Israel, o que se alinha com o que se sabe acerca da segunda metade do reinado de Jeroboão II e contrasta com o cenário mais caótico de Oseias, que os estudiosos situam mais perto da época da guerra Siro-Efraimita (734 a.C.) e a queda de Samaria (722 a.C.). Tendo isso em mente, a maioria dos modelos composicionais de Amós sugerem que esses blocos circularam de forma independente durante um tempo considerável antes de serem unidos após a queda do Reino do Norte (mas provavelmente não antes do final do século 7 ou início do

[41] A segunda metade dessa promessa difere ligeiramente de Joel, o qual diz que os montes manarão leite. No entanto, há poucas dúvidas de que a citação é intencional. O tema de Amós (1:2) começa com um paralelo com Joel 3:16 (Hebr. 4:16), e Amós 9:13 baseia-se em Joel 3:18 (Hebr. 3:18).

século 6 a.C.).[42] Os estudos críticos muitas vezes vinculam os processos editoriais que combinam essas primeiras coleções às consequências da destruição de Judá em 587 a.C.

Quando combinados pela primeira vez, os três blocos principais culminavam no pronunciamento do juízo contra Israel. A visão final evoca os acontecimentos de 722 a.C., de modo que a última palavra de Amós se refere à derrubada de Israel pelos assírios. O livro de Miqueias então começa onde termina essa forma primitiva de Amós, fazendo referência explícita à queda de Samaria.[43] Portanto, Amós antecipa a queda do Reino do Norte como o julgamento de YHWH que também ameaça Jerusalém (6:1), enquanto Miqueias inicia com referências à destruição de Samaria como um meio de desafiar Judá a levar a sério as implicações desses eventos para o seu próprio relacionamento com YHWH.

As promessas em Amós 9:7-15 desenvolvem-se em três ou quatro estágios, mas todos parecem reagir à falta de esperança verificada na edição inicial de Amós que uniu as três seções principais. O primeiro desses finais expandidos (9:7-10) reflete um debate contínuo sobre se YHWH destruiria ou não Israel ou deixaria um remanescente. A segunda promessa trata explicitamente da reconstrução de Jerusalém e Judá no rescaldo de 587 a.C. (9:11+14-15).

A terceira (9:12) e a quarta (9:13) promessas refletem visões mais grandiosas de restauração. O versículo 12 reinterpreta a reconstrução da casa de Davi como a restauração das fronteiras do reino davídico. Esse conceito de restauração reflete um cenário posterior no período persa porque assume que o "remanescente de Edom" começou

---

[42] Alguns sustentam que as primeiras coleções de Amós e Oseias foram vinculadas editorialmente desde a época de Oseias em diante. Veja especialmente Schart, *Die Entstehung des Zwölfprophetenbuchs*, p. 185-90, 201-4; Jörg Jeremias, "Die Anfänge des Dodekapropheton: Hosea und Amos", in Hosea und Amos*: Studien zu den Anfängen des Dodekapropheton*, FAT 13 (Tubingen: Mohr Siebeck, 1996), p. 34-54. Outros estudiosos rejeitam a combinação inicial de Oseias e Amós e argumentam que os dois livros foram unidos após a destruição de Jerusalém com a criação da forma inicial do Livro dos Quatro. Veja Wöhrle, *Die fruhen Sammlungen*, p. 241-44.

[43] Veja a seguir a discussão de Miqueias 1:5-7 como uma introdução transitória para os Quatro Profetas.

a sofrer perdas.[44] O versículo 13 usa uma hipérbole para prometer fertilidade agrícola que se estenderá para além da esperança de normalidade em 9:14b-15. O versículo 13 extrai sua imagem de Joel 3:18 (Hebr. 4:18). Além disso, a promessa da conquista de Edom como parte da restauração das fronteiras do reino davídico prenuncia os mesmos temas no final de Obadias. Consequentemente, a terceira e a quarta promessas refletem visões escatológicas mais plenamente articuladas nos escritos de ambos os lados de Amós (Joel e Obadias). As duas promessas refletem, portanto, a inclusão de outros escritos além do Livro dos Quatro.

Amós tem uma história longa e complexa como livro, mas sua função literária permanece relativamente consistente durante esse processo. O núcleo inicial das três seções de Amós anuncia consistentemente a vindoura destruição de Israel. A decisão de combinar essas três seções provavelmente ocorreu tendo-se em vista a coleção maior de vários livros conhecida como Livro dos Quatro (Oseias, Amós, Miqueias e Sofonias). Como parte fundamental dessa coleção, Amós manteve o foco na destruição de Israel, embora a adição do oráculo de Judá (2:4-5) e a advertência aos "que estão tranquilos em Sião" (6:1) prenunciem a ideia de que Judá, em última análise, não escapará do julgamento, porque abandonou a Torá e se comportou como Israel. O livro de Oseias também passou por uma atualização para o contexto da Judeia, embora seu foco principal se concentre em Israel. Os livros de Miqueias e Sofonias desenvolvem a mensagem de julgamento contra Judá de forma mais completa. Cada um desses quatro livros acusa Israel, Judá ou ambos, de violações éticas contra os necessitados e de práticas de culto impróprias. Nessa fase, Amós conclui com o relato da quinta visão e a doxologia subsequente (9:1-6), na qual o profeta fica observando em silêncio, enquanto YHWH destrói o templo do norte. Miqueias 1 continua onde 9:1-4 termina.

[44] Veja a história de Edom após a destruição da Babilônia em Joel S. Burnett, "Transjordan: The Ammonites, Moabites, and Edomites", in The *World around the Old Testament: The People and Places of the Ancient Near East,* ed. Bill T. Arnold e Brent A. Strawn (Grand Rapids: Baker, 2016), p. 337-39.

O final do livro de Amós foi expandido duas vezes enquanto ainda fazia parte do Livro dos Quatro, primeiro com um debate sobre o papel do remanescente de Israel no rescaldo da sua destruição (9:7-10) e depois com uma promessa fundamental de reconstruir Judá no rescaldo da destruição de Jerusalém (9:11, 14-15). Promessas semelhantes para reconstruir Sião aparecem nas expansões para Miqueias e Sofonias.

O Livro dos Quatro constitui assim a base cronológica e teológica do que viria a ser o Livro dos Doze. Nas suas primeiras iterações, ele reconta a mensagem profética de YHWH primeiro a Israel em Oseias e Amós, e depois a Judá em Miqueias e Sofonias. Os reis mencionados nas introduções ligam esses quatro manuscritos e fornecem uma progressão cronológica e teológica que vai do século 8 até a época de Josias. Traça um paralelo entre os erros de Israel e os de Judá. Transmite a mensagem explícita e implicitamente de que a dolorosa decisão de YHWH de punir o Reino do Norte deveria ter sido entendida como um aviso a Judá de que o mesmo destino o aguardava se continuasse a agir de forma semelhante a Israel. Oseias e Amós esboçam essas acusações e pronunciam julgamentos contra Israel. Miqueias e Sofonias farão o mesmo em relação a Judá.

À medida que o Livro dos Quatro se expandiu, Amós recebeu apenas pequenas modificações, mais notavelmente nas curtas inserções de Amós 9:12 e 9:13, as quais, respectivamente, se ligam de forma temática a Obadias e se unem lexicamente de trás para frente a Joel 3:18 (TM 4:18).[45] Joel interrompe o longo foco em Israel com sua advertência a Judá e Jerusalém, e a edição de Obadias se esforça bastante para estruturar o pequeno livro de modo que seu julgamento contra Edom reflitam os elementos estruturais e temáticos do julgamento contra Israel em Amós 9.

---

[45] Continuam os debates sobre se as inserções que ligam Amós 9:12 a Obadias, e Amós 9:13 a Joel ocorreram simultaneamente ou em duas etapas. A maioria dos estudiosos que trabalha no Livro dos Doze sugere que Obadias entrou no corpus de vários volumes antes de Joel. Veja Schart, *Die Entstehung des Zwölfprophetenbuchs*, p. 272-74; Wöhrle, *Der Abschluss des Zwölfprophetenbuches*, p. 212-18; e Nogalski, *Redactional Processes*, p. 89-92.

MIQUEIAS

O profeta e o livro

Os únicos elementos biográficos explícitos em Miqueias aparecem em 1:1 com a menção de sua cidade natal (Moresete) e os nomes dos três reis que o leitor deveria associar à pregação de Miqueias (Jotão, Acaz e Ezequias). Ao contrário de Amós e Oseias, Miqueias não contém relatos sobre acontecimentos da vida do profeta. Em verdade, o livro consiste principalmente de materiais oraculares expressos na voz do profeta ou da divindade. A cidade natal do profeta, Moresete (1:1) ou Moresete-Gate (1:14), está quase universalmente localizada em Sefelá da Judeia, pouco mais de 30 quilômetros a sudoeste de Jerusalém. A tradição por trás da afirmação reflete o conhecimento sobre o profeta porque 2:1—3:12 demonstra uma atitude negativa em relação à liderança em Judá (por implicação, o rei Ezequias). Miqueias, cujos oráculos apoiam os proprietários de terras da Sefelá, condena as políticas de centralização do poder em Jerusalém e a anexação de terras da Sefelá.[46]

A maioria dos estudiosos de Miqueias conclui que apenas partes dos capítulos 1—3 realmente espelham um cenário do século 7, que está relacionado aos reinados dos reis mencionados em 1:1. Os capítulos 4—7 representam material posterior do século 6 e para além, o qual foi anexado em etapas aos capítulos 1—3. Desse modo, fica cada vez mais claro que nenhum material dos capítulos 1—3 pode ser facilmente datado na época de Jotão (756-741 a.C.) ou Acaz (742-725 a.C.). Em lugar disso, o material inicial dos capítulos 1—3 parece refletir a época de Ezequias (725-696 a.C.), o qual também se enquadra na tradição de Jeremias 26:18-19 que associa Miqueias a Ezequias. Tal como acontece com a maioria dos livros proféticos, especialmente com Miqueias, é preciso olhar para além das questões biográficas com o fim de se perguntar como o livro de Miqueias funciona literária e canonicamente.

[46] Jeremias 26:18-19 reforça a imagem de Miqueias como oponente de Ezequias. Os "anciãos da terra" vieram em defesa de Jeremias citando Miqueias 3:12, um versículo que afirma, embora não de forma categórica, a destruição de Jerusalém. Esses anciãos enfatizam que Ezequias não matou Miqueias quando proferiu esse julgamento.

Para fazer isso, é importante ter uma boa compreensão da estrutura e do conteúdo de Miqueias.

A estrutura e o conteúdo de Miqueias

Miqueias 1—3: A destruição iminente de Jerusalém

Esses capítulos contêm o texto mais antigo de Miqueias, mas também mostram sinais de uma edição que antecipa passagens dos capítulos 4—7, que mais tarde foram incorporadas à coleção inicial dos capítulos 1—3. Sincronicamente, as unidades retóricas nesses capítulos incluem a introdução (1:1), o tema de Miqueias (1:2-7), um lamento pela devastação iminente de Jerusalém (1:8-16), um confronto com os líderes de Jerusalém que estão tomando terras (2:1-11), uma breve palavra de esperança (2:12-13), e pronunciamentos de julgamento por causa de falhas éticas na cidade (3:1-12).

Miqueias 1:1. A introdução serve como título do livro e fornece a única informação biográfica explícita sobre o profeta: sua cidade natal e os nomes de três reis de Judá. No entanto, essa introdução foi editada depois da vida do profeta, provavelmente em mais de uma etapa. Miqueias 1:1b também anuncia que o material profético a seguir se dirige a Samaria e Jerusalém. Apenas Miqueias 1:5-7 se refere a Samaria, então podemos presumir com segurança que 1:1b tem sequência com 1:2-7. A inclusão de Jotão e Acaz provavelmente foi adicionada com a formação inicial do Livro dos Quatro para vincular com Oseias 1:1, enquanto a menção de Miqueias profetizando durante o reinado de Ezequias é citada por Jeremias 26:18-19 e pode ter estado presente já anteriormente. Miqueias 1:5-7 presume que Samaria havia caído, pressupondo assim os eventos de 722 a.C., quando Ezequias já era rei de Judá. Nenhum outro material em Miqueias 1—3 pode ser datado da época de Jotão ou Acaz com qualquer grau de probabilidade.

Miqueias 1:2-7. A primeira unidade retórica significativa (1:2-7) situa o livro no último quarto do século 8, combinando um chamado à atenção (12) e um relatório de teofania (1:3-4) com acusações de que os mesmos comportamentos que causaram a destruição de Samaria agora ameaçam igualmente Jerusalém (1:5, 6-7). Embora o debate continue sobre quando essa unidade retórica foi criada, existe um acordo generalizado de que ela serve como uma introdução ao livro.[47] Essa função literária torna-se particularmente clara quando se observa que 1:5-7 traça um paralelo entre a destruição de Samaria e a destruição de Jerusalém (3:12) como montes de escombros.

Miqueias 1:8-16. O restante de Miqueias 1 também apresenta um propósito retórico distinto. Em sua essência, essa unidade reflete sobre a captura pela assíria da Sefelá no caminho para Jerusalém, alertando uma série de aldeias (incluindo a cidade natal do profeta em 1:14) do julgamento iminente. Esses pronunciamentos utilizam nomes de aldeias, bem como jogos de palavras para se referir às cidades. Além disso, vários comentários entre parênteses alertam sobre o perigo para Jerusalém representado pela perda de Sefelá (1:9, 12b, 13b). Esses comentários entre parênteses se alinham com o propósito retórico de 1:5-7, sugerindo uma agenda editorial imposta a Miqueias 1, na qual a perda de Samaria e de Sefelá representa uma ameaça iminente a Jerusalém como punição pelos mesmos pecados que destruíram Samaria (1:5, 9, 13b). O núcleo de 1:8-16 traz ecos da campanha militar de Senaqueribe no final do século 8, no reinado de Ezequias.[48] Miqueias 1 dedica a maior parte do seu espaço ao anúncio da destruição iminente de Jerusalém, mas dois eventos ocupam o centro do debate: a destruição de Samaria em 722 a.C. e o cerco de Senaqueribe em 701 a.C. Em outras palavras, a destruição "iminente" de Jerusalém anunciada em Miqueias 1 transmite a ameaça de dois eventos que ocorrem com duas décadas de diferença. Ambos os fatos ocorreram no reinado de Ezequias, mas essa ameaça, que invade o "portão de Jerusalém" por causa dos pecados de Samaria, mostra uma perspectiva teológica adquirida ao longo do

---

[47] Os estudiosos observam que as nações, como destinatárias do julgamento de YHWH, só entram em jogo nos capítulos 4—7. Wolff e Mays, por exemplo, veja Miqueias 1:3-5 (Wolff) ou 1:5b, 6-7 (Mays) como acréscimos deuteronomistas da época do exílio (Hans Walter Wolff, *Micah,* trad. Gary Stansell, Continental Commentaries [Mineápolis: Augsburg, 1990], p. 51-53; e James L. Mays, *Micah,* OTL [Filadélfia: Westminster, 1976], p. 24-26). Utzschneider argumenta que 1:2-7 vem do final do século 6 ou início do século 5 (Helmut Utzschneider, *Micha,* Zurcher Bibelkommentar 24, pt. 1 (Zurich: TVZ, 2005), p. 26.

[48] Utzschneider, *Micha,* p. 25-26; Mays, *Micah,* p. 23; Wolff, *Micah,* p. 53.

tempo. Os capítulos 2—3 enfocam mais concretamente as acusações contra os líderes de Jerusalém como a razão do julgamento divino.

Miqueias 2:1—3:12. Estes dois capítulos contêm sete pequenas unidades: 2:1-3, 4-5, 6-11, 12-13; 3:1-4, 5-8, 9-12. Assim como as antologias de Oseias (4—10; 12—13) e Amós (3—6), Miqueias 2—3 depende da repetição. Essas pequenas unidades foram selecionadas e organizadas para documentar de modo repetido a profundidade da depravação da liderança política e religiosa de Jerusalém.

Marcadores formais de unidades dão a impressão de que novos discursos começam e terminam a cada poucos versículos.[49] A descrição do julgamento pronunciado em 2:1—3:12 contém uma série de acusações introduzidas contra comportamentos específicos. As incriminações incluem apropriação de terras por um grupo poderoso (2:2, 4, 9), tentativas de silenciar o profeta (2:6, 11) e roubo (2:8). Esses capítulos também condenam os líderes que aceitam subornos (3:11) e ignoram a justiça (3:1) enquanto canibalizam metaforicamente o seu próprio povo (3:2-3). As denúncias também confrontam líderes religiosos, sacerdotes e profetas que mostram interesse apenas no dinheiro que podem ganhar (3:5, 11). O retrato transmitido por tais acusações pinta um quadro sombrio da sociedade judaica no final do século 8.

O oráculo final (3:9-12) provavelmente encerra a coleção inicial de Miqueias e desempenha um importante papel literário e canônico. Primeiramente, 3:12 serve como uma *inclusio* literária a Miqueias 1:6, criando um paralelo acentuado entre a destruição iminente de Jerusalém e a destruição de Samaria, quando ambas se tornarão montes de escombros. Em segundo lugar, Miqueias 3:12 desempenha um papel importante na cena do julgamento de Jeremias (26:18-19) onde os "anciãos da terra" citam-no com sucesso em defesa de Jeremias. Terceiro, na forma final do Livro dos Doze, Miqueias 3:12 representa o ponto

---

[49] Vários marcadores introdutórios muitas vezes abrem novas unidades: "Ai" (2:1), "naquele dia" (2:4), "assim diz YHWH" (3:5) e "ouvi isto" (3:1, 9). Da mesma forma, vários usos culminantes de "portanto" marcam, de modo geral o fim dos oráculos de julgamento quando YHWH pronuncia o veredito (2:3, 5; 3:6, 12). Esse veredito serve para encerrar o oráculo.

médio exato do rolo pelo número de versículos, pois avisa Jerusalém que a cidade e o templo serão destruídos.

Miqueias 6—7: Suplicando para o caso de julgamento e a esperança

Segundo a maioria dos cálculos, Miqueias 4—7 não foi escrito por um profeta do século 7, mas representa material posterior anexado aos capítulos 1—3. O processo permanece em debate, mas argumentos convincentes sugerem que a adição dos capítulos 6—7 é anterior à adição dos capítulos 4—5.[50] Três unidades compreendem estes capítulos: Miqueias 6; 7:1-7; e 7:8-20.

Duas características dão coerência a Miqueias 6: seu gênero como um drama de julgamento e sua dependência de tradições narrativas que conectam Êxodo, Oseias, Amós e Reis. A admoestação para que "defendam a sua causa" (hebr. *rîb)* em Miqueias 6:1 dá início a um drama jurídico que se desenrolará ao longo desses capítulos. Vozes alternadas combinadas com discursos controversos fazem sentido no contexto de um tribunal.[51] As perguntas retóricas dos três oradores transmitem a lógica essencial do drama jurídico. YHWH pergunta em 6:3: "o que fiz contra você?" Ele acusa o povo de não se lembrar dos atos salvíficos de YHWH no Êxodo. A voz do acusado oferece então um conjunto satírico de perguntas retóricas que criticam as expectativas cultuais de YHWH (6:6-7). As questões tornam-se cada vez mais hiperbólicas: "Deveria oferecer holocaustos de bezerros de um ano? Ficaria o SENHOR satisfeito com milhares de carneiros, com dez mil ribeiros de azeite? Devo oferecer o meu filho mais velho?" As perguntas desafiam as expectativas de YHWH como muito exigentes. Em resposta, a voz profética também levanta uma questão retórica (6:8), formulada para negar a premissa da sua queixa de que as obrigações de culto são demasiado elevadas.

---

[50] Nogalski, *Literary Precursors*, p. 141-44; Wolff, *Micah*, xxvii; e Mays, *Micah*, p. 21-33.

[51] Alguns questionam se um quadro jurídico deveria enquadrar a nossa compreensão dos discursos. Veja Utzschneider, *Micha*, p. 131-32. No entanto, o drama jurídico começa com um chamado à atenção como a abertura do caso jurídico *(rîb* em 6:1-2).

Em resposta, o profeta afirma que YHWH lhes disse o que deles esperava: praticar a justiça, amar a bondade e andar humildemente com o seu Deus. A afirmação de 6:8 de que YHWH disse ao acusado o que Ele esperava, capta ordens que ecoam a mensagem de Oseias 12:6 (MT 12:7): "Portanto, volte para o seu Deus, e pratique a lealdade (*ḥesed*) e a justiça (*mišpāṭ*), confie sempre no seu Deus". Essa alusão se torna mais perceptível quando também encontramos ligações para textos de Amós 8:5 em Miqueias 6:10.

YHWH responde em 6:9-16. Após uma breve palavra do narrador, a convocação para ouvir remonta a 6:2 e mais perguntas retóricas sugerem que os leitores entendam esses versículos como uma continuação da cena do julgamento. As perguntas retóricas em 6:10-12 funcionam como acusações de que Judá e Jerusalém violaram a fé nas expectativas éticas de YHWH expressas em 6:8. Os versículos 13-16 pronunciam o veredito. As acusações e o parecer resumem as denúncias de Miqueias 2—3 e lembram a linguagem de Oseias e Amós.[52]

O veredito (6:13-16) também evoca a linguagem amaldiçoada deuteronômica de Oseias e Amós enquanto evoca Miqueias 1. A maldição da aliança em Miqueias 6:14-15 dirigida contra Judá reflete a linguagem de maldição em Amós 5:11 e Oseias 4:10, dirigida contra o Reino do Norte.[53] O pronunciamento inicial (6:13) refere-se ao "ferir" (*nākâ*) de YHWH infligido a Judá por causa de seu pecado. Esse pronunciamento usa linguagem semelhante a Miqueias 1:9, que conecta a "ferida" (*mākâ*) de Samaria que atingiu Judá e Jerusalém. E mais, 7:16 compara a situação de Judá com a dos piores reis de Israel (Omri e seu filho Acabe; veja 1Rs 16:25, 30; 21:25). A combinação dessas expressões paralelas que evocam a linguagem de Oseias, Amós, Reis e Deuteronômio para

---

[52] Os ricos que praticam a violência em 6:12aα coincidem com os proprietários que expulsam à força as pessoas das suas casas (2:1-5) e com os líderes que cometem violência contra o seu próprio povo (3:1-3). O engano verbal e ético do povo (6:2aβ-b) é paralelo às acusações em Sf 2:6-11. A acusação de enganar os clientes usando pesos e cestos falsos (Mq 6:10b-11) ecoa Amós 8:5. A "casa da maldade" (*bêth-reš'a*) refere-se a Jerusalém (Mq 6:10) e é paralela à "casa da injustiça" como Betel (*bêth-'āven* em Oseias 4:15; 5:8; 10:5).

[53] Veja Schart, *Die Entstehung des Zwölfprophetenbuchs*, p.199-200. Schart conecta essas passagens ao material da maldição em Dt 28:30-31, 38-41.

exprimir tanto acusações como julgamentos abrange mais do que simplesmente partilhar uma expressão linguística semelhante. Traçam um paralelo entre o destino de Israel e o destino de Judá, semelhante aos comentários parentéticos de Miqueias 1.

Miqueias 6 reflete o conhecimento das tradições canônicas: a libertação de Israel do Egito por YHWH, as peregrinações pelo deserto, a jornada pela Transjordânia, a travessia do Jordão e a idolatria de Israel durante os reinados de Omri e Acabe.[54] A lógica dessas referências relembra os atos salvíficos de YHWH (6:3-5) e acusa Judá da mesma idolatria que levou à morte de Israel (6:16). Essas alusões canônicas usam, portanto, tradições do Eneateuco para pronunciar o julgamento sobre Judá e para traçar uma comparação entre Judá e Israel.

Miqueias 7:1-7 se apresenta como uma resposta profética ao veredito de 6:9-16. Em forma de lamento, o profeta fala de si mesmo no início e no fim (7:1, 7). Os versículos intermediários descrevem o caos social que essencialmente repete as acusações feitas contra Judá nos capítulos 2—3 e o veredito anunciado em Miqueias 6. Especificamente, o profeta condena o suborno de líderes (cf. 7:3; 3:11), o tratamento censurável para com os justos (cf. 3:9; 2:7) e o derramamento de sangue instituído pelos líderes (7:2; 3:10). As autodescrições proféticas que enquadram a definição da terra usam imagens de fome (7:1) para abrir o lamento, retratando o isolamento e a fome que Judá enfrenta. No entanto, como acontece com muitos lamentos, o profeta declara confiança de que YHWH mudará a situação (7:7).

Miqueias 7:8-20 oferece esperança, observada a partir do final do século 7 (mas dirigida à comunidade pós-exílica). O texto se desdobra como um diálogo dramático, embora seja necessário analisar

[54] Essas tradições aparecem na retórica jurídica do discurso do julgamento em 6:1-16, quando evocam a libertação da escravidão e nomeiam Moisés, Aarão e Miriã (6:4). YHWH refere-se às batalhas na Transjordânia (relembrando Balaque e Balaão) e à travessia do Jordão (6:5) mencionando Sitim (o último acampamento além do rio) e Gilgal (a principal base de operações dentro de Israel, em Josué). Miqueias 6:16 acusa Judá de idolatria ao mencionar os estatutos dos ímpios reis Omri e seu filho Acabe, cuja história cobre grandes partes do livro de Reis (6:16).

cuidadosamente os interlocutores para acompanhar o discurso.[55] Essa unidade final é constituída de cinco discursos inter-relacionados que funcionam como resposta dialógica ao lamento profético. Esses diálogos incluem: uma afirmação de justiça da senhora Sião para com a senhora Nínive (7:8-10), uma promessa complexa de indulto (7:11-13), uma intercessão profética com uma breve resposta de YHWH (7:14-15), uma resposta profética ao povo (7:16-17) e uma oração em forma de hino pelo povo (7:18-20).

Miqueias 7:8-10 exibe marcadores retóricos hebraicos que não são claros nas traduções para o português. Verbos e pronomes do feminino singular indicam que uma entidade feminina fala com e sobre outra. A constelação de possíveis oradores e o contexto identificam as duas entidades como cidades personificadas, senhora Sião e senhora Nínive.[56] A senhora Nínive estava naquele momento em vantagem, mas a senhora

---

[55] Gunkel classificou 7:8-20 como uma liturgia profética independente, pós-exílica, anexada a Miqueias para fornecer um final esperançoso ao livro, bem como sua explicação dominou a interpretação durante grande parte do século 20. Essa interpretação litúrgica forneceu uma estrutura para justificar a mudança de oradores e destinatários; no entanto, tratar Miqueias 7:8-20 como uma fonte preexistente criou dificuldades na identificação do inimigo não mencionado em 7:8-10. Babilônia e Edom eram frequentemente citadas nessas discussões. Nas últimas duas décadas, o contexto literário de Miqueias tem recebido cada vez mais atenção como sendo o contexto a partir do qual se interpretam as mudanças dos oradores, embora a maioria dos estudiosos ainda veja o texto como uma composição do período persa. A discussão aqui interpreta Miqueias 7:8-20 como uma composição dialógica do período persa composta como uma resposta a Miqueias 1—3 e 6, com especial atenção ao modo como 7:8-20 assume o cerco de Senaqueribe e suas consequências ao olhar para o "futuro", a partir da perspectiva do cenário de Miqueias do século 8. Veja Hermann Gunkel, "Der Micha-Schluss: Zur Einführung in die literaturgeschichtliche Arbeit am AT", *Zeitschrift für Semitistik* 2 (1924): 145-78. Mays (*Micah*, p. 158-59) segue Gunkel assumindo Edom como inimigo. Theodor Lescow opta por Babilônia ("Redaktionsgeschichtliche Analyse von Micha 6—7", *ZAW* 84 [1972]: 205). Nogalski escolhe a senhora Nínive (James D. Nogalski, "Micah 7:8-20: A Reevaluation of the Identity of the Enemy", in *The Bible as a Witness to Divine Revelation: Hearing the Word of God through Historically Dissimilar Traditions*, ed. Randall Heskett e Brian Irwin, LHBOTS 469 [Nova York: T & T Clark, 2010], p. 125-44).

[56] Para uma discussão sobre os antecedentes da senhora Sião e de outras cidades personificadas no contexto dos textos e tradições semíticas ocidentais, veja Nogalski, "Micah 7:8-20", p. 125-44.

Sião expressa confiança de que o seu castigo passará. A senhora Sião reconhece sua condição como um corretivo de YHWH (7:9a), e então reverte a provocação de seu inimigo contra ela. A senhora Nínive será derrotada enquanto a senhora Sião vai ser restaurada (7:9b-10). Ao se ler o texto tendo como pano de fundo o cerco de Senaquerібe no reinado de Ezequias, quando a Assíria cercou Jerusalém antes de se retirar rapidamente, o discurso da senhora Sião assume um significado comovente.[57]

Miqueias 7:11-13 oferece uma resposta complexa à senhora Sião, em que as formas femininas singulares se dirigem a ela com palavras de promessa e julgamento. Miqueias 7:11 anuncia um adiamento para senhora Sião estender seus muros. Miqueias 7:12 pode ser lido como uma promessa de um regresso da diáspora que se instalou no período persa.[58] A formulação do versículo é, no entanto, ambígua e também pode ser lida como uma referência a uma ameaça iminente. Tendo em mente suas semelhanças intertextuais junto com as tradições de Isaías 9—12 e Ezequias (veja 2Rs 18:35 [=Is 36:30]; 2Cr 32:5), a afirmação de que "naquele dia, *virá a você* gente desde a Assíria até o Egito, e desde o Egito até o Eufrates" não é uma promessa. Ela antecipa poderes hostis

[57] Esse texto tardio tem sido interpretado de duas maneiras: como uma liturgia independente que promete reconstruir os muros de Jerusalém após a destruição da cidade e como uma promessa feita a Jerusalém desde o tempo de Ezequias. Aqueles que interpretam 7:8-20 como uma "liturgia" independente enfatizam o público pós-exílico, enquanto os que tratam o texto como uma composição redacional tendem a ler esses versículos tendo como pano de fundo literário o cerco de Senaquerібe durante o reinado de Ezequias, a quem se atribui o papel de prever e ampliar os muros de Jerusalém para ajudar a afastar o exército de Senaquerібe (2Cr 32:1-5; 2Rs 20:20). Os relatos bíblicos em 2Rs 18—20; 2Cr 29—32; e Is 3—38 atribuem a retirada de Senaquerібe à intervenção de YHWH, enquanto as crônicas de Senaquerібe registram que Ezequias lhe prestou homenagem (*ANET*, 288). Duas linhas de evidência são significativas. Primeira, a introdução (1:1) que associa Miqueias a Ezequias teria existido e, segundo 7:8-20, evoca repetidamente palavras e frases-chave encontradas em Isaías 9—10, um texto que se refere aos acontecimentos de 701 a.C. O caráter alusivo de Miqueias 7:8-20 pressupõe que os discursos se destinam a dirigir-se à senhora Sião (= Jerusalém personificada) e ao povo do final do século 8. Veja James D. Nogalski, *Literary Precursors*, p. 155-58; idem, "Micah 7:8-20", p. 129-30; e idem, *Micah-Malachi*, p. 587-88.

[58] Nogalski, *Micah-Malachi*, p. 587-89.

que controlarão o destino político de Judá durante todo o século 7.[59] Esse entendimento de 7:11-13 também explica a mudança dramática para o julgamento em 7:13 que, de outra forma, é ignorada como uma glosa parentética (e sem sentido). A chegada da Assíria, do Egito e da Babilônia (7:12) leva à desolação da terra (7:13).

Em Miqueias 7:14-17 o profeta intercede, mesmo aceitando o castigo, e implora a YHWH que restaure os habitantes de Basã e Gileade (7:14) e que replique o êxodo (7:15a). YHWH responde com uma promessa "Mostrar-lhe-ei coisas maravilhosas" (7:15b), referindo-se à libertação do Egito (7:15a). Essa intercessão e resposta levam à resposta do profeta em 7:16-17, que continua com alusões ao Êxodo e às narrativas de conquista. Baseia-se no tema do medo das nações que desempenham um papel proeminente na descrição da Transjordânia antes de entrar na terra (Números 10 — Josué).[60] Em certo sentido, Miqueias 7:14-17 prenuncia a mensagem dos OCN em Sofonias 2:5-15 que pronuncia o julgamento divino contra a Assíria e as nações que apoiaram suas políticas. A resposta de YHWH (7:15b) não remove o julgamento vindouro: o povo reconhece a degradação das nações (7:16-17), e a sua resposta (7:18-20) articula uma esperança de que a ira de YHWH não será permanente (embora presuma que isso acontecerá).

Miqueias 7:18-20 oferece um final adequado para o livro como um todo. O cântico começa com um trocadilho com o nome do profeta. Sua pergunta retórica inicial ("Quem é comparável a ti, ó Deus") evoca o nome "Miqueias", que significa: "Quem é como YHWH?" Esse cântico também se baseia em Êxodo 34:6-7, destacando a fidelidade à aliança de YHWH (*ḥesed*) de 34:6.[61] O versículo 20 remonta à narrativa do

[59] A frase "vir a" (*bw'* + *'ad)* pode implicar ataques militares (Jz 7:13; 9:52; 11:33; Jz 15:14; 1Sm 17:52).

[60] O temor das nações aparece com destaque em passagens como Nm 22:3; Dt 2:25; 11:25; Js 2:9, 24; 9:24.

[61] Van Leeuwen demonstra que os textos em Joel-Naum aludem a Êxodo 34:6-7, e os estudiosos do Livro dos Doze incorporaram posteriormente essas alusões em seus modelos para o desenvolvimento dos Doze. As alusões usam termos-chave mas o tema de YHWH *ḥesed,* voltado para o povo de YHWH que aparece em Miqueias 7:18-19 baseia-se em Êxodo 34:6, enquanto o tema do julgamento contra os inimigos de YHWH enfatizado em Naum 1:2b-3 baseia-se mais em Êxodo 34:7. Os dois

êxodo para aludir a Jacó e Abraão (observe a ordem inversa) como o paradigma ancestral de receber o *ḥesed* de YHWH.

Miqueias 4—5: O futuro distante

Vários marcadores estruturais e literários sugerem que o texto de Miqueias 4—5 foi artisticamente organizado para figurar em sua localização atual, embora as partes componentes derivem de mãos diversas. Jeremias demonstra que Miqueias 6—7 e Miqueias 4—5 respondem principalmente aos capítulos 1—3, mas nem os capítulos 4—5 nem 6—7 se baseiam um no outro.[62] Duas questões sugerem que os capítulos trabalham juntos. Primeiro, os dois blocos apresentam coesão estrutural ao mesmo tempo que exibem desenvolvimento temático. Em segundo lugar, os marcadores cronológicos dão sentido a esses capítulos contextualmente.

A coesão estrutural e o desenvolvimento temático levam o leitor a compreender os capítulos 4—5 como uma compilação de quatro textos que foram organizados e editados em conjunto para confirmar a decisão de YHWH de punir e restaurar Judá e Jerusalém. A primeira unidade (4:1-7) fala de um tempo futuro de paz com as nações (4:1-5) e de uma reunião do remanescente em Sião (4:6-7). A segunda unidade (4:8—5:4 [Hebr. 4:8—5:3]) é coerente em torno da repetição de duas palavras hebraicas diferentes que têm o mesmo som, embora comecem com letras diferentes: o segundo pronome masculino singular "você" começa com alef (*'atāh* em 4:8; 5:2) e o advérbio "agora" começa com ayin (*'atāh* em 4:9, 11; 5:1). Essa segunda unidade, consequentemente, muda do futuro

temas aparecem em Joel com 2:13b-14a recorrendo à compaixão de YHWH com o uso de Êxodo 34:6, como em Miqueias 7:18-19, e Joel 3:19-21, ecoando tanto Êxodo 34:7 quanto Naum 1:2b-3a. Veja Raymond C. Van Leeuwen, "Scribal Wisdom and Theodicy in the Book of the Twelve", em In *Search of Wisdom: Essays in Memory of John G. Gammie*, ed. Leo G. Perdue, Bernard Scott e William Wiseman (Louisville: Westminster John Knox, 1993), p. 31-49; e Nogalski, *Hosea-Jonah*, p. 14-15.

[62] Jörg Jeremias, *Die Propheten Joel, Obadja, Jona, Micha*, ATD 24, pt. 3 (Göttingen: Vandenhoeck e Ruprecht, 2007), p. 118-20. Como Jeremias (ibid., p. 124), os capítulos 4—5 enfocam tematicamente os planos futuros de Deus para Jerusalém após sua destruição, enquanto os capítulos 6—7 destacam como a experiência do exílio transforma Israel.

para o "presente", mas tal "presente" antecipa tanto o exílio de Jerusalém para a Babilônia quanto os ataques de muitas nações (4:11) como punição para Sião (4:10) e a redenção de Sião daquele castigo por parte de YHWH (4:10b, 12-13; 5:4). Sua mensagem, portanto, é dirigida à comunidade pós-exílica. A terceira unidade (5:5-10) novamente enfatiza o futuro pela sua repetição quádrupla da palavra hebraica *wehāyāh* ("e será" em 5:5, 7, 8, 10 [Hebr. 5:4, 6, 7, 9]) abordando o "remanescente de Jacó no meio de muitos povos (5:7-8 [Hebr. 5:6-7]). O quarto grupo repete quatro vezes o verbo *wehikratî* ("e eu cortarei") para transmitir a destruição futura em 5:10-13 (Hebr. 5:9-12).

As funções cronológicas implícitas desses marcadores estruturais forçam o leitor atento a tratar a antologia dos capítulos 4—5 como uma mensagem para a comunidade remanescente. As unidades abordam aqueles que retornaram a Jerusalém na perspectiva do profeta que fala por YHWH no final do século 8. Os estudiosos críticos reconhecem os capítulos 4—5 como uma adição tardia a Miqueias. Seu discurso à comunidade remanescente (4:6-7; 5:7-8 [Hebr. 5:5-7]), seu empréstimo de Isaías 2:2-4 e sua menção específica à Babilônia (4:10) todos confirmam que esses capítulos representam uma reflexão teológica tardia que pressupõe a destruição de Jerusalém. Os marcadores estruturais nesses capítulos também comunicam a sua mensagem dialeticamente entre o futuro distante e o presente imediato. A primeira e a última unidades começam com fórmulas escatológicas antecipando os próximos dias da intervenção de YHWH ("nos últimos dias" em 4:1 e "naquele dia" em 4:6; 5:10). O terceiro grupo (5:5-10 [Hebr. 5:4-9]) acentua a sua mensagem para o futuro com o uso quádruplo de "e assim será". No meio, o segundo grupo de mensagens aborda Sião (4:8) e Belém de Judá (5:2 [Hebr. 5:1]) com o pronome "você" (*'atāh*), enquanto acentua o presente usando "*agora*" (*'atāh*) três vezes (4:9, 11; 5:1 [Hebr. 4:9, 11; 14]).

Retoricamente, esses capítulos abordam a comunidade do futuro remanescente de Judá com uma esperança temperada pelo sombrio conhecimento de que Judá e Jerusalém sofrerão punição tanto nas mãos dos babilônios (4:10-12) quanto dos assírios (cf. 5:5-6 [Hebr. 5:4-5]). Embora escritas mais tarde, essas palavras transmitem a fala do profeta ao remanescente com o conhecimento do tempo desde Ezequias até 587.[63] A colocação dos capítulos 4—5 imediatamente após 3:12 traz uma mudança retórica chocante para os leitores de Miqueias. Saltar do pronunciamento da destruição de Jerusalém em 3:9-12 para a visão utópica da paz universal centrada em Sião, em 4:1-4, representa uma mudança dramática na mensagem que seria difícil de ignorar para qualquer um que esteja lendo o livro. As duas unidades compartilham palavras-chave em 3:12 e 4:1 que acentuam o julgamento vindouro de Jerusalém e a paz futura pela frase incomum, "o monte da casa (de YHWH)".[64] Miqueias 3:12 antecipa que "Sião" se tornará "um monte de entulho", enquanto 4:1 afirma que "o monte do templo de YHWH" será estabelecido como o monte mais elevado acima das nuvens.

O fato de Miqueias 4:1-4 ser paralelo a Isaías 2:2-4 há muito sugere que Miqueias 4:1-4 representa um acréscimo posterior.[65] Ademais, a diferença nas duas mensagens diz respeito à dramática mudança de tempo introduzida em 4:1, que dirige a sua mensagem para um futuro distante ("E isso acontecerá nos últimos dias"). Assim, Miqueias 4—5 mostra aos seus leitores os planos de longo prazo de YHWH que incluem o julgamento de YHWH contra Judá, administrado pelas nações,

[63] Miqueias 5:5 antecipa "sete... e oito" pastores que lutam contra os inimigos. Essa fórmula provavelmente reflete o conhecimento de que oito reis da Judeia reinaram desde o cerco de Senaqueribe até a remoção de Zedequias do trono (Ezequias, Manassés, Amom, Josias, Jeoacaz, Jeoaquim, Joaquim, Zedequias).

[64] A frase "o monte da casa" ou "o monte da casa do Senhor" aparece apenas cinco vezes no Antigo Testamento, com quatro delas relacionadas a Miqueias 4:1 (= Is 2:2) ou Miqueias 3:12 (citado em Jr 26:18).

[65] Os estudiosos críticos e as tradições antigas muitas vezes assumem que Miqueias (o mais jovem contemporâneo de Isaías) tomou emprestada a passagem. Investigações redacionais nas últimas décadas demonstram que a passagem entra tanto em Isaías quanto em Miqueias numa fase relativamente tardia, complicando a análise do emprestador. Veja Burkard M. Zapff, *Redaktionsgeschichtliche Studien zum Michabuch im Kontext des Dodekapropheton*, BZAW 256 (Berlim: de Gruyter, 1997), p. 64-77. Ao focar na função de Miqueias, não é necessário resolver tal questão. Ainda assim, os argumentos de que Miqueias 4:1-4 cita Isaias 2:2-4 são mais convincentes por duas razões: primeiro, anexar Miqueias 4:5 à citação modifica a promessa para com as nações, uma vez que qualifica a expressão mais radical em Isaías 2:2-4; e segundo, na maioria dos modelos redacionais, Isaías 2:1-4 entra no livro de Isaías antes da maior parte do capítulo 1, enquanto a versão cuidadosamente construída de Miqueias 4—5 representa as últimas adições a Miqueias.

e a punição das nações. Também imagina o papel final de Sião como lar de YHWH e centro de instrução e justiça que as nações buscarão. O fato de Miqueias 4—5 aparecer logo no início da segunda metade dos Doze torna essa descrição como meta de "longo prazo" particularmente apropriada para os leitores do Livro dos Doze. Deve-se também notar a forte ligação entre Miqueias 4:6-7 e Sofonias 3:18-20, que atualiza a promessa de Miqueias para refletir o tempo de Sofonias.[66]

Miqueias dentro do Livro dos Doze

O livro de Miqueias alcançou sua forma final como resultado de quatro etapas principais: (1) uma coleção do início do século 7 (1—3); (2) uma atualização exílica que reflete sobre as razões da destruição de Jerusalém e conecta Miqueias a Oseias, Amós e Sofonias (6:1—7:7); (3) um final salvífico do período persa (7:8-20); e (4) um resumo do período persa tardio sobre um futuro mais distante (4—5).

O rolo inicial continha grande parte dos capítulos 1—3 que apresentavam palavras de julgamento contra Judá e Jerusalém. Essa porção desafiava as políticas de Ezequias e alertava que os líderes políticos e religiosos de Jerusalém haviam falhado. Provavelmente ela era conhecida dos "anciãos da terra" de acordo com Jeremias 26:18-19.

Os editores exílicos acrescentaram material a Miqueias 1 (1:1b, 5, 9, 12b, 13b) que lamenta o destino de Judá e de Jerusalém porque eles não mudaram sua atitude após a destruição de Samaria. Miqueias 6:1-7:7 mostra preocupações semelhantes e serviu como nova conclusão do livro. Antecipa um tempo em que a ascendência assíria serviria como punição para Judá por causa da idolatria e do comportamento antiético de Judá. Seus versículos finais pronunciam a dependência do profeta de YHWH e esperam que Ele atue de modo salvífico. As adições mostram conhecimento de Oseias, Amós e Reis.

A terceira fase (7:8-20) conforta Sião e o seu povo com a mensagem de que a Assíria nem sempre será a potência dominante. Ele retrata um adiamento complicado para Sião (7:11-13), que antecipa os eventos desde Ezequias até a destruição de Jerusalém como um adiamento da

[66] Veja Nogalski, *Literary Precursors*, p. 209-11.

punição (7:11-12), sem, no entanto, remover a devastação terrível para punir a destruição dos habitantes de Judá (7:13). Em seguida, o profeta faz uma petição a YHWH, que responde positivamente (7:14-15), e o povo se regozija porque YHWH também punirá as nações que atacaram Judá (7:16-17). O final salvífico (7:18-20) baseia-se visivelmente nas tradições do Êxodo, na conquista e nas histórias ancestrais.

O resumo do último período persa exibe uma estrutura cuidadosamente elaborada sugerindo o funcionamento de uma antologia temática. Os elementos estruturais indicam que os capítulos 4—5 assumem um *cenário literário* do final do século 7, mas transmitem uma palavra de esperança para a comunidade pós-exílica. Nesse sentido, compartilha características funcionais com Miqueias 6—7. Miqueias 4—5, no entanto, molda sua mensagem para aqueles que estarão no futuro distante, enquanto os capítulos 6—7 abordam o futuro mais imediato após o cerco de Senaqueribe. Algumas das unidades dos capítulos 4—5 poderiam já ter existido como parte do Livro dos Doze, mas sua forma final exige que sejam lidas em conjunto. Miqueias 4, em particular, contém textos que têm relações com outros textos (e.g., Mq 4:1-4 = Is 2:2-4; Mq 4:5 reflete a bênção deuteronômica; e Mq 4:6-7 antecipa o retorno do remanescente em Sf 3:18-20; veja em Sf a seguir). Assim, as três seções principais de Miqueias refletem sobre os eventos do século 7 (caps. 1—3) e, em seguida, oferecem longos discursos sobre o futuro distante (caps. 4—5) bem como um futuro mais imediato (caps. 6—7).

Sofonias

O profeta e o livro

Somente a introdução (1:1) fornece informações biográficas explícitas sobre o profeta, mas esses dados levantam questões sobre a época do ministério ativo de Sofonias e as informações ancestrais que ele relaciona. A introdução apresenta uma genealogia de cinco gerações que descreve Sofonias como descendente de Ezequias, rei de Judá (726-696 a.C.), mencionado pela última vez em Miqueias 1:1, enquanto data

Sofonias no reinado de Josias (639-609 a.C.), justamente antes da época de Jeremias.[67]

A informação genealógica é incomum por duas de suas características: o nome estrangeiro do pai de Sofonias e sua extensão. O nome do pai de Sofonias, Cuchi, significa "Cuchita", e Cuxe refere-se a um dos dois lugares diferentes nos textos bíblicos: o país Etiópia, cuja sorte política foi ascendente durante porções significativas do século 7 a.C., ou a região do deserto da Arábia, cuja população é distinta da dos israelitas.[68]

A extensão da genealogia não tem paralelo entre as introduções proféticas.[69] A genealogia traça a ascendência do profeta através de seu pai (Cuchi), seu avô (Gedalias), seu bisavô (Amarias), até seu tataravô (Ezequias). Os estudiosos têm sugerido três possíveis razões para essa extensão. Alguns propõem que o tamanho da introdução resulta do desejo de se destacar o seu relacionamento com o rei de Judá, dando assim algum peso adicional à mensagem de Sofonias. Outros sugerem que a longa genealogia enfraquece qualquer sugestão de que a herança étnica de Sofonias não era judaica.[70] Finalmente, vincular a introdução

---

[67] Os estudiosos continuam a debater momentos específicos do reinado de Josias que podem explicar a configuração desses oráculos. A maioria situa o texto inicial entre o início das reformas de Josias em 622 a.C. e sua morte em 609 a.C. nas mãos do Faraó Neco II (610-595 a.C.). As referências ao "remanescente de Baal" e aos "sacerdotes idólatras" em 1:4 fazem mais sentido depois que as reformas de Josias começaram, uma vez que a eliminação da adoração a Baal e às divindades astrais assírias formou um elemento central nessas reformas. Em segundo lugar, os estudiosos explicam cada vez mais os OCN em Sofonias 2:4-15 como uma coleção de textos contra as nações que mais se beneficiaram da aliança com a Assíria. O controle político da Assíria diminuiu de forma relativamente rápida, começando na década de 620, e terminou quando os babilônios destruíram Nínive em 612 a.C.

[68] Por exemplo, Gênesis 10 coloca Cuxe [ou Cuch na linhagem de Cam, junto com Ninrode, seu filho (10:8) que se tornou o fundador da Babilônia, da Acádia e da Assíria (10:10-11). Existem debates sobre a relação entre Cuxe e o deserto da Arábia.

[69] Veja Robert R. Wilson, *Genealogy and History in the Biblical World* (New Haven: Yale University Press, 1981), p. 59-62.

[70] Veja J. Heller, "Zephanjas Ahnenreihe", *VT* 21 (1971): p. 21-31; Gene Rice, "The African Roots of the Prophet Zephaniah", *Journal of Religious Thought* 36 (1979-1980): 102-4.

e a relação do profeta com Ezequias e também ao tempo de Josias ajuda a conectar Sofonias ao Livro dos Quatro.[71]

Informações indiretas sobre Sofonias vêm de inferências nos discursos. Por causa das ligações biológicas com Ezequias, as críticas dirigidas à casa real parecem surpreendentes (veja 1:8). A preocupação com os marginalizados enfatiza a justiça social (1:11-13, 18a; 2:3), não muito diferente das preocupações apresentadas em Amós e Miqueias 2. Também como Amós, esses textos ilustram que tais ações estão intimamente relacionadas a uma vida com justiça (2:3; cf. Am 5:7, 12, 24). Acusações acerca de adoração como as de Oseias aparecem em Sofonias 1:4: os sacerdotes idólatras (cf. Os 10:5) e o remanescente de Baal (cf. Os 2:8, 13, 16-17; 9:10; 11:2; 13:1).

O cenário de Sofonias lembra o reinado de Josias (1:1), mas estudos recentes argumentam que partes significativas de Sofonias são posteriores a 587 a.C. e ao retorno do exílio.[72] Duas questões ajudam a explicar o estilo de Sofonias: a data atribuída pela introdução e as funções que desempenha nos registros em desenvolvimento. Tanto no Livro dos Quatro quanto no Doze, a localização de Sofonias desempenha um papel em forma de clímax. No primeiro caso, o Livro dos Quatro, Sofonias encerra o conjunto dos Quatro, enquanto na última coleção, o Livro dos Doze, Sofonias é o último manuscrito com data anterior à destruição de Jerusalém. O fato de Sofonias se inserir no reinado de Josias significa que o livro antecipa a *futura* destruição de Jerusalém assim como a sua restauração.

Portanto, a forma final envolve três estágios de desenvolvimento, categorias heurísticas que destacam funções do corpus em

[71] Veja a discussão do Livro dos Quatro em Oseias, Amós e Miqueias citadas anteriormente. Para detalhes sobre Sf 1:1, veja Nogalski, *Literary Precursors*, p. 181-87.

[72] Ainda continuam os debates sobre o número de etapas desenvolvidas antes de Sofonias atingir a sua forma final. Alguns consideraram o livro todo como uma composição do século 7, e.g., Marvin Sweeney, *Zephaniah*, Hermeneia (Mineápolis: Fortress Press, 2003), p. 14-15. Outros tratam Sofonias como inteiramente pós-monárquico, e.g., Ehud Ben Zvi, *A Historical-Critical Study of the Book of Zephaniah*, BZAW 198 (Berlin: de Gruyter, 1991), p. 271, 298-306. Wöhrle argumenta que uma pequena camada fundamental cresceu com uma série de quatro camadas redacionais e algumas adições isoladas (Wöhrle, *Die fruhen Sammlungen*, p. 198-228).

desenvolvimento: (1) uma coleção do século 6 anunciando o julgamento contra Jerusalém, (2) uma atualização pós-exílica que trata da destruição e restauração de Jerusalém, (2) uma atualização pós-exílica que lida com a destruição e restauração de *Jerusalém*, e (3) reflexões dos escribas que conectam Sofonias a uma variedade de outros textos.

Todas as três fases antecipam literalmente a destruição de Jerusalém, e as fases finais expressam esperança para aqueles que enfrentam a destruição. A primeira etapa provavelmente contém material do século 7, mas esse texto antigo provavelmente existiu como um conjunto de tradições independentes até ser combinado com material escrito depois de 587 (o ano da destruição de Jerusalém) para formar uma coleção estruturada. Ao ser feita, mesmo essa primeira fase da compilação dirigiu sua mensagem àqueles que sobreviveram a tais acontecimentos. A segunda etapa atualiza a mensagem de julgamento existente com palavras de esperança, prometendo um remanescente para Sião e o retorno de YHWH. A fase final (provavelmente uma composição) correlaciona a destruição e restauração de Jerusalém com as consequências cósmicas: a ruína da criação, a destruição da linhagem de Cam e um conceito de restauração que inverte a alienação da torre de Babel. Esse estágio final antecipa a restauração de Jerusalém como um cumprimento de Miqueias 4:6-7, e antecipa o início de Ageu (embora este último possa ser um acréscimo final em separado). Cada um desses estágios acrescenta novas dimensões à estrutura e à mensagem de Sofonias. Visto que as etapas finais pressupõem um tipo de profecia dos escribas que demonstra o uso reflexivo de textos pós-exílicos de Gênesis, Miqueias e Ageu, parece bastante provável que os estágios finais não tenham ocorrido antes de meados do século 5 a.C.[73]

[73] As costuras redacionais de Sofonias (1:2-3; 2:11b-15; e 3:9-10) fazem alusão a textos de Gênesis 1—11 contendo materiais sacerdotais e não-sacerdotais. A penúltima unidade no final de Sofonias (3:18-19) pressupõe um texto tardio em Miqueias (4:6-7), e Sofonias 3:20 antecipa uma transição para Ageu, depois de ter sido juntado a Zacarias 1—8. Veja James D. Nogalski, "Zephaniah's Use of Genesis 1—11", *HeBAI* 2 (2013): 1-23.

A estrutura e o conteúdo de Sofonias

O núcleo inicial de Sofonias

O núcleo inicial de Sofonias combina duas coleções menores: oráculos de julgamento contra Judá e Jerusalém (1:4-18a; 2:1-3; 3:1-8bα) e os OCN condenando a Assíria e seus aliados regionais (2:4-15*).[74] Essas duas coleções lembram a mensagem de Sofonias, mas foram unidas como a conclusão inicial do Livro dos Quatro com o acréscimo de 3:1-8bα.[75] Os oráculos de julgamento começam condenando as práticas de adoração sincrética e compartilham vocabulário com os relatos das reformas de Josias (2Rs 22—23).[76] A introdução (1:1) apenas coloca a mensagem do profeta no tempo de Josias (640-609 a.C.), no entanto, o leitor deve presumir que as reformas de Josias já haviam começado, uma vez que 1:4 se refere ao "remanescente de Baal", uma frase que faz sentido depois que ações foram tomadas para restringir a adoração de Baal e do exército do céu (2Rs 23:4-5). Segundo a maioria dos cálculos, 1:4 implica que os oráculos de julgamento são posteriores a 622 a.C.

O centro dos OCN (2:4-15) faz mais sentido depois da destruição da Assíria em 612 a.C. Nesse ponto, o manuscrito estaria bem destacado para aquelas nações e grupos cujos destinos estavam intimamente

---

[74] Porções de 2:11-15 provavelmente foram editadas para refletir o conhecimento de Gênesis 10. Veja a discussão a seguir.

[75] Os estudiosos ainda debatem como essas composições entraram no livro. Várias características sugerem que o núcleo inicial combina composições curtas que exibem três propósitos retóricos. O anúncio do julgamento e das acusações contra aqueles que deram as costas a YHWH inicia a primeira coleção (1:4-6), seguida por descrições do próximo dia de YHWH (1:7-18), e uma exortação final para buscar YHWH (2:1-3). Essas composições se parecem com resumos de discursos unidos editorialmente. Eles frequentemente usam novas fórmulas introdutórias ou novos comandos. A segunda unidade temática parece ainda mais desconexa, pois contém nada menos que três fórmulas introdutórias separadas por: "naquele dia" (1:9, 10) e "naquele tempo" (1:12). Essa seção anuncia o próximo dia de YHWH (1:7; também chamado de "dia do sacrifício do Senhor" em 1:8) e condena a família real que se veste como seus senhores estrangeiros. Sofonias 1:14-18 parece uma composição extensa com um refrão contínuo referindo-se ao "dia" dez vezes. Tematicamente, cada unidade trata de imagens de um próximo dia de julgamento contra Jerusalém. Pode ser uma composição, mas retoricamente a unidade concentra-se no julgamento vindouro contra Jerusalém como o dia de YHWH.

[76] Veja a extensa lista em Wöhrle, *The Early Collections*, p. 201-3.

associados à Assíria. O mesmo poderia ser dito sobre a família do rei que adotou os costumes assírios (como o estilo de vestir e as práticas de culto mencionadas em Sf 1:8).

O núcleo inicial termina com a composição de 3:1-8bα, uma passagem que condena Jerusalém como uma cidade violenta e opressiva (3:1), que falhou em atender às instruções de YHWH (3:2, 7). Essa passagem assume a forma de um oráculo de ais que começa e termina com um pronunciamento de condenação contra Jerusalém, verbalizado primeiro na voz do profeta (3:1-2) e concluindo com a voz de YHWH (3:7-8bα). A *inclusio* entre 3:2 e 3:7 repete as mesmas afirmações gerais sobre Jerusalém: seu povo não confiava nem temia YHWH e não aceitava nenhuma correção. Por essa razão, a punição não seria evitada. A seção central contém duas partes (3:3-4, 5-6). A primeira expõe as acusações contra a liderança da cidade — seus príncipes, juízes, profetas e sacerdotes (3:3-4). Esses versículos acusam cada grupo de violar os seus deveres. Os oficiais de Jerusalém (*śar*, termo que pode referir-se à família real ou a oficiais nomeados) são condenados como se fossem leões rugindo. Seus juízes aceitam subornos. Seus profetas são imprudentes e cometem traição. Seus sacerdotes profanam tudo o que é sagrado e violentam a Torá. A segunda parte (3:5-6) concentra-se no caráter de YHWH e suas ações. Esses versículos contêm um pronunciamento de destruição (3:5) ampliado por uma declaração que se baseia no tema dos OCN (3:6). A mesma expansão temática (julgamento contra as nações e a terra) aparece em 3:8bα e cita 1:18 (mudando apenas o pronome):

Sofonias 1:18	**Sofonias 3:8**
1:18α Nem a sua prata nem o seu ouro poderão livrá-los no dia da ira do SENHOR.	3:8a Por isso, esperem por mim", declara o SENHOR, "no dia em que eu me levantar para testemunhar.
1:18aβ-γ *No fogo do <u>seu</u> zelo o mundo inteiro será consumido;*	3:8bα Decidi ajuntar as nações, *reunir os reinos* e derramar a minha ira sobre eles, toda a minha impetuosa indignação.
1:18b pois ele dará fim repentino a todos os que vivem na terra.	3:8bβ *O mundo inteiro será consumido pelo fogo da minha zelosa ira.*

Consequentemente, 3:8bα retoma o tema de 2:4-15, enquanto 3:8bβ cita 1:18aβ-γ, que essencialmente resume a mensagem do capítulo 1, uma vez que as conexões cósmicas maiores teriam sido feitas. Essa repetição dos temas dos dois blocos principais de Sofonias torna 3:8a-bα compreensível como a conclusão do livro, uma vez que o pronunciamento contra Judá (1:4-2:3*) e os OCN (2:4-15) foram unidos; mas isso teria ocorrido antes que as alusões a Gênesis 1—11 (veja a seguir) fossem adicionadas, retratando essas ações em uma escala mais cósmica. O fato de 3:8bβ oferecer uma segunda justificativa para o julgamento vindouro, que inclui a linguagem universalizante do julgamento, sugere que ele entrou no corpus como parte do segundo estágio.

Em razão disso, o núcleo inicial termina com 3:1-8bα. Ele combina os temas do julgamento contra Jerusalém e as nações, mas ainda não contém a linguagem cósmica que reverte Gênesis 1—11. Essa versão inicial tenta chegar a um acordo com a destruição de Jerusalém, juntamente com o julgamento contra outras nações que se opuseram a YHWH. O fato de essas outras nações terem sido também as que se beneficiaram dos seus acordos com a Assíria sugere que a combinação desses oráculos e o julgamento contra Jerusalém refletiriam muito provavelmente uma época de ascendência babilônica. O controle babilônico do Levante no final do século 7 ou início do século 6 é responsável por grande parte do material contido nesses dois blocos (1:4—2:3 e 2:4-15*), mas 3:1-8a (assumindo que a duas partes são combinadas) trata sobre a destruição de Jerusalém. Após os acontecimentos de 612 a.C. (a destruição de Nínive), o exílio de 597 e a destruição de Jerusalém em 587 a.C., a combinação das duas antologias principais — em sua forma mais antiga — teria servido para reafirmar a mensagem da memória nos discursos de Sofonias.

Esperança de restauração

O material de restauração acrescenta uma nova dimensão a Sofonias ao antecipar o retorno de YHWH a Sião e a remoção da punição de YHWH. O tema de Sofonias muda do julgamento para a restauração começando com 3:9, mas 3:9-20 contém cinco unidades (3:9-10, 11-13, 14-17, 18-19 e 20). Cada unidade contém uma série de características que sinalizam que algo novo está começando. Por essa razão, embora o tema da restauração apareça em cada uma das cinco unidades, o texto parece ser mais uma antologia temática do que uma composição claramente estruturada. Levando isso em conta, a maioria dos estudiosos reconhece que essas unidades não entraram todas em Sofonias 3 ao mesmo tempo, e 3:9-10 será discutido a seguir com outros textos proféticos dos escribas.

Uma nova unidade aparece em 3:11-13 com a fórmula introdutória "naquele dia". Ela se concentra na promessa de um remanescente que permanecerá em Jerusalém depois que os rebeldes e arrogantes forem removidos. Esse remanescente será caracterizado por sua humildade e modéstia e por seu desejo de buscar YHWH.[77] Embora os estudiosos muitas vezes reconheçam a frase de abertura ("naquele dia") como a introdução a um acréscimo redacional, eles muitas vezes ignoram os aspectos sintáticos e a função retórica dessa fórmula.[78] Em Sofonias 3:11, o antecedente de "no dia" refere-se a 3:8a e ao "dia em que eu me levantar para testemunhar". Os versículos 11-13 acrescentam um novo elemento aos acontecimentos esperados daquele dia. "O dia" em 3:8a é um dia de julgamento contra Jerusalém (e as nações em 3:8bα), mas 3:11-13 muda o foco para um grupo de sobreviventes que não são nem os "arrogantes" de Jerusalém nem as nações que se aproveitaram de Judá. Em vez disso, 3:11-13 promete segurança para o remanescente em Jerusalém, embora a unidade ainda antecipe um julgamento vindouro para Jerusalém.

Sofonias 3:14-17 exibe um quiasma temático muito restrito que repete quatro pontos principais:

---

[77] Esse tema remanescente dá lugar a uma promessa de restaurar o reino de YHWH em Sião (3:14-17). Compare a promessa em Sofonias 3:14-17 com Amós 9:11, 14-15. Após a breve introdução de um remanescente (Am 9:8b-10), YHWH promete levantar a casa caída de Davi, reconstruir as cidades e restaurar a sorte de Judá. Sofonias 3:11-13 trata brevemente do remanescente enquanto 3:14-17 convida a senhora Sião a se alegrar com a derrota dos inimigos por parte de YHWH, com seu retorno a Jerusalém e com a restauração de sua sorte (cf. 3:20).

[78] James D. Nogalski, "The Day(s) of YHWH in the Book of the Twelve", in *Thematic Threads in the Book of the Twelve*, ed. Paul L. Redditt e Aaron Schart, BZAW 325 (Berlim: de Gruyter, 2003), p. 193-95.

A (v. 14) Cante (רנן), grite (חרש), alegre-se (שמח), exulte (צלז)
ó cidade de Sião
B (v. 15) YHWH anulou a sentença contra você, ele fez
retroceder os seus inimigos
C O Rei (YHWH)de Israel está em seu meio;
D Nunca mais você temerá perigo algum
D´ (v. 16) Não tema, ó Sião; não deixe suas
mãos enfraquecerem
C´(v. 17) YHWH, o seu Deus, está em seu meio;
B´ YHWH é poderoso para salvar;
A´ Ele se regozijará (שוש) em você com alegria (שמחה)
com o seu amor a renovará (חָרַשׁ),
ele exultará (גיל) sobre você com cânticos (רנה)
(versão do autor)

Vários estudiosos notaram vocabulário semelhante nesse versículo e em partes de Isaías 40—55, sugerindo que o material não entrou em Sofonias antes do retorno dos exilados a Jerusalém, algo que começou após a ascensão de Ciro (539-529 a.C.) na segunda metade do século 6.[79]

Retoricamente, Sofonias 3:14-17 exorta Jerusalém, como a cidade personificada, dirigindo-se consistentemente de forma direta à senhora Sião ("você" aqui reflete pronomes e verbos singulares femininos). As partes externas do quiasma (A) proporcionam a esses versículos uma sensação de alegria, primeiro como uma ordem para a senhora Sião e depois como uma declaração do prazer de YHWH por ela. O interior do quiasma (D) repete a exortação para não temer. As outras duas seções (B, C) fornecem a justificativa para essa exortação: YHWH retornou a Sião e removeu os seus inimigos. É importante contextualizar essa exortação. O cenário literário do livro na época de Josias (Sf 1:1) não mudou em termos de como o leitor conceitua a voz do profeta. A

[79] Por exemplo, Gunter Krinetzki, *Zefanjastudien: Motiv- und Traditionskritik und Kompositions- und Redaktionskritik, Regensburger Studien zur Theologie* 7 (Frankfurt: Lang, 1977), p. 157-66; e ainda mais concretamente, Erich Bosshard, "Observations", p. 34-35, 56-62.

coleção de discursos e oráculos proféticos antecipa *tanto* a destruição de Jerusalém *quanto* sua restauração como eventos que ocorrerão no futuro. A restauração descrita em 3:14-17 não elimina o julgamento vindouro; ao contrário disso, vai além do julgamento para oferecer a esperança de que YHWH não abandonará Sião, mesmo que a castigue. Os versículos 14-17 pressupõem 3:11-13 no sentido de que eles continuam a ser dirigidos para Sião e presumem que seus habitantes estão agora preparados para viver como povo de YHWH (o que por sua vez assume que os arrogantes e rebeldes que desviaram a cidade não estão mais no foco). Os versículos 14-17 retratam o fim do castigo de Judá, que incluiu a presença de inimigos e exércitos estrangeiros em Sião (3:15, 17). Essas exortações antecipam eventos futuros que acontecerão após o julgamento de Jerusalém descrito em 3:1-8a. E mais, os versículos 14-17 (especialmente quando combinados com a linguagem de 3:18) antecipam sutilmente, porém de forma clara, um caminho para a reconstrução do templo, levando em conta que esses versículos se referem duas vezes a YHWH como habitando no meio de Sião (3:15, 17).

Profecia dos escribas junto com outros textos

O grupo final que afeta a composição de Sofonias inclui os últimos três versículos do livro como uma promessa composta (3:18-20) e uma série de três textos (1:2-3; 2:11b-15; 3:9-10) que se baseiam em Gênesis 1—11. Tematicamente, 3:18-20 retorna ao destino do remanescente, mas as interrupções e repetições sintáticas sugerem fortemente que mais de uma mão moldou essa unidade final.[80] O desenvolvimento temático de 3:1-18, essencialmente proclama a destruição de Jerusalém (3:1-8a), apresenta novamente uma mensagem de libertação para

[80] Esses versículos se destacam da unidade firmemente construída de 3:14-17, mas também pressupõem que YHWH retornou a Jerusalém a partir de 3:14-17. Sofonias 3:18a promete reunir "os que (feminino singular [no original]) choram pelas festas fixas", continuando assim o segundo discurso feminino de Sião de 3:14-17, mas introduzindo um foco de culto. Uma mudança de direcionamento aparece em 3:18b (dos pronomes 2fs para 3fs) que reconhece os oprimidos "para que isso não mais pese como vergonha para vocês (Sião)". Como tal, 3:18b fala sobre (não para) Sião, mas reintroduz a mensagem salvífica para o remanescente ligada tematicamente a 3:1-8a, 3:11-13 e 3:14-17, 18a.

o remanescente humilde (3:11-8a), anuncia o retorno de YHWH a Sião para remover os inimigos (3:14-17) e depois volta sua atenção para aqueles que sofrem dentro e ao redor de Sião (3:18).

Sofonias 3:19 oferece uma segunda mensagem de restauração que, todavia, expande o horizonte literário para além de Sofonias até o Livro dos Quatro. O versículo reformula essencialmente a mensagem salvífica de 3:11-18, mas também retoma a linguagem de uma passagem anterior no Livro dos Quatro (Mq 4:6-7) e promete um tempo de notoriedade quando YHWH lidará com "todos" os "opressores" de Sião, devolverá o remanescente do povo e restaurará seus bens. Sofonias 3:19 retoma a promessa de Miqueias 4:6-7, mas formula essa promessa em termos de um evento mais iminente, essencialmente assumindo um tempo mais próximo da destruição de Jerusalém (conforme assumido por Sf 1:1 em comparação com Mq 1:1).[81] Assim, 3:18-19 poderia ter concluído o corpus quando a camada inicial de restauração de Sofonias foi adicionada, com toda a probabilidade como parte do Livro dos Quatro.

Sofonias 3:20 muda o destinatário da senhora Sião (feminino singular) para o povo (masculino plural) e ao fazê-lo ajuda a preparar o cenário para Ageu.[82] Outras mudanças lexicais e temáticas acentuam

---

[81] A reformulação de Miqueias 4:6-7 em Sofonias 3:19-20 expressa a promessa da "reunião" e "salvação" dos "aleijados" (*ndḥ*)) *e* dos "dispersos" (*ṣl'*) usando a construção *hinēh* mais um particípio que demonstra o futuro iminente, enquanto o período de tempo de Miqueias 4:6-7 se liga à mensagem que é colocada nos "últimos dias" (Mq 4:1). Veja Nogalski, *Literary Precursors*, p. 209-11. O fato de esses dois versículos também usarem a palavra *tempo* três vezes em rápida sucessão para se referir ao período em que Jerusalém será restaurada oferece um paralelo convidativo ao início de Ageu, cujo discurso de abertura começa com o profeta confrontando o povo que não tem certeza de que chegou o "tempo" de começar a reconstrução do templo. O desafio profético ao povo também usa a palavra *tempo* três vezes (Ag 1:2 duas vezes, 4). O triplo uso do *tempo* tão próximo não ocorre em nenhum outro lugar do Antigo Testamento.

[82] Ageu começa com uma série de discursos que desafiam "este povo" a reconstruir o templo se quiserem melhorar a sua situação econômica, entre outras razões. A justaposição das expectativas salvíficas para o povo em Sofonias contrasta com a situação atual de sofrimento do povo em Ageu acontece em outras partes do Livro dos Doze e provavelmente representa decisões deliberadas por parte dos compiladores do pergaminho. Veja Nogalski, *Redactional Processes*, p. 212-15 (e veja ibid., p. 219-21, para o horizonte mais estreito de Ageu).

essa mudança de destinatário. Em essência, 3:20 apenas repete elementos de 3:18-19, mas se dirige ao povo em vez de Sião personificada. Ao fazê-lo, reflete a consciência de um corpus multivolume maior do que apenas o Livro dos Quatro Profetas. A humildade do remanescente valorizada em Sofonias 3:11-13 dá lugar à fama do remanescente quando sua sorte for restaurada em 3:20.[83] Os versículos finais também concluem com duas promessas de que o remanescente (os aleijados e os dispersos) se tornará famoso entre "todos os povos da terra", uma frase que se alinha com a perspectiva universal da reversão das alusões a Gênesis 1—11. Assim, o contexto e a linguagem sugerem que Sofonias 3:20 amplia o papel de Sofonias à medida que o Livro dos Doze se expande.

Em acréscimo a 3:18-20, três passagens curtas (1:2-3; 2:11b-15; 3:9-10) fazem alusão a textos de Gênesis 1—11. Esses textos aparecem em pontos-chave da estrutura redacional de Sofonias, e cada texto inverte a mensagem do material fonte de Gênesis. Além disso, esses três textos se enquadram na categoria de profecia dos escribas, em que textos de outros livros bíblicos são incorporados nos livros proféticos que são expandidos cada vez mais. A presença de alusões ao Gênesis em Sofonias reflete um meio sutil, porém sofisticado, de acentuar a mensagem de Sofonias. A partir de um artigo de Michael DeRoche, os estudiosos notaram que Sofonias 1:2-3 usa linguagem de Gênesis 1 (a história da criação sacerdotal) para evocar uma reversão da própria criação como um meio de acentuar o impacto da destruição de Jerusalém que se seguiu em 1:4—2:3.[84] Sofonias 1:2-3 pronuncia julgamento sobre os

[83] A restauração da sorte de Judá articulada em 3:20 conclui um tópico que aparece em Oseias (6:1), Amós (9:14) e Joel (4:1). A substância dessa expectativa se ajusta melhor a Joel do que a Oseias e Amós. Oseias 6:1 contrasta a restauração de Judá com o castigo de Israel. Amós 9:14 antecipa uma restauração que envolve a reconstrução das cidades em ruínas e o retorno à normalidade agrícola. Por outro lado, a linguagem de Joel 4:1 antecipa que a restauração "naqueles dias e *naquele tempo*" (como acontece com Sf 3:20) incluirá o julgamento sobre as nações vizinhas, que se aproveitaram de Judá e de Jerusalém, e exibe uma expectativa muito maior para o retorno de YHWH.

[84] Michael DeRoche, "Zephaniah 1:2-3: The 'Sweeping' of Creation", *VT* 30 (1980): p. 104-9.

elementos da criação que habitam a terra, mas em uma ordem completamente inversa de Gênesis 1: a humanidade e os animais, as aves do céu e os peixes do mar. Ao fazer isso, 1:2-3 descreve o julgamento vindouro como a ruína da criação. Adele Berlin demonstra que Sofonias 2:11b, 12-15 faz alusão ao material da Lista das Nações em Gênesis 10.[85] Gênesis 10 contém materiais sacerdotais e não-sacerdotais, sugerindo que as alusões em Sofonias novamente assumem o conhecimento dos textos sacerdotais da Torá. Sofonias 3:9-10 oferece esperança que também reverte o julgamento da história da Torre de Babel em Gênesis 11. Como tal, esses versículos provavelmente entraram com outro material em Sofonias 1—2, o qual inverte a imagem de Gênesis 1—11, e esse texto quase certamente pressupõe o Pentateuco combinado que continha materiais sacerdotais e não sacerdotais em algum lugar entre o final do século 6 e meados do século 5 a.C.[86] A tradução para o português mascara o uso de paronomásia no hebraico, mas um grande número de estudiosos notaram que a promessa de que YHWH mudará o discurso das nações para um discurso "puro" (*brr*) muda o julgamento contra a humanidade em Gênesis 11:9 o qual afirma que YHWH "confundiu" (*bll*) o discurso na terra. Sofonias, por outro lado, descreve a restauração de Sião por YHWH como a reunificação da fala. O livro de Sofonias começa, assim, com um anúncio do julgamento contra Judá e Jerusalém que retrata o julgamento em paridade com a reversão da criação, enquanto a mensagem salvífica final começa com uma reversão do julgamento narrado na história da torre de Babel.

---

[85] Adele Berlin, *Zephaniah: A New Translation with Introduction and Commentary*, AB 25 (Nova York: Doubleday, 1994), p. 111-13, 120-24. Veja também Nogalski, *Micah-Malachi*, p. 704-6, e idem, "Zephaniah's Use of Genesis 1—11", p. 8. A evidência de Berlin inclui uma série de seis argumentos lexicais e lógicos: (1) Somente Sofonias 2:11b e Gênesis 10:5 usam a frase "ilhas das nações" [no original], (2) a combinação de Cuxe e Assíria também é rara (Sf 2:13; Gn 10:11), (3) a linhagem de Cam inclui a Assíria de acordo com Gn 10:11, (4) a linhagem de Cam também inclui Canaã de acordo com Gn 10:15 (cf. Sf 2:5), (5) o texto em Sofonias 2:4-15 condena duas das três linhagens genealógicas dos filhos de Noé (Jafé e Cam), (6) a omissão de Edom em Sofonias 2:4-15 faz sentido porque Edom não aparecem em Gênesis 10.

[86] James D. Nogalski, *Micah-Malachi*, p. 702, 704-5.

Portanto, as três alusões representam um fio literário que atravessa Sofonias e coloca a mensagem do livro num contexto universal de criação e recriação. Cumulativamente, as alusões abrangem Gênesis 1—11, mas sua colocação em locais-chave também demonstra uma consciência aguçada do fluxo estrutural de Sofonias. A primeira (1:2-3) oferece uma mensagem no início do julgamento contra Judá e Jerusalém, que nada mais faz do que retratar esse julgamento como a ruína da criação. A segunda (2:11-15) oferece uma palavra de esperança para Jerusalém na medida que inverte a mensagem do nascimento da linhagem de Cam e Jafé em Gênesis 10. A terceira alusão pressupõe agora o julgamento de YHWH contra as nações (3:8b), forçando as nações a reconhecer o poder de YHWH e fazendo com que tragam ofertas a Jerusalém (3:9-10).

Sofonias dentro do Livro dos Quatro e no Livro dos Doze

Sofonias desempenha um papel fundamental no Livro dos Doze e em seu precursor conhecido como Livro dos Quatro Profetas (consistindo nas primeiras coleções e edições de Oseias, Amós, Miqueias e Sofonias). A brevidade de Sofonias e das suas unidades continua a alimentar debates sobre como as peças se juntaram. O que parece claro, porém, é que Sofonias demonstra uma capacidade notavelmente flexível para desempenhar um papel culminante em ambas as coleções de multivolumes.

O núcleo inicial de Sofonias consistia em duas coleções independentes que foram inicialmente reunidas como parte do Livro dos Quatro Profetas. As razões para essa afirmação derivam, em parte, do paralelo de Sofonias com o papel de Amós. Sofonias tem uma forma reconhecível que funciona de muitas maneiras no Livro dos Quatro como a contraparte judaica do livro de Amós, cuja mensagem de julgamento se concentra fortemente em Israel. A essência inicial de Sofonias 1—2 traz uma mensagem implacável de julgamento contra Jerusalém por causa de suas práticas e crenças religiosas ilícitas (1:4-6, 9, 12), o envolvimento dos líderes de Judá em práticas de adoração não ligadas ao Senhor e adoração de todos os aparatos estrangeiros (1:5, 8), a confiança na riqueza (1:11-13) e acusações gerais de pecado (1:17).

A conclusão desse estágio inicial de Sofonias termina em 3:1-8a. A sua mensagem de julgamento contra Judá, ambientada no tempo de Josias, serve bem como a primeira conclusão do Livro dos Quatro, um corpus originalmente concebido para explicar a destruição de Jerusalém como resultado de problemas contínuos com a sua liderança, o seu povo, e a sua incapacidade de aprender com a destruição do Reino do Norte, conforme relato nos livros de Oseias, Amós e Miqueias. Sofonias 3:1-8a expressa esse julgamento de uma maneira bastante semelhante à mensagem de julgamento contra Judá e Israel com a qual o livro de Amós tem início. Amós 2:4-5, 6-16 conclui surpreendentemente com os OCN que iniciam o livro (1:3-2:3). Por sua vez, Sofonias 3:1-8a também mostra sem aviso prévio, no final do livro, os OCN, mas dirige sua mensagem de julgamento contra Judá e Jerusalém.

Os estudiosos que trabalharam nos Doze notaram até que ponto a linguagem do "dia de YHWH" permeia os Doze, em comparação com os outros três manuscritos proféticos.[87] Muitas vezes não observado, ou apenas notado de passagem em relação ao Livro dos Quatro, é o fato de que tanto Amós quanto Sofonias também incluem referências ao dia de YHWH no núcleo inicial desses respectivos escritos. Significativamente, o dia de YHWH antecipou o dia do julgamento contra o próprio povo de YHWH nesses dois livros, contra Israel em Amós e contra Judá em Sofonias (1:7-9, 14-18a; cf. "naquele dia" em 1:10 também). Em Sofonias, tanto os leitores antigos quanto os modernos dificilmente deixarão de compreender as implicações desse próximo dia de julgamento contra o povo de YHWH, relacionado especificamente com os eventos que cercam a destruição de Jerusalém. Nas fases subsequentes de desenvolvimento em Sofonias, a linguagem do dia de YHWH expande seu foco para incluir um dia de julgamento contra todos os habitantes da terra (1:18b). Com toda a probabilidade, esse duplo pronunciamento do dia de YHWH vindo contra o próprio povo de YHWH em Amós e Sofonias já funciona dentro do Livro dos Quatro como uma de uma

[87] Por exemplo, veja Rolf Rendtorff, "Alas for the Day! The Day of the Lord in the Book of the Twelve", in *God in the Fray: A Tribute to Walter Brueggemann*, ed. Tod Linafelt e Timothy K. Beal (Mineápolis: Fortress, 1998), p. 186-92.

série de paralelos que conectam a punição do norte com a punição do sul. À medida que o Livro dos Quatro se expandia, os ditos do dia de YHWH adotaram essa linguagem, mas também a conceituaram como um tempo de julgamento contra nações estrangeiras, tanto as próximas quanto as distantes.

Como Amós, Sofonias apresenta uma série de promessas de restauração dirigidas a Judá e Jerusalém. Essas promessas começam com uma mensagem relativa ao remanescente (3:11-13), depois continuam com uma promessa de restauração firmemente construída, na qual YHWH retorna a Jerusalém para governar como rei guerreiro, restaura seu relacionamento com Sião e expulsa os inimigos de Sião (3:14-17). Os últimos versículos de Sofonias (3:18-20) concluem o livro com duas perspectivas sobre o remanescente. A primeira mensagem continua o discurso direto à senhora Sião, mas também promete ajuda para "aqueles que choram pelas festas fixas" (3:18a). Essa mensagem se estende para a promessa de YHWH ao remanescente (3:19) que reformula Miqueias 4:6-7 para transmitir um cumprimento mais iminente da promessa. Em segundo lugar, esses versículos reinterpretam o destino do remanescente, um grupo humilde que sobreviverá à destruição de Jerusalém (3:12) para um grupo que será conhecido em toda a terra por causa dos atos salvíficos de YHWH (3:19). O último versículo de Sofonias dirige-se diretamente ao remanescente (plural masculino) para reiterar que sua fama fará com que sejam elogiados em toda a terra quando sua sorte for restaurada (3:20).

Aqueles que leem Sofonias devem lembrar que todas essas promessas de restauração e importância acontecerão em um futuro distante (quando lidas da perspectiva da época do profeta, de acordo com Sf 1:1). Essas promessas representam palavras de esperança para aqueles que regressaram a Jerusalém após o seu castigo. Tais palavras de esperança foram escritas pelos profetas escribas posteriores que transmitiram as coletâneas de escritos, embora as mensagens apareçam num manuscrito profético datado de antes da destruição de Jerusalém. Eles servem a um duplo propósito: primeiro, enquadrar a "destruição vindoura" de Jerusalém (literalmente falando) e o retorno mais distante do povo de Jerusalém como parte do grande plano de YHWH; e segundo, afirmar que o relacionamento contínuo de YHWH com Judá se manifestará em breve na restauração da antiga glória de Jerusalém.

Uma mudança significativa no papel hermenêutico de Sofonias ocorre quando o corpus multivolume se expande para incluir Ageu, Zacarias 1—8 e Malaquias. Nesse ponto, Sofonias não conclui mais o livro, mas ele ainda desempenha um papel culminante como a última voz profética a ser ouvida antes da destruição de Jerusalém; e de fato, isso ocorre antes do ponto em que Ageu começa a exortar aqueles que viviam perto de Jerusalém a reconstruírem o templo. Na verdade, as alusões a Gênesis 1—11 criadas pelos últimos estágios da edição de Sofonias funcionam, em parte, para atribuir um significado ainda maior à destruição de Jerusalém, recorrendo a textos com implicações cósmicas. Provavelmente concomitantes com a segunda parte relativa à restauração, essas alusões ao Gênesis aparecem em momentos temáticos importantes em Sofonias. Bem no início de Sofonias, 1:2-3 enquadra a vindoura destruição de Jerusalém como nada menos que a ruína da criação. No final dos OCN, o texto inverte o material da Lista das Nações de Gênesis 10. Esse capítulo de Gênesis fala do nascimento da linhagem de Cam, enquanto os OCN de Sofonias documentam a morte dessa linha genealógica. Finalmente, Sofonias 3:9-10 utiliza um jogo de palavras que inverte a mensagem de Gênesis 11. Enquanto Gênesis 11 relata a decisão de YHWH em destruir a torre de Babel e espalhar as nações por meio de uma "linguagem confusa", Sofonias 3:9-10 antecipa um tempo em YHWH diz: "purificarei os lábios dos povos para que todos eles invoquem o nome do SENHOR [YHWH]". Esses três textos também compartilham uma perspectiva mais universal que aparece tanto nas seções do julgamento quanto na seção salvífica em outras partes de Sofonias (1:18b; 3:8b, 20). Certamente, o núcleo inicial de Sofonias juntou-se ao material dos OCN em 2:4-15, mas essa coleção dizia respeito às nações que se beneficiaram da aliança com a Assíria e, como tal, não estava verdadeiramente focada em uma perspectiva universal como presumido nas alusões de Gênesis (1:2-3; 2:12-15; e 3:9-10), no dia de YHWH contra as nações do mundo (1:18b) e a promessa de fama e prosperidade para o remanescente (3:20).

QUESTÕES PARA DISCUSSÃO

1. Por que falamos do Livro dos Doze ou dos Doze Profetas em vez dos Profetas Menores? Que diferenças poderiam ser estabelecidas com esses títulos?
2. Explique as agendas estruturais, cronológicas e literárias dos quatro livros que deram origem à ideia do Livro dos Quatro como uma coleção que precedeu o Livro dos Doze.
3. Explique o papel de Miqueias 4—5 e 6—7, que a maioria dos estudiosos data bem depois da época em que o profeta Miqueias viveu.

5

O FINAL DOS DOZE

INTRODUÇÃO

Os três livros tratados neste capítulo, Ageu, Zacarias e Malaquias, aparecem como os três últimos livros dos Doze. Eles apresentam uma história complexa, pois cada livro tem seu próprio perfil literário distinto, mas também foram reunidos em etapas e, em última análise, agora funcionam como a conclusão dos Doze. De acordo com a maioria dos modelos acadêmicos, Ageu e Zacarias 1—8 foram editados e publicados juntos para salientar o papel dos dois profetas em ajudar a concluir o templo em algum momento no final do século 6 ou na primeira metade do século 5 a.C. Os próximos passos são mais debatidos. Zacarias 9—14 representa um acréscimo posterior a Zacarias 1—8 porque sua mensagem difere dramaticamente daqueles capítulos anteriores. Malaquias foi compilado depois que o templo foi reconstruído e adicionado como o livro final quando o manuscrito maior foi criado, embora ainda seja debatido quando isso aconteceu. Para alguns, Malaquias foi acrescentado pela primeira vez no final de Zacarias 8, sendo Zacarias 9—14 foi adicionado mais tarde. Para outros, Malaquias foi adicionado depois que Zacarias 9—14 foi incluído a Zacarias 8. Esses três livros funcionam como os livros do período persa no final dos Doze, portanto, tratá-los juntos ajuda a esclarecer a função de cada livro e seu papel nos Doze. Portanto, as quatro partes serão apresentadas separadamente (Ageu, Zacarias 1—8, Zacarias 9—14 e Malaquias) após uma discussão sobre o cenário histórico de Ageu e Zacarias 1—8.

Contexto histórico para Ageu e Zacarias 1—8

Dario I, rei da Pérsia, chegou ao poder em 522 a.C. sob circunstâncias um tanto misteriosas após a morte de Artaxerxes (465-424 a.C.) e dois de seus filhos durante um período de vários meses. Não surpreende que a transição tenha criado uma oportunidade para vários países testarem o novo rei, tentando se revoltar. Demorou alguns anos para reprimir essas rebeliões, mas Dario I provou ser um líder, administrador e estrategista militar eficaz. O pequeno território de Judá, por outro lado, parece ter mantido relações relativamente boas com Dario, embora, a julgar pelo cenário presumido em Ageu, a vida em Jerusalém e nos arredores continuasse difícil.

Jerusalém, no final do século 6, permanecia uma sombra do que fora outrora. A exuberância do regresso de grupos de exilados no tempo de Ciro (veja a discussão de Isaías 40—55) deu lugar à realidade das dificuldades enfrentadas pelos refugiados que regressavam e descobriam que a vida na sua antiga pátria não seria fácil. Durante quase 20 anos, muitos grupos retornaram a Judá. Esta se tornaria uma província persa conhecida como Yehud e permaneceria relativamente estável do ponto de vista político durante todo o período persa, embora permanecesse economicamente pobre. A história de fundo do livro de Ageu reflete as dificuldades contínuas criadas pela seca (1:5-6; 2:15-19). De acordo com as tradições de Esdras 3, as primeiras tentativas de reconstruir o templo falharam quando a primeira onda de repatriados chegou à região, devido à resistência dos interesses regionais, e por essa razão existia apenas um altar ao ar livre.[1]

[1] Esdras 3—4 descreve um cenário em que Josué e Zorobabel reconstruíram o altar e lançaram os alicerces do templo antes que a resistência dos não-repatriados, dos benjamitas e dos samaritanos frustrasse essas tentativas. Os detalhes históricos em Esdras 3—4 levantam muitas questões, mas o retrato de grupos com agendas conflitantes quase certamente teria feito parte da realidade comunitária. Veja Knoppers, *Jews and Samaritans*, p. 135-68.

Os debates teológicos aumentaram a pressão, e o estado dilapidado do complexo do templo representou um ponto focal desses debates. Alguns achavam que o templo deveria ser construído imediatamente para estimular a restauração, enquanto outros argumentavam que o templo não deveria ser reconstruído até que o castigo de YHWH estivesse totalmente concluído.[2] Essas dinâmicas ajudam a explicar por que o profeta confronta, na unidade de abertura do livro, aqueles que resistiram à reconstrução do templo (1:2). Ageu também confronta aqueles que cuidavam das suas próprias necessidades extravagantes de habitação (1:4) sem estabelecer uma ligação entre o templo em ruínas e a realidade econômica (1:5-6).

Ageu

O profeta e o livro

O livro de Ageu apresenta aspectos característicos: cinco introduções datadas que aparecem em ordem sequencial cobrindo aproximadamente quatro meses do ano 520 a.C. (1:1, 15; 2:1, 10, 20) e um estilo de relato que se refere ao profeta na terceira pessoa. Essas características estilísticas fazem com que os estudiosos rotulem o compilador como o cronista Ageu ou o cronista de Ageu e Zacarias 1—8. A seleção dos discursos e a retórica sobre o profeta demonstram que esse cronista tinha em alta conta Ageu como o profeta que inspirou a liderança e a comunidade a reconstruir o templo de YHWH. O governador, o sumo sacerdote e o povo se unem para iniciar o projeto em um único mês (1:14-15). Ao longo do caminho, o profeta também deveria exortar essas mesmas

[2] Para explicações sobre os antecedentes desses debates, veja Odil Hannes Steck, "Zu Haggai 1:2-11", *ZAW* 83 (1971): 355-79; Rainer Albertz, *A History of Israelite Religion,* 2:451-56; e Miller e Hayes, *A History of Ancient Israel and Judah,* p. 512-13. Albertz sugere que Zorobabel, Ageu e Zacarias partiram antes que o templo fosse concluído e que as esperanças proféticas para Zorobabel criaram uma divisão entre as elites da Judeia, que atenuaram as aspirações políticas da profecia e marginalizaram socialmente esses grupos. Uma reação profética defendeu um reino renovado que se tornou mais "escatologizado" e desistoricizado. Miller e Hayes reconhecem três versões diferentes em Esdras 1—6 que atribuem a restauração do templo a combinações alternadas de Sesbazar, Zorobabel, Josué, Ageu e Zacarias.

três entidades a não desistirem do projeto (2:3-4), e ele o faz descrevendo as obras passadas de YHWH no êxodo (2:5) e as implicações futuras do seu projeto quando as nações trarão riqueza e prosperidade ao templo (2:7-9). Ao final dos quatro meses, a pedra fundamental do templo foi lançada e o leitor presume que o progresso continuaria. O livro termina transmitindo grande esperança de que Zorobabel terá um papel político fundamental na transformação de Jerusalém (2:20-23). Zorobabel era neto de Joaquim, rei de Judá exilado na Babilônia em 597, e bisneto de Josias (2Rs 23:25). Esse discurso espera que Zorobabel restaure a ligação com a dinastia davídica, revertendo a denúncia de Joaquim por Jeremias. O anel de sinete que YHWH rejeitou (Jr 22:24) torna-se um sinal de promessa para o neto de Joaquim. Zorobabel nunca se tornou rei e, na verdade, desaparece de cena muito rápida e silenciosamente, levando muitos estudiosos a especular que as esperanças de uma restauração da realeza davídica através de Zorobabel podem ter realmente levado Dario a removê-lo do cargo de governador.[3]

A maioria dos estudiosos aceita as datas em Ageu como dados históricos confiáveis para o início da reconstrução do templo e concomitantemente para a época do profeta. Existe um debate sobre quando o cronista de Ageu adicionou essas introduções aos discursos.[4] A esperança de um levante entre as nações que elevará Zorobabel a rei em 2:20-23 convence a maioria dos estudiosos a assumir que o livro foi produzido em um período relativamente próximo às datas do livro. Em ambos os casos, o material central dos discursos teria tomado forma no final do século 6 ou início do 5 a.C. O cronista de Ageu reuniu os relatos

---

[3] Albertz, *A History of Israelite Religion*, 2:453-54; Miller and Hayes, *A History of Ancient Israel and Judah*, p. 512-13.

[4] Alguns argumentam que a versão combinada de Ageu e Zacarias 1—8 foi publicada junto, perto da época da conclusão do templo em 515 a.C., por exemplo, Eric M. Meyers e Carol L. Meyers, *Zechariah 9—14: A New Translation with Introduction and Commentary*, AB 25C (Nova York: Doubleday, 1993), xl-vii; Mark J. Boda, *The Book of Zechariah*, NICOT (Grand Rapids: Eerdmans, 2016), p. 33. Outros, no entanto, apontam para evidências de que as introduções atribuídas ao cronista de Ageu em vários casos representam elementos introdutórios secundários inseridos em relatos de discurso que já teve apresentações. Veja Steck, "Zu Haggai", p. 355-57, 372-73; e Albertz, *A History of Israelite Religion*, 2:454-55. As datas nesses modelos poderiam ser um século depois de Ageu.

existentes sobre o profeta e os publicou junto com a primeira versão de Zacarias (veja Zc 1—8 a seguir).

A estrutura e o conteúdo de Ageu

Como já foi observado, as introduções não apenas fornecem um fluxo cronológico para o livro, mas também apresentam os parâmetros literários de pelo menos cinco discursos proféticos.[5] Os discursos de Ageu, vistos sincronicamente, progridem de palavras de admoestação para palavras de encorajamento, a palavras de esperança, à medida que as perspectivas de reconstrução do templo se tornam cada vez mais concretas.

Essa unidade inicial cria alguma confusão porque o cronista (1:1) nomeia Zorobabel e Josué como destinatários, mas a maioria dos comentaristas interpreta o povo como destinatário.[6] A estrutura retórica de 1:2-11 ajuda a resolver esse problema. O discurso combina os elementos formais de uma disputa e dois oráculos de julgamento com o objetivo retórico de convencer o governador (Zorobabel) e o sumo sacerdote (Josué) de que chegou a hora de reconstruir o templo.

O relato do discurso (1:2-11) funciona tematicamente como uma unidade retórica única, mas combina dois oráculos diferentes.

---

[5] Todas as notas cronológicas, exceto uma, funcionam como uma introdução ao que se segue: Ag 1:1 → 1:2-11; 2:1 → 2:2-9; 2:10 →2:11-19; e 2:20 → (2:21-23). Ageu 2:20 lista o mesmo dia que 2:10. Excepcionalmente, 1:15 conclui a resposta narrativa ao primeiro discurso de Ageu em 1:12-14.

[6] Eric M. Meyers e Carol L. Meyers, *Haggai, Zechariah 1—8: A New Translation with Introduction and Commentary*, AB 25B (Nova York: Double-day, 1987), p. 23; Hans Walter Wolff, *Haggai*, trad. Margaret Kohl (Mineápolis: Augsburg, 1988), p. 31-33; Martin Leuenberger, *Haggai*, HThKAT (Freiburg im Breisgau: Herder, 2015), p. 100-105. O problema das três fórmulas introdutórias diferentes que aparecem em 1:1, 2, 3 é frequentemente resolvido diacronicamente, mas poucos notam que as pessoas são abordadas na terceira pessoa em 1:2. A segunda pessoa do plural em 1:4 (e a questão das casas de fino acabamento) poderia na verdade pretender referir-se apenas a Zorobabel e Josué. O resultado dessa leitura é que 1:2 acusa o povo de resistir à reconstrução do templo, e que 1:3-4 desafiaria Zorobabel e Josué a reconhecerem que o fato de viverem em casas confortáveis aumenta o problema. Essa leitura explicaria porque são mencionadas "casas de fino acabamento" quando somente uma pequena percentagem de pessoas teria vivido em tais casas.

A unidade começa como um debate, expondo a tese que irá desafiar: "Este povo afirma: 'Ainda não chegou o tempo de reconstruir a casa de YHWH'" (1:2). A unidade retórica maior continua com uma fórmula palavra-evento (1:3) e duas fórmulas mensageiras (1:5, 7), que muitas vezes introduzem oráculos. Ambos os oráculos contêm um elemento retórico culminante. No entanto, as duas partes (1:3-6, 7-11) servem à agenda retórica mais ampla apresentada em 1:2, nomeadamente, para refutar o argumento de que o tempo para reconstruir o templo ainda não havia chegado.

O primeiro relato oracular (1:3-6) abre com uma fórmula palavra-evento, mas imediatamente apresenta uma pergunta retórica destinada a desafiar o status quo: "Acaso é tempo de vocês morarem em casas de fino acabamento, enquanto a minha casa continua destruída?" (1:4). Perguntas retóricas raramente precisam de resposta. Ao pedir aos seus ouvintes que considerassem o contraste entre as suas casas e a casa de YHWH, o profeta os acusa de negligência. O clímax desse primeiro relatório oracular deixa claro o ponto ao contrastar as casas bem acabadas com a dificuldade de sobrevivência. Os versículos 5-6 advertem os destinatários a olharem em volta e a observarem que a situação mal pode ser chamada de vida de subsistência. Ninguém tem o suficiente para comer ou beber. O vestuário é insuficiente contra as intempéries e os salários são demasiado baixos. A questão retórica de 1:4 paira no ar, essencialmente perguntando: "É tempo...?" "É tempo de vocês morarem em belas casas enquanto enfrentam uma batalha perdida para sobreviver?" Quem é esse grupo que mora em casas tão lindas? Escavações arqueológicas recentes tendem a confirmar a falta de grandes conjuntos habitacionais em Jerusalém no século 6 a.C., portanto, quem viveria nessas belas casas às quais 1:4 se refere? De acordo com 1:1 a palavra de YHWH foi entregue a Zorobabel e Josué. Sendo assim, então talvez Ageu não tenha recebido crédito suficiente por trabalhar como um agente de mudança que fala a verdade ao poder. Essas palavras pretendem abrir os olhos de quem tem recursos para o sofrimento da comunidade.

O segundo relato do oráculo (1:7-11) continua a conectar as dificuldades atuais com o estado do templo de YHWH (1:7-9). A unidade começa exigindo ação, e o clímax vem com o pronunciamento do julgamento após a palavra "por isso" (1:10), que desempenha um papel tão proeminente nos oráculos de julgamento. Em 1:10-11, YHWH anuncia uma seca onde a falta de chuva impede a terra de produzir. A questão é clara. O oráculo argumenta que o destino daqueles que vivem na área não mudará a menos e até que o templo seja reconstruído.

A segunda unidade datada do livro (1:12-15) narra a resposta de Zorobabel e Josué ao primeiro discurso de Ageu, mas é o único discurso em que o elemento cronológico (1:15) aparece na conclusão da unidade e não o início.[7] De qualquer forma, 1:12-14 narra a resposta positiva de Zorobabel e Josué ao discurso narrado em 1:2-11. O relatório credita a Zorobabel e Josué a obediência e ao remanescente do povo o temor de YHWH (1:12). Termina afirmando que o trabalho no templo havia começado apenas três semanas depois de Ageu ter proferido o seu discurso (1:14-15).[8]

A terceira unidade (2:1-9) abre cerca de um mês depois, no vigésimo primeiro dia do sétimo mês (2:1), dessa vez oferecendo mais palavras de encorajamento do que de advertência. O encorajamento reflete um cenário semelhante ao descrito no relato da reconstrução do templo em Esdras 3.[9] O enfoque em Ageu 2:1-9 exorta Zorobabel e Josué a não ficarem desapontados com o tamanho atual do templo (2:2-4) porque coisas maiores os aguarda (2:6-9). Esse discurso afirma que YHWH tem grandes planos para Jerusalém como um lugar para o qual todas as nações se voltarão e que as nações trarão grandes riquezas para o templo.

Os dois últimos relatos (2:10-19, 20-23) ocorrem no mesmo dia, o vigésimo quarto dia do nono mês de 520 a.C. O primeiro desses relatos diz respeito à purificação do novo edifício. Retrata um diálogo entre

---

[7] Durante anos, os estudiosos explicaram esse elemento cronológico como uma introdução a um discurso que havia sido perdido ou movido. Nos últimos anos, tal especulação deu lugar ao tratamento da fórmula da data em 1:15 como a conclusão de 1:12-14 (Nogalski, *Micah-Malachi*, p. 778).

[8] A data mencionada em 1:1 refere-se ao primeiro dia do sexto mês, enquanto 1:15 faz referência ao vigésimo quarto dia daquele mês.

[9] Esdras 3:10-13 descreve duas respostas muito diferentes à reconstrução inicial do templo. Um grupo alegrava-se quando o trabalho começou, enquanto outro grupo de habitantes idosos e líderes de cultos se lamentava.

Ageu, o povo e os sacerdotes, para lembrar ao povo que aquilo que é profano pode destruir o que é santo (2:12-13). A passagem aplica o governo sacerdotal ao povo (2:14) antes de narrar o lançamento da pedra fundamental, descrevendo o evento como o ponto de virada para o destino de Judá (2:15-19). Três coisas se destacam para a compreensão dessa passagem. Primeiro, vários estudos demonstram que o texto pressupõe a necessidade de um ritual de purificação.[10] Portanto, essa data pode muito bem marcar um evento significativo na preparação para a reconstrução do templo. Em segundo lugar, para a teologia de Ageu, essa data também marca um ponto de virada na situação econômica do país. Ageu espera que a reconstrução mude a situação econômica. Duas vezes o texto se refere ao que acontecerá "de hoje em diante" (2:15, 19). A reconstrução do templo não foi somente mais um projeto de edificação. Em vez disso, exigia pureza ritual de todos os envolvidos.

Terceiro, as evidências sugerem que 2:17, 19 têm sido atualizados para refletir uma linha editorial que percorre o Livro dos Doze, e não apenas o livro de Ageu. O texto de Ageu 2:17 cita o refrão de Amós 4:6-11 depois de relatar uma série de punições que incluem ferrugem, mofo e granizo: "'ainda assim vocês não se voltaram para mim', declara o SENHOR" (Am 4:6, 8, 9, 10, 11). Duas dessas punições, a praga e o mofo, também aparecem em Amós 4:9. A citação desses elementos específicos, no entanto, reflete mais provavelmente a escrita de um profeta escriba posterior, ligando Ageu com Amós. A situação presumida em Ageu 1 antecipa especificamente uma seca (1:11) como a causa do sofrimento presente, e embora a seca possa ser responsável pela praga em Ageu 2:17, o mofo e o granizo refletem os danos às colheitas que resultam quando a água está presente em maiores quantidades. A litania de punições em Amós 4:6-11 representa ações passadas tomadas por

---

[10] O espaço e as pessoas que trabalham nele devem ser purificados ritualmente para que o trabalho continue. A construção de templos no antigo Oriente Médio envolvia muitas vezes cerimônias rituais de purificação em pontos-chave ao longo do caminho, provavelmente inclusive no momento em que a pedra fundamental era lançada. Veja David L. Petersen, *Haggai and Zechariah 1—8*, OTL (Londres: SCM, 1984), p. 33, 71-85.

YHWH contra Israel, enquanto Ageu se concentra na ameaça contínua à produtividade da terra.

Uma frase foi acrescentada a Ageu 2:19 que se baseia na imagem da seca de Joel 1 em uma forma que é sintaticamente estranha e conceitualmente confusa. As traduções para o português suavizam as dificuldades, mas uma tradução literal de Ageu 2:19 ilustra o problema:

1. A semente ainda está no celeiro?
2. Ou a videira, ou a figueira, ou a romeira?
3. Ou a oliveira não deu frutos?
4. Mas, de hoje em diante, abençoarei vocês.

Esse versículo contém quatro linhas sintáticas, três das quais (linhas 1, 3 e 4) fluem juntas perfeitamente para apresentar o mesmo ponto retórico: a situação agrícola está mudando para melhor. A linha 2, porém, embora procure se adequar ao ponto retórico da unidade, cria dificuldades reais. Uma dessas dificuldades é disfarçada pela tendência das traduções atuais de usar palavras incorretas, como *celeiro* ou *armazém*, quando a palavra hebraica na linha 1 se refere a um poço subterrâneo para armazenar sementes e mantê-las secas até que possam ser plantadas. A pergunta retórica da linha 1 faz todo o sentido. Isso implica que a semente não está mais sendo armazenada, e sim plantada. O ponto retórico da linha 3 é semelhante: implica que a oliveira começou a dar frutos. O problema vem com a linha 2. Ninguém armazenaria uma videira, uma figueira ou uma romãzeira num poço subterrâneo de grãos. A linha 2 faz sentido como uma extensão da linha 3, o que muito provavelmente sugere que a linha 2 foi adicionada como uma glosa marginal e posteriormente copiada erroneamente antes da linha sobre a qual comentava. Mas por que um leitor estenderia a linha 3 com a videira, a figueira e a romãzeira? Aqueles que leem Ageu isoladamente explicam essa tríade como símbolos de fertilidade. Na verdade, essas três plantas aparecem juntas duas vezes na Torá para descrever a fertilidade da terra na qual Israel entrará (Nm 20:5; Dt 8:8). Aqueles que leem Ageu no conjunto dos Doze, entretanto, reconhecem os símbolos da fertilidade como parte de um fio literário contínuo que percorre o livro. Na verdade, o único outro lugar em que essas três plantas aparecem juntas em um único versículo é Joel 1:12, onde também aparecem precisamente nessa mesma ordem (videira, figueira e romãzeira). A importância dessa afirmação de fertilidade não deve ser perdida pelo leitor dos Doze ou Ageu. A passagem de Joel 1:12 lamenta o secamento dessas três plantas como sinais da maldição que se desencadeou pela desobediência à aliança.[11] Somente com a reconstrução purificada do templo a terra começará a se recuperar. Quando se entende essa linha de Ageu 2:19 como uma alusão a Joel, começa-se a compreender o duplo significado de Joel no Livro dos Doze. Funciona localmente, mostrando o confronto de YHWH com Judá e Jerusalém de uma maneira que retrata a disposição de YHWH em responder ao povo quando eles clamarem e em reverter a punição (Jl 2:12-14, 23-25). No entanto, Joel também funciona globalmente como o livro pelo qual passam praticamente todos os temas recorrentes do Livro dos Doze.[12] O paradigma que se desenrola em Joel repete-se essencialmente através dos Doze, e Ageu 2:19 desempenha um papel significativo ao evocar o paradigma de Joel. A mensagem já está presente em 2:19, mas o revisor que adicionou a sentença na linha 2 conectou essa promessa de fertilidade ao padrão mais amplo.

O cronista situa a unidade datada final (2:20-23) na mesma data de 2:10-19, concluindo o livro de Ageu com uma mensagem de esperança que reverte o castigo de Joaquim descrito em Jeremias 22:4. Ageu

[11] James D. Nogalski, "Presumptions of Covenant in Joel", in *Covenant in the Persian Period: From Genesis to Chronicles,* ed. Richard J. Bautch e Gary N. Knoppers (Lago Winona: Eisenbrauns, 2015), p. 211-28.

[12] Veja James D. Nogalski, "Joel as Literary Anchor in the Book of the Twelve", in *Reading and Hearing the Book of the Twelve,* ed. James D. Nogalski e Marvin A. Sweeney, Symposium Series 15 (Atlanta: Sociedade de Literatura Bíblica, 2000), p. 91-109. As imagens de Joel reaparecem em vários lugares dos Doze. Uma série de ataques de "gafanhotos" ocorre nos Doze na forma de exércitos estrangeiros que devoram o que outros gafanhotos deixaram (Jl 1:4; cf. Na 3:15; Hc 1:9; Ml 3:11). Imagens de infertilidade envolvendo os sinais da maldição da aliança através de listas de itens que são ameaçados e restaurados (vinho, videira e grãos ou a videira, figueira e romãzeira) acabam por dar lugar à esperança de que a fertilidade esteja retornando à terra usando imagens semelhantes (Jl 2:19-20; Hc 3:17-18; Ag 2:19; Zc 8:12; Ml 3:10-12).

2:20-23 pressupõe a mensagem de 2:10-19, uma vez que o cronista se refere especificamente aos versículos como a segunda vez que a palavra de YHWH veio a Ageu naquele dia (2:20). Esse dia foi importante porque 2:10-19 pressupõe que a pedra fundamental do templo foi colocada naquele momento. O conteúdo do discurso final de Ageu começa (2:21) citando 2:6, marcando a data como um ponto de virada significativo no qual as nações do mundo estão prestes a ser derrubadas. O versículo seguinte narra uma cena de batalha em que o exército que representa o "trono dos reinos" e os "reinos estrangeiros" serão aniquilados. Portanto, a promessa final de YHWH antecipa que Zorobabel será empossado como líder político (2:23).

Esse último versículo é notável por três razões. Primeiro, promete algo que nunca se concretiza. Embora incomum, o registro de profecias não cumpridas não é único na Bíblia hebraica.[13] Zorobabel desempenha um papel em Ageu e Zacarias, mas no final do livro ele não é encontrado em lugar nenhum. Tem sido frequentemente sugerido, em face do contexto nos primeiros anos do reinado de Dario, quando ele reprimiu uma série de revoltas, que as esperanças de Ageu por Zorobabel aqui em Zacarias 4:6-10 teriam deixado Dario nervoso e feito com que ele chamasse Zorobabel de volta à Pérsia (ou feito pior). Seja qual for o motivo, um rei davídico nunca retomou o trono em Jerusalém.

Em segundo lugar, Ageu 2:23 enquadra a sua promessa como uma reversão do julgamento contra Jeoaquim em Jeremias 22:24-27. O texto de Jeremias anuncia a remoção de Jeoaquim por YHWH como se removesse um anel de sinete de seu dedo. O anel de sinete (símbolo do poder real) é arrancado e enviado à Babilônia (22:26), para nunca mais retornar à terra. Por outro lado, Ageu 2:23 compara o neto de Jeoaquim, agora governador em Jerusalém, a um anel de sinete que YHWH "escolheu", um verbo que aparece no contexto da seleção de Davi como rei

[13] Para discussão das várias maneiras pelas quais as declarações proféticas sobre o futuro podem ser classificadas, veja J. J. M. Roberts, "A Christian Perspective on Prophetic Prediction", *Interpretation* 33 (1979): p. 240-53. Expectativas semelhantes para a futura liderança de Zorobabel aparecem em Zacarias 4:6-10, embora essa passagem se concentre mais explicitamente na conclusão da construção do templo por Zorobabel após o lançamento da pedra angular do templo.

por YHWH (Sl 78:20). Embora Ageu 2:23 não afirme especificamente que Zorobabel se tornará rei, o significado e a sutileza dessa alusão não devem ser esquecidos. Ao formular a promessa de tal forma, Ageu não apenas faz uma afirmação sobre o futuro (a imagem real usada para descrever Zorobabel), mas também sinaliza uma afirmação teológica importante para o presente (para o público de Ageu). Sinaliza o fim do tempo de punição.

Terceiro, para Ageu e aqueles que incluíram esses versículos no livro, a obediência de Zorobabel na reconstrução do templo sinalizou a expectativa de uma ordem mundial em mudança (2:21-22), uma ordem que veria um descendente de Davi retornar ao poder em consequência da derrubada das nações. O fato de que essa promessa resulta do seu papel no lançamento da pedra fundamental liga o templo a aspirações políticas. O papel proeminente dado a esse oráculo como a palavra final em Ageu sugere que tais esperanças de uma restauração da monarquia davídica mantiveram um apelo duradouro para aqueles que transmitiram Ageu. Essa esperança é atenuada para aqueles que leem o Livro dos Doze, especialmente no material encontrado em Zacarias 9—14.

Ageu dentro do Livro dos Doze

O papel de Ageu no Livro dos Doze destaca-se pela sua estrutura cronológica, pelo uso de textos anteriores e pela sua posição nos Doze. A estrutura cronológica em Ageu cria uma sensação de progressão em que os discursos individuais se tornam cada vez mais positivos. Os cinco relatórios datados destacam três eventos na vida de Yehud no início do período persa: um discurso inicial que atribui a Ageu a inspiração para a reconstrução do templo (1:2-11); o início efetivo da obra três semanas depois (1:14); e o dia em que a pedra fundamental foi lançada (2:10, 15, 20). Esses acontecimentos desenrolam-se num período de menos de quatro meses, de acordo com as introduções do cronista, criando assim uma impressão de mudanças rápidas.

Paralelamente a esses eventos, o papel de Ageu muda. Inicialmente confrontador, Ageu torna-se o exortador no comando e, finalmente, articula a esperança de uma nova dinâmica política. Enquanto 1:2-11 relata os meios pelos quais ele confrontou o povo, o governador e o sumo sacerdote para fazê-los começar a trabalhar no templo, as duas frases seguintes pressupõem uma mensagem de encorajamento face à resistência. Uma linha de resistência veio daqueles que estavam desanimados com o fato de esse templo começar como uma versão muito menor do que o templo anterior. Ageu exorta Zorobabel, Josué e o povo a pensar nas implicações a longo prazo (2:3-9). Ageu envolve os sacerdotes para garantir que as expectativas de pureza fossem levadas em conta durante a construção do templo (2:10-15), e ele elogia Zorobabel como um sinal de restauração política (2:20-23).

Ageu 2:10-19 e 2:20-23 exibem um estilo interpretativo que se baseia em outros textos para enquadrar sua mensagem. Especificamente, 2:17, 19 e 23 abordam Amós, Joel e Jeremias. Essas alusões ajudam a acentuar a sensação de mudança iminente. Ageu 2:17 e 2:19 utilizam Amós 4 e Joel 1 para evocar ameaças à fertilidade da terra que estava prestes a mudar. Ageu 2:23 alude e inverte o sinal de julgamento em Jeremias 22:24 ao afirmar que Zorobabel é como um anel de sinete que YHWH escolheu. Ageu comunica assim que o tempo de punição descrito por Jeremias terminou. Essa promessa se alinha bem com o chamado inicial ao arrependimento em Zacarias 1:2-6 e no relato da primeira visão de Zacarias (1:12-13) que também interpretam o tempo presente como o fim do castigo anunciado em Jeremias. É importante ressaltar que o discurso de abertura de Zacarias (1:1) se sobrepõe ao de Ageu, de modo que o relato de Zacarias sobre o arrependimento ajuda a explicar as mudanças antes dos dois últimos discursos de Ageu.

Finalmente, a localização de Ageu nos Doze desempenha um papel importante na estrutura dos Doze, particularmente em comparação com o rolo de Isaías. Conforme observado no capítulo sobre Isaías, este exibe uma clara mudança de cenário, embora continue a exibir uma certa progressão cronológica. Isaías 36—39 concentra-se nas consequências do cerco de Jerusalém por Senaqueribe (70 1 a.C.), enquanto o capítulo 40 presume uma série de discursos proferidos a um grupo de exilados na Babilônia logo após a derrota da Babilônia por Ciro (539 a.C.). Cronologicamente, essa lacuna cobre aproximadamente 160 anos. O Livro dos Doze apresenta uma lacuna cronológica semelhante, embora não seja tão longa. A introdução em Sofonias (1:1) coloca-o na época de Josias, algum tempo antes de sua morte e depois do início de suas reformas (622-609 a.C.). As introduções cronológicas em Ageu, que aparecem logo após Sofonias, começam bem especificamente no ano 520, ou cerca de 90 a 100 anos após a época da introdução de Sofonias. Essas lacunas são significativas para ambos os rolos, uma vez que o conteúdo pressupõe um pivô dramático do material profético que espera principalmente que o leitor presuma um cenário anterior à destruição de Jerusalém (Is 1—39; Oseias-Sofonias) antes de saltar num momento crucial para o início do período pós-exílico (a ascensão de Ciro e dos persas, permitindo que grupos de exilados retornassem a Judá em Isaías, e a reconstrução do templo na época de Dario I no Livro dos Doze). Portanto, nem Isaías nem os Doze dedicam qualquer espaço à experiência real da destruição de Jerusalém e à remoção de uma parte significativa da sua população de elite. Em contraste, Jeremias e Ezequiel concentram-se fortemente nos acontecimentos que envolveram a destruição de Jerusalém e o exílio de parte da população de Judá.[14]

Avaliados de uma perspectiva canônica, tanto o início quanto o fim da lacuna cronológica nos dois rolos destacam elementos importantes.

---

[14] Jeremias relata detalhadamente uma série de eventos que levaram à destruição de Jerusalém, incluindo confrontos com Jeoiaquim (Jr 25; 35—36) e Zedequias (Jr 37—38), narrativas paralelas da queda de Jerusalém (Jr 39; 52), bem como uma série de narrativas sobre as consequências da destruição de Jerusalém para o povo deixado para trás (Jr 40—44). Ezequiel registra os acontecimentos da perspectiva do exílio. O início do livro registra a visão do profeta cinco anos após a primeira deportação, depois de 597 a.C. (Ez 1:2), e Ezequiel está vivendo entre os exilados na Babilônia. Assim, os quatro manuscritos proféticos dos últimos Profetas podem ser agrupados em dois pares, com cada par fornecendo uma perspectiva histórica ligeiramente diferente. Os manuscritos de Isaías e dos Doze cobrem o século 8 até o período persa. O manuscrito de Isaías fala com a voz de um profeta nomeado, enquanto os Doze movem seus leitores através do mesmo período de tempo usando 12 vozes proféticas diferentes. Tanto Isaías quanto os Doze omitem qualquer narrativa da destruição de Jerusalém ou do exílio dos seus líderes. Na verdade, ambos os manuscritos contêm numerosas passagens que antecipam a destruição iminente de Jerusalém ou relembram os acontecimentos após a queda de Babilônia. Em contraste, Jeremias e Ezequiel dedicam muito tempo aos acontecimentos que envolveram a destruição de Jerusalém e a deportação do seu povo. Jeremias olha para esses acontecimentos principalmente através das lentes daqueles que permaneceram na terra, enquanto Ezequiel relata de fora da terra como um dos deportados.

A lacuna em Isaías começa com Ezequias, enquanto Sofonias se passa no reinado de Josias. O livro dos Reis apresenta todos os reis de Judá e Israel como tendo falhado. Além de Davi e Salomão, apenas Ezequias e Josias recebem crédito por instituir reformas que tentaram salvar Jerusalém de si mesma. Em outras palavras, no panteão dos reis de Judá, Ezequias e Josias se destacam. A outra extremidade da lacuna tanto em Isaías quanto nos Doze destaca momentos significativos para Judá no início do período persa. Isaías 40 começa depois que Ciro derrotou Babilônia.[15] Isaías atribui a Ciro a permissão para que os exilados judeus da Babilônia retornassem a Judá e Jerusalém. Os Doze abrem sua seção do período persa (Ageu, Zacarias e Malaquias) com relatos que documentam a reconstrução do templo quase 20 anos depois que os primeiros refugiados retornaram para Judá. Finalmente, embora ambos os manuscritos comecem retratando o período persa de forma bastante otimista, nem Isaías nem os Doze descrevem uma mudança utópica. Tanto os Doze quanto Isaías atestam conflitos que surgem de debates dentro da comunidade, bem como de ameaças externas. Assim, a trajetória temática de ambos, em certo sentido, apresenta uma tendência teológica de voltar ao ponto de partida do manuscrito. Diremos mais sobre este tópico quando tratarmos de Zacarias 9—14 e Malaquias.

Zacarias 1—8

O profeta e o livro

Os estudiosos do livro há muito têm reconhecido que Zacarias 9—14 vem de uma época muito posterior e passou por uma história composicional consideravelmente diferente dos capítulos 1—8. Por essa razão, Zacarias será tratado em duas partes. Zacarias 1—8 compartilha um cenário histórico com Ageu, considerando que as fórmulas de datação (1:1, 7; 7:1) situam 1—8 no segundo e quarto anos de Dario (520 e 518 a.C.). As três datas em Zacarias 1—8 também representam

[15] Isaías 40 começa com a decisão de YHWH de acabar com a punição de Jerusalém e de criar um caminho para o retorno dos exilados. Ciro é apresentado como o novo rei servo de YHWH, cumprindo as ordens de YHWH para reconstruir Jerusalém (Is 44:28; 45:1-6).

uma parte fundamental da evidência de que Zacarias 1—8 foi publicado junto com Ageu (1:1, 15; 2:1, 10, 20). A data do primeiro discurso de Zacarias precede os dois últimos discursos de Ageu em cerca de um mês e se ajusta bem à progressão em Ageu (veja discussão de 1:1-6). Ambos os profetas também estão associados à reconstrução do templo em escritos posteriores (Ed 3—6; 1Esdras 6:1-3; 7:1-6).

Com relação à questão da autoria de Zacarias 1—8, é importante reconhecer que cada uma das três seções principais de 1—8 começa com uma nota cronológica (1:1, 7; 7:1) introduzindo uma nova composição. As três introduções são frequentemente associadas ao editor que combinou Ageu e Zacarias 1—8 em uma única coleção orientada cronologicamente.[16]

Embora alguns assumam que a primeira unidade (1:2-6) vem do profeta que dá nome ao livro, vários estudiosos agora atribuem 1:2-6 ao editor que combinou Ageu e Zacarias.[17] Esses estudiosos observam semelhanças estilísticas em 1:2-6 com recitações em forma de sermões e porções dos capítulos 7—8 (e.g., 7:7-14; 8:14-17, 19b). Eles também apontam que o ciclo da visão pressupõe o tema do arrependimento que domina 1:2-6. Zacarias 1:1 data o discurso no oitavo mês (mas não fornece um dia específico), então Zacarias 1:2-6 precede os dois últimos discursos de Ageu, uma vez que Ageu 2:10, 20 refere-se ao vigésimo quarto dia do nono mês. É importante ressaltar que 1:2-6 transmite um ponto teológico de viragem muito importante ao narrar o arrependimento do povo em resposta ao sermão do profeta (1:6). Essa mudança do povo coincide com a preocupação de Ageu por pureza e uma nova figura real, ajudando a explicar a inclusão de Zacarias 1:2-6 em sua localização atual, quer tenha sido composto ou não como parte do processo que conectou Zacarias 1—8 e Ageu.

A seção maior de Zacarias 1—8 (1:7—6:15) contém oito relatos de visões. Começa com a introdução de 1:7, estabelecendo as visões dois a três meses depois da unidade de abertura. Essa introdução vem do

[16] Veja Petersen, *Haggai and Zechariah 1—8*, p. 110-25. Petersen refere-se a essas três seções do livro como o "prólogo", "as visões" e "os oráculos".

[17] Veja Petersen, *Haggai and Zechariah 1—8*, p. 110; Martin Hallaschka, *Haggai and Zechariah 1—8*, BZAW 411 (Berlim: de Gruyter, 2010), p. 150.

editor que juntou o ciclo de visão aos textos introdutórios de 1:1-7. O ciclo de visão provavelmente circulou sozinho antes de ser unido aos outros dois blocos composicionais de Zacarias 1—8 (1:1-6; 7:1—8:23). O ciclo de oito visões tem um alto grau de discurso em primeira pessoa, relatórios de visão estilizados e comentários editoriais sobre as próprias visões. As promessas a Josué (3:1-10) e Zorobabel (4:6-10) retratam--nos como o sumo sacerdote e o chefe político do novo templo. A maioria dos estudiosos atribui a coleção inicial das visões ao profeta que deu nome ao livro, ou a alguém próximo a ele.

O bloco de composição final aparece em 7:1—8:23 e é melhor classificado como uma antologia otimista de falas atribuídas ao profeta Zacarias. Os ditos curtos diferem estilisticamente dos relatos de visão. Um compilador organizou os ditos tematicamente para desafiar o público do profeta a refletir sobre o passado (7:1-14), a ouvir promessas sobre o futuro de Jerusalém (8:1-13) e a exortar a geração presente a se comportar de maneira diferente dos seus ancestrais (8:14-23). Em um caso (8:9), o texto refere-se a eventos mencionados em Ageu (2:17) e aos relatos das visões (4:9). Não se pode saber com certeza se as palavras realmente são originárias do profeta, mas as fórmulas introdutórias transmitem essa impressão, visto que muitas se referem a Zacarias pelo nome (7:1, 8) ou a "mim" (7:4; 8:1, 18, veja a discussão sobre estrutura e composição a seguir). Deve- se notar também que essa antologia se apresenta como uma mensagem para a comunidade dois anos após o início do projeto de construção do templo (7:1). Os capítulos 7—8 incentivam essencialmente a comunidade a continuar reconstruindo o templo e restabelecendo a obediência às instruções éticas de YHWH.

A estrutura e composição de Zacarias

Zacarias 1:1-6: O povo se arrepende

A primeira unidade composicional em Zacarias contém o primeiro dos três inícios que aparecem em ordem cronológica (1:1, 7; 7:1), seguido por um relato e resposta do sermão (1:2-6). As três aberturas fornecem uma estrutura cronológica para Zacarias 1—8 que se sobrepõem às introduções cronológicas de estilo semelhante em Ageu. Os dois profetas foram contemporâneos e os dois livros provavelmente foram editados juntos.

Zacarias 1:2-6 relata um chamado ao arrependimento (1:2-6a) e a resposta positiva do povo (1:6b). O sermão começa com uma declaração de que os ancestrais do povo irritaram YHWH (1:2), causando a situação presente. YHWH convida a geração presente a retornar (1:3), um convite que continua através da *via negativa* em 1:4-6a, relembrando o destino dos ancestrais que rejeitaram a um chamado semelhante. O chamamento assume que a situação presente é ruim, mas não diz o porquê (sugerindo que o leitor preencha a lacuna com base em Ageu). Finalmente, 1:6b relata de forma explícita que aquela geração respondeu positivamente. A resposta positiva explícita é incomum nos apelos ao arrependimento na literatura profética, principalmente no Livro dos Doze.[18]

Zacarias 1:7—6:14: O ciclo da visão

Esse ciclo de visão, também chamado de visões noturnas de Zacarias, levanta questões relativas à sua composição, à sua relação com a estrutura cronológica e ao(s) seu(s) cenário(s) original(is). O ciclo de visão contém oito relatos que se desenrolam como conversas entre o profeta e um mensageiro mediador. Esses relatos repetem quatro elementos: uma descrição da imagem, uma ou mais perguntas do profeta, uma explicação da imagem e um oráculo profético. As imagens que o profeta vê nessas oito visões incluem um homem a cavalo dirigindo-se aos que patrulham a terra (1:8-10), quatro chifres (1:18), quatro artesãos (1:20), um homem com um linha de medir (2:1), o sumo sacerdote Josué (3:1), um candelabro com sete taças (4:2), um pergaminho voador (5:1-2), um cesto (*efa*) com uma mulher dentro (5:5-7), duas

---

[18] Oseias 14 e Joel 1—2 apresentam apelos estendidos primeiro a Israel e depois a Judá no Livro dos Doze, mas nenhum deles narra uma resposta explícita. Por outro lado, Amós 4:6-11 lista uma série de oportunidades para Israel retornar a YHWH, aquelas em que eles falharam em fazê-lo. Em Malaquias 3:7, um chamado para "voltar" é recebido com uma alegação de ignorância. A resposta em Zacarias 1:6 aumenta as expectativas de um resultado positivo, e essa esperança continua em grande parte ao longo de Zacarias 1—8.

mulheres que voam com o cesto (5:9) e quatro carruagens e cavalos que patrulham a terra (6:1-3).[19]

O significado das imagens

Esse conjunto de imagens parece estranho à primeira vista, mas pistas interpretativas sugerem que essas visões retratam como Jerusalém deveria ser habitada e a sua política estruturada. Os cavalos e cavaleiros da primeira e da última visão patrulham a terra a mando de YHWH para mantê-lo informado e cumprir suas ordens.

A primeira visão (1:8-17) declara que o mundo está em repouso e que o castigo de Jerusalém terminou. Os quatro chifres e os quatro artesãos da segunda visão (1:18-21 [Hebr. 2:1-4]) relacionam-se simbolicamente com a punição das nações estrangeiras que espalharam Judá, Israel e Jerusalém entre as nações (1:19 [TM 2:2]) e a reconstrução que deve então ocorrer (1:21 [Hebr. 2:4]). Discussões recentes sobre chifres e artesãos na segunda visão interpretam os chifres como poderes políticos porque espalharam o povo de YHWH entre as nações. Da mesma forma, a palavra *artesãos* é entendida aqui porque a palavra hebraica (*ḥārāšîm*) refere-se a artesãos que trabalham em madeira (2Sm 5:11; 2Rs 12:12; 22:6), pedra (Êx 28:11; 2Sm 5: 11; 1Cr 14:11) e vários metais (1Sm 13:19; 2Cr 34:11).[20]

O profeta vê uma linha de medição na terceira visão (2:1-4 [Hebr. 2:5-8]), que simboliza a necessidade de reconstruir Jerusalém. A visão promete que Jerusalém será maior do que antes por causa de todas as

[19] Para saber a relação desses relatos de visão com os de Amós, Jeremias e Ezequiel, veja Boda, *Zechariah*, p. 90-100.

[20] Alguns estudiosos interpretam os quatro chifres no contexto de um ambiente de culto por causa de textos fora de Zacarias que se referem aos chifres do altar, mas esse raciocínio cria outros problemas porque os altares não dispersam as nações. Boda basicamente concorda que os chifres representam poderes políticos, mas interpreta os quatro chifres como dois bois e os *ḥārāčîm* como agricultores (aradores). A sua sugestão é criativa, porém uma vez que ele tem de renomear o *ḥārāčîm* para *ḥōrečîm* a fim de traduzir a palavra como *agricultores*, deve-se aconselhar cautela. Veja Boda, Zacarias, p. 163-64. A sugestão de Boda demonstra um possível duplo sentido, pois o texto consonantal pode ser lido de qualquer maneira. Não explica o fato de a comunidade responsável pela indicação do TM não ter lido o texto dessa forma.

pessoas que retornarão. As promessas continuam no material oracular que se segue (2:5-9 [Hebr. 2:9-13]) quando YHWH declara que defenderá Jerusalém como um muro de fogo e dentro dela serei a sua glória (2:5). Também antecipa que as nações serão punidas (2:8-9 [Hebr. 2:12-13]) e que ficarão maravilhadas com Jerusalém (2:11 [Hebr. 2:15]). Esse material oracular relaciona-se tematicamente tanto com a segunda quanto com a terceira visão do relato.

A narrativa da quarta visão (3:1-10) se desvia do padrão das visões discutidas acima. O profeta relata ter visto Josué, o sumo sacerdote, e não um item simbólico. A quarta visão também não usa um estilo de perguntas e respostas como as outras visões. Descreve a comissão de Josué como sumo sacerdote.[21] A passagem também espera um reaparecimento do "Renovo", um termo que se baseia em Jeremias 23:5 e 33:15 para se referir a um descendente davídico que governará Jerusalém. A imagem se refere a Zorobabel, neto de Jeoaquim.[22] Por conseguinte, a quarta visão antecipa um papel de liderança tanto para uma autoridade civil como para uma autoridade religiosa, mas a reinstituição de um descendente davídico nunca se materializou no período do Segundo Templo. Os persas continuaram a nomear governadores, mas depois de Zorobabel nenhum descendente davídico desempenhou esse papel. Bem ao contrário, as tradições bíblicas apresentam Esdras e Neemias como os líderes cívicos do século 5, mas nenhum deles era descendente de Davi.[23]

O relato da quinta visão (4:1-14) retoma o padrão com o reaparecimento do mensageiro mediador, uma descrição dos itens visualizados (um candelabro de ouro e duas oliveiras) e num formato de perguntas e respostas como parte do próprio relatório de visão formal (4:1-5). O relato precede dois oráculos, um honrando Zorobabel (4:6-7) e outro

---

[21] A cena envolve um tribunal em que YHWH repreende o acusador (3:2) e o conselho celestial reveste Josué com vestes sacerdotais (3:3-5), seguido por uma advertência a Josué de que seu acesso ao reino celestial permanece na dependência de ele seguir os comandos de YHWH (3:6-7). Veja Boda, *Zechariah*, p. 226-262.

[22] Veja a discussão anterior de Ageu 2:20-23 e Boda, *Zechariah*, p. 253-55, 382-86.

[23] Os descendentes davídicos continuaram a existir como um grupo reconhecível. Veja Meyers e Meyers, *Haggai, Zechariah 1—8*, p. 13-18 (especialmente o gráfico da p. 14).

afirmando que verá o templo concluído (4:8-10a). Contém também uma explicação do significado do candelabro e das oliveiras (4:10b-14). Esse quinto relatório de visão e o oráculo que o permeia estão intimamente ligados ao quarto, que se concentra na liderança do sumo sacerdote Josué. Tomadas em conjunto, essas duas visões pressupõem uma liderança civil e religiosa para Jerusalém, que destaca o papel do sacerdócio zadoquita e de um descendente davídico. Assim, as três primeiras visões estabelecem as bases para a restauração da glória de Jerusalém, e as visões quatro e cinco endossam um modelo de liderança para Jerusalém que reconhece os sacerdotes zadoquitas e um representante da linhagem de Davi. Os dois relatórios seguintes de visão tratam das expectativas da sociedade em geral nessa Jerusalém reconstruída.

Na sexta visão (5:1-4), o profeta vê um pergaminho voador que ameaça com uma maldição sobre a terra enviada a qualquer um que roubar ou der falso testemunho (5:3) ou que jurar falsamente pelo nome de YHWH (5:4). Essa visão ameaça aqueles que desconsideram as expectativas éticas de YHWH para a comunidade.

O relato da sétima visão (5:5-11) diz respeito à remoção da maldade da terra. O profeta vê uma cesta (com a palavra hebraica indicando uma cesta do tamanho de um alqueire). Ele também vê uma mulher dentro do cesto coberto com uma tampa de metal (5:9), e dois seres femininos alados a levam para Sinar (outro nome para Babilônia; veja Gn 10:10). Segundo as palavras do mensageiro ao profeta, ela representa a "maldade" (5:8) que é banida da terra. A sexta e a sétima visões trabalham juntas para delinear o comportamento adequado, ameaçando com uma maldição a casa daqueles que não correspondem às expectativas de YHWH, ao mesmo tempo removendo a maldade da terra.

Na visão final (6:1—8), os quatro carros e seus cavalos representando os quatro ventos do céu (6:5) são enviados novamente para patrulhar a terra, mesmo quando a terra no norte é descrita como estando em repouso no espírito de YHWH (6:8). O oráculo final (6:9-15) que segue a visão retrata a coroação do sumo sacerdote Josué. Essa investidura levanta inúmeras questões devido a problemas críticos do texto (nomeadamente o TM tem uma palavra plural para coroas em 6:11) e ao fato de Zorobabel não ser mencionado nesses versículos.

Alguns estudiosos argumentam que as visões foram compostas individualmente ao longo de um período de 20 anos durante a vida do profeta.[24] A maioria, entretanto, interpreta o bloco como uma série de visões que ocorreram em uma única noite.[25] A última opção parece ser a leitura mais lógica, considerando que 1:7 lista apenas uma data (o vigésimo quarto dia do décimo primeiro mês do segundo ano de Dario). Igualmente importante é que o desenvolvimento temático e o reaparecimento dos cavalos e mensageiros que patrulham a terra ligam a oitava visão à primeira e exibem uma coesão conceitual geral, embora os oráculos expandam periodicamente o relatório da visão. As três primeiras narram a decisão de YHWH de reconstruir Jerusalém e punir as nações que se aproveitaram de sua devastação. As visões quatro e cinco retratam Josué e Zorobabel como os líderes sacerdotais e civis responsáveis pelo governo de Judá e Jerusalém. As visões seis e sete apresentam a purificação do povo e da terra. Finalmente, a oitava visão reitera o controle de YHWH sobre os céus e a terra. Definir essas visões no segundo ano de Dario coloca esses retratos em estreita proximidade com a construção do templo (o tema principal de Ageu), mas apenas a quinta visão foca explicitamente na fundação do templo (4:9). Os relatos da visão, ao contrário, tratam do destino e da política de Jerusalém e Judá. Retratam dois líderes designados por YHWH: o sumo sacerdote Josué, que foi purificado em uma cerimônia celestial, e um descendente de Davi na pessoa de Zorobabel, que atua como governador nomeado pela Pérsia. Essas visões aparecem após o arrependimento do povo, cerca de três meses antes (1:2-6), e cerca de dois anos antes da antologia de discursos datados do quarto ano de Dario que começa em 7:1.

---

[24] Mais notavelmente, Kurt Galling, "Die Exilswende in der Sicht des Propheten Sacharja", *VT* 2 (1952): p. 18-36. Galling encontra três cenários para as visões: o tempo da queda da Babilônia, o tempo pouco antes da construção do templo, e o tempo mencionado em 1:7, apenas alguns meses após a pedra fundamental ter sido colocada (de acordo com Ag 2:10-23). Galling também nota uma progressão na sequência das visões que é mais temática do que cronológica.

[25] Petersen, *Haggai and Zechariah 1—8*, p. 111-12.

Zacarias 7:1—8:23: Um fim para o jejum

O terceiro bloco composicional consiste em uma série de pequenos ditos organizados tematicamente como uma antologia de discursos proféticos com finalidade retórica. Uma narrativa que envolve uma pergunta (7:3) e uma resposta (7:4-5; 8:18-19) enquadra essa coleção. Esse formato de perguntas e respostas cria assim um envelope em torno de uma série de ditos, apresentando assim esses versículos como um único "evento". Esse bloco final começa com a terceira introdução de Zacarias 1—8 (7:1), que data o "evento" aproximadamente dois anos após a data de início do ciclo de visão. Dentro desse quadro, as unidades mudam de tema, mas como grupo resumem a mensagem do profeta. As unidades geralmente começam com uma fórmula palavra-evento ("a palavra de YHWH veio a" ... em 7:1, 8; 8:1, 18) ou uma fórmula mensageira ("assim diz YHWH", em 7:9; 8:2, 3, 4, 6, 7, 9, 14, 19, 20, 23). Os capítulos 7—8 apresentam, portanto, uma colagem de frases e discursos curtos.

O propósito da coleção não deriva de um argumento retórico linear, mas de dois outros fatores: o quadro que inicia e termina a coleção (7:1-3; 8:18-19), indicando que o tempo de jejum acabou, e a ênfase que vem da repetição temática. A maioria das unidades menores progride através da repetição temática e/ou lexical interligada:

7:1-3	Acabou o tempo de jejum?
7:4-7	Por quem vocês estavam jejuando?
7:8-14	Os motivos da punição derivavam da falha em julgar com justiça e verdade ou de agir com bondade e misericórdia (7:9) e no desrespeito à lei e às palavras de YHWH (7:12).
8:1-2	Estou me consumindo de ciúmes por ela [Sião].
8:3	Estou voltando para Sião e habitarei em Jerusalém.
8:4-5	A população de Jerusalém terá vida longa.
8:6	Haverá benefícios para o restante do povo.
8:7-8	Os exilados retornarão do oriente para Jerusalém.

8:9-13	Mudanças positivas em Jerusalém começaram com o lançamento da pedra angular; considerar o passado, o presente e o futuro.
8:14-17	Falem somente a verdade e julguem retamente, e YHWH fará o bem a Jerusalém.
8:18-19	Os tempos de jejum serão transformados em alegria.
8:20-22	Muitas nações virão a Jerusalém para buscar o favor de YHWH.
8:23	Dez estrangeiros se unirão a cada judeu por causa do Deus de Judá.

Esses dois capítulos, marcados por 13 fórmulas introdutórias, apresentam certo desenvolvimento lógico por meio da repetição e concatenação de palavras-chave. Estas desempenham um papel crítico no enquadramento de 7:1—8:19. Uma delegação de Betel pergunta ao profeta se o tempo de jejum do quinto mês acabou ou não (7:1-3), mas a resposta a essa pergunta é adiada até 8:19, quando o profeta anuncia que o jejum não se tornará alegria não apenas no quinto mês, mas também no sétimo e no décimo mês. Entre essa pergunta e a resposta, aparecem três grupos temáticos que esclarecem as razões pelas quais o povo está jejuando (7:4-14), a decisão de YHWH de retornar a Jerusalém e seus benefícios para a população remanescente (8:1-13), bem como a exortação para viver de acordo com as expectativas de YHWH (8:14-17).

O conteúdo dos capítulos 7—8 também se desenvolve tematicamente. Na seção central, o zelo de YHWH por Sião (8:2) leva à decisão de YHWH de retornar a Jerusalém (8:3), o que por sua vez conduz a uma série de promessas que descrevem como Jerusalém será beneficiada (8:4-7), assim como uma reminiscência de que as coisas começaram a mudar para melhor assim que o alicerce do templo foi lançado (8:9-13). O final desses capítulos remonta duas vezes ao início para efeito retórico. Primeiro, a reminiscência histórica inicial atribuiu a punição de YHWH à incapacidade do povo de julgar com justiça e verdade (cf. 7:9), mas após a decisão de YHWH de retornar (8:2-3), o profeta relata o desejo de YHWH de fazer o bem à casa de Judá (8:14-15) e adverte o povo a não fazer o que os seus antepassados fizeram, principalmente julgar com justiça e verdade (8:16). Segundo, como já foi observado, 8:18-19 responde à questão do jejum feita pela delegação de Betel em 7:1-3.

Os dois últimos ditos (8:20-22, 23) a princípio parecem menos ligados ao desenvolvimento temático mais amplo de 7:1—8:19. Essas duas unidades antecipam um relacionamento positivo com os povos do mundo. Oferecem uma promessa mais distante para a glória de Jerusalém que pressupõe a continuação do bem que YHWH faz a ela. Nesse sentido, eles pressupõem o conhecimento do leitor sobre 7:1—8:19 e expandem as promessas para incluir nações estrangeiras vindo a Jerusalém para aprender os caminhos de YHWH, um tópico que apareceu após a quarta visão (2:11).

Zacarias 9—14

Autoria

A questão sobre a autoria de Zacarias 9—14 tem criado debates muito antes de a análise crítica moderna levar a sério esses capítulos. Intérpretes anteriores ficaram intrigados com o fato de Mateus 27:9-10 citar Zacarias 11:12-13, mas ele atribui erroneamente a citação a Jeremias. Tal citação equivocada criou algum nível de suspeita entre os primeiros exegetas cristãos que continuou no período crítico.[26] Desde então, um consenso amplo (mas não uniforme) atribui os capítulos 9—14 a um autor diferente e posterior ao escritor dos capítulos 1—8. Três razões recorrentes são tipicamente citadas: os inícios em 9:1 e 12:1 (junto com Ml 1:1) começam em blocos separados; o tom cada vez mais pessimista encontrado nos capítulos 9—14 entra em conflito com a mensagem otimista de 1—8; e as perspectivas escatológicas alteradas de 9—14 têm seus paralelos mais próximos em textos mais tardios.

As introduções de Zacarias 9:1; 12:1; e Malaquias 1:1 sinalizam novas seções e correspondem a grandes mudanças temáticas no material

[26] Veja Andrew E. Hill, "Dating Second Zachariah: A Linguistic Reexamination", *Hebrew Annual Review* 6 (1982): p. 105-34; e Boda, *Zacarias*, p. 33-34.

adjacente. Essas introduções usam uma frase altamente incomum que ocorre apenas nestes três textos: *maśśā' debar yhwh* ("Um oráculo. A palavra de YHWH..."). Na verdade, o título funciona de forma diferente em cada um desses blocos.[27] No entanto, os títulos idênticos iniciam as três últimas seções do Livro dos Doze e sugerem que as deliberações editoriais criaram tais títulos. Por uma série de razões, o título de Malaquias provavelmente existiu primeiro e foi imitado por Zacarias 9:1 e 12:1 quando eles foram inseridos entre Zacarias 1—8 e Malaquias no processo de fechamento do Livro dos Doze.[28]

O tom cada vez mais pessimista em Zacarias 9—14 torna difícil atribuir esses capítulos ao mesmo autor, editor ou ambiente daqueles que transmitiram os capítulos 1—8. Nos capítulos 1—8, YHWH está no comando e ameaça punir as nações, mas a terra está em repouso. Quando a sequência dos capítulos 9—14 começam, YHWH assume uma posição defensiva para proteger a terra como um escudo (Zc 9), os gregos atacam Judá e Efraim (9:12-13), e ainda assim Judá e Efraim se dividem (11:4-17). Nos capítulos 12—14, o relacionamento de Judá com Jerusalém é problematizado (12:5-8) e a liderança de Jerusalém deve lamentar, incluindo a casa de Davi, o profeta Natã (12:12) e os levitas (12:13). Esses grupos devem passar por uma limpeza ritual começando pela casa de Davi (13:1-2) e (implicitamente) pelos sacerdotes (13:2). Os profetas sofrerão um castigo ainda mais forte ao serem removidos da terra (13:3-6). Finalmente, ao contrário do cenário pacífico das visões noturnas, a paz não pode ser encontrada em parte alguma. Em verdade, as nações atacam Jerusalém e Judá (12; 14), e apenas alguns em Jerusalém sobreviverão (14:2). No entanto, Jerusalém será estabelecida como a cidade de YHWH (14:8-9), e as nações serão punidas (14:12-15; cf.

[27] Em 9:1, muitos estudiosos e tradutores separam *maśśā'* e tratam "a palavra de YHWH" como o início sintático do primeiro oráculo. Em contraste, em 12:1 nem *maśśā'* nem "palavra de YHWH" estão sintaticamente conectadas ao que se segue, mas funcionam verdadeiramente como um título. Ml 1:1 também opera como título, mas acrescenta um nome e um tópico ao introdução: "Um oráculo. A palavra de YHWH a respeito de Israel pela mão de Malaquias". O nome hebraico *Malaquias* significa "meu mensageiro" e é frequentemente considerado um nome derivado de 3:1: "Eis que vos envio o meu mensageiro..."

[28] Veja a discussão sobre modelos composicionais a seguir.

14:16-19). A ascensão de Jerusalém só acontece depois de ser tomada e saqueada. Suas mulheres são estupradas e seus cidadãos exilados no dia de YHWH (14:1-2). Depois disso, YHWH intervirá em nome de Jerusalém (14:3-9), a cidade e Judá serão purificadas (14:20-21).

A partir da descrição anterior, claramente as perspectivas escatológicas de 9—14 diferem daquelas de 1—8. Os capítulos 1—8 veem o momento atual como um ponto crucial de mudança, quando YHWH agirá para reconstruir e repovoar Jerusalém e também para punir as nações que infligiram dor a Jerusalém e Judá. YHWH assume o controle do momento porque o mundo está em repouso e os 70 anos de castigo terminaram (1:12; 7:5). Por outro lado, os capítulos 9—14 pressupõem que a era atual é uma época de perigo por parte de inimigos internos e externos. Esses capítulos antecipam que um dia iminente de YHWH será necessário para purificar Jerusalém e Judá.

Estudiosos dos séculos 19 e 20 demonstraram os meios pelo qual os capítulos 9—14 baseiam-se em outros textos proféticos escritos. E por essa razão, muitos estudiosos agora classificam Zacarias 9—14 como profecia dos escribas. Em outras palavras, esses capítulos não derivam de contextos orais, mas representam textos literários que se baseiam na tradição profética existente para atualizar a mensagem para uma nova geração. Entre os muitos trabalhos que articulam tal pressuposto, quatro merecem destaque especial pelas suas contribuições ou pelas questões que levantam.

Rex Mason representa um ponto de virada no estudo de Zacarias 9—14 e na sua reutilização de textos anteriores.[29] Mason dedica uma energia considerável para documentar tanto os lugares onde a tradição profética anterior foi utilizada quanto as maneiras criativas como essas tradições foram alteradas para seu contexto em Zacarias 9—14.

Nicholas Tai oferece uma análise histórica sistemática da tradição de Zacarias 9—14 que documenta como os materiais proféticos nos

---

[29] A dissertação de Mason de 1972 foi publicada tardiamente, com ensaios avaliando sua importância. Veja Rex Mason, "The Use of Earlier Biblical Material in Zechariah 9—14: A Study in Inner Biblical Exegesis", in *Bringing out the Treasure: Inner Biblical Allusion in Zechariah 9—14*, ed. Mark J. Boda, JSOTSup 370 (Sheffield: Sheffield Academic, 2003), p. 3-208.

capítulos 9—13 se baseiam de modo forte e distinto em Jeremias e Ezequiel.[30] Ao mesmo tempo, Tai observa que os textos em 9—13 tratam as duas tradições proféticas de forma diferente. Embora se baseie em ambos, o autor tem a propensão para se inspirar em Jeremias sem alterar o conteúdo do texto de origem, enquanto ele tende a mudar o conteúdo ao se inspirar em Ezequiel.[31] Assim, alguns textos que se baseiam nas imagens de Ezequiel criticam a mensagem de Ezequiel (como quando Zc 11:4-16 inverte Ez 34 e 37), mas uma passagem (Zc 12:9—13:6) baseia-se conceitualmente em Ezequiel sem alterar o conteúdo. Infelizmente, Tai equipara essa tendência à agenda redacional e atribui Zacarias 12:9—13:6 a um autor diferente. Ele não considera seriamente a possibilidade de um editor discordar dos textos de Ezequiel em duas questões específicas (a restauração da linhagem davídica e a reunificação do território do norte com Judá), deixando ao mesmo tempo outros aspectos da tradição de Ezequiel (e.g., pureza), inalterada, como aconteceu com Jeremias. Nicholas Tai também argumenta que Zacarias 14 não toma emprestado nem de Jeremias nem de Ezequiel e, portanto, ele o atribui a uma mão posterior, aquela que conectou Zacarias 9—13 + 14 ao livro de Zacarias.

Recentemente, Mark Boda argumenta de forma convincente que tanto Zacarias 1—8 quanto 9—14 se baseiam em outros textos.[32] Boda também observa corretamente que os cenários históricos refletidos nos vários textos em 9—14 demonstram um público diferente de 1—8 e refletem leituras posteriores.[33] As duas seções são muito diversas para

---

[30] Nicholas Ho Fai Tai, *Prophetie als Schriftauslegung in Sacharja 9—14: Traditions und kompositionsgeschichtliche Studien*, Calwer Theologische Monographien 17 (Stuttgart: Calwer, 1996).

[31] Tai, *Prophetie*, p. 280-84.

[32] Veja Boda, *Zechariah*, 39—41. Boda observa que ambas as seções se baseiam em textos e tradições da Torá, dos Antigos Profetas e especialmente dos Últimos Profetas. As diferenças entre os cenários presumidos e as agendas teológicas de 1—8 e 9—14 argumentam contra as datas iniciais que Boda sugere (veja ibid., p. 31-37).

[33] Boda, *Zechariah*, p. 37. Menos clara é a afirmação de Boda de que as perspectivas teológicas das várias seções operam em estreita proximidade com a agenda política de Neemias.

explicar a dependência de outros textos como sinais de um único autor tanto para 1—8 quanto para 9—14.

Agrupamentos temáticos claros, relativos ao assunto dos materiais proféticos, aparecem em Zacarias 9—14. Esses agrupamentos incluem as nações (9; 12; e 14), Efraim e Judá (9:12-13; 10-11), Jerusalém e Judá (12—14) e o dia de YHWH (12 e 14). Paul Redditt demonstrou como os textos pastorais nos capítulos 9—14 conectam vários dos blocos composicionais maiores dentro dos capítulos 9—14.[34] O que torna os textos pastorais incomuns é que o movimento ideológico dos blocos individuais muda à medida em que se lê os capítulos. Por exemplo, Efraim e Judá começaram como aliados (9:12-13), mas no final do capítulo 11 eles se separaram de forma irreconciliável. As nações ameaçam a terra de YHWH nos capítulos 9 e 12, mas no final do capítulo 14 reconhecem o poder de YHWH. De modo relacionado, a figura real (i.e., o pastor) entra primeiro na terra em paz (9:9-10), mas nas aparições finais (11:4-17; 13:7-9) o pastor tornou-se um obstáculo à paz e à prosperidade.

Contexto histórico de Zacarias 9—14

Zacarias 9—14 provou ser muito resistente ao consenso em relação às datas. Nas últimas três décadas, os principais comentários propuseram um cenário no início, no meio ou no final do período persa e, pelo menos desde a década de 1950, uma percentagem significativa de estudiosos data esses capítulos no início do período helenístico.[35] Em

---

[34] Paul L. Redditt, "Israel's Shepherds: Hope and Pessimism in Zechariah 9—14", *CBQ* 51 (1989): p. 631-42; idem, "The Two Shepherds in Zechariah 11:4-17", *CBQ* 55 (1993): p. 676-86; idem, *Haggai, Zechariah, Malachi,* NCB (London: HarperCollins, 1995). Para um resumo dos argumentos de Redditt, consulte James D. Nogalski, "Zechariah 13:7-9 as a Transitional Text: An Appreciation and Reevaluation of the Work of Rex Mason", in *Bringing out the Treasure: Inner Biblical Allusion in Zechariah 9—14,* p. 295-97.

[35] Para argumentos do período persa, veja Petersen, *Zechariah 9—14 and Malachi,* OTL (Louisville: Westminster John Knox, 1995), p. 3-5; Eric Meyers e Carol Meyers, *Zechariah 9—14,* p.15-29; Paul L. Redditt, *Zechariah 9—14,* IECOT (Stuttgart: Kohlhammer, 2012), p. 26-29; e Boda, *Zechariah,* p. 26-29. O argumento mais extenso para a época de Alexandre continua sendo D. Karl Elliger, "Ein Zeugnis aus der

parte, esses debates ilustram a dificuldade de interpretar imagens poéticas como um reflexo da realidade histórica. A decisão chave depende de como se interpreta o papel dos gregos em 9:12-13. Aqueles que interpretam 9—14 como uma composição do período persa interpretam esses versículos como refletindo a animosidade de longa data entre os gregos em relação à Pérsia e seus aliados (incluindo Judá e Samaria), ou presumem que o texto se refere a uma batalha escatológica. Por outro lado, aqueles que interpretam 9:12-13 como um texto que pressupõe a chegada de Alexandre em 333-332 a.C. entendem Zacarias 9 como uma resposta a uma ameaça real do exército de Alexandre. O início do período helenístico dá melhor sentido ao capítulo por três razões significativas. Primeiro, embora a animosidade entre as forças persas e gregas tenha existido durante todo o período persa, aqueles que defendem uma data para o período persa ignoram o fato de que a Pérsia não aparece em parte alguma do capítulo. Zacarias 9:12-13 coloca Judá e Efraim, e não a Pérsia, contra os gregos. Segundo, o caminho do inimigo assumido em 9:1—8 se ajusta à campanha de Alexandre, não às batalhas contra a Pérsia.[36] Terceiro, embora os estudiosos achem difícil reconstruir a deterioração do relacionamento entre Samaria e Yehud no início do período helenístico, porque muitas das fontes desse período contêm elementos lendários, todas essas fontes retratam eventos que criaram ou acentuaram uma divisão entre as duas regiões após a chegada dos gregos.

---

jüdischen Gemeinde im Alexanderjahr v. Chr.: Eine territoralge schichtliche Studie zu Sach 9, p. 1-8", *ZAW* 62 (1949): 63-115.

[36] A descrição da ameaça em Zacarias 9 segue de norte a sul e inclui um ataque à Síria e a Tiro. Após a batalha de Isso em 333, quando Alexandre derrotou os persas, Alexandre atacou a costa fenícia enquanto enviava seu general Parmênion a Damasco para rastrear e derrotar o rei persa Dario III (336-330 a.C). As lutas entre a Pérsia e a Grécia antes de Alexandre ocorreram em grande parte na Ásia Menor e, durante o período dos Diadochi, as batalhas ao longo da costa envolveram agressões dos Ptolomeus, o que significa que a ação se moveu do sul para o norte — a direção oposta dos ataques descritos em Zacarias 9.

Datas de composição e ponto de compilação

Modelos recentes a respeito de Zacarias 9—14, embora variem em muitos assuntos, concordam que os capítulos em questão utilizam fontes preexistentes. Deve-se, portanto, distinguir entre a data da composição original e o momento em que ela foi incorporada ao cenário literário atual. Por exemplo, Boda interpreta 11:4-17 como um comentário sobre os acontecimentos que cercaram Zorobabel no final do século 6, mas não pensa que os capítulos 9—14 foram combinados até meados do século 5.[37] A questão de datar a forma final, ou pelo menos o ponto em que a maior parte dos capítulos 9—14 foram juntados, é complicado, mas a combinação dos capítulos provavelmente só aconteceu depois da conquista de Alexandre em 332. Para entender por que alguém reuniu essas unidades, é preciso avaliar a agenda retórica indicada pela repetição e progressão dos agrupamentos temáticos e dos textos conectivos pastorais, conforme sugerido por Redditt há pouco.

A estrutura e o conteúdo de Zacarias 9—14

Zacarias 9—14 é uma coleção composta com objetivos retóricos. Zacarias 9—11 destaca a deterioração do relacionamento entre Judá e Efraim. Zacarias 12—14 transmite um foco escatológico, uma vez que os três blocos usam a frase escatológica "naquele dia" 17 vezes — sete no capítulo 12, três no capítulo 13 e mais sete no capítulo 14.[38]

Zacarias 9:1-17 contém cinco seções retóricas (1—8, 9—10, 11—13, 14—15, 16—17) que se articulam em torno do tema da libertação da terra por YHWH, estabelecendo uma nova dinâmica de poder. YHWH atravessa o Levante ocidental de norte a sul (Síria, Fenícia e Filístia) para defender o templo (9:1—8). Com o caminho para a paz estabelecido, o rei de Sião entra na cidade (9:9-10), embora os intérpretes discordem sobre se esse rei é um rei humano ou o próprio YHWH. Este então alude à aliança de sangue de Sião e promete à senhora Sião a libertação dos prisioneiros e uma porção dupla na restauração (9:11-12) — motivos que lembram Deutero-Isaías — antes de anunciar a decisão

---

[37] Boda, *Zechariah*, p. 648-55.

[38] Veja Zacarias 12:3, 4, 6, 8 [2x], 9, 11; 13:1, 2, 4; 14:4, 6, 8, 9, 13, 20, 21.

de YHWH de usar Judá e Efraim para lutar contra os gregos (9:13). As duas últimas seções descrevem a batalha vitoriosa de YHWH (9:14-15) e o resultado glorioso (9:16-17).

Zacarias 10:1—11:3 é dividido em quatro seções (10:1-2, 3-6, 7-12; 11:1-3). Essas unidades provavelmente representam unidades independentes em sua composição, mas de retórica interdependente, a qual um redator organizou para mostrar uma progressão de pensamento. Um elemento temático do final de uma passagem reaparece no início da próxima. A passagem anterior terminava com uma promessa de fertilidade para o grão e o vinho novo (9:17), enquanto Zacarias 10:1 exorta o povo a orar por chuva para que a vegetação cresça. A seguir, 10:2 implica que a deficiência decorre da idolatria e do fato de o povo não ter um pastor, enquanto 10:3-6 começa com o julgamento sobre os pastores e bodes (metáforas para os líderes do povo). A maioria do texto de 10:3-6 antecipa o ressurgimento militar de Judá, mas 10:6 introduz o foco central de 10:7-12 com o tópico da libertação de José (um nome usado aqui para os territórios do norte). Zacarias 10:7-12 antecipa o retorno dos exilados do "Egito e da Assíria" para povoar os territórios do norte de Gileade e do Líbano (10:10), enquanto 11:1-3 adverte o Líbano e Basã sobre um período de devastação que se aproxima. Essa mudança para o julgamento continua na ameaça renovada contra os pastores (11:3), que por sua vez antecipa a história dos dois pastores em 11:4-17, a qual resulta na rejeição da "unidade" e do "favor" para o povo de YHWH (especificamente, tanto Judá quanto Israel em 11:14). Esses três capítulos terminam assim com uma nota sóbria sobre a rejeição dos antigos territórios do norte, a dissolução das expectativas territoriais que enquadravam a promessa de terra nas narrativas ancestrais e as expectativas de uma renovação das fronteiras ideais do antigo reino davídico.

O capítulo 12 é coerente com o tema das nações que atacam Jerusalém. Ele se desdobra em três seções temáticas: uma introdução em forma de cântico enfatizando o poder de YHWH sobre a criação (12:1), uma série de declarações sobre um ataque iminente a Jerusalém (12:2-11) e uma descrição do pranto futuro pela morte da liderança de Jerusalém — a casa real, os profetas e os levitas (12:12-14). Como já foi observado, o capítulo muda para uma mensagem escatológica. Apesar dos agrupamentos temáticos gerais do capítulo, ele oferece pouco em termos de uma linha retórica consistente de pensamento.

Zacarias 13 continua a focar no destino dos líderes de Israel, mas toma um rumo decididamente negativo ao tratar da purificação e punição dos líderes de Jerusalém em três partes (13:1, 2-6, 7-9). Essas três partes esperam a purificação dos daviditas (13:1), mas o final do capítulo rejeita o pastor (13:7-9) e o texto intermediário (13:2-6) anuncia o fim dos profetas. A última unidade (13:7-9) também liga os temas dos capítulos 12 e 13 com Zacarias 14. Desses três grupos, o capítulo 13 rejeita todos, exceto os levitas.

As duas últimas seções de Zacarias (13:7-9 e cap. 14) demonstram uma consciência intertextual dos textos e têm implicações canônicas. De forma significativa, 13:9 faz alusão tanto a Malaquias 3:2-3 quanto a Oseias 2:21-23 (Hebr. 2:23-25), citando assim o primeiro e o último livro dos Doze. Zacarias 14 liga temática e lexicamente tanto com o início quanto com o final do rolo de Isaías.[39] Finalmente, muitos notaram que o final de Malaquias (4:4-6 [Hebr. 3:22-24]) retoma o vocabulário de Josué 1 e refere-se à principal figura profética na Torá (Moisés) e nos Reis (Elias). Ao mesmo tempo, grande parte de Zacarias 9—13 é retirada de Jeremias e Ezequiel. Assim, essas três seções do Livro dos Doze fazem referência cruzada a três unidades canônicas em ordem inversa — o início e o fim dos Doze, o início e o fim de Isaías (o primeiro dos Últimos Profetas) e Josué 1 (o início dos Antigos Profetas e dos Nebi›im) — mesmo evocando o profeta mais proeminente da Torá e dos Antigos Profetas. Não se deve analisar Zacarias 9—14 isoladamente. Representa um texto que reflete sobre os novos paradigmas históricos criados pelas mudanças culturais no período helenístico, ao mesmo tempo que fundamenta essa reflexão nos textos do cânone em desenvolvimento.

Por último, Zacarias 14 contém quatro unidades retóricas (14:1-5, 6-11, 12-15, 16-21) com orientação escatológica no dia da batalha de

---

[39] Veja Nogalski, *Redactional Processes*, p. 241-44; Erich Bosshard e Reinhard Gregor Kratz, "Maleachi im Zwölfprophetenbuch", *BN* 52 (1990): p. 44-45.

YHWH contra as nações, o que resultará na purificação de Jerusalém. Zacarias 14 compartilha semelhanças conceituais com Joel 3 (Hebr. 4) e Isaías 66 sobre o próximo dia de YHWH, mas as ligações são especialmente pronunciadas com Isaías 66:16-21. Esses textos assumem que YHWH lutará diretamente contra as nações, que estas serão derrotadas, e que um remanescente reconhecerá a importância de Jerusalém como o centro do reino de YHWH. Estudiosos com uma variedade de pressupostos notam essas semelhanças.[40] A visão de Bosshard e Kratz tem muito a ser elogiada quando eles descrevem Zacarias 14:16-21 como uma imitação e extensão do tema das nações em Isaías 66, enquanto Zacarias 13:8-9 reflete sobre as ideias a respeito do povo de YHWH em Isaías 66.[41]

Zacarias 14 concentra-se no conceito do dia de YHWH, embora a frase não apareça. Em vez disso, o dia da intervenção de YHWH contra as nações é descrito pela primeira vez como o ponto em que YHWH "sairá para a guerra... como ele faz em dia de batalha" (14:3). Depois disso, a fórmula "naquele dia" refere-se à batalha e às suas consequências sete vezes neste capítulo final de Zacarias (14:4, 6, 8, 9, 13, 20, 21), incluindo as últimas palavras do livro. Embora o dia da batalha de YHWH por Jerusalém sirva como tema principal, o capítulo não apresenta um único discurso consistente. Em lugar disso, a maioria vê Zacarias 14 como uma antologia de diferentes representações. O primeiro relato descreve um terremoto cataclísmico de proporções históricas (14:4-5). A segunda referência a "naquele dia" descreve um dia de luz contínua (14:6-7), enquanto a terceira (14:8) antecipa a água viva fluindo de Jerusalém para o mar no leste e no oeste. A quarta passagem que contém a expressão "naquele dia" (14:9) proclama a realeza de YHWH sobre toda a terra e um nivelamento da terra para criar uma bênção agrícola (14:10-11), especialmente para Jerusalém. Esses primeiros quatro ditos "naquele dia" descrevem mudanças positivas na criação após a intervenção destrutiva de YHWH que tornarão a vida mais hospitaleira para Jerusalém e seus arredores.

---

[40] Veja Nogalski, *Redactional Processes*, p. 241-44

[41] Bosshard e Kratz, "Maleachi im Zwölfprophetenbuch", p. 44.

O foco temático de Zacarias 14 muda em 14:12 com um retrato horrível de uma praga que afligirá as nações que atacarem Jerusalém (14:12, 15). Esse retrato incorpora o quinto dito "naquele dia" (14:13), proclamando que quando as nações se voltarem umas contra as outras (14:13), Judá lutará contra Jerusalém (14:14a) e a riqueza das nações serão reunidas para a cidade de YHWH (14:14b). Outra mudança temática começa em 14:16: punição infligida ao remanescente que sobrevive das nações. Espera-se que eles venham anualmente à Festa das Cabanas para adorar YHWH (14:16). As punições são delineadas para qualquer uma das nações que não cumpram, com ênfase especial no Egito (14:17-19). Finalmente, as duas últimas fórmulas "naquele dia" aparecem no início e no final dos dois versículos finais (14:20-21), que retratam o resultado do dia da batalha de YHWH como um tempo em que a cidade de Jerusalém experimentou a purificação. Seus cavalos usam sinos inscritos com as palavras "separado para YHWH" (uma frase reservada para vestimentas sacerdotais), e os utensílios para cozimento de alimentos em Jerusalém serão considerados tão sagrados quanto os utensílios do altar.

Zacarias e o corpus profético

Zacarias 1—8 apresenta ligações intertextuais com as tradições de Jeremias relativas aos 70 anos de punição, com as datas de Ageu e com os motivos de arrependimento de Joel. O fim dos 70 anos de punição apontado por Jeremias recebe atenção especial por duas vezes: no primeiro relato da visão (1:12) e na resposta inicial do profeta à delegação de Betel (7:5). O primeiro narra uma conversa entre o mensageiro e YHWH. O mensageiro lembra a YHWH que o mundo está em paz (1:11) e pergunta por quanto tempo Ele manterá sua ira, que já dura 70 anos (1:12). YHWH responde com "boas palavras" e "palavras de conforto" (1:13).

Essa pergunta e resposta fazem alusão à tradição de 70 anos que aparece em três textos de Jeremias (25:11-13; 29:10-11; e 33:14). Jeremias 25:11-13 anuncia um período de 70 anos durante os quais as nações servirão ao rei da Babilônia, e após esse tempo YHWH devastará a Babilônia. Então, Jeremias 29:10-11 afirma que depois que os 70 anos se completarem e eles invocarem YHWH (cf. 29:12), então YHWH os fará retornar para Jerusalém e instituirá seus planos para o bem e não para o mal. Finalmente, Jeremias 33:10 alude à promessa de Jeremias 29:10-11 ao afirmar que estão chegando os tempos em que YHWH cumprirá a "boa palavra" que Ele fez a Judá e Israel.

Zacarias 1:2-6 deve ser notado por sua relação com Ageu e por sua menção aos "profetas anteriores". Zacarias 1:3-4 resume a mensagem dos "antigos profetas" aos antepassados da geração atual como um chamado ao arrependimento: "Voltem para mim, e eu me voltarei para vocês". Zacarias 1:2-6 retrata os ancestrais como tendo se recusado a ouvir essa mensagem (1:4), enquanto a geração atual se arrepende (1:6). Essa descrição de arrependimento ajuda a explicar a mudança na maneira como Ageu retratava o povo. No início do livro de Ageu, o povo não está comprometido em estabelecer o templo (1:2-11), e o profeta confronta o povo no sexto mês do segundo ano de Dario (520 a.C.). No final de Ageu (no nono mês), o povo começou a trabalhar no templo sob o movimento do Espírito (1:14), e quando o ritual da pedra fundamental foi lançado, o profeta espera uma mudança na fertilidade da terra. (2:15-19). Nesse tempo, de acordo com Zacarias 1:2-6, a geração presente se arrependeu no oitavo mês (Zc 1:1). Em outras palavras, tanto Ageu 2:15-19 quanto Zacarias 1:2-6 relatam a punição de YHWH como devida ao fracasso das gerações anteriores em se arrepender, mas o relato de arrependimento em Zacarias (Zc 1:2-6) abre o caminho para o ritual de purificação em Ageu 2:15-19 com o fim de se lançar a pedra fundamental adequadamente.[42]

[42] Veja Petersen, *Haggai and Zechariah 1—8*, p. 93-95. Petersen interpreta Ageu 2:15-19 à luz do antigo festival *Kalû* do Oriente Próximo. Vários estudiosos veem 2:17 (ou 2:17b) como um acréscimo posterior, por exemplo, Wolff, *Haggai*, p. 62, 65; Nogalski, *Micah-Malachi*, p. 790-93; e Martin Leuenberger, *Haggai*, HThKAT (Freiberg, Herder, 2015), p. 192-93. Até mesmo Petersen deixa aberta a possibilidade de que 2:17 venha das mãos de um redator *(Haggai and Zechariah 1—8*, 92). Nogalski vê Ageu 2:17 (junto com um comentário entre parênteses em 2:19) como o trabalho de um redator do Livro dos Doze, evocando as imagens de Amós e Joel como parte de uma série de alusões que refletem um motivo de fertilidade no Livro dos Doze. Veja a consideração de Ageu 2:15-19, 20-23 na seção sobre Ageu.

O uso que Zacarias faz de motivos de arrependimento em Joel pode ser detectado pelo menos em dois lugares, de maneiras que sinalizam ao leitor dos Doze que as promessas proféticas de Joel estão em andamento.[43] Essas passagens aparecem no primeiro relato da visão (1:8-17) e nos ditos (8:9-12). A primeira visão deixa claro que Judá atingiu um ponto de mudança, uma vez que essencialmente 70 anos se haviam passado.[44] Os cavalos e os seus cavaleiros (mensageiros de YHWH) que patrulham a terra relatam que o mundo está em paz (1:11). O anjo que acompanha o profeta pergunta a YHWH quanto tempo Ele terá de misericórdia de Jerusalém e das cidades de Judá, já que Ele está irado há 70 anos (Jr 25:11-13 e 29:10-11). A resposta de YHWH (Zc 1:14) ecoa Joel 2:18. Se o povo se arrepender (Jl 2:12-14), YHWH promete "tornar-se zeloso" pela sua terra e pelo seu povo (Jl 2:18) e confortará Sião (cf. Jl 2:13). Em Zacarias 1:14-16, depois que o povo se arrependeu (1:6), YHWH anuncia que "se tornou zeloso" por Sião. Ele punirá as nações e "confortará" o seu povo.

Zacarias 8:9-12 também conecta mais de um livro dos Doze. Essa passagem amplia ideias de Ageu e Joel. A unidade começa com uma nova fórmula mensageira ("Assim diz o YHWH dos exércitos") e faz referência "aos profetas que estavam presentes quando o fundamento foi lançado", o que significa Ageu e Zacarias. Visto que os capítulos 7—8 são formalmente definidos dois anos após o ciclo da visão (cf. 1:7 e 7:1), a admoestação para ter coragem pressupõe que as pessoas estão vacilando.

A lógica retórica de Zacarias 8:10-11 relembra como era a vida "antes daqueles dias" quando não havia comida, segurança ou salário (8:10). Esse período é contrastado com o tempo presente ("mas agora", 8:11), quando YHWH tratará com o remanescente desse povo como havia feito antes do tempo da punição. Então, no estágio final, 8:12

[43] Veja a discussão do paradigma de Joel para "história" dentro da estrutura do Livro dos Doze.

[44] Setenta anos não é uma data precisa, mas ajusta-se ao tempo geral de Jeremias entre o tempo do exílio de Joaquim (597 a.C.) e a destruição de Jerusalém (587 a.C.), uma vez que a primeira visão se passa no ano 520 a.C. (Zc 1:7).

apresenta uma promessa mais ampla para o futuro, ecoando a linguagem de Ageu 1:10 e Joel 2:22:

Joel 2:22	Ageu 1:10 (NRSV)	Zacarias 8:12
As árvores estão dando os **<u>seus frutos</u>**, e a figueira e a **<u>videira estão</u>** carregadas.	←	a videira dará o seu fruto,
	A terra reteve a sua produção;	a terra produzirá suas colheitas,
	os céus acima de você retiveram o orvalho.	e o céu derramará o orvalho.
	→	

Em outras palavras, Zacarias 8:9-12 sugere um nível de descontentamento e aborda essas preocupações, lembrando ao público que as mudanças estão acontecendo, ao se referir especificamente aos eventos de Ageu (1:10, 12) e à promessa de ainda mais fertilidade para a terra, ao usar as imagens de Joel.

Zacarias 9—14 aborda um cenário histórico diferente e, como uma obra de profecia dos escribas, baseia-se fortemente nos outros três rolos proféticos. Deve-se distinguir entre o uso de outros textos proféticos e a agenda teológica por trás deles. Zacarias 9—13 mostra o uso deliberado de Jeremias e Ezequiel, embora suas afirmações teológicas estejam mais estreitamente alinhadas com a teologia do primeiro do que o último. Zacarias 14 parece ter sido formulado tendo em vista o fim e o início de Isaías para retratar os eventos futuros como parte do próximo dia de YHWH. O elo conectivo que faz a transição entre os principais blocos de origem em Zacarias 9—14 aparece nas imagens do pastor, cuja última passagem (Zc 13:7-9) alude de forma culminante a Oseias e Malaquias. Para o redator que combinou as fontes para compor Zacarias 9—14, a Torá e os Profetas começaram a adquirir um status especial.

Malaquias

O profeta e o livro

Os estudiosos do livro datam Malaquias no século 5 a.C. por duas razões: a presença de um templo em funcionamento e de um magistrado civil persa. A maior parte do livro trata de um debate sobre como realizar sacrifícios de culto, o que só faz sentido se o templo estiver funcionando. Malaquias 1:8 acusa que certos sacerdotes estão aceitando sacrifícios inferiores que eles não teriam coragem de apresentar ao "governador". A palavra "governador" (*peḥâh*) é usada para a posição ocupada por Zorobabel (Ag 1:1; 2:2) e Neemias (Ne 5:18). Além desses dois pontos, um consenso sobre a datação precisa do livro permanece indefinido, com os estudiosos amplamente divididos entre o início, a metade e o final do século 5.[45]

---

[45] Para ver exemplos, compare Petersen, *Zechariah 9—14 and Malachi,* 5—6; Andrew E. Hill, *Malachi: A New Translation and Commentary,* Anchor Bible 25D (New Haven: Yale University Press, 2008), p. 80-84; Helmut Utzschneider, *Kunder oder Schreiber: Eine These zum Problem der "Schriftprophetie" auf Grund von Maleachi 1,* p. *6-2,* 9, BEATAJ 19 (Frankfort: Lang, 1989), p. 80-84; Wilhelm Rudolph, *Ageu, Sacharja 1—8, Sacharaja 9—14, Maleachi,* KAT 13, pt. 4 (Gutersloh: Gutersloher Verlagshaus, 1976), p. 248-49; e Pieter A. Verhoef, *The Books of Haggai and Malachi,* NICOT (Grand Rapids: Eerdmans, 1987), p. 156-60. Petersen e Hill defendem uma composição do final do século 6 ao início do século 5, ambos dando peso considerável para uma análise feita por computado acerca do estilo linguístico, mas os dados comparativos representam uma amostra muito pequena e incluem textos cujas datas são debatidas, deixando esses resultados não confiáveis. Veja a extensa crítica de Julia M. O'Brien, *Priest and Levite in Malachi,* SBL Dissertation Series 121 (Atlanta: Scholars Press, 1990), p. 125-31. Rudolph argumenta, a partir da falta de conhecimento do material P, que Malaquias poderia preceder a chegada de Esdras, mas ele rebate que os eventos de Neemias 13 indiquem que os debates sobre as relações entre levitas e zadoquitas permaneceram instáveis mesmo depois de Esdras. Ele observa que após a chegada de Esdras e a compilação da Torá, a omissão do material P por Malaquias faz menos sentido. Verhoef sugere que o livro seja datado entre os dois mandatos de Neemias, provavelmente por volta de 433 a.C., porque seus temas são os mesmos abordados em Neemias (*Ageu e Malaquias*). Utzschneider situa a maior parte de 1:6—2:9 com o restante do livro, mas pensa que 1:11-14 vem de um escriba helenístico. Ele luta com as dificuldades para definir uma data precisa e prefere considerar um período de 60 anos quando o livro poderia ter sido composto, embora ele também se incline para a época de Neemias 13, quando o conflito sacerdotal estava no auge (*Kunder ou Schreiber,* p. 84).

A forma e o conteúdo de Malaquias refletem os debates sobre o papel de Israel entre as nações e sobre o ritual de culto no século 5 a.C. Está em questão o fato de alguns sacerdotes não se apegam estritamente às expectativas de sacrifícios. Os estudiosos identificam consistentemente os parâmetros literários das composições, mas continuam a debater o melhor termo para rotulá-las: disputas, palavras de discussão ou diatribes.[46] Encontrar uma classificação única continua a ser difícil porque o termo "disputa" depende de um enquadramento jurídico não presente; "palavras para discussão" destacam um formato de perguntas e respostas que não é consistente entre as unidades; e o termo "diatribe" vem de paralelos helenísticos posteriores. Apesar da terminologia, a agenda retórica das seis unidades, levanta poucas questões individualmente. O grau em que a sequência editorial dessas unidades reflete um design deliberado e a extensão das inserções editoriais no material principal permanecem pontos de debate considerável entre os estudiosos. A passagem, 4:4-6 (Hebr. 3:22-24), recebe amplo reconhecimento como um suplemento editorial tardio. Um grande número de estudiosos também reconhece a atitude positiva em relação às nações em 1:11-14 como uma expansão posterior.[47] Alguns trabalhos recentes isolam uma camada fundamental de Malaquias que foi expandida por um ou mais suplementos redacionais.[48]

[46] Petersen, *Zechariah 9—14 and Malachi*, p. 31-32.

[47] Veja Petersen, *Zechariah 9—14 and Malachi*, p. 227-28, 232-33; e Hill, *Malachi*, p. 363-66. Para um ponto de vista contrastante, veja Sweeney, *The Twelve Prophets*, p. 713-14; e Verhoef, *Haggai and Malachi*, p. 337-38.

[48] Veja Bosshard e Kratz, "Maleachi im Zwölfprophetenbuch", p. 27-46; e Wöhrle, *Der Abschluss des Zwölfprophetenbuches*, p. 255-63. Bosshard e Kratz argumentam que a composição fundamental de Malaquias passa por duas expansões, a primeira com a adição de duas unidades (2:17-3:5; 3:13-21) e a segunda contém uma série de inserções menores, porém significativas (1:1, 14a; 2:20-12; 3:22-24). Cada camada oferece uma perspectiva distinta sobre Malaquias como a conclusão do Livro dos Doze. Wöhrle encontra seis camadas redacionais em Malaquias. A camada fundamental de Wöhrle inclui 1:2-3, 6 (sem a palavra "sacerdotes"); 7b-8a, 9b, 10b, 12-14 (menos duas palavras em 1:12); 2:10, 14-17 (menos quatro palavras em 2:16); 3:1-2, 5-6, 8-15, 19. A segunda camada critica os funcionários do culto adicionando as palavras "sacerdotes" em 1:6 e "é desprezado" em 1:12, bem como a expressão mais extensa de inserções em 1:7a, 10a; 2:1-9, 11-13 (menos uma palavra em 2:11); 3:3a, 4. A terceira camada de Wöhrle trata dos piedosos e ímpios acrescentando 3:16-18,

Autoria

O autor de Malaquias permanece anônimo. O nome do profeta significa "meu mensageiro" e provavelmente deriva de Malaquias 3:1. As primeiras tradições judaicas consideravam Esdras o autor, mas essas são amplamente desconsideradas pelos estudiosos críticos por falta de evidências e diferenças nas perspectivas teológicas. Apesar do anonimato do autor, certas características do livro fornecem alguns insights. Primeiro, os estudiosos têm reconhecido cada vez mais Malaquias como profecia dos escribas, juntamente com Joel, Zacarias 9—14 e Jonas, devido à extensão em que se baseia em outros textos.[49] Essa qualidade significa que o autor vem de um meio em que os escribas eram treinados em incorporar alusões a outros textos por diversas razões. Em Malaquias, as fontes destas alusões incluem textos da Torá (Gênesis, Êxodo, Números) e dos profetas (especialmente Ezequiel). Em segundo lugar, o fluxo retórico de 1:6-2:9 reflete um debate entre pelo menos dois grupos sacerdotais, mas a argumentação não se alinha especificamente com as leis sacerdotais ou deuteronômicas.[50]

A estrutura e a composição

A unidade de Malaquias foi desafiada e defendida. Existe pouca discordância sobre as unidades individuais: 1:1; 1:2-5; 1:6-2:9; 2:10-16; 2:17-3:5; 3:6-12; 3:13-4:3 (Hebr. 3:16-21); 4:4-6 (Hebr. 3:22-24). A maior parte do livro (1:2-3:12) demonstra um interesse retórico em relatos literários de desacordos cultuais e teológicos. As observações

20-21. A quarta e quinta camadas, para Wöhrle, envolvem inserções relacionadas ao Livro dos Doze. A quarta camada insere material no início para ligar Malaquias com a segunda camada das Nações Estrangeiras dos Doze (Ml 1:1, 4-5), enquanto a quinta camada envolve apenas a inserção de 1:9a com outros textos envolvendo a "camada de graça" dos Doze. Finalmente, os versículos finais (4:4-6 [Heb. 3:22-24]) transcendem o Livro dos Doze para conectar a Torá e os Nebi'im. Poucos ainda aceitaram a complicada dissolução dos sacerdotes feita por Wöhrle do material fundamental do livro.

[49] Veja Utzschneider, *Künder oder Schreiber* e Petersen, *Zechariah 9—14 and Malachi*, p. 32-34.

[50] Veja Utzschneider, *Künder oder Schreiber*, 9—17, p. 75-87; Petersen, *Zechariah 9—14 and Malachi*, p. 33.

críticas da forma desempenham um papel importante na descrição destas unidades como disputas, discussão em debates ou diatribes.[51] Petersen observa que o discurso estilizado, em que uma parte cita a outra, significa que eles não registram tecnicamente os diálogos. Em vez disso, eles representam a versão do desacordo de um orador. Quer se chame essa forma de disputa, discussão ou diatribe, as observações de Petersen destacam uma característica importante. Petersen, no entanto, rejeita rapidamente a ideia de que a sequência destas unidades representa uma progressão redacional que pretende ter um impacto sobre o leitor. Vários pontos de conexão sugerem que a colocação editorial proporcionou algum nível de progressão em termos de intensidade temática, ligações lexicais e horizontes literários incorporados na coleção.

Malaquias 1:1: O fardo da palavra de YHWH

A introdução de Malaquias compartilha características incomuns com Zacarias 9—11 e 12—14, que muitos estudiosos concluem relacionar os três blocos entre si de alguma forma. Como já foi observado na discussão de Zacarias 9—14, a frase "o oráculo da palavra de YHWH" aparece apenas em Zacarias 9:1, 12:1 e Malaquias 1:1 em toda a Bíblia Hebraica. Além disso, deve-se notar também que Malaquias 1:1 tem dois elementos distintos em comparação com as introduções de Zacarias 9:1 e 12:1: a inclusão de um nome (Malaquias) e a presença da preposição incomum "através" (*beyad*). O nome oferece a identidade do profeta, e a maioria dos estudiosos o considera um epônimo criado para fornecer uma identidade profética ao livro. A presença da frase "falar através" (literalmente, "pela mão de") aparece apenas sete vezes

---

[51] Veja Egon Pfeiffer, "Die Disputationsworte im Buche Maleachi: Ein Beitrag zur formgeschichtlichen Struktur",, *Evangelische Theologie* 19 (1959): p. 546- 68; Hans Jöcken Boecker, "Bemerkungen zur formgeschichtlichen Terminologie des Buches Maleachi", *ZAW* 78 (1966): p. 78-80; Petersen, *Zechariah 9—14 and Malachi*, p. 31-33. Petersen sugere que esses relatos sejam chamados de diatribes. Embora o termo não tenha se popularizado, a sua análise cuidadosa demonstra por que continua inadequado concentrar-se numa simples estrutura tripartida associada à disputa ou no formato de perguntas e respostas associado às palavras da discussão.

na literatura profética.[52] O fato de quatro dos sete aparecerem nas introduções do Livro dos Doze sugere que eles poderiam estar relacionados. Visto que Malaquias assume um templo em funcionamento e Ageu diz respeito à construção do templo, Ageu seria a primeira das duas coletâneas.

Malaquias 1:2-5: Eu amei Jacó

Malaquias 1:2-5 apresenta a primeira disputa. A questão em debate diz respeito à pergunta retórica: "De que maneira nos amaste?" (1:2). A argumentação baseia-se no tema da escolha de Jacó por YHWH em lugar de Esaú em Gênesis para anunciar que YHWH puniu Esaú. A alusão à história de Gênesis, entretanto, não se concentra nos personagens Esaú e Jacó dessa história. Em vez disso, Malaquias 1:2-5 centra-se nas entidades políticas de Edom e Israel. A queda de Edom (e a existência contínua de Israel) prova que YHWH ama Jacó mais do que Esaú. Dois pontos importantes devem ser observados. Primeiro, o castigo de Edom e a sua recente destruição desempenham um papel importante nos textos-ponte de Isaías 34:6-9 e 63:1-6. Segundo, o mesmo é verdade para o Livro dos Doze, onde a futura destruição de Edom aparece em Joel 3:19 (Hebr. 4:19), Amós 1:9-10 e especialmente Obadias 1—15 (veja particularmente a discussão de Ob 11—14). Por outro lado, Malaquias 1:2-5 assume (com Is 63:1-6) que o castigo de Edom já começou. Essa ligação temática é intensificada pela frase "Transformei suas montanhas [ou seja, daquelas de Esaú] em terra devastada". A única outra referência à(s) "montanha(s) de Esaú" é Obadias.[53] O tema da punição de Edom provavelmente ganhou destaque no período persa porque Edom ajudou os babilônios, pelo menos após a destruição de Jerusalém. Esse tema aparece assim em Isaías e os Doze em termos de promessa e cumprimento.

[52] Is 20:2; Jr 37:2; 50:1; Ag 1:1, 3; 2:1; Ml 1:1. Veja também Nogalski, *Redactional Processes*, p. 187-89.

[53] Obadias 8, 9, 19, 21, embora três textos se refiram a "Esaú e os montes de Seir" (Gn 36:8-9; Dt 2:5; Js 24:4).

Malaquias 1:6—2:9: Sacrifícios de confrontação

Essa segunda disputa concentra-se no tema do sacrifício impróprio. O fluxo retórico dessa passagem condena "os sacerdotes" e aqueles que trazem sacrifícios impróprios. Em contraste com 1:2-5, aqueles que estão fora da terra modelam a adoração adequada (1:11-14), um contraste tão dramático que vários comentaristas argumentam que esses versículos foram inseridos posteriormente. Finalmente, o caráter literário de 1:6—2:9 inclui alusões a uma ampla variedade de textos em todo o cânon.[54] A fraseologia muitas vezes sugere que o(s) autor(es) conhecia(m) uma tradição interpretativa do cânone em desenvolvimento. Como resultado, Malaquias tornou-se cada vez mais reconhecido como um intérprete das Escrituras, não muito diferente da representação dos levitas como mestres retratados em Esdras e Neemias.[55] O final de Malaquias 1:6—2:9 destaca a importância da "aliança de Levi" (2:4, 8), o que sugere que o(s) autor(es) dessa passagem não era(m) de fora. O autor estava profundamente preocupado com as atitudes adequadas e o funcionamento dos processos do templo.

As subunidades da passagem são claras: 1:6-10; 1:11-14; 2:1-3; 2:4-9. Malaquias 1:6-10 oferece um desafio direto aos sacerdotes que negligenciaram os seus deveres ao aceitarem animais inferiores. O versículo inicial introduz palavras-chave da unidade estendida: "glória" (1:6; 2:2); "temor" (1:6; 2:5); "nome" (1:6, 11, 14; 2:2, 5); e "desprezar" (1:6, 7, 12; 2:9). Essa introdução termina com uma pergunta retórica (como desprezamos o seu nome?) que estabelece o tema da passagem estendida: as maneiras pelas quais suas práticas de sacrifício desonram YHWH. Os versículos 7-10 condenam explicitamente a introdução de animais inferiores e desafiam ainda mais abertamente aqueles que aceitam essas ofertas, a saber os sacerdotes a que se refere 1:6.

Surpreendentemente, Malaquias 1:11-14 contrasta o comportamento negativo daqueles que desprezam o nome de YHWH em Judá com aqueles de fora do país que honram a grandeza do nome de

---

[54] Veja especialmente Utzschneider, *Kunder ou Schreiber*, p. 71-74.

[55] Veja Utzschneider, *Künder oder Schreiber;* p. 20-22; Paul L. Redditt, *Haggai, Zechariah, and Malachi*, NCB (Grand Rapids: Eerdmans, 1995), p. 155. Redditt entende Malaquias como uma combinação de fontes escritas.

YHWH. Esse contraste, no entanto, visa implicitamente os sacerdotes (1:12-13) que violam as expectativas rituais ao aceitar animais roubados, mutilados ou doentes para oferecer a YHWH. Em contraste, aqueles "entre as nações" reverenciam o nome de YHWH (1:11, 14b). Essa seção tem sua própria estrutura coesa, mas referir-se àqueles entre as nações em termos tão positivos que se destacam tematicamente (especialmente depois de destacar o amor de YHWH por Jacó e o ódio por Esaú em 1:2-5).[56]

Malaquias 2:1-3 confronta os sacerdotes com um desafio para mudarem o seu comportamento ou estarem preparados para sofrer a maldição da rejeição de YHWH. A forma desta maldição transmite justiça poética contra os sacerdotes porque YHWH promete espalhar as fezes dos sacrifícios de animais nos rostos dos sacerdotes, tornando-os ritualmente impuros, para que não se qualifiquem mais para servir no templo de YHWH. Essa retórica altamente carregada trai o desacordo radical do orador com a negligência com que os sacerdotes estão tratando as expectativas de sacrifício de YHWH.

Malaquias 2:4-9 culmina com uma comparação negativa dos sacerdotes do tempo presente com as qualidades de Levi. O versículo 4 refere-se a "esta advertência" articulada em 2:2, o mandamento para glorificar o nome de YHWH e preservar a "aliança de Levi" (2:4, 8). Os versículos 5-7 manifestam uma estrutura compacta que delineia as virtudes de Levi (2:5-6, com base em Dt 33:8-11 e Nm 25:10-13).[57] Essas virtudes fizeram de Levi o sacerdote ideal, um instrutor confiável e o mensageiro de YHWH (2:7). No entanto, tais virtudes em 2:5-6 contrastam diretamente com os sacerdotes atuais em 2:8-9: Levi reverenciava a YHWH (2:5), enquanto o comportamento dos sacerdotes corrompia a aliança de YHWH com Levi (2:8); Levi deu instruções verdadeiras (2:6), enquanto os sacerdotes presentes fazem muitos tropeçar (2:8); Levi andou com integridade e retidão (2:6), enquanto os

---

[56] A mudança acentuada fez com que vários tratassem 1:11-14 (ou partes dele) como um comentário posterior. Por exemplo, veja Bosshard e Kratz, "Maleachi im Zwölfprophetenbuch", p. 45. Eles entendem 1:14a como um acréscimo (junto com 2:10-12 e 3:22-24).

[57] Utzschneider, Kunder ou Schreiber, p. 64-70 .

sacerdotes da época de Malaquias se desviaram do caminho (2:8); A integridade e retidão de Levi afastaram muitos da iniquidade (2:6), enquanto o ensino dos sacerdotes fez com que muitos caíssem (2:8). Esses contrastes, justapostos às qualidades ideais de Levi, funcionam como acusações contra os sacerdotes e lançam as bases para o julgamento que é pronunciado em 2:9: os sacerdotes serão desprezados e humilhados.

Malaquias 2:10-16: Fidelidade à aliança e ao casamento

A terceira disputa (2:10-16) muda o tema da impureza ritual para a adoração de outras divindades, enquanto o destinatário se expande para toda a comunidade (como em 1:2-5) e não para os sacerdotes. O comportamento traiçoeiro está no cerne da unidade, uma vez que a palavra para "agir traiçoeiramente" (heb. *bagad*) aparece cinco vezes nestes sete versículos (2:10, 11, 14, 15, 16). Os estudiosos debatem se a passagem explora a questão do divórcio de esposas estrangeiras ou se esses versículos utilizam o divórcio como uma metáfora para descrever a adoração de divindades estrangeiras.[58] A análise de Petersen da fraseologia demonstra de modo convincente que essa diatribe condena principalmente (embora não exclusivamente) a adoração de divindades estrangeiras. Além disso, aqueles que estão de olho no Livro dos Doze lembram que este manuscrito começou com foco no casamento como uma metáfora para a fidelidade a YHWH, por isso não é surpreendente encontrar o tema retornando perto do final do rolo. Esse retorno ao início dos Doze coincide com uma série de temas de Oseias revisitados em Malaquias.[59] Em essência, essa disputa confronta o povo com a questão das obrigações da aliança, não muito diferente dos sacerdotes acusados de quebrar a aliança em 1:6—2:9.

---

[58] Compare Rudolph, *Haggai, Sacharja 1—8, Sacharaja 9—14, Maleachi,* p. 271 e Petersen, *Zechariah 9—14 and Malachi*, p. 195, 204-5.

[59] Veja John D. W. Watts, "A Frame for the Book of the Twelve: Hosea 1—3 and Malachi", in Reading and Hearing the Book of the Twelve, p. 209-17; e Laurie Braaten, "Hosea's Land Theme in the Book of the Twelve", in Thematic Threads in the Book of the Twelve, p. 104-32.

Malaquias 2:17—3:5: O dia da vinda de YHWH

A quarta disputa presume as acusações levantadas contra os sacerdotes e o povo nos debates anteriores, especialmente no segundo. Os estudiosos questionam se a forma final representa as ideias de um, dois ou vários autores.[60] Mesmo os estudiosos que veem um processo complexo por trás da criação desses versículos reconhecem que o material posterior (geralmente 3:1b-4) funciona como um comentário sobre o texto existente. Esse comentário acrescenta uma dimensão escatológica a 2:17—3:1a, 5. Assim, o material "secundário" não é uma composição independente. Essa perspectiva escatológica reaparece em Malaquias 4:1-3 (Hebr. 3:19-21) e representa o mesmo pressuposto de que o julgamento de YHWH será necessário para mudar o status quo (cf. 3:17; 4:1-3 [Hebr. 3:19-21]). Essa perspectiva faz sentido quando se lê os versículos como um veredito sobre aqueles que se recusaram a mudar. YHWH não permitirá que o estado atual continue, quando o povo e os sacerdotes desconsideram as instruções de YHWH. A retórica de 2:17—3:5 como um todo faz sentido nesse respeito. A acusação de que os destinatários cansam YHWH implica que o problema continua e que nada mudou como resultado das três primeiras disputas. Neste caso, a linguagem de 3:1 implica um julgamento num futuro iminente, e não alguma expectativa escatológica distante.

Malaquias 3:6-12: Retorno para YHWH

A quinta disputa muda o tema, mas pistas sutis sugerem que a passagem não deve ser lida isoladamente. Primeiro, a conjunção explicativa "porque" que começa em 3:6 [ARA] em terra destruída relaciona 3:6-12 com o conteúdo que o precede. Segundo, a referência em 3:6 aos "descendentes de Jacó" que não pereceram é muitas vezes vista como uma alusão à abertura do livro em 1:2-5, onde Jacó foi escolhido e Esaú destruído. Terceiro, Malaquias 3:7 cita Zacarias 1:3, o que sugere um horizonte literário mais amplo para a interpretação de Malaquias

[60] Veja essa história em Rex Mason, The Books of Haggai, Zechariah, and Malachi, Cambridge Bible Commentary (Londres: Cambridge University Press, 1980), p. 152-53; e Petersen, Zechariah 9—14 and Malachi, p. 207-12.

3:6-12. A frase "Voltem para mim e eu voltarei para vocês" aparece apenas nesses dois versículos, embora os apelos para retornar a YHWH desempenhem um papel recorrente no Livro dos Doze.[61]

Quarto, Malaquias 3:11-12 descreve a maldição de YHWH com imagens da infertilidade da terra que ecoam outros textos. A infertilidade da terra como sinal de maldição aparece com destaque em Deuteronômio como punição se Israel falhar em cumprir a aliança. As bênçãos e maldições em Deuteronômio 27—28 desempenham um papel na forma como Malaquias conceitua o estado atual das coisas.[62] Especialmente impressionante é a promessa de repreender "aquele que devora" o que está destruindo o "produto do seu solo" em 3:12, uma referência ao gafanhoto (Dt 28:38).[63]

Por essas razões, Malaquias 3:6-12 deve ser tratado como um texto programático com um horizonte literário que inclui Deuteronômio, Ageu e Zacarias 1—8, resolvendo uma questão temática da infertilidade da terra que figura com destaque no final dos Doze. Em Ageu, essa infertilidade começou a mudar assim que os alicerces do templo foram lançados (Ag 2:15-19), um evento precedido pelo arrependimento do

---

[61] Veja a exploração desse tema em Jason T. LeCureux, The Thematic Unity of the Book of the Twelve, Hebrew Bible Monographs 41 (Sheffield: Sheffield Phoenix, 2012), p. 218-21. Embora LeCureux exagere o grau em que o verbo funciona em quase todos os escritos dos Doze, não pode haver dúvida de que Malaquias 3:7 cita Zacarias 1:3 e se encaixa tematicamente bem com Joel 2:12-17, que também pede o arrependimento daqueles que estão em Sião para evitar uma maldição de YHWH. Essa imagem de bênção e maldição também funciona significativamente em Ageu 2:10-19 e Zacarias 8:3, 9-12.

[62] Vários textos foram anotados por estudiosos que podem ter influenciado a formulação de Malaquias 3:11-12. Petersen aponta especificamente para Deuteronômio 28:10-12 para explicar a chuva dos céus que será reconhecida por todos os povos da terra (Petersen, Zechariah 9—14 and Malachi, p. 218).

[63] Essa parte é até traduzida como "gafanhoto" na NRSV. Petersen objeta que "devorador" não é um termo normal para gafanhotos e, portanto, deveria ser entendido como uma interpretação e não como uma tradução. Embora correta, sua sugestão de que indica qualquer inseto parece forçada a evitar associar Malaquias 3:11 especificamente com Joel 1:4. Joel 1:4 refere-se a uma série de gafanhotos que chegam sequencialmente para devorar o que resta e também poderia explicar a formulação em Malaquias 3:11, desde que o singular poderia simplesmente referir-se ao último "gafanhoto" para "devorar" a terra.

povo (de acordo com as datas de Ag 2:10 e Zc 1:1). Zacarias 8:9-12 mostra preocupação pelo fato de a fertilidade da terra não ter revertido tão rapidamente quanto alguns esperavam, mas 8:12-13 promete que a fertilidade da terra e os seus produtos regressarão para que todas as nações tomem nota. Por outro lado, Malaquias 3:6-12 pressupõe que retornar a YHWH obriga o povo a trazer o dízimo e não apenas a construir o templo. Culminando as disputas, 3:6-12 assume que nada mudou para o povo ou para os sacerdotes, de modo que a maldição permaneceria em vigor.

Malaquias 3:13—4:3 (Hebr. 3:16-21): Confrontando os arrogantes e recompensando aqueles que temem a YHWH

Os estudiosos com bastante frequência classificam Malaquias 3:13—4:3 (Hebr. 3:16-21) como a disputa final do livro, mas rotular toda essa unidade como uma contenda ignora o fato de que o estilo de confronto não aparece em 3:16-18. O material de debate em 3:13-15 e 4:1-3 forma um envelope em torno de 3:16-18, que narra uma resposta positiva "daqueles que temiam a YHWH" (3:16). Em contraste, o desafio aos oponentes do orador em 3:13-15 recebe a sua resposta direta em 4:1-3.

A relação entre a disputa e a narrativa exige que o leitor forneça algum tipo de lógica conectiva. Os versículos 13-15 começam com o orador citando os antagonistas, um grupo caracterizado como ignorante: "Vocês falaram palavras duras contra mim, diz YHWH. No entanto, você diz: 'Como falamos contra você?'" Essa citação funciona como um artifício retórico para armar os oponentes. O palestrante responde à pergunta dos oponentes em 3:14 com outra citação de seus oponentes. Os oponentes levantam essencialmente uma questão: o que isso traz para mim? De acordo com 3:14-15, eles duvidam da eficácia de servir a YHWH porque observam a prosperidade dos malfeitores que testam YHWH e nada acontece.

Em 4:1-3, YHWH finalmente responde à questão levantada em 3:14-15 pelos oponentes. YHWH afirma uma equação moral tradicional. O dia de YHWH está próximo, quando este punirá os malfeitores e os arrogantes (4:1), os mesmos termos usados em 3:13-15 para se referir aos oponentes do orador. Simultaneamente, aqueles que temem o nome de YHWH serão curados pelo sol da justiça naquele dia (4:2).

O orador declara as acusações de seus oponentes em 3:13-15 e refuta o desafio deles em 4:1-3. No intervalo (3:16-18), uma narrativa relata positivamente as ações de outro grupo, "aqueles que temiam a YHWH". A sua aceitação justapõe a resposta inadequada dos oponentes com uma resposta adequada. A narrativa é muitas vezes interpretada incorretamente. O versículo 16 relata três ações: (1) aqueles que temiam a YHWH conversavam uns com os outros, (2) YHWH ouviu com atenção resposta deles e (3) um "um livro como memorial" foi escrito para eles. Essa terceira ação é muitas vezes interpretada de forma anacrônica, assumindo que o "um livro como memorial" seja identificado com a ideia cristã posterior do "livro da vida" que registra os nomes daqueles que serão salvos. Em vez disso, tanto a sintaxe de 3:16 quanto a terminologia paralela encontrada em outras partes do Antigo Testamento descrevem esse livro de memórias como um relato multigeracional dos feitos dos reis. A sintaxe do hebraico é frequentemente ignorada nas traduções para o português. A frase hebraica afirma claramente: "Foi escrito um livro como memorial na *sua presença* acerca dos que temiam a YHWH e *honravam* o seu nome". Em outras palavras, o rolo foi escrito na presença de YHWH (fornecendo-lhe assim um imprimatur divino), mas ele deveria ser dado aos tementes a YHWH.[64]

---

[64] As várias traduções apresentam um quadro confuso que tenta dar espaço para os nomes dos tementes a YHWH como o conteúdo do manuscrito: "um livro de memória foi escrito diante dele daqueles que reverenciavam o Senhor (NRSV); "Foi escrito um livro como memorial na sua presença acerca dos que temiam a YHWH e honravam o seu nome" (NVI); "um rolo de memória foi escrito diante do Senhor sobre aqueles que reverenciam o Senhor" (CEB). Por outro lado, a NASB traduz o hebraico com precisão: "um livro de recordações foi escrito diante dele para aqueles que temem ao Senhor". Para uma análise do fraseado paralelo relativo ao(s) "livro(s) de memória" em hebraico e aramaico, veja James D. Nogalski, "How Does Malachi's 'Book of Remembrance' Function for the Cultic Elite?" in Priests and Cult in the Book of the Twelve, ed. Lena-Sofia Tiemeyer (Atlanta: SBL Press, 2016), p. 199-222.

Malaquias 4:4-6 (Hebr. 3:22-24): Lembrem-se da Lei do meu servo Moisés

Os últimos três versículos de Malaquias são classificados como um epílogo com implicações canônicas. A forma é uma advertência para todo Israel. Retoricamente, esses versículos alertam a Israel que a obediência à Torá continua sendo a única maneira de evitar a ira de YHWH. Depois de confrontar aqueles que se desviaram das expectativas da Torá, Malaquias termina mostrando como evitar o julgamento vindouro. Os estudiosos notam cada vez mais a intertextualidade canônica que colore essa passagem e tratam Malaquias 4:4-6 como uma composição criada para concluir a Torá e o Nebi'im.

A terminologia em 4:4-6 evoca a transição de Deuteronômio para Josué, o fim da Torá e o início do Nebi'im. As ligações intertextuais presentes em 4:4-6 são impressionantes. Primeiro, rotular Moisés como servo de YHWH não é comum. Além de Malaquias 4:4, essa frase aparece apenas em Números 22:18, no final de Deuteronômio (34:5) e no início de Josué (1:2, 7). Da mesma forma, a referência ao monte da revelação durante o tempo de Moisés como *Horebe* representa o termo proeminente para esse monte em Deuteronômio (Dt 1:2, 6, 19; 4:10, 15; 5:2; 9:8; 18:16; 29:1), enquanto o restante da Torá prefere o termo *Sinai*. Terceiro, Elias parece evitar que YHWH envie destruição total (*ḥerem*), o que representa um *leitmotiv* importante no livro de Josué, onde o termo aparece mais de duas dúzias de vezes. Quarto, a probabilidade de Malaquias 4:4-6 representar uma conclusão deliberada da Lei e dos Profetas aumenta quando se reconhece a paridade de Moisés e Elias, o personagem principal do Pentateuco e o profeta mais significativo do livro dos Reis (em termos da quantidade de espaço dedicado a Elias em 1Rs 17—2Rs 3). Quinto, a linguagem usada para descrever o vindouro dia de YHWH não se baseia nas imagens de Malaquias 3:1-4. Em vez disso, a frase "grande e temível dia de YHWH" aparece em outro lugar apenas em Joel (2:31, mas cf. Joel 2:11). Ao invocar a terminologia de Joel para o dia de YHWH, Malaquias 4:6 traz à tona o primeiro livro dos Doze que trata do dia de YHWH contra Jerusalém e Judá.

Malaquias dentro do Livro dos Doze

Os últimos três versículos de Malaquias utilizam alusões canônicas para acentuar a necessidade de obediência à Torá para evitar o julgamento no dia de YHWH, mas também evocam os Antigos Profetas e Joel. Estudos recentes tendem a tratar esses versículos isoladamente do restante de Malaquias e de empreendimentos literários mais amplos, mas a extensão em que Zacarias 9—14 evoca tradições dos Últimos Profetas sugere que esses versículos podem ter sido acrescentados a Malaquias quando Zacarias 9—14 foi inserido entre Zacarias 8 e Malaquias.[65] Zacarias 9—14 e Malaquias 4:4-6 fazem um esforço considerável para combinar a linguagem e os conceitos dos Últimos Profetas, a Torá e os Antigos Profetas. Quem quer que tenha acrescentado Malaquias 4:4-6 (e Zacarias 9—14) tinha uma forte noção de que a Lei e os Profetas operam juntos.

Portanto, o final dos Doze (Zc 9—14 e Ml 3:6-12; 4:4-6) baseia-se extensivamente em outras partes do cânone. A interação com Moisés e Josué levanta uma ameaça implícita. A maioria das traduções conclui Malaquias com a ameaça de uma maldição (veja NRSV, NASB, KJV, CEB), mas a palavra usada não é a mesma que em Malaquias 2:2 e 3:9. Em vez disso, 4:6 fala de Elias vindo antes de YHWH enviar a destruição total (*ḥêrem*) sobre a terra, um conceito condutor em Josué. O dia de YHWH em Malaquias 4:6 tem o potencial de trazer *ḥêrem* a toda a terra.

QUESTÕES PARA DISCUSSÃO

1. Explique o foco no templo em Ageu, Zacarias 1—8, e Malaquias.
2. Quais são as "visões noturnas" de Zacarias? Descreva seu conteúdo e seu significado.

[65] Veja a discussão anterior sobre o uso de Jeremias, Ezequiel e Isaías por Zacarias 9—14 e a citação de Oseias e Malaquias em 13:9.

3. Explique a relação de Zacarias 9—14 com os livros de Jeremias, Ezequiel, Isaías e os Doze.
4. Descreva o conhecimento canônico de Malaquias 4:4-6. Que implicações você extrai das alusões?

6

OS REMANESCENTES DOS DOZE

INTRODUÇÃO

Os cinco livros restantes dos Doze, assim como Malaquias, devem sua localização mais a interesses temáticos do que à cronologia, e ainda assim a cronologia desempenha um papel na localização de Naum, Habacuque e Jonas. Além disso, todos os cinco interagem com o seu contexto nos Doze de forma significativa para melhorar o corpus. Naum e Habacuque preenchem a lacuna cronológica entre Miqueias e Sofonias. Joel liga-se a Oseias e a Amós de maneiras significativas. Obadias traça um paralelo entre a destruição de Edom e de Israel. Jonas expande a teologia de Joel e Naum. Ademais, todos os cinco mostram uma confiança crescente nas profecias dos escribas para expressar as suas mensagens.

NAUM

O profeta e o livro

O livro de Naum não fornece nenhuma informação biográfica sobre o profeta, exceto o nome de sua cidade natal, Elcós, cuja localização permanece desconhecida. Outros nomes de lugares mencionados em

Naum incluem Judá (1:15 [Hebr. 2:1]), as cidades estrangeiras Nínive (1:1) e Tebas (3:8). O direcionamento apontando para Judá reflete uma origem judaica. Também é difícil utilizar informações indiretas para falar sobre o profeta Naum. As tentativas de traçar o perfil do profeta envolvem questões complexas que produzem respostas mínimas, uma vez que Naum envolveu dois estágios de desenvolvimento e mesmo o primeiro estágio já existia como uma antologia de palavras dirigidas contra Nínive e seu rei. Ao analisar a proveniência dessas mensagens curtas, não se pode presumir que elas foram compostas ao mesmo tempo ou ainda pela mesma pessoa. E também o livro não se refere explicitamente ao profeta (exceto em 1:1), nem o profeta se apresenta de forma autobiográfica. Naum poderia ter escrito algumas ou todas as mensagens, ou ainda poderia ter compilado uma antologia inicial.

A estrutura e o conteúdo de Naum

Para compreender as origens de Naum, é preciso levar em conta dois fenômenos distintos. Primeiro, parte do livro demonstra uma estrutura cuidadosa que transmite a destruição iminente da Assíria e o faz sequenciando pronunciamentos paralelos contra Nínive, a capital da Assíria. Segundo, o cântico de abertura (1:2-8) permanece fora dessa estrutura como um poema acróstico que cobre a primeira metade do alfabeto hebraico.[1] Esse cântico assume a forma de um hino teofânico que antecipa a chegada de YHWH para punir seus inimigos. Os estudiosos do Livro dos Doze observam que a abertura desse cântico teofânico de Naum espelha o cântico teofânico que termina em Habacuque (3:1-19).[2] Ambos os cânticos foram acrescentados a Naum e Habacuque ao terem sido incorporados ao corpus maior. Para compreender esses elementos estruturais concorrentes, que funcionam como suportes

---

[1] O acróstico de Naum está rompido em quatro lugares onde a primeira letra da linha não contém mais a consoante correta. As interrupções resultaram da edição do cântico para o corpus mais amplo. Veja Nogalski, *Redactional Processes,* p. 101-11; idem, "The Redactional Shaping of Naum 1", in *Among the Prophets: Language, Image and Structure in the Prophetic Writings,* ed. Philip R. Davies e David JA Clines, JSOTSup 144 (Sheffield: JSOT Press, 1993), p. 193-202.

[2] Para exemplos, veja a discussão sobre Naum no Livro dos Doze a seguir.

temáticos para Naum e Habacuque, será útil discutir a forma final de Naum como resultado de duas fases de produção: a antologia inicial de poemas contra a Assíria e uma expansão que coloca o ascensão e queda da Assíria em um contexto histórico e teológico mais amplo.

A antologia contra a Assíria

A publicação inicial de Naum surgiu logo após a destruição de Nínive em 612 a.C. Essa versão consiste em um núcleo interno (2:1-3:15aβ) e um quadro editorial (1:1, 11-12a, 14; 3:15aγ-19). O núcleo interno e a moldura externa são paralelos e enfatizam a destruição de Nínive. O núcleo interno contém três partes (2:1-13; 3:1-13; 3:14-1 3:15aβ), cada uma das quais começa com um pronunciamento da destruição de Nínive (2:1; 3:1, 14 e contém um relato de batalha que termina com a derrota de Nínive (2:3-9; 3:1-3, 15). Cada parte subsequentemente desenvolve essa imagem com vários pronunciamentos curtos sobre as implicações acerca da destruição iminente da Assíria (2:10-12, 13; 3:5-7, 8-9, 10-13, 16-17). Em acréscimo a isso, essas cenas de batalha e breves pronunciamentos também compartilham ênfases temáticas, de modo que a maior parte de Naum 2—3 repete essencialmente a mesma mensagem três vezes: Nínive foi destruída e seus habitantes espalhados. Os motivos paralelos em Naum 2—3 são impressionantes, embora não apareçam exatamente na mesma ordem:

MOTIVOS RECORRENTES EM NAUM 2—3

Naum 2	Naum 3
2:1-5: Ataque militar por um exército vestido de vermelho com carros e cavalos atacando a muralha da cidade	3:1-3: Ataque militar por um exército de cavalos, carros e cavaleiros usando espadas e lanças
2:4: Carruagens correm pelas ruas	3:10: Crianças massacradas nas ruas
2:6-9: A localização de Nínive às margens do rio é usada contra ela, levando ao saque de Nínive	3:8-9: Nínive comparada a Tebas, cujo uso da água como defesa não conseguiu protegê-la

Naum 2	Naum 3
2:7: A população de Nínive é exilada	3:10: A população de Nínive é exilada
2:10: Destruição da cidade — Nínive perdeu a batalha	3:3: Montanhas de cadáveres — Nínive perdeu a batalha
2:11-12: Comparação da destruição de Nínive com a presa de um leão	3:12-13: Comparação da destruição de Nínive com uma figueira pronta para deixar cair seus frutos
2:13: "Estou contra você", declara o SENHOR [YHWH] dos exércitos	3:5: "Estou contra você", declara o SENHOR [YHWH] dos exércitos

As unidades menores não fluem perfeitamente.[3] Elas empilham imagens de destruição uma após a outra. Três vezes os versículos antecipam um ataque iminente que termina com destruição: 3:14-15 chama Nínive para se preparar para a batalha, mas duas vezes antes (2:7; 3:10) o exílio e a morte dos seus habitantes resultantes da batalha foram narrados. A repetição da destruição de Nínive e a brevidade das unidades caracterizam esses capítulos como uma antologia de ditos, artisticamente organizados.

As imagens poéticas de Naum são frequentemente conhecidas por sua natureza gráfica e sua extrema linguagem de vingança. Essa ênfase torna Naum difícil de ser interpretado construtivamente. Essa dificuldade é bastante aguda em Naum 3:4-7, uma passagem que O'Brien chama de pornoprofética porque retrata a derrota de Nínive por YHWH usando uma linguagem brutal e explicitamente sexual para rotular

[3] Essas unidades retóricas incluem uma descrição da primeira batalha (2:1-9); um aforismo a respeito da destruição e do medo de Nínive (2:10); uma parábola comparando a destruição de Nínive a um leão (2:11-12); um breve pronunciamento de julgamento concluindo a parábola, que poderia ser independente (2:13); uma segunda descrição da batalha na forma de um oráculo de ai (3:1-4); uma descrição sexualmente gráfica da punição violenta de YHWH à senhora Nínive (3:5-7); uma comparação de Nínive com Tebas (3:8-11); uma comparação sexualmente carregada das fortalezas e do exército deNínive com uma figueira (3:12-13); um chamado para se preparar para a batalha (3:14-17*); e uma provocação no leito de morte ao rei de Nínive, mortalmente ferido (3:18-19).

Nínive como uma prostituta, a qual YHWH (o guerreiro vitorioso) despe e a provoca diante das nações.[4]

A estrutura externa da versão inicial de Naum (1:1, 11-12a, 14; 3:15aγ-19) envolve o núcleo interno com dois motivos: a futilidade da superioridade numérica da Assíria e a morte de seu rei. Os estudiosos reconhecem cada vez mais que importantes revisões editoriais ocorreram na frente de Naum. Várias observações sugerem que o corpus inicial teve uma introdução (1:1a, 11-12a, 14; 2:2-3). Sua função foi incluída e sua lógica complicada pela adição do cântico (1:2-8) e material de transição para conectar as duas partes (1:9-10, 12b-13, 15 [Hebr. 1:9-10, 12b-13; 2:1]).[5] Essas adições acrescentam duas novas ênfases: a retribuição de YHWH contra todos os inimigos (no cântico) e exortações para Judá após o desaparecimento da Assíria (o material de transição).

A chave para delinear essa introdução inicial está em reconhecer os personagens abordados em 1:9-2:1 (Hebr. 1:9—15). Determinar os caracteres em 1:9—2:1 exige que se preste atenção às mudanças de pronomes no texto hebraico (veja a tabela a seguir). A camada fundacional (a coluna da esquerda da tabela que segue) distingue-se do material posterior porque a camada fundamental se dirige a senhora Nínive e fala ao segundo masculino singular e sobre o terceiro masculino singular, o rei da Assíria (que é identificado como Belial, ou o inútil). Esse material antigo anuncia o julgamento contra o rei que sai de Nínive (1:11). Desafia a ideia de que a superioridade numérica da Assíria garante o sucesso (1:12a). E anuncia três julgamentos específicos contra o rei: remoção do seu nome, destruição dos seus ícones religiosos e morte iminente (1:14). Os mesmos motivos reaparecem no final de Naum, criando uma dupla *inclusio* temática entre o início (1:12a, 14) e o final (3:15aγ-17, 18-19) da antologia inicial de Naum, onde a futilidade da força numérica (1:12a; 3:15a-17) e a morte do rei da Assíria (1:21a, 14; 3:18-19) aparecem em ambas as partes.

---

4 Veja Julia Myers O'Brien, *Naum* (Sheffield: Sheffield Academic, 2002), p. 67-69 e 87-103.

5 Veja modelos semelhantes de Heinz-Josef Fabry, *Naum*, HThKAT (Freiburg im Breisgau: Herder, 2006), p. 91-92; Walter Dietrich, *Naum, Habakkuk, Zephaniah*, IECOT (Stuttgart: Kohlhammer, 2016), p. 29-34.

Duas Camadas em Naum 1:11—2:2

Camada Fundamental:
Senhora Nínive e seu rei

1 Advertência contra Nínive.
11 Foi de você (2fs), ó Nínive aquele que
trama perversidades (2ms) que planeja o
mal contra YHWH, que trama perversi-
dades *(bly'l)*. 12a Apesar de serem fortes e
numerosos (3mp) serão ceifados e (3ms)
destruídos.

Aplicação a Sião/Judá
12b mas você, Judá, embora eu a tenha
afligido (2fs), não a afligirei mais (2fs).
13 Agora vou quebrar o jugo do seu
pescoço (2fs) e arrancar as suas algemas
(2fs).

14 E YHWH decreta o seguinte a seu
respeito, ó rei de Nínive (2ms): "Você
(2ms) não terá descendentes que perpe-
tuem o seu nome. Destruirei as ima-
gens esculpidas e os ídolos de metal do
templo dos seus (2ms) deuses. Prepara-
rei o seu túmulo (2ms), porque você é
desprezível".

15 Vejam sobre os montes, os pés do
que anuncia boas notícias e proclama a
paz! Celebre (2fs) as suas festas, ó Judá,
e cumpra os seus votos. Nunca mais o
perverso (*bly'l*) a invadirá; (2fs). Ele
será completamente destruído.

2:1 O destruidor avança contra você,
Nínive! (2fs). Guarde a fortaleza!
Vigie (2ms) a estrada; prepare (2ms) a
resistência! Reúna a (2ms) todas as suas
forças! 2:2 YHWH restaurará o esplen-
dor de Jacó; restaurará o esplendor de
Israel, embora os saqueadores tenham
devastado (3cp) (3mp) e destruído as
suas (3mp) videiras.

2fs = segundo feminino singular; 2ms = segundo singular masculino; 3cp = terceiro plural comum; 3mp = terceiro plural masculino

O cântico teofânico (1:2-8) e o material de transição (1:9-10, 12b-13; 2:1 [Hebr. 1:15])

A expansão de Naum adicionou dois focos temáticos que mudaram a natureza da coleção. O cântico (1:2-8) acrescenta uma afirmação teológica do poder de YHWH sobre seus inimigos, enquanto o texto de transição (veja tabela anterior) continua esse tema (1:9-10) e oferece encorajamento diretamente a Jerusalém (1:12b-13) e a Judá (1:15 [Hc 2:1]). Os discursos direcionados a Jerusalém e Judá não aparecem em nenhum outro lugar de Naum e interrompem o discurso à senhora Nínive e ao seu rei. Naum 1:15 cita Isaías 52:7 para estabelecer um paralelo com a destruição da Assíria e da Babilônia por YHWH.[6]

O cântico em forma de acróstico estende-se até metade do alfabeto hebraico, mas mostra sinais de que foi embaralhado, muito provavelmente quando adicionado à antologia inicial.[7] O cântico foi provavelmente selecionado por razões temáticas. Descreve a aparição de YHWH para punir aqueles que se opõem a Ele. Esse cântico desenvolve três linhas de pensamento: a vingança de YHWH (1:2-3); seus efeitos na natureza (1:4-5); e advertências para levar essa mensagem a sério (1:6-8). O cântico nunca nomeia a Assíria e, na verdade, fala de inimigos genéricos (plural) no início e no final do cântico (1:2, 8). A parte central do cântico baseia-se nas tradições dos guerreiros divinos associadas à criação, concentrando-se assim no poder, na justiça e na proteção de YHWH.

A transição para a parte específica do livro sobre Nínive ocorre com uma série de declarações que retoma a linguagem do cântico e antecipa a polêmica contra a Assíria do corpus inicial.[8] Ao mesmo tempo, as

---

[6] Para as implicações da datação da forma final de Naum, consulte "Datando o profeta e o livro" neste capítulo.

[7] As interrupções em forma de acróstico são tratadas neste capítulo (veja "Naum no Livro dos Doze").

[8] Naum 1:9, por exemplo, retoma a imagem de YHWH "derrotando" os inimigos (plural) de 1:8 e afirma: vocês (plural) planejaram contra ele. O verbo *planejar* aparece em 1:11, que é o início do corpus inicial de Naum. Assim, 1:9 cria uma ponte lexical entre o cântico e o corpus inicial.

expansões de Judá e Sião (1:12b-13, 15 [Hebr. 1:12b-13; 2:1]) enfatizam a natureza esperançosa das ações de YHWH para o destino de Judá e Jerusalém.

Datando o profeta e o livro

Ao tentar datar o livro de Naum, vários pontos devem ser levados em conta: a queda de Tebas em 663 a.C., a derrota de Nínive em 612 a.C. e o papel de 1:15 (Hebr. 2:1). Naum 3:8 refere-se à queda de Tebas como uma lição da história, portanto o primeiro estágio de Naum é posterior a esse evento. Por outro lado, uma vez que a maioria das pequenas unidades no núcleo inicial de Naum antecipam a queda de Nínive, pelo menos algumas dessas unidades provavelmente são anteriores ao desaparecimento da Assíria (612 a.C.).[9] Estes dois pontos de partida tornam-se mais complicados, no entanto, quando se considera Naum 1:15, porque esse versículo contém um paralelo verbal com Isaías 52:7 (um texto do final do século 6):

Naum 1:15	**Isaías 52:7**
Vejam *sobre os montes os pés do que anuncia boas notícias e proclama a paz!* Celebre as suas festas, ó Judá, e cumpra os seus votos. Nunca mais o perverso a invadirá; ele será completamente destruído.	*Como são belos nos montes os pés daqueles que anunciam boas-novas, que proclamam a paz,* que trazem boas notícias, que proclamam salvação, que dizem a Sião: "O seu Deus reina!"

[9] A alternativa a essa suposição seria sugerir que Naum representa palavras contra Nínive criadas após a sua destruição e depois da destruição de Jerusalém. Vários autores já fizeram tal sugestão, mas representam uma opinião minoritária. Veja Paul Humbert, "Essai d'analyse de Nahoum 1,2-2,3", *ZAW* 44 (1926): 266-80; Herman Schulz, *Das Buch Naum*, BZAW 129 (Berlim: de Gruyter, 1973). Para saber as razões pelas quais os estudiosos têm resistido a essas afirmações, veja Dietrich *Nahum, Habakkuk, Zephaniah*, p. 30-32.

As similaridades são marcantes demais para terem origens independentes, mas Naum 1:15 provavelmente toma o texto emprestado de Isaías.[10] Portanto, Naum 1:15 é posterior à ascensão de Ciro. Isaías 52:7 celebra a queda da Babilônia, enquanto Naum 1:15 comemora a queda da Assíria, de modo que as versões combinadas desse texto criam efetivamente apelos paralelos para se alegrar com a queda da potência dominante.

A primeira etapa de Naum foi compilada logo após a destruição de Nínive (612 a.C.). Essa data explica simultaneamente a orientação futura da maioria das unidades preexistentes, ao mesmo tempo que reconhece que a publicação da antologia seria difícil com a Assíria ainda no poder.[11]

A segunda etapa adicionou Naum a um corpus crescente de escritos proféticos que incluía o Livro dos Quatro Profetas (Oseias, Amós, Miqueias, Sofonias), Habacuque e talvez Joel, Ageu, Zacarias 1—8 e Malaquias. A datação da segunda etapa pressupõe diálogos sobre Naum e os Doze a seguir. Antecipando essa discussão, duas datas definiram os parâmetros. Alguns pensam que Naum e Habacuque entraram no Livro dos Quatro antes da inclusão de Joel, Ageu, Zacarias e Malaquias, e normalmente datam a expansão de Naum e Habacuque anteriormente, talvez na segunda metade do século 5. Outros argumentam que os cânticos incluem alusões a Joel e outros livros e, portanto, vinculam seus modelos à data de Joel (que muitas vezes significa a primeira metade do século 4). Conexões para Joel, Miqueias, Êxodo e Isaías complicam as tentativas de atribuir datas absolutas, mesmo quando a datação relativa das peças individuais parece menos problemática.

---

[10] Isaías 52:7 se enquadra em seu contexto imediato e ampliado de forma muito mais integrada do que Naum 1:15. Isaías 52:7 se enquadra em Isaías 40—55, um texto universalmente considerado originário de uma época não antes da ascensão de Ciro em 539 a.C. Para uma visão oposta, veja Heinz-Josef Fabry, *Naum,* HThKAT (Freiburg im Breisgau: Herder, 2006), p. 151-52. Para uma crítica dessa visão, veja Dietrich, *Naum, Habakkuk, Zephaniah,* p. 54.

[11] Essa primeira etapa envolve a organização de composições preexistentes (2:1—3:15aβ) juntamente com uma introdução e conclusão compostas para a coleção, que serviram de moldura editorial, destacando dois motivos específicos (1:11-12a, 14; 3:15aγ-17, 18-19).

Naum dentro do Livro dos Doze

O momento em que Naum e Habacuque foram acrescentados ao corpus maior continua a ser debatido, mas existe um acordo significativo sobre a função de ambos como um par dentro dos Doze. Primeiramente, tanto Naum quanto Habacuque receberam expansões redacionais que incluíam um cântico teofânico (Na 1:2-8; Hc 3:2-19). Ademais, esses dois livros preenchem a lacuna cronológica entre Miqueias e Sofonias.[12] Assim, vários estudiosos argumentam que Naum e Habacuque entraram juntos no corpus maior.[13]

A função de Naum nos Doze envolve sua localização no manuscrito, os impulsos teológicos de seu segundo estágio e a interação entre Naum e outros textos dos Doze. Miqueias termina com alusões ao cerco de Ezequias, de modo que a preocupação de Naum com a queda da Assíria se ajusta tematicamente logo depois. Naum e Habacuque foram adaptados para preencher a lacuna entre Miqueias e Sofonias. Naum coloca a queda da Assíria num contexto teológico mais amplo, o qual

---

[12] O último rei mencionado na introdução de Miqueias é Ezequias (726-696 a.C.), enquanto a introdução de Sofonias data esse profeta do reinado de Josias, presumivelmente após a instauração das reformas do rei em 622 a.C. (com base na referência ao "remanescente de Baal" em Sf 1:4). Essa lacuna cobre cerca de 75 anos desde a morte de Ezequias até as reformas de Josias (622 a.C.). Durante a maior parte desse período, a Assíria manteve o domínio político e econômico sobre Judá, mas no final do século 7, a Assíria foi derrotada pela Babilônia (612 a.C.), e a Babilônia também derrotou o Egito na batalha de Carquemis (605 a.C.). para estabelecer o seu próprio controle político sobre o Levante. A resistência de Judá ao controle babilônico acabou produzindo duas tentativas fracassadas dos reis da Judeia (nomeados pela Babilônia) de restabelecer a sua própria independência (597 e 587 a.C., respectivamente).

[13] Algumas dessas sugestões precedem o trabalho recente sobre os Doze. Por exemplo, veja em Rolland Emerson Wolfe, "The Editing of the Book of the Twelve", *ZAW* 53 (1935): 90-129 (especialmente 95); Brevard Childs, *Introduction to the Old Testament as Scripture* (Filadélfia: Fortress, 1979), p. 454. Outros veem a combinação como parte da edição do rolo multiprofético em desenvolvimento, e.g., Dietrich, *Nahum, Habakkuk, Zephaniah*, p. 17-19; Schart, *Die Entstehung des wölfprophetenbuchs*, p. 242-51. Veja também Wöhrle, *Der Abschluss des Zwölfprophet-enbuches*, p. 53-66, 311-23. Wöhrle chega a conclusões diferentes, em grande parte porque pensa que o núcleo inicial de Naum foi dirigido contra Judá, e não contra Nínive. Da mesma forma, ele vê a maior parte de Habacuque 3 entrando com o foco inicial nos piedosos/perversos, antes da inclusão do material babilônico.

afirma que YHWH exerce poder sobre todos os inimigos. Um texto semelhante em Habacuque acentua tanto a ascensão quanto a queda da Babilônia como obra de YHWH. Como resultado, Naum reflete teologicamente sobre o poder assírio. Naum assume que a queda da Assíria acontecerá por determinação de YHWH, como acontece com Miqueias 6—7. Habacuque afirma que YHWH envia Babilônia para punir Judá por seus fracassos.

O cântico teofânico em Naum (1:2-8), junto com uma exortação a Judá (1:12b-13, 15 [Hebr. 2:1]; 2:2 [Hebr. 2:3]), acrescenta novos focos teológicos para a coleção inicial. Por outro lado, o enfoque do cântico na retribuição de YHWH contra todos os inimigos introduz um elemento temático que funciona melhor como uma introdução ao julgamento encontrado em Naum contra a Assíria, ao julgamento apresentado em Habacuque contra Judá e Babilônia, e os oráculos revelados por Sofonias contra as nações estrangeiras que se beneficiaram da hegemonia assíria. Duas suposições recorrentes permeiam cada um desses livros proféticos que apontam em direções opostas: um dia de julgamento iminente contra Jerusalém que não pode ser evitado, e Sião, que será restaurada, enquanto aqueles que a atacaram serão derrubados. Por um lado, essas duas ênfases parecem ser parceiras estranhas se tivermos uma visão puramente mecânica do trabalho redacional que moldou a literatura profética. Por outro lado, tal expansão redacional faz sentido uma vez que se entende a natureza dos manuscritos maiores como compêndios da mensagem profética de YHWH a Judá a partir do século 8.[14] Não somente o rolo maior exibe uma estrutura cronológica no Livro dos Quatro, mas Naum e Habacuque se enquadram nessa estrutura cronológica. O foco principal do Livro dos Quatro narra a mensagem de YHWH a Israel e Judá. As discussões em andamento sobre o Livro dos Quatro incorporaram afirmações de que YHWH não havia abandonado Judá e Jerusalém. No final, essas discussões não podiam mais ignorar o fato de que a relação entre Judá e YHWH era diferente. Durante a maior parte do século 7, os assírios serviram como suseranos de Judá e, no final

[14] Muitas vezes, mesmo os estudos redacionais pressupõem que um redator só poderia trabalhar com uma agenda teológica. Veja James D. Nogalski, "Teaching Prophetic Books", *PRS* 36 (2009): 251-54.

daquele desse século, os últimos reis da Judeia tiveram que demonstrar sua fidelidade à Babilônia. Os círculos de escribas que preservaram os livros proféticos teriam que apresentar uma explicação teológica para esses acontecimentos. Os livros de Naum e Habacuque transmitem essa mensagem. Naum e Habacuque continuam o impulso básico da mensagem profética iniciada no Livro dos Quatro Profetas: os profetas proferiram palavras de advertência e julgamento contra Israel e Judá antes de YHWH agir contra o seu próprio povo. Naum e Habacuque presumem que o julgamento contra Judá está chegando e que YHWH usará reis estrangeiros para puni-lo. No entanto, Naum e Habacuque também afirmam que as potências estrangeiras também estão sujeitas ao poder de YHWH. Essa ênfase aparece no cântico teofânico que abre Naum e na palavra de esperança dirigida a Judá em 1:15 (Hebr. 2:1). No entanto, Naum também se conecta tematicamente a outros textos.

Naum segue Miqueias 7 na ordem Massorética dos Doze. Várias observações da discussão de Miqueias 7 sugerem que essa colocação foi deliberada. Miqueias 7 baseia-se na polêmica anti-Assíria de Isaías 10. Miqueias 7:8-10 contém um diálogo entre senhora Sião e senhora Nínive, um diálogo que sugere a provocação de Sião por Nínive com a alegação de que YHWH a abandonou (7:10). Sião, por sua vez, rejeita a provocação. Em lugar disso, Sião afirma que o seu próprio pecado causou a sua situação (7:9), o que realmente faz sentido na resposta de YHWH a Jerusalém em Naum 1:12b-13. O discurso divino em Naum 1:12b-13 (parte da expansão de Naum; veja tabela na página XXX [conferir após a diagramação]) também se dirige à senhora Nínive e à senhora Sião, prometendo que a Assíria será punida e o jugo do seu rei removido de Sião.

Além dessa continuação temática, várias alusões em Naum assumem a forma de comentários redacionais entre parênteses, evocando textos de outros livros para ajudar a fundamentar a suposição de que YHWH enviou a Assíria para julgar Judá, mas por fim acabará punindo a Assíria em razão de sua arrogância e desobediência. Por exemplo, a teofania em Naum 1:2-8 funciona bem como uma introdução temática a Naum, mas as quebras no poema acróstico sugerem que ocorreram mudanças editoriais em sua forma original, provavelmente na época em que foi incorporado no início de Naum porque várias das interrupções do cântico utilizam o vocabulário de Miqueias 7.[15] Além disso, ambos os pares de texto (Jl 2 com Jl 4 e Mq 7 com Na 1) aludem a Êxodo 34:6-7. Essa relação intertextual é criada em Naum 1 por uma expansão entre as linhas *'alef* e *bêt* do acróstico. Mais revelador, tanto Joel quanto Miqueias 7 e Naum 1 fazem uso da mudança temática da compaixão de YHWH para com o seu povo (Êx 34:6) e da retribuição para com os inimigos de YHWH (Êx 34:7). Os textos de Joel 2:13 e Miqueias 7:18-20 baseiam-se mais fortemente em Êxodo 34:6 para suscitar o tema da compaixão de YHWH para com seu povo, enquanto Joel 3:19-21 (Hebr. 4:19-21) e Naum 1:2b-3a usam a linguagem de Êxodo 34:7 para afirmar que a justiça de YHWH de forma alguma inocentará o culpado. Como resultado, ambos os conjuntos de alusões evocam Êxodo 34:6 *e* 34:7 para reforçar os motivos da compaixão de YHWH *e* da sua justiça. Esse mesmo tema aparece em Joel e um corretivo surge em Jonas, onde é ao mesmo tempo problematizado e reafirmado.

Os paralelos com os textos de Isaías no material de transição de Naum, como já foi observado, não são aleatórios. Por exemplo, Naum 1:15 (Hebr. 2:1) recapitula Isaías 52:7 (um texto que anuncia a libertação do domínio da Babilônia), mas o contexto em Naum muda a mensagem em uma ordem para que o povo se alegre com a vinda da Babilônia e a queda iminente da Assíria. Esse paralelo entre a queda da Assíria e a ascensão e queda da Babilônia funciona como um tema significativo que se desenvolve ao longo de Miqueias-Naum-Habacuque.[16]

---

[15] Observe especialmente Naum 1:4 no que deveria ser a linha *dalet* que agora começa com *alef*. O acróstico interrompido refere-se ao enfraquecimento de Basã e do Carmelo, duas regiões perdidas para os assírios, mas também mencionadas explicitamente na petição do profeta em Miqueias 7:14. Essa rara combinação de Carmelo e Basã aparece em outros lugares apenas duas vezes, ambas em contextos proféticos que anseiam pela restauração dessas terras do controle assírio (Is 33:9; Jr 50:19).

[16] James D. Nogalski, "One Book and Twelve Books: The Nature of the Redactional Work and the Implications of Cultic Source Material in the Book of the Twelve", in *Two Sides of a Coin: Juxtaposing Views on Interpreting the Book of the Twelve/Twelve Prophetic Books*, ed. Ehud Ben Zvi e James D. Nogalski (Piscataway, NJ: Gorgias, 2009), p. 30-39.

Além da alusão a Êxodo 34:6-7, deve-se notar a relação intertextual entre Naum 3 e Joel 1—2 criada quando Naum 3:15-16* incorpora referências ao gafanhoto *yelek* representando o poder estrangeiro que vem para atacar:

> 15aα Mesmo assim o fogo consumirá você (segundo feminino singular).
> 15aβ (A) espada a espada a eliminará (segundo feminino singular).
> 15bα Devorará (terceiro feminino singular) você (segundo feminino singular) como gafanhotos devastadores (*yeleq*).
> 15bβ Multiplique-se (segundo feminino singular) como gafanhotos peregrinos (*'arbeh*).
> 16a Você multiplicou os seus comerciantes, tornando-os mais numerosos que as estrelas do céu.
> 16b mas como gafanhotos devastadores (*yeleq*) eles devoram o país e depois voam para longe.
> 17 Os seus guardas (segundo feminino do singular) são como gafanhotos peregrinos (*'arbeh*);
> os seus oficiais (segundo feminino do singular) como enxames de gafanhotos, (*gōb gōbay*),
> que se ajuntam sobre os muros em dias frios; mas, quando o sol aparece, eles voam.

Na maior parte dessa passagem, os gafanhotos aparecem como um símbolo da ineficácia do número superior de Nínive. O tamanho de Nínive de nada servirá quando YHWH agir. As duas linhas recuadas anteriormente (também sublinhadas), no entanto, assumem que o gafanhoto saltitante (*yeleq*) ataca o gafanhoto de Nínive. O *yeleq* devorará sua presa (Nínive) e seguirá para o próximo local. Essa imagem chega bastante perto do retrato de Babilônia em Habacuque 1:9, mas essa forma final de Naum 3:15-17 também se relaciona precisamente com a articulação de Joel 1:4, onde os restos de um gafanhoto (Assíria) é "devorado" por outro (Babilônia). Em face da documentação inicial de tradições que associam os gafanhotos de Joel ao ataque de nações inimigas, esses comentários redacionais facilitam essa leitura e provavelmente refletem uma hermenêutica escriba quando Naum e Habacuque foram inseridos entre Miqueias e Sofonias.[17]

---

[17] Nogalski, *Micah-Malachi*, p. 606, 631-35.

Ao ler o texto de Naum 3 até Habacuque 1, ficamos impressionados com o número de palavras compartilhadas. Esses agrupamentos lexicais aparecem regularmente entre o final de um livro e o início do próximo nos manuscritos dos Doze. Nem toda palavra recorrente evoca de forma clara a sua contraparte, mas pode-se ver uma tendência em Naum 3 e Habacuque 1. As palavras recorrentes representam uma escalada de medo e poder quando comparamos os babilônios (Hc 1) com os assírios (Na 3).[18]

Finalmente, Naum também reflete o uso que Joel faz de Êxodo 34:6-7 quando lido com Miqueias 7:18-19. YHWH punirá Judá com o domínio da Assíria (Naum) e da Babilônia (Habacuque), e ainda assim Judá permanecerá sendo o povo de YHWH depois que esses impérios saírem de cena.

Habacuque

O profeta e o livro

Como é típico dos Doze, Habacuque não contém praticamente nenhuma informação biográfica sobre o profeta que dá nome ao livro. O único dado biográfico registrado sobre Habacuque é sua qualificação como um profeta (1:1; 3:1). Duas legendas introduzem composições transmitidas independentemente, uma rotulada como oráculo (1:1) e a outra classificada como oração (3:1).

A dupla referência a Habacuque como profeta, combinada com as classificações de gênero (oráculo e oração) e ações, apresenta uma visão sobre a posição social do profeta. As ações assumidas no núcleo inicial de Habacuque sugerem que o profeta apresenta uma queixa diante de YHWH sobre o destino dos ímpios e dos justos (1:2-4, 13-14) e depois segue para o posto de sentinela na muralha para esperar uma resposta divina (2:1). Esse relato notável presume que a figura central assume a responsabilidade de confrontar YHWH sobre por que os justos sofrem e os ímpios prosperam. Esse profeta adota sua autoridade para agir

[18] Nogalski, *Redactional Processes*, p. 151-52.

em nome dos justos e relata atos públicos, solicitando uma resposta de YHWH, colocando-se em alerta para aguardar essa resposta.

Um estilo autobiográfico confere ao personagem profético um papel mais proeminente em Habacuque do que a maioria dos outros escritos proféticos no Livro dos Doze.[19] Por exemplo, em Naum o profeta nunca fala de si mesmo. O estilo autobiográfico de Habacuque oferece alguma consistência estilística ao livro, mas outras observações sugerem que a forma final de Habacuque deriva de dois estágios. Deve-se prestar muita atenção ao seu caráter profético como orador e ator, mas o conteúdo dos discursos centrais provê poucas pistas sobre a data ou um cenário histórico específico que deu origem a esses discursos proféticos.

A estrutura e o conteúdo

Compreender Habacuque exige que se leve em conta quatro composições e o trabalho de um compilador que as organizou e inseriu comentários em pontos-chave do livro. As quatro composições representam fontes existentes: uma queixa do profeta que desafia YHWH a responder sobre questões relativas à prosperidade dos ímpios (1:2-4, 12-14; 2:1-4); um oráculo de punição divina colocada nas mãos dos babilônios, pronunciado por YHWH a um grupo (1:5-11), juntamente com comentários sobre os babilônios (1:15-17); uma coleção de cinco oráculos de ais contra os ímpios (2:5-20), também atualizada com uma série de observações sobre os babilônios (2:5b, 8, 10, 17); e um cântico teofânico preexistente sobre a derrota do inimigo por YHWH (3:1-19).

O questionamento do profeta começa imediatamente após a introdução do livro (1:1). Com toda a probabilidade, a reclamação original consistia em 1:2-4, 12-14 e um relato da decisão do profeta de esperar por uma resposta de YHWH (2:1-4). A reclamação original toma a forma de uma oração na qual o profeta se dirige diretamente a YHWH, expondo um problema persistente em que violência, conflito e discórdia enchem a terra enquanto a instrução (*torah*) é considerada ineficaz

[19] Veja James D. Nogalski, "Where are the Prophets in the Book of the Twelve?" in *The Book of the Twelve and New Form Criticism*, ed. Mark J. Boda, Michael H. Floyd e Colin M. Toffelmire, Ancient Near East Monographs (Atlanta: SBL Press, 2015), p. 163-82.

e a justiça é pervertida (1:2-4). Essa oração continua em 1:12-14, em que o profeta reafirma seu sentimento de que YHWH deve agir para restaurar a justiça por causa do próprio caráter de YHWH. A unidade termina com uma narrativa (2:1-3) contando a decisão do profeta de aguardar uma resposta, e a ordem de YHWH para registrar em uma tábua a visão de que o fim está chegando.[20] O questionamento original a respeito do destino dos ímpios e dos justos termina com uma resposta que exorta os justos a permanecerem fieis apesar da situação atual (2:4).

Na sua localização corrente, o oráculo divino (1:5-11) interrompe a revindicação individual de 1:2-4 e 1:12-14. Deve-se distinguir entre a forma original do oráculo e a função retórica que ele desempenha na sua localização atual. O estilo do discurso, as presunções da segunda reclamação (1:12-14) e a retórica militar diferenciam 1:5-11 do texto de queixa de ambos os lados. A reclamação apresenta uma oração entre um indivíduo e YHWH, enquanto o oráculo divino em 1:5-11 avisa a um grupo que YHWH está enviando os babilônios e descreve a brutalidade intransponível dessa força.

Por conseguinte, o oráculo se destaca do contexto circundante e parece ter sido deliberadamente inserido para *funcionar* como a resposta divina à queixa do profeta, embora o oráculo tenha sido composto de forma independente. Sem essa referência aos babilônios como punição enviada por YHWH, a reclamação do profeta é em grande parte desprovida de qualquer coisa que a ligue ao século 7. A linguagem da questionamento (1:2-4, 12-14) utiliza apenas uma terminologia inespecífica (e.g., o justo, o ímpio, o traiçoeiro), mas a referência do oráculo à chegada iminente dos babilônios cria um cenário do final do século 7 para o leitor, após a destruição da Assíria, mas antes da punição de Jerusalém em 597 ou 587 a.C.

---

[20] Foram sugeridas pelo menos cinco respostas diferentes sobre como compreender o conteúdo da visão. Veja Dietrich, *Nahum, Habakkuk, Zephaniah*, p. 126-31. A maioria reconhece o conteúdo da visão como parte de 2:4-5, enquanto outros argumentam que a visão é todo o livro de Habacuque, os oráculos da maldição em 2:5-20, a oração (Hc 3) ou um enigma. O argumento mais forte está com aqueles que têm a visão contada em 2:4, porque a ordem em 2:2 pressupõe que a visão é pequena o suficiente para ser escrita em um tábuas, mas grande o suficiente para ser lida facilmente [enquanto o profeta corre].

Os oráculos em forma de ais (2:5-20) constituem uma terceira fonte preexistente. Tal como a queixa fundamental em 1:2-4, 12-14, essas cinco maldições denunciam aqueles que conspiram para aumentar a sua própria riqueza. Esses cinco ditos começam com a partícula "ai" (2:6, 9, 12, 15, 19) e depois condena as seguintes práticas: gastar fundos que foram deixados como garantia sem pagar as próprias obrigações financeiras (2:6-7), construir grandes casas usando recursos roubados (2:9, 11), lançar mão do derramamento de sangue para construir uma cidade (2:12-14), embebedar de tal modo os vizinhos a ponto de eles se sentirem humilhados (2:15-16) e praticar idolatria (2:18-19). Esses oráculos condenam, portanto, o comportamento antiético e os delitos cúlticos, mas igualmente contêm observações entre parênteses (2:5b, 8, 10, 17) que conectam a punição a uma entidade política, amplamente reconhecida como os caldeus, que foram objeto da punição do oráculo em 1:5-11. Esses comentários, juntamente com o oráculo, enfatizam até que ponto o poder dos babilônios seria dirigido contra os ricos de Judá. Eles não celebram a ideia de que os babilônios virão. Pelo contrário, à luz das questões levantadas pela queixa profética, implica que a situação irá piorar antes de melhorar.

Pelo menos quatro linhas de evidência argumentam que o bloco fonte final (3:1-19) é um texto composto, originado independentemente dos capítulos 1—2: o alvo mutável da teofania em 3:3-7 e 3:8-15, a presença tanto de uma introdução (3:1) quanto de uma assinatura (3:19b), o uso triplo de *selá* (3:3, 9, 13), assim como o discurso em primeira pessoa (3:2, 16-19a).[21] O material em 3:3-7 relata uma teofania em que YHWH pune Cuchã e Midiã (regiões no deserto do Sinai). Em contraste, 3:8-15 usa motivos antigos do relato da criação do guerreiro divino, no qual YHWH luta contra o inimigo liderado pelo Mar (*Yam*) e pelo Rio (*Nahar*).

Habacuque 3 tem tanto uma introdução quanto uma assinatura, cada uma contendo notações de culto que em outros lugares aparecem apenas no Saltério. Nenhum salmo, entretanto, tem tanto uma

[21] Dietrich, *Nahum, Habakkuk, Zephaniah*, p. 178-82; Nogalski, *Micah-Malachi*, p. 679-87.

introdução quanto uma assinatura, o que levanta suposições de que essas notas de culto foram mantidas quando as duas partes da teofania se uniram, provavelmente antes da anexação a Habacuque.

A aparição enigmática da expressão *selá* sugere ainda que Habacuque 3 seja derivado originalmente de um contexto cúltico. A palavra *selá* aparece em outros lugares apenas nos Salmos, e esmagadoramente nos livros 1—3 (Sl 1—89).[22] Essas notações cultuais forneciam pistas para que os músicos fizessem uma pausa ou repetissem uma linha. Tais instruções eram compreendidas quando adicionadas aos salmos individuais, mas sua função acabou sendo esquecida. Datar salmos individuais é notoriamente difícil, mas a presença esmagadora de *selá* nos livros 1—3 sugere uma data compreendida no período persa.[23] Se as duas partes da teofania foram originalmente separadas, as notas de *selá* sugerem que foram combinadas em um contexto de culto antes de serem incorporadas em Habacuque.[24]

Quarto, a evidência manuscrita de textos antigos encontrados no deserto da Judeia cria algum nível de ambiguidade em relação a Habacuque 3. Dois itens em particular se destacam. O Pesher de Habacuque termina depois de Habacuque 2, enquanto o texto do grego antigo e texto de Barberini diferem do TM em alguns lugares.[25] A maioria dos estudiosos argumenta que essas variações são explicáveis sem se

---

[22] A palavra *selá* aparece cerca de 70 vezes nos livros 1—3 do Saltério, mas só aparece em dois salmos nos livros 4—5 (Sl 140:4, 6; 143:6).

[23] As evidências sugerem que os livros 1—3 do Saltério foram editados com um conjunto de técnicas diferente daquelas usadas nos livros 4—5. Veja Gerald Henry Wilson, *The Editing of the Hebrew Psalter*, SBLDS 76 (Chico, CA: Scholars Press, 1985), p. 155-58, 207-14.

[24] Alguns estudiosos sugerem que as notações de culto foram acrescentadas por causa da popularidade do capítulo, mas dificilmente parece provável que o capítulo tivesse sido destacado dessa maneira. Poemas preexistentes são inseridos em diversas passagens. O capítulo 3 de Habacuque se conecta aos capítulos 1—2 apenas em um nível temático vago, o que permite perguntar por que um editor escolheu o poema para ser colocado depois de 2:5-20.

[25] Veja William H. Brownlee, *The Midrah Pesher of Habakkuk*, SBLMS 24 (Missoula, MT: Scholars Press, 1979); Dietrich, *Nahum, Habakkuk, Zephaniah*, p. 103-5; *F. F. Bruce, "The Dead Sea Habakkuk Scroll", The Annual of Leeds University Oriental Society* I (1958-1959): 5-24. A versão Barberini representa uma tradução grega de Habacuque 3 encontrada em vários manuscritos medievais que não depende da LXX.

recorrer à suposição de que Habacuque 3 foi acrescentado depois que o Pesher de Habacuque foi escrito no século 2 a.C., mas alguns levantaram questões a esse respeito. Da mesma forma, muitas variações nas tradições gregas são geralmente tratadas como decorrentes de termos e frases hebraicas muito obscuras que os tradutores sentiram necessidade de modificar a fim de dar sentido ao texto para o seu próprio público. Com toda a probabilidade, essas variações atestam o estilo difícil exibido por Habacuque 3, e não uma versão diferente.

Quinto, o discurso na primeira pessoa estrutura a teofania como uma oração. A teofania composta começa com uma petição em primeira pessoa a YHWH (3:2). Habacuque 3:7 conclui a primeira parte da teofania com o orador descrevendo seu próprio temor de Cuchã e Midiã ao ver o aparecimento de YHWH. A fala em primeira pessoa também domina 3:16-19. A linguagem que ressalta o "eu" enquadra assim retoricamente os dois relatos da teofania. O orador em primeira pessoa torna-se identificado com o profeta, não apenas por causa da identificação explícita em 3:1, mas porque 3:2 (juntamente com 3:16-19) assume uma resposta tanto de submissão humilde quanto de temor do que está por vir ao povo de YHWH. O orador reconhece a ira vindoura de YHWH, mas também implora a YHWH por misericórdia. Esse apelo à misericórdia espera a sobrevivência dos fiéis.

Os mesmos motivos aparecem no final da teofania quando o profeta fala, como em 3:2. O profeta teme o inimigo (3:16a) e antecipa o castigo (3:16b). A referência àqueles que atacarão responde ao anúncio culminante de que YHWH derrotará o inimigo em 3:13-15. Assume-se que um inimigo atacará Judá e que esse inimigo será finalmente derrotado. Ao mesmo tempo, 3:16-19 sabe que o inimigo infligirá danos a Judá no dia da angústia. O orador também antecipa a infertilidade da terra, um motivo que aparece frequentemente no rolo dos Doze.[26] O orador proclama que, embora a infertilidade venha sobre a terra, "ainda assim eu exultarei em YHWH" e "me alegrarei no Deus da minha salvação"

A tradução em si, entretanto, provavelmente remonta ao século 2 d.C. Veja Edwin M. Good, "The Barberini Greek Version of Habakkuk III", *VT* 9 (1959):11-30

[26] Veja James D. Nogalski, "Recurring Themes in the Book of the Twelve: Creating Points of Contact for a Theological Reading", *Interpretation* 61 (2007): 228-30.

(3:18). Essa última frase ecoa um dos últimos discursos proféticos de Miqueias (7:7), as únicas duas vezes fora do Saltério onde a frase "Deus da minha salvação" aparece.[27] Se alguém pode dizer que Habacuque 3:18 foi escrito tendo em vista Miqueias 7:7, essa decisão continua sendo difícil, mas os dois versículos podem funcionar em conjunto. Implicitamente, a lógica de Habacuque assume que a Assíria saiu de cena (o que Naum demonstrou), mas que a situação em Judá permanece inalterada desde a época de Miqueias (cf. Hc 1:2-4 e Mq 7:1-7).

Datação do profeta e do livro

A questão de como datar Habacuque está intrinsecamente ligada à questão de como o livro surgiu. Devem ser indicados três pontos de partida, duas suposições e uma dedução relativa às provas relevantes. Primeiro, deve-se presumir que existiu um profeta chamado Habacuque, apesar de o livro não apresentar nenhum dado biográfico.[28] Em segundo lugar, deve-se assumir que o nome Habacuque implica que existia uma composição literária associada ao profeta. Terceiro, pode-se deduzir das características literárias de Habacuque 3, discutidas anteriormente, que representa uma composição preexistente com sua própria história literária antes de ser afixada em Habacuque. Da mesma forma que Naum 1:2-8 foi colocado na frente de Naum e um cântico de ação de graças inserido em Jonas, Habacuque 3 foi adicionado ao final do livro que leva esse nome. Como resultado, deve-se considerar se Habacuque 3 vem do mesmo autor (Habacuque, o profeta) como material central dos capítulos 1—2. A evidência sugere que Habacuque 3 provavelmente não deriva do mesmo autor que o núcleo dos capítulos 1—2 e que, em vez disso, o nome Habacuque foi provavelmente fixado secundariamente a 3:1 (talvez no lugar de um nome que já estava lá). Todos esses três pontos de partida afetam a forma como descrevemos o desenvolvimento de Habacuque no formato que o temos agora.

---

[27] A frase aparece em outro lugar apenas no Salmo 18:46; 25:5; 27:9; 51:14; e 88:1.

[28] Se alguém quisesse inventar um profeta a partir de sua origem, o mais provável é que seria um personagem com um nome simbólico (e.g., "Malaquias" = "meu mensageiro" ou "Obadias" = "servo de YHWH").

A datação do livro de Habacuque também se tornou cada vez mais complexa nos últimos 40 anos, à medida que cresceu o número de estudiosos que defendem um processo composicional em múltiplas etapas. Na maioria dos modelos, a referência histórica mais concreta (o oráculo sobre os babilônios) interrompe uma queixa existente (1:2-4, 12-14), mas essa reivindicação preexistente usa apenas termos muito gerais, portanto qualquer tentativa de datar a reclamação torna-se mais subjetivo.[29] Por conseguinte, as datas sugeridas para a composição de Habacuque agora variam do século 7 ao período helenístico, embora a maioria dos modelos considere a maior parte do livro em vigor entre o final do século 6 e meados do século 5 a.C.[30] Essas datas também têm implicações na forma como se entende a relação de Habacuque com outros textos do Livro dos Doze.[31]

Mesmo uma avaliação rápida desses modelos redacionais cria duas impressões relativas ao isolamento e sequenciamento do material. Por um lado, a maioria das investigações reconhece unidades funcionais semelhantes, mas por outro lado, a ordem em que as peças se juntam difere consideravelmente.[32] Ao reconhecer que quatro composições

---

[29] Veja a discussão da história recente desses estudos redacionais em Dietrich, *Nahum, Habakkuk, Zephaniah*, p. 98-103. O resumo inclui obras de Jeremias, Gunneweg, Lindström, Otto, Koenen, Bosshard-Nepustil, Seybold, e o próprio Dietrich.

[30] Otto divide desnecessariamente Habacuque em seis estágios editoriais que se estendem do século 7 ao 5 (Eckart Otto, "The Theology of the Book of Habacuque", *VT* 35 [1985]: 277-83). Veja também seu extenso trabalho em "The Place of Woe Words in the Annunciation of the Prophet *Habakkuk*", *ZAW* 89 (1977): 73-107.

[31] Por diferentes razões, Schart e Wöhrle sugerem que Habacuque (e Naum) entraram no corpus expandido antes de Joel. Schart argumenta que Naum e Habacuque entraram logo após a criação do Livro dos Quatro (Schart, *Die Entstehung des Zwölfprophetenbuchs*, p. 234-51). Wöhrle oferece uma hipótese complexa de que Naum e Habacuque entraram no corpus maior separadamente, em grande parte porque ele vê Naum como originalmente contendo palavras de julgamento contra Judá (Wöhrle, Der Abschluss des *Zwölfprophetenbuches*, p. 24-66, 289-334). Dietrich defende um desenvolvimento de Habacuque em três estágios, que começa no século 7. O estudioso argumenta que Habacuque se juntou a Naum para criar um livro de dois profetas em sua segunda fase, tratando das duas superpotências regionais anteriores. O terceiro estágio de Dietrich ocorre mais tarde no período persa com acréscimos a Habacuque 3 e Naum 1:2-8 (Dietrich, *Nahum, Habakkuk, Zephaniah*, p. 100-101).

[32] Por exemplo, embora alguns poucos autores como Dietrich considerem o oráculo (1:5-11) como parte integrante da porção mais antiga de Habacuque, a evidência

literárias existentes foram unidas para criar um retrato de uma queixa profética, uma resposta divina e uma afirmação da eventual punição de YHWH *tanto* pela injustiça dos judeus *quanto* pela brutalidade dos babilônios, pode-se realmente explicar a grande maioria do livro como um todo redigido, em vez de uma série de estágios de desenvolvimento. A maior diferença entre esse modelo e alguns outros é que esses elementos não poderiam ter sido combinados no século 7 a.C. Ao contrário disso, os redatores que criaram Habacuque a partir dessas quatro fontes provavelmente tiveram um bom desempenho no período persa. Habacuque poderia ter sido nomeado como a fonte da questionamento e da resposta narrativa, mas poderia ter sido composto no século 7 ou 4.[33] O mesmo vale para os oráculos dos ais antes que o comentário antibabilônico reinterprete seu foco original. Os elementos de culto que existiam com o cântico têm contrapartes do período persa, especialmente a palavra *selá* em Habacuque 3 e nos três primeiros livros dos Salmos.

Assim como Naum, o livro de Habacuque trabalha com uma periodização da história. Em vez da Assíria, Habacuque testemunha a decisão de YHWH de continuar punindo Judá por meio do ataque de Babilônia. Habacuque começa descrevendo a situação ética de Judá como essencialmente a mesma descrita por Miqueias 7:1-7, exceto que a Assíria havia saído de cena (como o leitor de Naum já saberia), mas Judá então enfrentará uma inimigo ainda maior (como Habacuque leva o leitor a perceber).

---

mais forte reside naqueles que tratam o oráculo como uma fonte inserida, mesmo que a data absoluta de sua composição e sua anexação ao texto de questionamento permaneçam ainda em debate. Os imperativos plurais, que iniciam o oráculo, transmitem um forte sentimento de disjunção como uma resposta original à oração individual de 1:2-4; 12-14, especialmente à luz das respostas imperativas singulares à oração que ocorrem em 2:1-3.

[33] Muitos observam que a queixa tem semelhanças com Jeremias, um profeta do século 7 que seria aproximadamente contemporâneo do cenário literário concebido para Habacuque. Antes da adição do oráculo (1:5-11), a natureza genérica da reclamação sobre os ímpios e os justos também tem fortes paralelos na literatura do período persa, mais notavelmente em Jó e nos salmos teocráticos. Veja Schmid, *The Old Testament: A Literary History*, p. 154-55 (Jó) e p. 152-54 (salmos teocráticos).

Habacuque dentro do Livro dos Doze

A leitura de Habacuque no Livro dos Doze assume outros contextos. A decisão de Habacuque começar com uma queixa ilustra de forma bastante eficaz o que acontece quando se lê os livros individuais dos Doze como compilações completamente independentes de material profético ou como parte de um contexto literário mais amplo. Como um livro isolado, os estudiosos geralmente tratam a pergunta inicial de Habacuque ("Até quando, YHWH?") como pouco mais do que um marcador de gênero, se é que o mencionam. Por outro lado, aqueles que leem os Doze como uma coleção (cujas peças pedem que sejam lidas à luz umas das outras) observam essa questão inicial de forma diferente. A queixa pressupõe que os problemas de violência e injustiça já existiam antes de o profeta falar, no livro de Habacuque. Na verdade, embora o livro de Naum prometesse que a destruição da Assíria traria alegria a Judá, Naum jamais menciona as ações do povo de YHWH. Quando alguém pergunta, contudo, o que o povo estava fazendo na última vez que um profeta se dirigiu a eles, o leitor do Livro dos Doze é atraído para o confronto do profeta com o povo em Miqueias 7:1-7. Essa passagem relata uma situação notavelmente semelhante à da abertura de Habacuque.[34] Tanto Habacuque 1:2-4 quanto Miqueias 7:1-6 descrevem uma situação social em que não há pessoas honestas, em que a violência é abundante e a justiça se apresenta pervertida. Miqueias 7:7 também conclui com um paralelo verbal com Habacuque 3:18. O estreito paralelo verbal também transmite a sensação de que algo mudou desde a época de Ezequias (assumido no final de Miqueias). Em Miqueias 7:8-10, a senhora Sião dirige-se à senhora Nínive com uma afirmação de que YHWH virá em seu auxílio. Em Habacuque, a Assíria e a senhora Nínive desapareceram de cena, mas o comportamento da elite de Judá não mudou, por isso YHWH anuncia que os babilônios serão enviados, um perigo ainda maior.

A linguagem que descreve os babilônios em Habacuque 1:5-11 contém uma série de semelhanças verbais com as descrições da Assíria em Naum 3. Esses agrupamentos lexicais provavelmente não são

[34] Veja Nogalski, *Micah-Malachi*, p. 689.

alusões deliberadas, mas a repetição de tantos termos certamente convida à comparação. A repetição leva o leitor atento a ver que o medo dramático criado pela Assíria em Naum 3 ou é superado pela força ainda mais poderosa da Babilônia ou aponta para a destruição da Assíria (pelos babilônios, embora não sejam mencionados em Na 3). Essa dupla ameaça da Assíria seguida pela Babilônia é compatível com as épocas históricas dos séculos 8-7, quando as duas entidades políticas se tornaram as superpotências regionais que dominaram o cenário. O Livro dos Doze reflete essas épocas ao incluir mensagens proféticas que explicam a queda da Assíria (em Naum) e a ascensão e queda da Babilônia (em Habacuque) como eventos iminentes. Esse sentido de proximidade força o leitor a percorrer essas épocas, por assim dizer, e a lutar com as afirmações teológicas de que a ira de YHWH contra Judá resultou na sua determinação, primeiro da Assíria, e depois da Babilônia, como instrumentos de justiça, os quais mais tarde também teriam de ser punidos.

Habacuque 3:16-17 também se relaciona com uma série de textos dos Doze que evocam os motivos da infertilidade (ou fertilidade potencial) da terra usando alguma combinação de videira, vinho, grãos, azeite e figueira. Esses textos começam em Oseias e Amós, onde se referem principalmente ao Reino do Norte (e.g., Os 2:8, 22 [Hebr. 2:10, 24]; 7:14; 14:7 [Hebr. 14:8]; Amós 4:9). A maioria desses textos, porém, começando com Joel, relaciona-se à infertilidade ou fertilidade potencial de Judá (e.g., Jl 1:7-14; 2:22-24; Hc 3:17; Ag 1:11; Zc 8:12; Ml 3:11). Essas ligações agrícolas afetam o leitor, embora nem todas devam estar vinculadas a um único redator.

Joel

Contexto histórico de Joel

Em sua forma final, Joel representa um dos livros mais recentes do cânon profético.[35] Joel demonstra uma consciência altamente refinada

[35] Essas posições não são caracterizadas pela unanimidade. Bem poucos acadêmicos nas últimas décadas argumentam que Joel é do período pré-exílico. Kapelrud datou Joel da segunda metade do século 8, mas seus argumentos foram repetidamente

em relação a outros textos bíblicos, alguns dos quais envolvem citações de textos pós-exílicos. A amplitude dos textos literários aos quais Joel alude deve ser levada em consideração na questão da datação.[36] Joel pressupõe um templo em funcionamento (1:9, 13-16; 2:12, 17), que foi concluído em 515 a.C. O fato se refere às muralhas da cidade de uma forma a pressupor que elas deveriam ser capazes de resistir a ataques, mas essas muralhas não oferecem obstáculo ao exército de YHWH (2:7, 9). Assumindo algum núcleo de autenticidade na tradição de que Neemias não restaurou os muros de Jerusalém senão até 445 a.C., Joel 2 não deveria ser datado até algum tempo depois desse período. Da mesma forma, o profeta nunca menciona o rei ou a família do rei. Além disso, o relacionamento das entidades políticas em Joel 3:4-8, 19 (Hebr. 4:4-8, 19) é melhor explicado por uma data no início do século 4.[37]

A datação do livro de Joel depende muito de como são interpretados vários fenômenos. Por um lado, existe um consenso virtual de que Joel deriva do período persa pelas razões anteriormente expostas. Por outro lado, existem sérias diferenças entre os modelos composicionais sobre como explicar as mudanças radicais de perspectiva encontradas no livro. Para alguns, incluindo este autor, tais diferenças resultaram porque Joel foi compilado através da combinação de uma série de fontes pré-existentes. Para outros, Joel desenvolveu-se em etapas, à medida que leitores posteriores atualizavam o livro com suas próprias perspectivas a respeito do dia de YHWH. Em outras palavras, Joel provavelmente reflete um cenário médio e tardio do período

---

refutados (Arvid S. Kapelrud, *Joel Studies*, Uppsala Universitets Arsskrift [Uppsala: Lundequistska, 1948]). Rudolph defende uma data do início do século 6 (Rudolph, *Joel-Obadja-Jona*, KAT 13, pt. 2 [Gutersloh: Gutersloher Verlagshaus, 1971], p. 24-29). Alguns estudiosos datam pelo menos os capítulos 1—2 do final do século 6 ou início do século 5 a.C. A maioria dos acadêmicos vê Joel como um texto composto com fontes provenientes de diferentes épocas do período persa.

[36] O caráter alusivo do material sugere que Joel tomou emprestado (ou mostrou conhecimento de) Gênesis, Êxodo, Amós, Miqueias (ou Isaías), Sofonias, Ezequiel, Obadias e Malaquias. Dificilmente parece ser possível explicar o uso que Joel fez dessa ampla gama de textos anteriores ao final do século 5 ou início do século 4 a.C.

[37] Veja o resumo desses argumentos em Hans Walter Wolff, *Joel e Amos*, trad. Waldemar Janzen et al., Hermeneia (Filadélfia: Fortress, 1977), p. 4-6, 77-78.

persa, mas como o livro é uma obra composta, a questão permanece complicada.

O profeta e o livro

O livro de Joel praticamente não fornece dados biográficos relativos ao profeta, exceto o nome do seu pai, Petuel (1:1). Quatro características, contudo, implicam algo sobre o contexto do profeta. Primeiro, o cenário do livro é Jerusalém por causa das referências ao templo (1:9, 13-16; 2:12, 17) e Sião (2:1, 15, 23, 32; 3:16, 17, 21). Em segundo lugar, o extenso apelo ao arrependimento que compreende os capítulos 1—2 desafia a população e os oficiais do templo a regressar para YHWH, mas não contém acusações dos delitos cometidos.[38] Terceiro, Joel conhece outros textos bíblicos, sugerindo que o profeta foi treinado como um escriba exegeta que ecoa outros textos para tornar relevante a sua própria mensagem profética.[39] Quarto, a linguagem e os temas de Joel reaparecem em lugares-chave no Livro dos Doze, fazendo com que o Joel seja um livro fundamental na discussão desse manuscrito. Essas alusões têm um propósito claro. Elas prenunciam uma história de Judá em termos paradigmáticos. Múltiplas ameaças a Judá conduziram ao arrependimento. YHWH mostra continuamente graça ao seu povo quando retornam para Ele, mas irá responsabilizar aqueles que não o fizerem (tanto os que estão dentro quanto de fora de Judá).

[38] Veja Nogalski, "Presumptions of Covenant in Joel", p. 211-28. Essa retórica deriva de um raciocínio pactual, a qual postula que o cenário atual resulta da maldição que YHWH enviou por causa da desobediência do povo. A linguagem de Joel é altamente carregada de acusações. O caráter ríspido com que o profeta interpela o povo (e.g., chamando-os de bêbados em 1:5) e os sacerdotes (a quem ele desafia a lamentar e prantear em 1:13) presume que Joel vê um perigo no estado atual da terra que outros não vislumbram. Contudo, o profeta não especifica o que Judá teria feito de errado.

[39] Veja Siegfried Bergler, *Joel als Schriftinterpret*, BEATAJ 16 (Frankfurt: Lang, 1988); Nogalski, "Joel as Literary Anchor", p. 91-109; e idem, "Recurring Themes in the Book of the Twelve", p. 125-36.

A estrutura e o conteúdo de Joel

O livro de Joel tem um propósito retórico e uma estrutura clara, mas também apresenta vários pontos de disjunção, sugerindo que o livro foi compilado a partir de diversas fontes.[40] Depois da introdução sem data específica (1:1), os blocos retóricos maiores se mostram claramente: um desafio profético para reconhecer os sérios problemas que a comunidade enfrenta (1:2-20); um poema alertando sobre a proximidade da vinda do dia de YHWH (2:1-11); um apelo explícito ao arrependimento coletivo (2:12-17); a primeira promessa para o futuro imediato caso o povo se arrependa (2:18-27); uma segunda promessa relativa ao futuro distante (2:28-32 [Hebr. 3:1-5]); e uma terceira promessa (também para um futuro longínquo) de punir as nações que se aproveitaram das falhas de Judá (3:1-21 [Hebr. 4:1-21]).

Em Joel 1:2-20, o profeta confronta uma série de grupos da população com as implicações de uma ameaça de proporções sem precedentes que o país deverá enfrentar. Esse estilo de confronto é caracterizado pelo uso de imperativos, pela exigência de se prestar atenção e por um claro senso de urgência. No entanto, quando olhamos atentamente para os detalhes dessa ameaça, reconhecemos que as passagens não são uniformes, uma vez que as advertências incluem uma série de pragas de gafanhotos (plural, não singular) ou se baseiam em imagens de gafanhotos (1:4, 8), um ataque inimigo (1:6-7), uma seca (1:10-12, 17-18) e um incêndio das pastagens (1:19-20). Algumas dessas imagens podem se sobrepor, mas cumulativamente sugerem uma peça literária composta projetada para transmitir uma situação extremamente terrível (1:4).[41] Além disso, Joel 1 oferece diversas conexões linguísticas e

---

[40] Acerca de quantas fontes preexistentes foram utilizadas e como foram reunidas continua a ser uma questão em debate. Para alguns, as fraturas refletem apenas os pontos em que os próprios discursos do profeta foram unidos, enquanto outros duvidam que esses textos venham de uma única mão. Um terceiro grupo discute o desenvolvimento do livro como o produto de um longo processo de transmissão. Para esse terceiro grupo, veja Jeremias, *Joel, Obadja, Jona, Micha*, 3—5; Wöhrle, *Die fruhen Sammlungen des Zwölfprophetenbuches*, p. 391-435.

[41] Siegfried Bergler explica astutamente essa colagem de imagens como a expansão de um poema preexistente sobre uma seca combinada com a linguagem de maldição de Deuteronômio 27—28 e imagens de pestes de Êxodo 10 (Siegfried Bergler, Joel

temáticas com Oseias, sugerindo que a compilação de Joel foi concluída tendo em vista sua localização entre Oseias e Amós.[42]

O confronto de abertura do livro em 1:2-20 divide-se em vários segmentos retóricos, incluindo uma chamada introdutória à atenção do leitor (1:2-4); uma série de desafios retoricamente ríspidos ao povo, qualificando-os como bêbados (1:5-10), aos agricultores e vinicultores (1:11-12) e aos sacerdotes (1:13-14); a lamentação do profeta acerca do dia de YHWH (1:15-18); e a oração peticionária do profeta (1:19-20). Como anteriormente referido, o leitor atento não pode deixar de notar uma grande diversidade de ameaças pressupostas por esses confrontos. Joel 1:2-4 antecipa uma série de pragas de gafanhotos diferentes de tudo que o povo já experimentara.[43]

Em contraste, o texto de 1:5-10 mostra um conjunto diferente de problemas que ameaçam a produção agrícola de Judá. Essas dificuldades incluem um ataque inimigo de uma nação estrangeira que despoja a vegetação da terra (1:6-7) e uma seca em que a terra murcha, tornando impossível que as ofertas sejam levadas aos oficiais do templo (1:8-10). Para complicar ainda mais o quadro, a passagem de 1:6 descreve a nação atacante como uma leoa cujos dentes e presas destroem as videiras e figueiras (1:7).[44] Todas as ameaças mencionadas em Joel 1 aparecem na seção de maldições que figuram em Deuteronômio como punições

als Schrifinterpret, p. 247-94, 335-47); veja também Nogalski, "Presumptions of Covenant in Joel", p. 211-28).

[42] Nogalski, *Redactional Processes*, p. 23-26, 275-78. Em vez do modelo de compilação de fontes de Bergler, alguns estudiosos sugerem que Joel 1 foi expandido ao longo do tempo. Mais notavelmente, o trabalho de Jakob Wöhrle assumiu tal posição (Jakob Wöhrle, *Die fruhen Sammlungen des Zwölfprophetenbuches*, p. 391-435). Wöhrle vê somente uma pequena camada fundamental como o núcleo de Joel (1:1-3, 5, 8-20; 2:1, 2*, 3, 6, 10, 11b, 15-17, 21-24, 26a) composto até o período persa, seguido por uma série de quatro camadas redacionais que duram até o período helenístico.

[43] Muito se tem discutido sobre se os termos utilizados para os gafanhotos correspondem a fases de desenvolvimento ou se representam espécies diferentes. Infelizmente, grande parte dessa discussão trata erroneamente os ataques (plural) como uma praga única. Joel 1:4 alerta sobre múltiplos ataques, com diversos tipos de gafanhotos devorando o que os outros deixaram para trás.

[44] Alguns interpretam a "nação" em 1:6 como uma metáfora para o gafanhoto em 1:4, mas esse movimento dificilmente resolve a dificuldade, uma vez assumindo que a afirmação retrata metaforicamente um verdadeiro ataque de gafanhotos (singular)

estabelecidas sobre o que acontecerá ao povo de YHWH se eles abandonarem a aliança.[45] De fato essas maldições aparecem na descrição de Joel, com respeito do estado presente da terra, e elas entram na agenda retórica de Joel, uma vez ele começou com a afirmação de que a situação atual não tem precedentes na história de Judá (1:2-3). A multiplicação do aparecimento de maldições deveria soar como muitos alarmes tanto para os sacerdotes quanto para o povo, considerando que, no pressuposto da lógica retórica de Joel, com tantas maldições confrontando a terra, é preciso assumir que as estipulações da aliança teriam sido violadas.

A devastação da terra continua a ser um tema em 1:11-12, em que o profeta conclama os agricultores e bebedores de vinho a lamentarem porque todas as colheitas estão sendo afetadas por uma seca. No texto aparece uma lista mais extensa de produtos: trigo, cevada, videira, romãzeira, figueira, palmeira (da qual são colhidas as tâmaras) e "todas as árvores do campo". Joel 1:13-14 exorta os sacerdotes a proclamarem um jejum no templo para restaurar a capacidade do povo de fazer sacrifícios de ofertas de cereais e libações. Tal como acontece com as unidades anteriores, o apelo aos sacerdotes para que se lamentem pressupõe que eles fizeram algo errado aos olhos de YHWH.[46]

Joel 1:15-20 desenvolve a questão das ameaças anteriores, mas introduz um tema que dominará o livro, um argumento reconhecido

---

como um exército atacante, que é então apresentado metaforicamente como uma leoa que literalmente ataca as árvores. Essas imagens parecem bastante complicadas.

[45] Veja Nogalski, "Presumptions of Covenant in Joel", p. 211-28.

[46] Note-se especialmente o apelo aos sacerdotes para se vestirem com vestes de luto, ações reservadas aos funerais e à penitência. Joel, no entanto, não especifica exatamente o que o povo ou os sacerdotes fizeram de errado. Nesse ponto, o contexto se torna revelador. Se assumirmos que Joel representa o discurso de um profeta projetado para ser lido em separado, então o livro o faz com uma teologia peculiar na qual o profeta chama toda a população a se aproximar de um YHWH irado com a suposição de que eles fizeram algo errado, mas sem um estabelecimento preciso de quais foram os erros deles. Em face da extensão que o conhecimento de Joel sobre outros textos bíblicos foi documentado, as citações e conceituações intertextuais sugerem que Joel foi criado a partir de fontes existentes especificamente para caber entre Oseias e Amós. Em outras palavras, Joel (assim como Obadias e Zacarias 9—14) deve ser entendido como um produto literário projetado para sua localização atual.

como distintivo do Livro dos Doze, a saber, o dia iminente de YHWH.[47] O conceito do dia de YHWH refere-se a instâncias da intervenção direta de YHWH (normalmente para julgamento, mas também pode se referir à libertação).[48] O conceito do dia de YHWH que aparece em 1:15 e 2:1 deixará a terra desolada, mas também presume um ataque inimigo quando apela ao povo de Sião para que dê o alarme (2:1) e também quando descreve o exército atacante agindo em nome de YHWH (2:2-11).

Três qualidades iluminam a função retórica de 2:1-11, a segunda seção principal do livro. Primeiro, esses versículos foram chamados de poema do dia de YHWH, porque descrevem o exército de YHWH (2:2-10) imprensado entre advertências sobre a proximidade e a ferocidade do dia de YHWH (2:1, 11).[49] Em segundo lugar, as qualidades literárias do poema demonstram o uso de paralelismo dinâmico para criar uma espécie de enredo que percorre essas linhas poéticas.[50] Em terceiro lu-

[47] A própria frase aparece frequentemente no Livro dos Doze, mas isso é apenas uma parte da história. Outras frases aludem ao conceito. Joel 2:1 representa a primeira instância da frase "dia de YHWH", mas a frase "dia de castigo" contra Efraim em Oseias 5:9 baseia-se em conceitos históricos semelhantes de tradição. Veja Rolf Rendtorff, "Alas for the Day! The Day of the Lord in the Book of the Twelve", in *God in the Fray: A Tribute to Walter Brueggemann*, ed. Tod Linafelt e Timothy K. Beal (Mineápolis: Fortress, 1998), p. 186-92, e James D. Nogalski, "The Day(s) of YHWH in the Book of the Twelve", p. 192-213.

[48] Esse dia tem um alvo específico (nações estrangeiras ou o próprio povo de YHWH) na história (passado, futuro iminente ou futuro distante). Todas essas variáveis devem ser avaliadas quando o conceito aparece na literatura profética. A saber, Joel exibe uma dialética que apresenta três variações do dia de YHWH: uma delas é dirigida contra Judá no futuro iminente (1:15; 2:1, 11), uma que antecipa a libertação para aqueles que invocam o nome de YHWH (2:31-32 [Hebr. 3:4-5]), e outra que se concentra no castigo das nações (3:1-21 [Hebr. 4:1-21]).

[49] Nogalski, *Hosea-Jonah*, p. 229-33. Alguns estudiosos leem esse poema à luz de Joel 1:4 como uma descrição do ataque de gafanhotos, mas ao fazê-lo, diminuem o impacto da passagem, implicando essencialmente que ela descreve uma calamidade natural. Leitores atentos, por outro lado, notam que 2:1 e 11 mencionam explicitamente o dia de YHWH.

[50] Robert Alter defende esse argumento concentrando-se em vários aspectos do paralelismo em Joel 2:1-11 (Robert Alter, *The Art of Biblical Poetry* [Nova York: Basic Books, 1985], p. 40-43). Ele destaca de que forma o paralelismo intensifica a ação por meio de atos paralelos ao longo do tempo, a repetição simétrica e a ação sobreposta por meio da repetição incremental. Igualmente importante, as descrições

gar, as citações intertextuais em 2:1-11 destacam a terminologia de outras partes do Livro dos Doze que descrevem o iminente dia de YHWH dirigido contra Jerusalém.[51]

Joel 2:12-17 desempenha um papel fundamental na estrutura e na retórica do livro. Esses versículos apresentam um chamado coletivo ao arrependimento. Tal como acontece com 1:4-15, esses versículos vão longe demais para mostrar que o apelo ao arrependimento se destina a toda a população.[52] Tal como acontece com as unidades anteriores, a leitura de 2:12-17 recorre a outro texto para fortalecer seu argumento, especificamente Êxodo 34:6-7.[53] Esse texto em particular não apenas de-

---

do inimigo tornam-se cada vez mais ameaçadoras. Três vezes o poema descreve o inimigo atacante em termos assustadores (2:3, 4-5, 7-9) e três vezes responde algo assim como: a terra queima (2:3), todos os humanos tremem de medo (2:6) e o cosmos treme e escurece (2:10). Do ponto de vista espacial, o exército começa no topo das montanhas distantes (2:5), depois escala a muralha (2:7), em seguida salta no topo das muralhas da cidade (2:9) e culmina entrando nas casas pelas janelas (2:9). Enfim, o leitor entende que o próprio YHWH lidera o enorme exército (2:11), enfatizando que ninguém teria chances contra o poder do exército de YHWH.

[51] O início e o fim do poema descrevem o dia de YHWH com frases que reaparecerão no Livro dos Doze. Em 2:1, "o dia de YHWH está próximo" aparece como em Obadias 15 (descrevendo um dia de julgamento contra todas as nações) e em Sofonias 1:7 (direcionado contra Jerusalém e Judá). Joel 2:11 prenuncia Malaquias 3:2, acentuando que ninguém pode suportar o grande e terrível dia de YHWH (cf. Ml 3:2b-3). Da mesma forma, a linguagem envolvendo o escurecimento do sol, da lua e das estrelas aparece em todos os três retratos do dia de YHWH em Joel 2:10, 31; 3:15 (Hebr. 2:10; 3:4; 4:15). O primeiro deles (2:10), descreve a reação do cosmos ao exército de YHWH quando Judá é ameaçado. O segundo (3:4) refere-se a 2:11 como o dia de YHWH que não pode ser suportado, mas oferece uma exceção para aqueles que invocam o nome de YHWH. A terceira instância (3:15) descreve o dia de YHWH contra as nações, quando YHWH se assentará como juiz no Vale de Josafá. Portanto, tanto em Joel quanto em todo o Livro dos Doze, as citações do dia de YHWH feitas por Joel prenunciam variações do dia de YHWH: uma ameaça iminente para Judá, Jerusalém e as nações, além de uma esperança de se estar entre o remanescente em Sião.

[52] O texto menciona reunir o povo, santificar a congregação e juntar os idosos, os recém-nascidos e os recém-casados (2:15-16). Os sacerdotes são admoestados a solicitar esse arrependimento no templo (2:17).

[53] Êxodo 34:6-7 aparece como parte da resposta de YHWH à confecção do bezerro de ouro. Essa autodescrição fundamental enfatiza a compaixão, a graça e a fidelidade de YHWH que mostram que Ele é tardio em irar-se (34:6-7a) e conclui afirmando que YHWH punirá os culpados até a terceira e quarta geração (34:7b).

sempenha um papel importante em Joel, mas também exerce um papel significativo na primeira metade dos Doze.[54] Em Joel, o chamado ao arrependimento que começa em 2:12 cita Êxodo 34:6 como expressão da esperança de que YHWH não destruirá Judá e Jerusalém. Joel apresenta esse arrependimento como um último esforço para evitar a destruição, articulando também a suposição de que o ato de arrependimento por si só não garante que YHWH renunciará sua intenção de punir Jerusalém (veja 2:14). Embora Êxodo 34:6-7 desempenhe um papel fundamental no chamado de Joel 2:12-17 para o arrependimento, o final do livro também alude a Êxodo 34, mas ao fazê-lo capta os elementos relacionados à segunda parte (34:7b), afirmando que YHWH de forma alguma inocentará o culpado (Jl 3:21 [Hebr. 4:21]).[55]

A unidade seguinte (2:18-27) funciona de alguma forma como a resposta de YHWH ao arrependimento de Judá. O centro do problema diz respeito a como entender as promessas articuladas em 2:18-27 sendo a resposta passada ou futura de YHWH.[56] Em ambos os casos,

---

[54] A linguagem de Êxodo 34:6-7 reaparece no final de Joel (3:19-21 [Hebr. 4:19-21]), no final de Miqueias (7:18-20) e no início de Naum (1:2-3) e (de forma bem diferente) no livro de Jonas. Retoricamente, tanto as passagens de Joel quanto a junção de Miqueias 7/Naum 1 usam uma combinação temática bastante sofisticada ao aludirem a Êxodo 34:6 e 34:7. Miqueias 7:18-20 baseia-se principalmente em Êxodo 34:6 para pronunciar a compaixão de YHWH pelo povo de YHWH, enquanto Naum 1:2-3 se relaciona tematicamente com Êxodo 34:7b (embora use alguns termos de 34:6).

[55] A mudança de temas entre as duas citações de Êxodo 34:6-7 em Joel também se relaciona com os contextos em que as duas citações aparecem. Ao recorrer a Êxodo 34:6, Joel 2 cita a compaixão de YHWH porque o dia de YHWH ameaça Judá e Jerusalém. Por outro lado, o dia de YHWH em Joel 3 concentra-se no julgamento de YHWH sobre as nações, resultando na linguagem de Êxodo 34:7, usada para afirmar que YHWH punirá as nações culpadas que tentaram destruir Jerusalém (especificamente, Egito e Edom).

[56] Nada indica como o povo e os sacerdotes responderam ao chamado em 2:12-17. Alguns intérpretes argumentam que as promessas em 2:18-27 *pressupõem* que o povo se arrependeu e que YHWH respondeu favoravelmente. Eles traduzem os verbos em 2:18-19 no pretérito (cf. NRSV, CEB). Outro grupo interpreta 2:18-27 como uma promessa contingente que continua o chamado ao arrependimento em 2:12-17. Esse grupo traduz os verbos em Joel 2:18-19 como futuro (cf. KJV, NAS, NVI). Ambas as traduções são sintaticamente possíveis, mas o argumento para traduzir 2:18-19 como futuro é contextualmente mais forte. Primeiro, a fertilidade agrícola

as ações de YHWH introduzem uma série de promessas relacionadas à saúde da terra, o que estrutura o restante do livro de Joel. No entanto, não se deve ignorar o fato de que as promessas de 2:18-27 representam a reversão das ameaças sofridas por Judá e Jerusalém no capítulo 1. O exército atacante, a seca e as pragas de gafanhotos serão todos removidos de acordo com 2:18-27 caso o povo se arrependa. A linguagem de 2:21-27 representa exortação. Esses versículos apelam à coragem em face da incerteza, ao mesmo tempo que articulam um retrato esperançoso da resposta de YHWH.

Joel 2:28-32 (Hebr. 3:1-5) muda o foco tanto no aspecto cronológico quanto material.[57] Cronologicamente, 2:18-27 apresenta suas promessas como relacionadas ao futuro próximo, mas a passagem de 2:28 articula uma promessa para um futuro mais distante ("E, depois disso"). As promessas em 2:18-27 se desdobrarão ao longo do tempo, mas as mudanças em 2:28 antecipam um período ainda mais distante. No aspecto

será restaurada e Judá não será mais ridicularizado entre as nações (2:19; cf. 2.24); segundo, YHWH promete remover o exército do norte que invadiu a terra (2:20); e terceiro, YHWH promete especificamente que a restituição virá (veja 2:25) para as pragas de gafanhotos mencionadas em 1:4. Todas essas promessas estão relacionadas com eventos futuros. Além disso, as ordens em 2:21-23 ("não tenhas medo, ó terra", "regozije-se" e "alegre-se") apontam respostas para as promessas que ainda não foram cumpridas.

[57] Desde o século 19, os estudiosos argumentam que Joel não representa uma composição unificada. Alguns veem toda a segunda metade do livro como uma parte representativa de ideias posteriores. Outros afirmam que 2:28-32 representa o bloco mais recente e menos coeso que foi adicionado a Joel. Veja a descrição da história desses argumentos em John Barton, *Joel e Obadiah*, OTL (Louisville: Westminster John Knox, 2001), p. 6-7. Wolff argumenta contra essa posição (Wolff, *Joel e Amos*, p. 60). Outros ainda reconhecem Joel como sendo essencialmente o trabalho de um único autor/compilador que combina fontes independentes para conduzir seus leitores a uma reflexão. Veja Barton, *Joel e Obadias*, p. 7-10. Barton defende ambos os conceitos. Ele acredita que os capítulos 1—2 refletem uma única composição, mas vê 2:28—3:21 (Hebr. 3:1—4:21) como uma coleção de ditos que estão apenas vagamente relacionados. Barton faz uma observação astuta ao distinguir entre a unidade orgânica e a unidade imposta em Joel (Barton, *Joel e Obadiah*, p. 8-14). Para ele, Joel 1—2 representa um argumento mais sustentado que se destina a ser lido em conjunto, embora nenhuma lógica retórica real conecte os blocos em 2:28-3:21 (Hebr. 3:1—4:21). No entanto, Barton não percebe o fato de que uma sequência cronológica foi imposta ao texto nesses capítulos ("depois" em 2:28; "naqueles dias e naquele tempo" em 3:1). Esse sinal alerta o leitor para as expectativas cronológicas.

material, esses versículos antecipam um futuro em que o derramamento do espírito de YHWH será manifestado a todos: homens e mulheres, velhos e jovens, servos e servas. Esse retrato radicalmente inclusivo de um futuro distante é raro no Antigo Testamento.[58] Os mesmos versículos também antecipam um dia vindouro de YHWH, mas não o mesmo dia de YHWH previsto em 1:15 e 2:1. As ações anteriores anteciparam um dia de YHWH que ameaçava iminentemente Jerusalém. O dia de YHWH em 2:28-32 representa um dia de julgamento pressagiado por uma convulsão cósmica (2:30-31), mas a unidade culmina no pronunciamento de que aqueles que invocarem o nome de YHWH em Sião e Jerusalém serão libertados. Aqui, o dia de YHWH não é usado para explicar a seca, as pragas de gafanhotos ou um ataque inimigo.

Joel 3 (Hebr. 4) encerra o livro com mais uma mudança temática. Esses versículos não se concentram em Judá ou em como sobreviver. Ao contrário, se focam no julgamento iminente contra nações estrangeiras que se aproveitaram de Judá e de Jerusalém. Quer Joel 3 represente parte de uma adição posterior ao livro, quer ou tenha sido compilado depois da maior parte dos capítulos 1—2, não há dúvida de que Joel 3 foi compilado deliberadamente como uma conclusão do livro tal como o temos agora. Seu foco no dia de YHWH como ponto de julgamento contra as nações preenche a terceira variação do dia explorada em Joel. Sua estrutura deliberada prenuncia retoricamente sua mensagem e reverte a destruição mostrada no capítulo 1. Joel 3 apresenta-se em quatro partes: uma introdução temática (3:1-3 [Hebr. 4:1-3]), uma conclusão em forma de promessa (3:18-21 [Hebr. 4:18-21]), um oráculo contra inimigos específicos (3:4-8 [Hebr. 4:4-8]) e um oráculo genérico contra todas as nações vizinhas (3:9-17) [Hebr. 4:9-17]) que enfrentarão o julgamento de YHWH no dia de sua escolha.

Os elementos de enquadramento muitas vezes passam despercebidos nas discussões sobre a função retórica do capítulo final do livro. Os versículos iniciais (3:1-3 [Hebr. 4:1-3]) introduzem os temas do restante de Joel como um quiasma temático:

---

[58] Esses versículos são citados por Pedro em Atos 2:16-21 como evidência de que os eventos do Pentecostes foram preditos por Joel, e a abrangência da promessa serviu muito bem à agenda do autor de Atos.

A Uma restauração de Judá e Jerusalém (3:1)
B Julgamento no vale de Josafá (3:2)
C Punição por vender o povo de Deus como escravo (3:3)
C′ Punição por vender o povo de Deus como escravo (3:4-8)
B′ Julgamento no vale de Josafá (3:9-17)
A′ Restauração de Judá e Jerusalém (3:18-21)

Joel 3:1-3, portanto, prepara o cenário tematicamente, mas o capítulo como um todo não funciona como uma unidade independente, uma vez que o final (3:18-21) reverte a desolação dos capítulos 1—2 e funciona como uma conclusão para o livro.[59] De forma igualmente significativa, porém, Joel 3:9-21 integra alusões a outros textos proféticos, incluindo Miqueias 4:3 (= Is 2:4), Amós 1:2 e 9:13.[60]

Joel 3:4-8 (Hebr. 4:4-8) tem sido frequentemente interpretado como um texto independente inserido secundariamente no capítulo.[61] Esses versículos têm os ingredientes de uma composição independente, mas o mesmo acontece com a maior parte de 3:9-17. Dada a estrutura

[59] Veja também Wolff, *Joel and Amos*, p. 83. A passagem de Joel 3:18 anuncia que vinho doce gotejará das montanhas, desfazendo a devastação do vinho doce em 1:5. Os ribeiros de Judá em 3:18 transbordarão de água, enquanto em 1:20 eles estavam completamente secos. Mesmo quando Joel 3:18 cita (embora o altere) Amós 9:13, a mudança envolve as colinas que manam leite, o que reverte a angústia que afeta o gado em 1:18. A expectativa de uma fonte fluindo do templo até o vale das Acácias em 3:18 desafia a realidade, mas simboliza o templo como uma fonte de água em termos associados ao paraíso, em contraste com o estado anêmico do templo em 1:13-14. Ameaças específicas contra o Egito e Edom em 3:19 (especialmente à luz da menção anterior das regiões fenícias e filisteias ao longo da costa em 3:4-8) revertem a ameaça do ataque inimigo que enfrenta Judá (veja especialmente 1:6-7). Os dois versículos finais reiteram o tema da restauração de Judá, aludindo a Êxodo 34:7 (que combina com a alusão a Êx 34:6-7 em 2:13-14). Resumindo, 3:18-21 reverte as ameaças de Joel 1—2.

[60] Joel 3:10 funciona dentro do chamado ao julgamento sobre as nações em 3:9-17, invertendo a imagem utópica da paz universal que aparece em Miqueias 4:3 e Isaías 2:4. Joel 3:10 exorta as nações a transformarem seus implementos agrícolas em armas de guerra, uma guerra contra YHWH que eles estão fadados a perder. No final, então, Judá terá paz quando as nações forem julgadas no vale simbólico de Josafá (veja B, B′). Da mesma forma, Joel 3:16, 18 baseia-se no início (1:2) e no final (9:13) de Amós (o próximo livro na ordem dos Doze no TM).

[61] Assim, por exemplo, veja Jeremias, *Joel, Obadja, Jona, Micha*, p. 41.

temática do capítulo introduzido por 3:1-3 (veja C, C′), parece imprudente separar 3:4-8 da compilação do restante de Joel 3.[62]

Uma segunda composição segue imediatamente em 3:9-17 com um chamado ao julgamento contra as nações no vale de Josafá. Essa unidade não nomeia nações específicas (como em 3:4-8 ou 3:19), mas emite um chamado à batalha para "todas as nações vizinhas" (3:11) no vale de Josafá (3:12; cf. 3:2 que cria B e B′).

Tanto o gênero quanto o local da batalha significam seu resultado. Retoricamente, as nações são chamadas a lutar contra YHWH e o exército de YHWH, uma luta que não podem esperar vencer. Da mesma forma, o nome do local da batalha, Josafá, significa "Yahweh julgará". A seção central desse chamado à batalha (3:14-16, 18) se conecta de forma intertextual a Joel e outros textos, o que provavelmente reflete a adaptação editorial do chamado preexistente à batalha para o contexto de Joel.[63] Joel 3: 9-17 descreve assim o dia de Yahweh como um dia de julgamento contra as nações que leva à segurança em Sião e Jerusalém.

Joel dentro do Livro dos Doze

Joel foi chamado de âncora literária do Livro dos Doze, e o profeta foi chamado de intérprete das Escrituras, quem criou um exemplo de profecia dos escribas.[64] Esses termos apontam para a maneira pela qual

[62] Joel 3:4-8 funciona como um exemplo concreto do motivo da escravatura de 3:3. Wolff e outros sugeriram que a situação política assumida em 3:4-8 reflete provavelmente a última parte do período persa (entre 400-350 a.C.), quando o comércio de escravos o comércio de escravos entre os gregos, fenícios e filisteus teria sido explicável (Wolff, *Joel and Amos*, p. 77-78). O conteúdo de 3:4-8 representa um oráculo de julgamento contra as regiões costeiras (Tiro, Sidom e Filístia) por venderem escravos da Judeia para noroeste, através do mar Mediterrâneo, para servirem de escravos aos gregos. O julgamento articulado nesses versículos oferece uma visão de justiça poética quando esse texto profético anuncia que a população dessas regiões costeiras será enviada exatamente na direção oposta, para sudeste e através do deserto.

[63] Joel 3:14b reitera a proximidade do dia de YHWH (cf. 1:15; 2:1) e descreve esse dia como um dia de trevas, quando o sol, a lua e as estrelas se apagarão, como na representação do exército de YHWH ameaçando Jerusalém (3:15; cf. 2:10). Embora ambas as citações se refiram a Joel 1—2, Joel 3:16, 18 baseia-se em Amós 1:2 e 9:13, citando o início e o fim de Amós, o próximo livro dos Doze.

[64] James D. Nogalski, "Joel as the Literary Anchor", P. 91-109; Bergler, *Joel als Schriftinterpet*, p. 15-32.

Joel se baseia em imagens e fraseologia bíblicas para defender seu caso, e a extensão em que isso acontece sugere que a forma final de Joel está bastante ciente de sua localização entre Oseias e Amós e de seu papel no Livro dos Doze.

Quando se reconhece a extensão do uso que Joel faz de outros textos, como do Êxodo, de Deuteronômio e vários escritos proféticos, dificilmente alguém deixará de ficar impressionado com a extensão desse fenômeno. No entanto, três características particulares devem ser observadas para mostrar até que ponto Joel pressupõe a sua localização nos Doze: os seus gêneros sobrepostos, as suas alusões a Oseias e Amós no início e no final de Joel, e o uso de Joel em outros escritos. Todos os três acrescentam textura e substância à ideia de que Joel implica seu contexto literário entre Oseias e Amós e levanta a questão de como se deve interpretar o livro a partir desse conhecimento.

Na coleção inicial dos Quatro, Amós segue Oseias, e ambos se concentraram no Reino do Norte. Enquanto Oseias conclui com um apelo claro ao arrependimento, deixando aberta a possibilidade de Israel retornar a YHWH, o livro de Amós não permite tal ambiguidade. A sua mensagem anuncia consistentemente a destruição de Israel. Ao adicionar Joel, os redatores dos Doze usaram gêneros no início e no final de Joel que se encaixam com Oseias e Amós. A sequência de Joel 1:2—2:17 agora segue o chamado ao arrependimento em Oseias 14 com seu próprio convite extensivo e claro para o arrependimento, exceto que o chamado de Joel se dirige especificamente a Judá e Jerusalém, não ao Reino do Norte. O último capítulo de Joel é apresentado como uma série de oráculos escatológicos contra as nações o que resultará na libertação de Jerusalém, enquanto Amós 1—2 opera como uma coleção de oráculos contra as nações que ocasionará a destruição de Israel. Essa combinação do destino de Israel com o de Judá interrompe deliberadamente o foco temático na destruição de Israel que domina Oseias e Amós. Com a inserção de Joel, os Doze sinalizam mais rapidamente a sua preocupação com o destino de Judá e de Jerusalém.

Os paralelos temáticos de Joel entre o destino de Israel e Judá também aparecem evocando a linguagem de Oseias e Amós. O uso que Joel faz de Oseias inclui alusões, citações e imitações.[65] Alusões, citações e contrastes temáticos também ligam Joel e Amós. Como já pode ser observado, Joel 3:16, 18 (Hebr. 4:16, 18) efetivamente abrange o livro de Amós ao citar os trechos de Amós 1:2 e 9:13, respectivamente. Pelo menos um intérprete notou que essas citações tentam reformular os oráculos contra as nações e Amós em geral, numa composição escatológica.[66] Esses paralelos certamente aumentam a orientação futura do próprio Joel. Finalmente, Joel combina os temas do arrependimento do povo de YHWH de Oseias 14 com o tema do dia de YHWH. Esses dois temas dominam Joel, mas ambos desempenham um papel significativo também em Amós (4:6-12 e 5:18-24).[67]

A linguagem de Joel também fica incorporada em outros livros dos Doze (veja a seguir), lembrando sutilmente aos leitores que o paradigma histórico de Joel se desenrola no Livro dos Doze na forma de ameaças e promessas. Como mencionado anteriormente, o leitor dos Doze encontra periodicamente a linguagem de Joel em outros livros. Nem todos esses paralelos foram implantados de forma redacional nesses ambientes, mas em vários casos é essa a realidade. Quando aparecem, essas imagens relacionadas a Joel tendem a se agrupar em torno de dois

---

[65] Joel 1:1 imita Oseias 1:1. Embora com uma variação (cf. Jl 1:8 com Os 2:14-17 [Hebr. 2:16-19]), Joel 1:8 refere-se à frase de Oseias "como nos dias de sua infância". Os produtos agrícolas, especialmente a promessa da videira, do vinho, dos cereais e do azeite em Oseias 2:21-23 (Hebr. 2:23-25) e 14:7 (Hebr. 14:8), reaparecem murchos e cortados em Joel 1. Da mesma forma, a ameaça da insuficiência da eira em Oseias 9:2 serve como parte da promessa de restauração em Joel 2:24.

[66] Schart, *Die Entstehung des Zwölfprophetenbuchs*, p. 263-65.

[67] Amós 4:6-12 relata uma ladainha de tentativas malsucedidas de fazer com que Israel mudasse de rumo; de acordo com YHWH, cinco vezes eles não responderam: "Vocês não se voltaram para mim" (4:6, 8, 9, 10, 11). Essas punições em Amós 4:6-12 estão intimamente alinhadas com as ameaças de Joel 1—2, incluindo fome, seca, praga, mofo e gafanhotos. O tema do dia de YHWH desempenha um papel definidor em Amós 5:18-24, um texto que desafia a suposição de que YHWH não julgará o seu próprio povo. Amós 5:18-24 usa imagens do dia de YHWH como trevas (5:18, 20) semelhante ao dia de YHWH em Joel (cf. 2:2). YHWH rejeita os atos de culto de Israel (Am 5:21-23) porque falta justiça na terra. Quando lido após os apelos claros ao arrependimento a Israel em Oseias 14 e a Judá em Joel 1—2, Amós 4:6-11 desafia a ideia de que um leitor dos Doze deveria assumir que o povo realmente se arrependeu em Oseias ou Joel.

motivos: (1) a chegada dos gafanhotos como punição e (2) a infertilidade ou fertilidade da terra como um sinal de maldição pela infidelidade da aliança.

Desde o início da interpretação judaica, uma corrente de estudiosos têm interpretado os gafanhotos como atacantes de nações, embora as poderosas imagens de uma praga de gafanhotos seguida por outra e ainda outra também tenham criado interpretações envolvendo gafanhotos reais.[68] Na realidade, a julgar pela forma como gafanhotos aparecem nos Doze, ambos podem ser propostos na forma final de Joel.[69]

A fertilidade da terra como sinal da beneficência de YHWH desempenha um papel proeminente nos motivos recorrentes dos Doze, usando alguma versão de grãos, vinho e azeite (de oliva). Essa tríade utiliza palavras comuns, mas usar o agrupamento para simbolizar a fertilidade e a infertilidade da terra representa um dos motivos distintivos que percorrem os Doze de formas que não aparecem nos outros três manuscritos proféticos.[70] Além dessa frase fixa, variações dessa

---

[68] Veja Nogalski, *Hosea-Jonah*, p. 11-13, 212-13, 219.

[69] Imagens de gafanhotos aparecem em Amós 4:9 como parte das tentativas malsucedidas de YHWH em convencer Israel a retornar para Ele. As imagens de gafanhotos-nações, no entanto, parecem ter sido deliberadamente adaptadas em Naum 3:15-17 para realçar a imagem de um gafanhoto devorando outro, e nesse contexto um gafanhoto refere-se à Assíria e o outro à Babilônia. Habacuque 1:9 não usa a linguagem de Joel, mas retrata a Babilônia avançando em uma massa imparável, não muito diferente da descrição dos exércitos punitivos de YHWH em Joel 2:6-7. Da mesma forma, Malaquias 3:11 usa a linguagem "devorador" para se referir aos "gafanhotos" que destruíram a fertilidade da terra.

[70] De Oseias 2 a Malaquias 3, essa tríade aparece com destaque. Oseias, Joel e Ageu utilizam a tríade na mesma ordem para estabelecer o tema relacionado com "grão, vinho e azeite", cuja presença ou ausência denota o favor ou punição de YHWH concedida à terra como um sinal do compromisso do povo com YHWH. Essa frase reflete imagens deuteronômicas de bênção e maldição da aliança. Na Torá e no Nevi'im, essa frase aparece apenas nos Doze, em Deuteronômio, e uma vez em Jeremias (um manuscrito conhecido por interagir com Deuteronômio): são textos encontrados em Deuteronômio 7:13; 11:14; 12:17; 14:23; 18:4; 28:51; Jeremias 31:12; Oseias 2:8, 22 (Hebr. 2:10, 24); Joel 1:10; 2:19, 24; e Ageu 1:11. Entre os Escritos, Neemias e Crônicas usam essa frase (2Cr 31:5; 32:28; Ne 5:11; 10:39; 13:5, 12), o que poderia sugerir que a popularidade dessa tríade estava bem estabelecida nos círculos levíticos do século 4 a.C.

imagem aparecem em Oseias 14:7 (Hebr. 14:8); Amós 5:11; Habacuque 3:17; Zacarias 3:10; 8:12; e Malaquias 3:11. Certamente, não se pode classificar todas essas passagens como criações de um único redator, pois elas são distintas dos Doze. De várias maneiras, elas se entrelaçam com os motivos do dia de YHWH nos Doze. O destino da terra como sinal do prazer ou descontentamento de YHWH representa um tema recorrente nos Doze, e esse motivo, como outros, aparece com destaque em Joel.

Então, como devemos conceituar o papel de Joel no Livro dos Doze? Ele concentra a atenção do leitor em Judá e Jerusalém, em oposição ao Reino do Norte de Israel. Seus motivos transcendem a estrutura cronológica criada por outras introduções que mencionam reis no Livro dos Doze. Suas imagens geraram interpretações polivalentes do livro: desde a reação de um profeta a uma praga localizada de gafanhotos até um tratado protoapocalíptico que antecipa a "história" de Judá que se desenrola através do Livro dos Doze. Steck descreve a leitura de um manuscrito profético dentro da narrativa meta-histórica com a qual ele interage.[71] Nesse sentido, Joel torna-se paradigmático para o Livro dos Doze como um todo. YHWH punirá Judá e Jerusalém por abandonarem a lealdade para a aliança com Ele, e o profeta conclama o povo para retornar ao seu Deus. O leitor dos Doze discerne lentamente que o povo como um todo não retorna a YHWH até a resposta narrada em Zacarias 1:6 (especialmente em conjunto com Ageu). Ao contrário, Miqueias, Habacuque e Sofonias deixam cada vez mais claro que o julgamento contra Jerusalém não pode ser evitado. Ao mesmo tempo, esse julgamento não é o fim de toda a história. As nações que atacarem Judá serão elas próprias derrotadas. Naum e Habacuque documentam a queda da Assíria e da Babilônia, respectivamente. Os textos incorporados

---

[71] Odil Hannes Steck, *The Prophetic Books and the Theological Witness*, trad. James D. Nogalski (St. Louis: Chalice, 2000), p. 49-52, 118-20, 162-72. Steck baseia-se no trabalho de Klaus Koch e define a meta-história como "'história' temática liderada pela tradição que é vista, experimentada, vista e desejada *sub specie dei* (da perspectiva de Deus)". É uma perspectiva que "inclui especificamente a experiência de um longo período de tempo por seleção, concentração, profundidade de significado e ordem de significado, pois esses elementos correspondem à perspectiva, plano e atividade de Deus" (49).

nos livros dos Doze, tanto nas seções pré-destruição (Oseias-Sofonias) quanto pós-monárquicas (Ageu-Malaquias), antecipam a restauração de Judá e a conquista final das nações. O leitor de Joel se depara com essas mudanças, e elas são repetidas em todo o Livro dos Doze. A esse respeito, Joel funciona como âncora literária dos Doze e como o Livro dos Doze em miniatura.

Joel também provoca discussões teológicas, duas das mais importantes são os vários conceitos do dia de YHWH e como responder à justiça e compaixão de YHWH. Joel apresenta pelo menos três conceituações diferentes do dia de YHWH: um dia de julgamento dirigido contra o próprio povo de YHWH por transgressões não identificadas; libertação potencial do povo de YHWH caso eles se arrependam; e julgamento escatológico contra as nações que se aproveitaram das derrotas de Judá.

Joel baseia-se na autoapresentação de YHWH em Êxodo 34:6-7, onde YHWH descreve a si mesmo como um Deus de paciente compaixão e um Deus que pune os culpados. Esses versículos formam a justificativa em Joel e Miqueias 7 para a esperança de que a paciência de YHWH com o povo de YHWH não tenha se esgotado e em Joel e Naum 1 que YHWH punirá aqueles que buscarem tirar proveito da situação de Judá. Esses mesmos versículos também suscitam discussão em Jonas 4 sobre se YHWH deveria mostrar a mesma compaixão pelas nações estrangeiras que Ele demonstrou pelo seu próprio povo.

Obadias

O profeta e o livro

Nenhum dado biográfico aparece neste pequeno livro. A introdução não faz referência à família do profeta ou à sua cidade natal, assim como não fornece nenhuma referência a um monarca governante.[72] Só se pode inferir uma quantidade limitada de dados sobre o profeta, e

[72] A omissão do nome de um monarca governante não surpreende, devido ao fato de que os estudiosos pressupõem amplamente que a composição do livro ocorreu depois que o último rei de Judá foi removido do trono em 587 a.C. Nenhum significado real pode ser atribuído à falta de um monarca no período persa, uma vez que os

muito disso depende de decisões tomadas a respeito da composição do livro. Pelos relatos acadêmicos mais recentes, Obadias mostra considerável consciência do conteúdo de outros materiais e tradições contra Edom na Bíblia Hebraica. Esse conhecimento pressupõe treinamento dos escribas nesses textos. Da mesma forma, as promessas em Obadias têm um enfoque distintamente ligado a Jerusalém que antecipa a cidade como um lugar seguro para uma população remanescente. Quase certamente, tanto o conhecimento desses textos quanto a preocupação com Jerusalém sugerem aquela cidade como o local onde o profeta trabalhou no período persa.O nome Obadias é bastante comum no Antigo Testamento, com pelo menos 12 pessoas diferentes usando esse mesmo nome.[73] A antiga tradição judaica (Sanhedrin 39b) associa o livro com alguém chamado Obadias, o qual desempenha um papel importante nas narrativas de Elias. Os estudos críticos, no entanto, têm desconsiderado largamente essa tradição como historicamente imprecisa, mas alguns argumentam que ao adicionar o nome do livro, o editor estaria tentando fazer tal associação.[74] Alguns têm sugerido que o nome em si é um epônimo, do mesmo modo como ocorre com Malaquias. Ao contrário do caso de Malaquias (como o nome emprestado de Ml 3:1), nada em Obadias, no entanto, influencia o significado do nome. A maioria, portanto, assume que Obadias era o nome associado à composição de Obadias 1-15 (ou 1-21), mas simplesmente não oferecendo outros dados biográficos.

Contexto histórico de Obadias

Existe uma unanimidade virtual de que o livro de Obadias deriva de um período após a destruição de Jerusalém porque os versículos 10-14 fazem referência explícita à queda de Jerusalém causada por um

---

livros de Ageu e Zacarias referem-se ao rei persa Dario, embora Malaquias — assim como Obadias — também não mencionou nenhum governante.

[73] Veja a discussão em Leslie C. Allen, *The Books of Joel, Obadiah, Jonah, and Micah*, NICOT (Grand Rapids: Eerdmans, 1976), p. 136; Marvin A. Sweeney, *The Twelve Prophets*, Berit Olam (Collegeville: Liturgical Press, 2000), p. 280, 286.

[74] Barton, *Joel and Obadiah*, p. 133; Ehud Ben Zvi, *A Historical-Critical Study of the Book of Obadiah*, BZAW 242 (Berlim: de Gruyter, 1996), p. 14-19.

inimigo estrangeiro. No entanto, esse consenso desmorona rapidamente, tanto histórica quanto literariamente, quando se tenta estreitar esse período de tempo. A história de Edom depois de 587 a.C. tem sido muito debatida. Existem reconstruções conflitantes. Até recentemente os estudiosos tendiam a descrever Edom como um estado-nação que deixou de existir após uma invasão dos nabateus em algum momento dos séculos 6, 5 e 4 a.C. Cada vez mais, porém, as escavações arqueológicas têm criado problemas para a teoria de que os nabateus teriam invadido o país em grande escala.[75] Em nível literário, as tentativas de refinar a data do livro tornam-se complicadas por uma série de decisões que os estudiosos individuais devem tomar em termos de como surgiu a forma final de Obadias. O respeito pela coerência do livro cresceu nas últimas décadas, porém muitos estudiosos ainda consideram Obadias uma obra literária composta, com os primeiros 15 versículos originando-se de uma ou mais fontes anunciando a queda de Edom, enquanto os últimos seis versículos apenas mencionam Edom como um exemplo do destino que aguarda todas as nações que agem contra Judá e Jerusalém.

As referências a acontecimentos políticos apontam em direções diferentes. Enquanto o conteúdo dos versículos 11-14 pressupõe o conhecimento da destruição de Jerusalém em 587 a.C., a linguagem dos comandos negativos (*vetitivos*) assume que o autor está alertando Edom antes de 587. Além disso, um contingente significativo de estudiosos

[75] Por um lado, os edomitas se beneficiaram mais do que Judá da estabilidade do Império Assírio, embora também fossem obrigados a pagar pesados tributos. Essa maior estabilidade econômica resultou, em parte, do controle das rotas comerciais ao sul do Levante. Existem agora evidências do aumento da presença edomita no antigo território da Judeia no final do século 7 a.C. O resultado de investigações recentes é que Edom, como a maior parte da Transjordânia, evidencia uma continuidade cultural relativamente estável, embora forças externas em forma de ataques de tribos do deserto e do último rei babilônico, Nabonido (555-539 a.C.), tenham criado pressões para a migração dos edomitas. Ironicamente (quando se compara os textos de Obadias e Malaquias), os edomitas eventualmente se estabeleceram no sul de Judá e no período romano eram conhecidos como idumeus. Essa migração sugere que eles não eram tão poderosos politicamente durante a época do domínio persa e, além disso, os edomitas (tal como os moabitas) não receberam o status de sua própria satrapia no período persa. Veja o resumo atualizado em Joel S. Burnett, "Transjordan: The Ammonites, Moabites, and Edomites", in *The World Around the Old Testament: The People and Places of the Ancient Near East*, p. 333-39.

entende a situação política descrita em Obadias 19-21 como se alinhando mais estreitamente às expectativas do final do que do início do período persa. As implicações dessas diferentes pistas refletem-se na forma como os estudiosos explicam a composição do livro (veja "Datando o profeta e o livro" a seguir).

A estrutura e conteúdo de Obadias

Apesar de toda a sua brevidade e clareza de mensagem, Obadias apresenta dificuldades para se determinar como compreender a sua estrutura, datação e propósito. As principais dificuldades têm a ver com modelos estruturais e com o uso de material preexistente por Obadias, especialmente sua relação com Jeremias 49 e Amós 9 (a passagem que precede Obadias no Livro dos Doze).

Modelos estruturais para Obadias

Os estudiosos têm pouca dificuldade em notar pontos de transição no fluxo retórico de Obadias, mas essa facilidade de reconhecimento também complica a questão de como compreender as mudanças. O problema deriva do fato de que Obadias contém numerosos exemplos de dissonância estilística e expressões estereotipadas que os estudiosos frequentemente tratam como marcadores para o início ou fim de novas unidades proféticas. O livro contém uma introdução (v. 1), a frase "Assim diz YHWH" que pode marcar o fim da unidade (v. 4), a frase "naquele dia" que muitas vezes introduz uma nova unidade (v. 8), uma mudança dramática no tema do julgamento contra Edom para o julgamento contra as nações (v. 15), seguida por uma mudança igualmente óbvia de destinatário do singular para o plural (v. 16), e ainda outra fórmula conclusiva: "declara YHWH" (v. 18). Baseando-se exclusivamente nestes critérios formais, pode-se argumentar que Obadias representa uma coleção de nada menos do que seis ditos que foram coletados como uma antologia de declarações proféticas (1-4, 5-7, 8-14, 15, 16-18, 19-21).

No entanto, a maioria dos estudiosos não divide as unidades dessa forma porque o fluxo retórico sugere mais coerência de pensamento do que tais marcadores explicariam por si mesmos. Por exemplo, Obadias 1-4 é paralelo a Jeremias 49:14-16, porém Obadias 5 tem paralelos diretos com Jeremias 49:9, sugerindo que seria difícil desassociar Obadias 1-4 do v. 5.[76] No entanto, um significativo número de estudiosos veem sinais de paradigmas teológicos posteriores em Obadias 19-20, mas reconhecem que esses versículos comentam o contexto imediato e, portanto, não podem ser classificados como ditos independentes.[77] Portanto, apesar de sua brevidade, Obadias apresenta uma série de dificuldades na determinação de seus parâmetros literários.

Por três razões, parece que o principal ponto de disjunção está em Obadias 15. Primeiro, o texto anterior e posterior a Obadias 15 trata de dois temas distintos. Os versículos 1-14 abordam consistentemente sobre a punição de Edom por causa de suas ações contra Jerusalém. Os versículos 16-21 têm sua própria lógica, retratando o julgamento vindouro como um dia de YHWH contra todas as nações que serão forçadas a beber o cálice da ira de YHWH (v. 16), enquanto Sião (= Jerusalém) e a casa de Jacó (= Judá) não apenas serão poupados (v. 17), mas lançarão campanhas agressivas contra Edom (v. 18) e outras regiões ao redor de Jerusalém com o objetivo de restabelecer as fronteiras do reino ideal (v. 19-20) como prova da centralidade de Sião e da realeza de YHWH (v. 21).

Em segundo lugar, a alteração de tema corresponde à mudança distinta de destinatário. Os versículos 1-14 abordam consistentemente Edom diretamente usando o segundo masculino para verbos e pronomes singulares. Os versículos 16-21, por outro lado, abordam um grupo diferente usando pronomes masculinos do segundo plural e referindo-se a Edom na terceira pessoa.

Em terceiro lugar, as suposições sobre o que acontecerá no dia de YHWH pressupõem três conceituações distintas. Tanto 1-14 quanto 16-21 antecipam um dia iminente de YHWH, mas tal como Joel, Obadias não retrata uma visão uniforme do que acontecerá naquele

[76] Na verdade, Jeremias vê todo o livro de Obadias como um comentário sobre Jeremias 49:7-22 (Jeremias, *Joel, Obadja, Jona, Micha*, p. 57-59).

[77] Por exemplo, veja Hans Walter Wolff, *Obadiah e Jonah*, trad. Margarida Kohl (Mineápolis: Augsburg, 1986), p. 22; Barton, *Joel and Obadiah*, p. 157.

dia. Obadias 1-14 assume dois alvos diferentes para dois dias distintos, porém inter-relacionados, de YHWH. Obadias 1-14, 15b antecipa um "dia" de intervenção contra Edom (v. 8) porque este tomou medidas contra Jacó no "dia" de Jacó (v. 10, 12). Os versículos 11-14 *antecipam* o julgamento contra Edom, mas presumem que Judá já teria experimentado o seu próprio tempo de desastre. O dia de punição de Judá já estaria no passado enquanto a ameaça de punição para Edom está por vir por causa do papel de Edom naquele dia passado de YHWH contra Judá. No entanto, os versículos 11-14 são formulados como comandos negativos *(vetitivos)*. Sintaticamente, eles dizem a Edom o que ele *não deveria fazer* quando Jerusalém fosse punida ("não devia...").[78] Essa confusão sobre se o julgamento contra Jerusalém já teria ocorrido é resolvida por traduções com formulações mais que perfeitas ("Você não..."), mas os vetitivos não funcionam dessa forma lógica ou sintaticamente. Em vez disso, deveríamos tratar essas ordens como advertências a Edom para não fazer no futuro o que todos sabem que já fizeram.[79]

O conceito do dia de YHWH em 15a, 16-21 é muito mais difuso. Os versículos 15a e 16-17 antecipam um dia futuro de YHWH contra "todas as nações" pelo que elas (também) fizeram a Sião. O versículo 18 antecipa a ação de uma força unificada de Jacó (= Judá) e José (= o território do norte de Israel) sancionada por YHWH contra Esaú (= Edom), enquanto os versículos 19-20 articulam uma série de reassentamentos (i.e., reintegrações de posse) retornando refugiados que repovoarão a terra com Jerusalém ao centro, incluindo o repovoamento do território de Efraim e Samaria, cujos habitantes, se presume, estarão participando

---

[78] James D. Nogalski, "Not Just Another Nation: Obadiah's Placement in the Book of the Twelve", in *Perspectives on the Formation of the Book of the Twelve*, p. 102.

[79] Tal conhecimento é presumido não apenas em Jeremias 49:7-22, mas também em Ezequiel 25:12-14; 35:1-15. A nota final sobre Edom nos Doze aparece em Malaquias 1:2-5, presumindo que o castigo de Edom já teria começado. Portanto, no corpus profético, YHWH adverte Edom para não fazer (Ob 11-14) aquilo que acabou fazendo (Jeremias e Ezequiel), pelo que foi julgado (Ml 1:2-5). A data do período persa de Obadias confunde sua função literária dentro dos Doze. O primeiro pressupõe o conhecimento de 587 a.C., enquanto o último antecipa o julgamento de Judá e Edom.

de Judá no v. 18.[80] A explicação mais provável da diversidade desses conceitos em 15a , 16-21 é que o compilador de Obadias pegou emprestado um discurso existente (muito semelhante ao modo como os versículos 1-5 começam com Jeremias 49:14-16, 9), e adaptou essa fonte à luz de Amós 9:11-12 (veja a seguir).[81]

Paralelos com Jeremias 49:7-22 e Amós 9

Uma segunda chave para compreender a função retórica de Obadias aparece na medida em que Obadias toma materiais emprestados de outros textos. Dois escritos em particular desempenham um papel estruturante: Jeremias 49:7-22 e Amós 9. A relação entre Jeremias 49:14-16 e 49:9 e Obadias 1-5 tem sido observada há muito tempo e representa um dos exemplos mais longos de textos paralelos quase literalmente em todo o cânone profético. Os debates tendem a centrar-se na questão de saber qual o texto foi emprestado e de quem. O que se tornou cada vez mais difícil de ignorar, contudo, é até que ponto os paralelos entre Jeremias 49:9, 14-16 e Obadias se estendem para muito além da citação quase literal e incluem frases paralelas do restante de Jeremias 49:7-22. Por essa razão, iniciou-se uma mudança no debate que reconhece Obadias, na sua totalidade, como uma imitação literária de material contra Edom fortemente influenciado por outros textos proféticos, mas também apoiado por meio de um conhecimento bastante elaborado de textos contra os edomitas. Jeremias está sem dúvida certo ao dizer que Obadias deve ser tratado como uma profecia de escriba.[82] A composição de Obadias apresenta um estilo alusivo que deve ser levado em conta para apreciar plenamente a mensagem do livro.

---

[80] Veja a representação visual dessa reintegração de posse em Nogalski, *Hosea-Jonah*, p. 391.

[81] Obadias 18 antecipa que uma força reunificada do norte e do sul "para que o meu povo conquiste o remanescente de Edom e todas as nações que me pertencem" (Am 9:11-12). Os versículos 19-20 oferecem esperança a Judá de que um dia terá seu território restaurado em toda a extensão do reino ideal. Em ambos os casos, o versículo final funciona bem tanto para Obadias 18 quanto para 19-20, mas a conexão mais explícita (Sião governará Esaú porque o reino pertence a YHWH) liga o v. 21 mais diretamente ao v. 18, sugerindo ainda os v. 19-20 expandido 16-18 + 21.

[82] Jeremias, *Joel, Obadja, Jona, Micha*, p. 57.

Os paralelos quase literais entre Obadias 1-5 e Jeremias 49:14-16, 9 estão bem documentados e não precisam ser recolocados aqui, uma vez que essas comparações exigiriam uma análise cuidadosa do hebraico.[83] A maioria dos estudiosos considera Obadias como um mutuário e não a fonte (embora ainda permaneça o desacordo sobre se Obadias toma emprestado especificamente de Jeremias ou de alguma fonte comum).[84] Apesar dos argumentos em contrário, a posição majoritária que Obadias extrai de Jeremias (e não de alguma suposta fonte comum) continua sendo a melhor explicação para essa citação. Esse empréstimo, especialmente depois do v. 5, deve ser classificado como uma textura alusiva (não citação), acrescentando-se ao argumento mais amplo de Obadias.

Vários estudiosos agora reconhecem que as conexões entre os oráculos de Obadias e Jeremias se estendem por Jeremias 49:7-22.[85] Jeremias, na verdade, oferece um retrato convincente desses paralelos e como eles se encaixam dentro de uma estrutura de três partes (Ob 1-7, 8-14 e 15-21).[86]

---

[83] Veja os textos hebraicos lado a lado em Wolff, *Obadiah e Jonah*, p. 39.

[84] Jeremias (*Joel, Obadja, Jona, Micha*, p. 64-65) resume os argumentos a favor de Obadias como o mutuário com oito linhas de evidência: (1) as diferenças entre os dois textos parecem mais expansões em Obadias 3-5; (2) Obadias 5-6 usam duas vezes a palavra *'yk* ("ai"), que não aparece no texto paralelo, mas transmite uma sensação de luto por um evento passado; (3) Jeremias 49:7-22 contém muitos outros temas tradicionais de oráculos contra as nações que não estão presentes em Obadias; (4) o relatório em Jeremias 49:14 é recebido pelo profeta ("eu ouvi") enquanto Obadias 1 se refere à nação inteira ("ouvimos") como o destinatário; (5) em pelo menos cinco casos, Obadias muda exemplos de *parallelismus memborum* atualizando-os para o presente; (6) a frase "assim diz o Soberano, YHWH" funciona bem como o final de uma unidade em Jeremias 49:16, mas não em Obadias 4; (7) o início de Jeremias 49:7 faz sentido como a introdução da coleção, mas é literariamente estranho em Obadias 1; (8) os paralelos com Jeremias 49 continuam além de Obadias 1-5.

[85] Allen, *Jeremias, Joel, Obadja, Jona, Micha*, p. 131-32; Jeremias, *Joel, Obadja, Jona, Micha*, p. 59, 64-65; Barton, *Joel, Obadja*, p. 125-26; Nogalski, "Not Just Another Nation: Obadiah's Placement in the Book of the Twelve", p. 89-107.

[86] Jeremias, *Joel, Obadja, Jona, Micha*, p. 59.

Versículos	Obadias
1-7	1aα cita Jeremias 49:7aα, a introdução da coleção de Edom em ordem inversa. 1aβ-4 cita Jeremias 49:14-16 quase literalmente 5 cita Jeremias 49:9 quase literalmente, mas inverte 49:9b e 49:9a 6 alude mais livremente a Jeremias 49:10a
8-14	8 alude a Jeremias 49:7aβ (a sabedoria de Temã) 9 alude a Jeremias 49:10b 9 usa a imagem dos guerreiros de Temã em Jeremias 49:22[87]
15-21	15-21 faz exegese de Jeremias 49:12 (o cálice da ira de YHWH deve passar para Edom)

De forma igualmente significativa para Jeremias, cada uma das três seções de Obadias começa com alusões ou citações claras de Jeremias 49:7-22.[88]

Em adição aos paralelos estreitos entre Obadias e os oráculos contra Edom feitos por Jeremias e Ezequiel, Obadias apresenta vários paralelos linguísticos, estruturais e temáticos com Amós 9. Quando se olha para o número de frases incomuns, elementos estereotipados e temas, a qualidade e a quantidade desses paralelos são impressionantes:

[87] Jeremias não observa essa conexão, mas veja Nogalski, "Not Just Another Nation", p. 94.

[88] A primeira seção (1-7) relata a derrota de Edom na época do profeta como um cumprimento de Jeremias 49:7-16; a segunda seção (8-14) interpreta a destruição final de Edom como causada pelo tratamento dispensado a Judá; e a terceira seção (15-21) pressupõe que a queda de Edom sinaliza o início do dia de YHWH contra as nações.

Paralelos linguísticos, estruturais e temáticos	Amós	Obadias
Visão	9:1	1
Cinco expressões "ainda que/se" (usando *ky*)	9:2-4	4-5
Não há como escapar de YHWH: "minha mão irá tirá-los/dali eu o derrubarei"	9:2	4
Destruição e motivos remanescentes (usando imagens agrícolas)	9:7-10	5
Mudanças temáticas/marcadores de texto com "não é"	9:7	8
"no dia em que"	9:11	8
"Declara YHWH"	9:7,8, 13	8
Introdução com ditado escatológico do "dia"	9:11	15
Alusão à destruição de Jerusalém	9:11	16
Restauração das fronteiras do reino davídico	9:11	19-20
"Posse" de Edom e de outras nações	9:12	17-20
Abundância escatológica/agrícola	9:13	—
Restauração do cativeiro/exílios	9:14	19-20
Restauração/recuperação de cidades	9:14	20
Promessa final para a restauração da terra/reino	9:15	21

Esses paralelos exigem explicação. O fato de eles aparecerem tão próximos um do outro no Livro dos Doze tem sido observado por vários estudiosos, mas as implicações desse paralelo raramente são exploradas.[89] No final das contas, porém, a transição de Amós a Obadias no Livro dos

[89] Umberto Cassuto, "The Sequence and Arrangement of the Biblical Sections", p. 5-6. É claro que outros estudiosos contestam o grau em que estes refletem pontos de ligação deliberados. Veja Ehud Ben Zvi, "Twelve Prophetic Books or 'The Twelve': A Few Preliminary Considerations", in *Forming Prophetic Literature*, p. 125-56.

Doze apresenta um cenário que descreve a queda do Reino do Norte e a futura queda de Edom. Os destinos dessas duas entidades parecem estar muito próximos, um fato que (juntamente com os seus paralelos estruturais e temáticos) sugere uma conexão lógica. Alguns estudiosos não medem esforços para interpretar Edom em Obadias puramente como um tipo de código para todas as nações, mas a resposta é muito mais simples. Edom é Edom. Israel e Edom são os dois reinos vizinhos de Judá que partilham profundos laços étnicos e familiares com Judá na sua literatura tradicional. Esaú é irmão gêmeo de Jacó (Israel), e Obadias destaca esses laços. O Reino do Norte de Israel se separou de Judá e de seu rei davídico, e eles são destruídos em Amós 9, enquanto Obadias os reúne novamente para retaliar contra Edom (Ob 18). Os Doze não assumem uma posição neutra em relação a esses dois reinos, mas enfatizam repetidamente a ascendência da tradição de Sião, a centralidade de Jerusalém e a esperança de reunificação.

Datando o profeta e o livro

Como já pode ser observado, um grupo significativo de estudiosos enfatiza a coerência de Obadias em detrimento dos sinais de sua origem composta. As definições dessa coerência geralmente envolvem tomar o foco em Edom em 1-14 como uma ilustração específica da agenda mais ampla do autor do dia de YHWH como um dia de julgamento contra todas as nações (16-21).

Os estudiosos geralmente seguem um dos três caminhos para estreitar o período de Obadias: (1) alguns harmonizam as evidências de formas que poderiam explicar os cenários divergentes como o trabalho de um único autor no século 6 ou 5;[90] (2) a maioria vê a forma

[90] A diversidade do primeiro grupo pode ser ilustrada pelo trabalho de Ehud Ben Zvi, que descarta a possibilidade de reconstruir versões anteriores e interpreta Obadias como um produto do período persa para ser lido e relido (Ehud Ben Zvi, *Obadiah*, p. 7-9, 247-48). O comentário de Leslie Allen também se enquadra nesse campo, mas ele argumenta historicamente (Leslie Allen, *Joel, Obadiah, Jonah e Micah*, p. 129-33). Allen concentra-se no fato de as forças tribais nabateias e árabes já estarem forçando a migração edomita para o sul de Judá no final do século 6. Allen rejeita a ideia de que os v. 19-21 reflitam uma perspectiva tardia e argumentam que a ideia de reassentamento do território poderia surgir com a mesma facilidade a partir do

final de Obadias como o produto de mais de um autor,[91] embora tenha apenas 21 versículos (e o debate continua sobre quais versículos foram adicionados posteriormente[92]); ou (3) alguns veem o livro como o trabalho de um único compilador adaptando duas ou mais fontes, que

---

final do século 6. Jakob Wöhrle, um crítico da redação que não é avesso a reduzir a camada fundamental dos livros proféticos nos Doze a um núcleo muito pequeno, também argumenta que Obadias (com exceção do v. 17a) representa a obra de um único autor que reúne uma colagem de ditos contra Edom para criar o livro (Wöhrle, *Der Abschluss des Zwölfprophetenbuches*, p. 192-218). Wöhrle difere de Ben Zvi porque Wöhrle considera que a omissão da Babilônia em Obadias 11-14 significa a destruição por uma nação estrangeira e se refere à captura de Jerusalém por Ptolomeu I em 302 a.C. Essa sugestão cria mais problemas do que resolve os já existentes.

[91] John Barton representa o segundo grupo. Barton confessa que as mudanças temáticas, sintáticas e teológicas de 1-15 e 16-21 são tão dramáticas que é difícil imaginar que venham de um autor escrevendo uma única composição (Barton, *Joel e Obadiah*, p. 118-19). Ele admite que as duas metades do versículo articulado (15) entre essas duas partes na verdade se ajustam melhor se forem invertidas, uma teoria que continua a ter adeptos desde que foi introduzida pela primeira vez por Wellhausen no final do século 19 (Julius Wellhausen, *Die kleinen Propheten ubersetzt und erklärt*, 3ª ed. [Berlim: Georg Reimer, 1898], p. 213). Barton é menos claro sobre os v. 19-21. Ele admite vê-lo como um trecho de 15-21, todos os quais poderiam ter surgido depois de 1-14 no final do período persa ou helenístico (Barton, *Joel e Obadiah*, p. 123). Ele, porém, não especula sobre quem o adicionou ou por que o fez, embora sugira que a colocação de Obadias nos Doze poderia ter sido levada em consideração nesse processo para Obadias 19-20 (Barton, *Joel and Obadiah*, p. 157).

[92] Jörg Jeremias difere da maioria dos estudiosos que veem uma divisão em duas partes no livro de Obadias. Para Jeremias, Obadias contém uma estrutura de três partes que percorre Obadias 1-17, seguida por duas expansões (18, 19-20; Jeremias, *Joel, Obadja, Jona, Micha*, p. 57-59). Jeremias minimiza a mudança de tema e o destinatário que aparece nos v. 15a-16, concentrando-se, em vez disso, na afirmação de que os estudiosos ignoraram até que ponto Obadias 1-17 representa um tratado exegético focado em Jeremias 49:7-22. Observe, por exemplo, que Allen apenas reconhece as conexões com Jeremias 49:7-22 em Obadias 1-9, enquanto Jeremias vê os paralelos que se estendem até o v. 17 (Allen, *Joel, Obadiah, Jonas e Micah*, p. 131-32). Por outro lado, Ben Zvi só reconhece esses paralelos em 1-7, em vez de nos versículos 9 ou 17 (Ben Zvi, *Obadiah*, p. 99-114). Ao fazê-lo, Jeremias considera Obadias um dos primeiros exemplos da profecia dos escribas e argumenta que os estudiosos erraram ao tentar datar o livro de Obadias muito próximo da destruição de Jerusalém em 587 a.C.. Suas afirmações confiantes desmentem o fato de que o próprio Jeremias não fornece nenhuma estrutura para uma datação absoluta.

recebem inserções adicionais que comentam o texto existente.[93] Esses modelos estão intimamente associados a diferentes entendimentos de como Obadias alcançou a forma em que aparece atualmente.[94] Aqui, basta reconhecer que os estudiosos ainda debatem entre vários contextos diferentes, desde pouco depois da destruição de Jerusalém em 587 a.C. até ao tempo em que Jerusalém foi saqueada por Ptolomeu I em 302 a.C. Uma mudança decisiva ocorreu no sentido de que menos estudiosos estão dispostos a reivindicar Obadias 1-5 como a fonte de Jeremias 49:14-16 + 9 ou afirmam que Obadias representa uma testemunha ocular dos acontecimentos de 587 a.C. No final, embora ainda que não tenha sido alcançado um consenso pleno sobre a data absoluta de Obadias, um número crescente entende que a forma final de Obadias pode ser vista no período persa médio a tardio como o produto de um profeta escriba desse período, trabalhando com tradições preexistentes para criar uma antologia de mensagens contra os edomitas. A antologia tem um propósito: alertar Edom do mesmo modo como Judá e Israel foram avisados antes que YHWH executasse o julgamento sobre eles.

Obadias, o Livro dos Doze e o restante dos últimos profetas

A estrutura e os temas de Obadias refletem semelhanças com Amós 9, criando assim um livro em que Edom se junta a Samaria e ao Reino do Norte como alvos da ira de YHWH. Essas duas entidades representam

---

[93] Hans Walter Wolff exemplifica o terceiro grupo. Ele argumenta que 1-14 + 15b (e talvez v. 21) representa uma escrita unificada, mas que 15a pertence a 16-18 como uma unidade literária separada (i.e., independente) que foi unida à anterior. Wolff argumenta que Obadias 19-20 representa duas adições tardias que mostram uma teologia do período persa tardio que visa a reconstituir o reino. Esses textos foram inseridos para fornecer comentários às unidades existentes (Hans Walter Wolff, *Obadiah e Jonah*, p. 21-22). Wolff também reconhece o v. 21 como um problema literário e sugere que, embora o versículo possa representar um acréscimo tardio para destacar a realeza de YHWH, ele é melhor entendido como a conclusão original de 1-14 + 15b devido à sua estreita associação com o tema da punição edomita.

[94] Pode-se notar um quarto padrão que vê um acréscimo gradual de material redacional como a chave para explicar a diversidade. Peter Weimar, por exemplo, argumenta que são necessárias sete camadas redacionais para dar conta do material desse pequeno livro, todavia bem poucos se dispuseram a trilhar esse caminho com ele. Veja Peter Weimar, "Obadja: Eine redaktionskritische Analyse", *BN* 27 (1985): 35-99.

os países que possuem laços mais estreitos com Judá. Ambas deveriam ter feito parte do reino ideal prometido a Abraão, que teria se concretizado, ainda que brevemente, no tempo de Davi e Salomão, pelo menos tal como relembrado através do repositório literário da História Deuteronomista e da Torá. Os estudiosos críticos do século passado salientam, com razão, que essa recordação dos grandes reinos de Davi e Salomão representa um passado idealizado, mas essa conclusão não muda o fato de que os autores de escritos proféticos, como Obadias, teriam aceitado essas tradições não apenas pelo modo como eram os fatos, mas também a forma como deveriam ser no futuro. Por isso, tanto Amós 9 quanto Obadias terminam com promessas de restauração e unificação, embora a restauração tenha uma perspectiva decididamente judaica. As promessas partem do princípio de que Jerusalém, o Reino do Norte e Edom foram castigados. As promessas de unificação, no entanto, apresentam a esperança de um novo reino tendo Jerusalém ao centro, incluindo o território do antigo Reino do Norte (Am 9:11-15) e o território de Esaú ou Edom (Ob 19-20).

As advertências em Obadias 11-14 para que Edom não fizesse a Jacó o que todo leitor bem informado sabe que eles fizeram servem como uma advertência literária, não uma narrativa de pecados passados. Esse aviso está associado à suposição, em Malaquias 1:2-5, da queda de Edom como prova não apenas da punição de YHWH que caiu sobre Edom, mas também do amor de YHWH por Jacó. Esse emparelhamento da advertência a Edom sobre o julgamento iminente de YHWH que pressagia a queda de Edom, por iniciativa de YHWH, com a suposição da queda de Edom em Malaquias 1:2-5, oferece um paralelo impressionante com a mesma dinâmica no livro de Isaías, onde as advertências dos punição no capítulo 34 antecipa a descrição do guerreiro YHWH que derrotou Edom no capítulo 63.

Obadias baseia-se extensivamente em outros ditos contra Edom, porém mais amplamente em Jeremias 49. No entanto, a reformulação desse material por Obadias destaca as distinções de Obadias em comparação com Jeremias e Ezequiel. Obadias condena Edom, mas o faz com um foco bem mais proeminente em Sião como o centro do reino escatológico de YHWH.

De um forma relacionada, a citação de Joel (2:32 [Hebr. 3:5]) por Obadias 17 liga esses dois livros em ambos os lados de Amós, assim como também enfatiza uma perspectiva escatológica semelhante que acentua o papel de Sião e Jerusalém como sendo um lugar seguro para aqueles que invocam o nome de YHWH. Por um lado, essa ênfase não surpreende, uma vez que a tradição de Sião tem uma longa história e aparece com destaque em Isaías, Jeremias e nos Doze (embora o nome seja assiduamente evitado em Ezequiel). Por outro lado, como é esperado, esses motivos interligados podem muitas vezes ser ignorados ou esquecidos ao se falar sobre a coesão dos Doze como um compêndio da palavra profética de YHWH a Judá desde o século 8 até o período persa.

Jonas

O profeta e o livro

Como profeta, Jonas é ao mesmo tempo um fracasso abjeto e um tremendo sucesso. Jonas falha em todos os testes como profeta. Quando chamado para proclamar a mensagem de YHWH, em vez de ir para o leste através do deserto, Jonas seguiu para o oeste pelo oceano. Em lugar de reconhecer a comunicação com YHWH como uma grande honra, Jonas procura escapar da presença de YHWH. Nós, leitores, aprendemos esses traços de caráter nos três primeiros versículos do livro. Depois disso, o narrador da história nunca perde a oportunidade de satirizar esse profeta. Enquanto a tempestade aumenta e os marinheiros oram, Jonas dorme profundamente. Ao mesmo tempo em que os marinheiros tentam salvar sua vida, Jonas lhes diz que devem jogá-lo no oceano. Quando lhe é dada uma segunda chance de se dirigir aos ninivitas, Jonas pronuncia apenas cinco palavras. Quando YHWH mostra graça aos ninivitas, Jonas pede a YHWH que lhe tire a vida para que ele não tenha de ver isso. A cada passo, Jonas se torna o exemplo de como não se comportar. Se alguém sentir falta desse elemento do livro e a maneira humorística como ele se desenvolve, perde-se grande parte do objetivo. O caminho de Jonas é o caminho errado para seguir YHWH.

Mesmo assim, a mensagem de Jonas foi bem-sucedida, para seu desgosto. Seu sermão de cinco palavras fez com que o povo de Nínive, e depois seu rei, se arrependessem. O rei faz até o gado jejuar e vestir-se de saco. A cidade e seu povo, descritos como maus no início do livro, tornam-se paradigmas de uma mudança radical de vida. A transformação deles leva YHWH a mudar sua decisão de destruí-los e, em troca disso, YHWH responde à atitude penitente deles e permite que eles vivam. Apenas Jonas fica insatisfeito com o resultado.

Cenários literários e históricos para Jonas

Ao considerar o cenário de Jonas, deve-se distinguir entre o cenário literário em que a ação ocorre e a época da composição de Jonas por um autor que viveu cerca de 400 anos após a época do profeta. Jonas representa um dos poucos profetas mencionados no livro dos Reis que possui algum livro a seu respeito no cânone. Quanto ao cenário literário, a escolha de Jonas, filho de Amitai, como personagem central em torno do qual se compor uma história já parece uma escolha improvável. Jonas surge durante o reinado de Jeroboão II, rei de Israel (786-746 a.C.). A menção de Jonas em Reis destaca-se pela sua brevidade, pelo seu conteúdo e a ironia que representa para o personagem profético que é mostrado no livro de Jonas. Ele aparece em parte de um versículo (2Rs 14:25) e diz a Jeroboão que YHWH restaurará o território desde Lebo-Amate, no norte, até o mar de Arabá, no sul. O conteúdo da decisão de YHWH de expandir o território de Israel (14:25) está em desacordo com a condenação de Jeroboão por não remover os santuários de Betel e Dã no versículo anterior (14:24). Por consequência, em Reis, Jonas tem sido frequentemente interpretado como um profeta da corte contratado pelo rei para o aconselhar. Tais profetas aparecem frequentemente como personagens negativos em Reis, mas ironicamente tal não é o caso de Jonas, cuja mensagem se torna realidade.

Considere a ironia envolvida na seleção e representação de Jonas. O livro de Jonas o retrata como uma espécie de antiprofeta com o emprego da sátira. O profeta que dá nome ao livro adverte os ninivitas com uma mensagem de destruição iminente, mas isso não acontece porque YHWH muda de ideia quando toda a população de Nínive se arrepende, algo que o tempo todo Jonas sabia que deveria acontecer (4:2). Para piorar a situação, o sermão de Jonas leva à libertação de Nínive, e aqueles que conhecem a história de Israel sabem que duas décadas após a morte de Jeroboão, Israel foi vítima da expansão militar dos assírios. Portanto, o profeta que pronuncia a expansão do território de Israel também profere o sermão que permite à Assíria subjugar Israel. Por conseguinte, o pano de fundo literário de 2Reis 14:25 não é incidental à pungência da história de Jonas.

Levando em conta esse entendimento os estudos críticos não tratam Jonas como uma narrativa histórica, mas como uma sátira ou novela, sendo considerado um dos mais recentes livros proféticos. O autor não foi contemporâneo do profeta do século 8. A maioria das investigações acredita que o livro foi escrito em algum momento da segunda metade do século 4 a.C., no final do período persa ou no início do período helenístico. A evidência dessa data tardia é amplamente reconhecida e inclui fatores linguísticos, a história do pensamento e o gênero do livro.[95] Em Jonas as datas exatas são difíceis de se determinar porque os personagens refletem a tentativa do autor de colocar a ação no cenário literário de Israel e da Assíria do século 8. A hipérbole envolvida nessas descrições, todavia, não corresponde bem à realidade histórica de Nínive no século 8.[96] Todas estas evidências sugerem que Jonas, com toda

[95] Linguisticamente, o elevado número de aramaísmos sugere uma época em que o aramaico estava substituindo o hebraico como língua falada. Em termos das correntes intelectuais em que Jonas opera, a sua abertura aos estrangeiros tem sido geralmente interpretada como um desenvolvimento tardio no pensamento hebraico. Alguns aspectos dessa ideia aparecem em outros textos de Isaías e dos Doze, mas geralmente são considerados composições tardias: Isaías 2:2-4 (= Miqueias 4:1-4); 56:1-7; 66:18-21; Zacarias 8:20-23; Malaquias 1:11-14. Os estudiosos apresentaram inúmeras teorias sobre o gênero de Jonas, mas a sátira e a novela são provavelmente as duas mais comumente encontradas. Seu enredo artístico e humor o alinham com outros escritos como Rute e Ester, ambos considerados narrativas do período persa que lutam de diversas maneiras com a questão do relacionamento com estrangeiros. Jonas baseia-se em motivos de contos marítimos no capítulo 1, e tais contos são mais comuns no período helenístico (Wolff, *Obadiah and Jonah*, p. 78).

[96] Jonas refere-se a Nínive como se fosse a principal cidade do país, mas ainda não era a capital da Assíria no tempo de Jeroboão. Além disso, Jonas 3 descreve Nínive como uma cidade enorme que levaria três dias para ser percorrida (3:3), mas escavações modernas da antiga Nínive revelam que a circunferência da muralha da cidade se estendia por apenas cerca de 11 quilômetros, uma cidade grande para

a probabilidade, representa o último livro completo a entrar no cânone profético.[97]

A estrutura e o conteúdo

A estrutura e o conteúdo de Jonas são orientados por seu enredo. O enredo de Jonas se desenrola essencialmente como uma sátira composta por cinco cenas: a comissão e a fuga de Jonas (1:1-3), Jonas e os marinheiros a bordo do navio (1:4-16), a oração de ação de graças de Jonas (1:17-2:10), o sermão de Jonas pregado aos assírios (3:1-10), o confronto de Jonas com YHWH acerca da compaixão de YHWH (4:1-11).

A comissão e a fuga de Jonas (1:1-3) dão o tom para todo o livro quando ele começa com o relato narrativo da tarefa dada a Jonas por YHWH a fim de que seguisse para o leste com o objetivo de entregar uma mensagem de julgamento contra Nínive, a grande e maligna cidade da Assíria. No entanto, a reação de Jonas o envia precisamente na direção oposta, quando ele encontra um barco saindo para Társis, provavelmente uma cidade na Espanha, nos confins do Mediterrâneo. O humor do texto começa a se desenrolar quase imediatamente. O profeta não apenas segue na direção oposta à que YHWH lhe ordenara ir, mas também o faz na esperança de escapar "da presença de YHWH", como nos é dito duas vezes em 1:3. Qualquer pessoa que ouça a história de Jonas deve rir da ideia de um profeta que não apenas desobedece a YHWH, mas o faz pensando que pode escapar da presença de YHWH. Além disso, duas vezes o texto de 1:3 afirma que Jonas estava indo em direção a Társis, mas ao descrever o barco, o versículo diz que o *barco* estava indo para Társis. Assim, o narrador maliciosamente inclina a mão. Embora Jonas tenha "descido" a Jope e encontrado um barco que ia para Társis, o próprio Jonas nunca chegaria lá.

---

os padrões antigos, mas a uma distância que poderia ser coberta em uma única manhã.

[97] Daniel é posterior a Jonas e aparece entre os Profetas no cânone cristão, mas entre os Escritos no cânone judaico. Com toda a probabilidade, Daniel foi composto no início do século 2 a.C., época em que o livro do Eclesiástico já pressupõe a existência dos Doze Profetas como um manuscrito.

A cena que descreve Jonas e os marinheiros dentro da embarcação (1:4-16) dá prosseguimento ao humor astuto, apresentando a decisão de YHWH de enviar uma tempestade terrível contra um barco personificado (que estava a ponto de quebrar-se em pedaços) e ao relatar a resposta assustada dos marinheiros. Primeiro, os marinheiros oram aos seus próprios deuses e depois começam a atirar a carga ao mar, num esforço para aliviar o peso do barco. O humor não diminui o perigo, mas apresenta uma história que vai contra o estereótipo. Israel, como país sem litoral, não formava marinheiros. Então, os marinheiros são estrangeiros, como fica evidente quando o narrador indica que cada um ora ao seu próprio deus (1:5). Além disso, os marinheiros em geral não são conhecidos como pessoas piedosas em nenhuma cultura, mas a primeira coisa que fazem quando enfrentam a tempestade enviada por YHWH é orar. Enquanto isso, Jonas "desceu" ao porão do navio e adormeceu profundamente (1:5). Em desespero, o capitão dos marinheiros implora a Jonas que ore também (1:6). Assim, como reação à tempestade, não é o profeta de YHWH que se coloca em atitude de oração, mas os marinheiros estrangeiros.

Depois que os marinheiros oraram e jogaram a carga ao mar, a tempestade recrudesceu ainda mais, então eles lançaram sortes para determinar quem ali no navio teria irritado uma divindade (1:7). Não surpreende que a sorte tenha recaído sobre Jonas, mas, incrivelmente, esses marinheiros estrangeiros não se apressam em resolver o problema. Eles fazem uma série de perguntas (1:8): "Diga-nos, *quem* é o responsável por esta calamidade? Qual é a sua profissão? De onde você vem? Qual é a sua terra? A que povo você pertence? A resposta de Jonas — que ele adora o Deus que criou o céu e a terra — cria ainda mais medo para os marinheiros, e apesar de tudo eles ainda tentam não matar Jonas (1:9-10). Em vez disso, depois de repetidas falhas em guiar o barco para fora da tempestade, Jonas lhes diz que o lancem ao mar (1:11-13). Como resultado, os marinheiros oram ao Deus de Jonas, jogam-no ao mar e oferecem sacrifícios a YHWH, o Deus de Jonas, porque o mar parou de se agitar. Assim, a fuga de Jonas converte os marinheiros estrangeiros em pessoas tementes a YHWH, os quais oferecem sacrifícios ao criador do céu e da terra (1:14-16). Essa forma de conversão não apenas vai contra o esperado, mas se torna ainda uma cena mais cômica quando Jonas mais tarde confessa (4:2) que desobedeceu a YHWH porque não gostou do fato de saber que YHWH acabaria mostrando compaixão pelos assírios. A sátira é mordaz. Jonas quer reservar a misericórdia de YHWH para Israel, mas as ações de Jonas, não uma, mas duas vezes trazem luz para as nações.

Enquanto isso, a oração de ação de graças de Jonas e o relato de libertação (1:17—2:10) dão continuidade ao humor em relação ao profeta e à seriedade da agenda do narrador. Jonas desceu mais uma vez, desta vez para o ventre de um peixe fornecido por YHWH, onde depois de três dias ele finalmente oferece uma oração (1:17 [Hebr. 2:1]) cujo conteúdo se desenrola humoristicamente como um cântico de ação de graças (2:2-9 [Hebr. 2:3-10]). O salmista narra a libertação de Jonas, mas este permanece na barriga do peixe no fundo do oceano. Os estudiosos observam corretamente que o cântico não se ajusta ao cenário da narrativa, apesar da sobreposição de parte de seu vocabulário (veja a discussão sobre a unidade de Jonas a seguir). Muito provavelmente, essa canção preexistente foi inserida na narrativa.

O sermão de Jonas aos assírios e a resposta deles (3:1-10) começa com a segunda ordem para Jonas ir pregar contra os ninivitas (3:1-2). Desta vez, Jonas obedece, mas por pouco tempo. Ele entra na cidade e profere o sermão mais curto e eficaz da Bíblia, consistindo de apenas sete palavras que praticamente nem bem formam uma frase completa: "Daqui a quarenta dias Nínive será destruída" (3:4). Jonas não lhes explica a razão da mensagem, nem lhes diz como evitar o julgamento. No entanto, milagrosamente, os ninivitas sabem. O povo de Nínive acredita em Deus, proclama um jejum e veste-se de pano de saco (sinal de luto). Pela segunda vez no livro, as palavras e ações de Jonas preparam o cenário para a graça de Deus para os estrangeiros. Depois que o povo se arrependeu, até o rei de Nínive entrou em ação. Ao ouvir o sobre a reação de ver o arrependimento do povo, o rei se levanta de seu trono, veste-se de pano de saco e depois senta-se sobre as cinzas enquanto articula de forma caricatural uma proclamação oficial para convocar um jejum para todo o povo de Nínive (3:7-8), algo que o povo já havia feito (3:6). No entanto, o rei não se limita a uma proclamação simples e redundante. Ele aumenta a aposta infligindo o jejum aos animais e também às pessoas. Ele exige que todos os animais também sejam cobertos com pano de saco e que todos eles clamem a Deus com grande força (3:8). O rei então reafirma que todo o povo se arrependa dos seus caminhos e da sua violência (3:9). Em seguida o rei da Assíria demonstra seu próprio conhecimento bíblico ao citar Joel 2:14: "Talvez ele volte atrás, arrependa-se". O rei adapta a citação para o contexto de Nínive: "Talvez Deus se arrependa e abandone a sua ira, e não sejamos destruídos" (3:9). Não é de surpreender que YHWH tenha feito exatamente isso (3:10).

O confronto de Jonas com YHWH sobre a compaixão de YHWH (4:1-11) constitui o clímax do livro. Tudo começa quando Jonas reclama petulantemente que YHWH estendeu sua misericórdia a Nínive (4:1). Jonas faz uma oração de confronto com toda a justa indignação que consegue reunir. Jonas finalmente revela por que ele desobedeceu a YHWH no início de sua jornada. O profeta diz a YHWH que Ele é muito brando e compassivo, e que seu raciocínio (como o do rei de Nínive) reflete o raciocínio de Joel (2:12-13). Joel convocou o povo de YHWH a jejuar e se arrepender, a fim de evitar a destruição no dia de YHWH antes de citar Êxodo 34:6 para lembrar a YHWH que Ele é gracioso, compassivo e lento para se irar. Jonas usa as mesmas palavras para reclamar. Ele discorda veementemente da decisão de YHWH e lhe pede que o mate porque morrer seria preferível a viver naquela situação (4:3). YHWH responde com uma pergunta retórica, perguntando a Jonas que direito ele tem de estar tão irado (4:4). Em vez de responder, Jonas sai da cidade onde constrói uma cabana para se proteger do sol enquanto espera para ver o que aconteceria (4:5). YHWH envia uma planta para crescer sobre a cabana e oferecer sombra para Jonas, o que deixa o profeta muito feliz (4:6). Sua felicidade desaparece, porém, quando YHWH envia um verme para devorar a planta que fornece sombra, o que leva Jonas a pedir a YHWH que o mate uma segunda vez (4:7-8) usando as mesmas palavras que havia usado em 4:3. Nesse ponto, o pedido de Jonas parece mesquinho e pequeno. Deus dá a Jonas uma última chance de aprender, fazendo-lhe uma pergunta incisiva: "Você tem alguma razão para estar tão furioso por causa da planta?" A profundidade da obstinação de Jonas fica clara para todos os leitores, em sua resposta (4:9): "Sim, tenho! E estou furioso ao ponto de querer morrer". Deus, porém, tem a palavra final no livro, transformando a resposta de Jonas em uma parábola, fazendo outra pergunta retórica que coloca Jonas em seu devido lugar, apontando a estreiteza de seu mundo. A perda de uma planta provocou a raiva de Jonas, mas a pergunta de YHWH paira no ar enquanto o livro termina: "Contudo, Nínive tem mais de cento e vinte mil pessoas que não sabem nem distinguir a mão direita da esquerda, além de muitos rebanhos. Não deveria eu ter pena dessa grande cidade?" (4:11).

A intolerância de Jonas o levou a fazer de tudo para não ser o mensageiro de Deus para os estrangeiros. Custou-lhe caro e não lhe trouxe nada de bom. Ele não poderia escapar da presença de YHWH e não tinha como mudar o caráter misericordioso de Deus. Na verdade, a indignação justa de Jonas operou a conversão dramática de estrangeiros não uma, mas duas vezes, primeiro com os marinheiros que aprenderam a reconhecer o poder do criador do céu e da terra e depois com o arrependimento total do povo e do rei de Nínive. Nenhum profeta realizou mais do que Jonas, e ainda assim ele desprezou o fato de ter sido o meio através do qual a graça de YHWH pôde fluir.

A história de Jonas certamente se destaca significativamente no corpus profético, não apenas porque Jonas é retratado como um profeta petulante, mas também porque a história vai na contramão de quantos experimentam a leitura de livros proféticos que repetidamente antecipam a libertação de Israel e a subjugação de Israel às nações. Com exceção de Jonas, cada livro dos Doze termina essencialmente com a esperança da restauração do povo de YHWH, da punição contra as nações, ou ambos os casos. Deste modo, o livro de Jonas é distinto. O fato de o livro de Jonas satirizar o profeta e valorizar a misericórdia de YHWH sobre a ira de Deus representa um importante princípio teológico e um corretivo ético. Como uma única obra literária, Jonas poderia ser visto como o protesto isolado de um único artista que via a hipocrisia de adorar um Deus universal que *apenas* estava interessado em mostrar misericórdia a um único povo. No entanto, essa sátira mordaz expõe a piedade e a pompa do profeta como a intolerância tacanha revestida de religiosidade que é, e foi reconhecida como um importante corretivo teológico a ponto de ter sido incluído entre os Doze.

Questões de unidade

Debates sobre a unidade de Jonas têm surgido ao longo dos anos, com ênfase particular sobre se Jonas 1 é uma história separada, se o cântico de ação de graças de Jonas representa uma inserção posterior (2:2-9 [Hebr. 2:3-10]) e como explicar as tensões narrativas criadas por 4:5. O trabalho de Jonathan Magonet e outros demonstra a muitos que Jonas 1 representa uma estrutura narrativa extremamente bem construída de modo artístico com uma forma visivelmente quiástica.[98] Esse tipo de estrutura artística não se apresenta nos outros três capítulos de Jonas, fazendo com que alguns questionem como explicar essa qualidade apenas do capítulo 1.[99] Embora seja uma posição minoritária, vários estudiosos afirmam que a narrativa original de Jonas não envolveu uma viagem através do oceano.[100] Suas teorias sugerem que é possível con-

[98] Jonathon Magonet, *Form and Meaning: Studies in Literary Techniques in the Book of Jonah*, BBET 2 (Berna: Herbert Lang, 1976), p. 56-57. Os predecessores de Magonet que fizeram observações semelhantes incluem Norbert Lohfink, "Jona ging zur Stadt hinaus (Jona 4:5", *BZ* 5 (1961): 193-96, 200-201; e Rudolph Pesch, "Zur konzentrischen Struktur von Jona 1", *Biblica* 47 (1966): 577-81.

[99] Veja Nogalski, *Redactional Processes*, p. 251-52 n.4.

[100] Alguns postularam que os capítulos 3—4 poderiam ter existido na forma oral ou escrita como uma história do encontro de Jonas com Nínive antes de ter a viagem marítima acrescentada para aumentar a obstinação de Jonas. Veja os trabalhos de Kraeling e Schmidt para teorias sobre como esse desenvolvimento aconteceu (para um resumo de seus argumentos, veja Nogalski, *Redactional Processes*, p. 255-60). Kraeling argumenta que a forma inicial começa no período persa e mais tarde foi influenciada pelas histórias marítimas gregas, mas ele não apresenta um desenvolvimento sistemático do livro (Emil G. Kraeling, "The Evolution of the Story of Jonas", em *Hommages à André Dupont-Sommer*, ed. André Dupont-Sommer [Paris: Librairie d'Amrique et d'Orient Adrien Maisonneve, 1971], p. 305-18). Schmidt argumenta que o início de Jonas nos capítulos 3—4 (juntamente com 1:2) foi uma composição escrita na forma de uma narrativa didática, escrita para expandir a teologia deuteronomista do arrependimento na arena internacional com base em Jeremias 18: 7-8 (Ludwig Schmidt, *'De Deo': Studien zur Literarkritik und Theologie des Buches Jona, des Gesprächs zwischen Abraham und Jahwe in Gen 18:22ss. und von Hi 1, BZAW 143 [Berlim:* de Gruyter, 1976], p. 43-47, 124-26).

ceituar Jonas 1 como uma introdução posterior, que pelo menos explica a estrutura artística rígida do capítulo como obra de um autor posterior cujos enfeites literários foram adicionados à sátira de Jonas.

Também existem questões sobre o cântico de ação de graças como a inserção de um hino preexistente para fornecer o conteúdo da oração de Jonas que lhe dá uma espécie de reformulação de relações públicas.[101] O problema mais notável com o cântico de ação de graças em comparação com a narrativa deriva do fato de que o cântico pressupõe que o salmista já havia sido libertado, enquanto a narrativa presume que Jonas está clamando por libertação do ventre do peixe. Alguns tentam explicar essa diferença de forma pouco convincente, interpretando essa discrepância chocante como parte da sátira do autor ao personagem Jonas.[102] Há aqueles que interpretam a inserção do cântico como uma tentativa de fornecer a Jonas algum nível de respeitabilidade piedosa.[103] Outros reconhecem a discrepância e as complicações resultantes, mas optam por focar na função retórica.[104] As questões da motivação para a inserção do salmo permanecem mais difíceis de avaliar do que a evidência de que ele foi incorporado a uma narrativa já existente. Além da questão de saber se Jonas já teria sido ou não livrado, a narrativa será lida de forma mais suave se a canção for removida.

Perguntas sobre a integridade de Jonas 4 surgem periodicamente porque 4:1-4 retrata Jonas respondendo com raiva ao arrependimento

---

101 Veja as discussões em Wolff, *Obadiah and Jonah*, p. 128-31, e Nogalski, *Redactional Processes*, p. 250-52. Wolff argumenta que apenas o salmo mostra Jonas sob uma luz piedosa. Jeremias argumenta que a adição do capítulo significa que se deve interpretar Jonas de duas maneiras, a versão anterior sem o salmo e a versão posterior com o salmo (Jörg Jeremias, *Joel, Obadja, Jona, Micha*, p. 78).

102 James S. Ackerman, "Satire and Symbolism in the Song of Jonah", in *Traditions in Transformation: Turning Points in Biblical Faith*, ed. Baruch Halpern e Jon D. Levenson (Winona Lake, IN: Eisenbrauns, 1981), p. 213-46; Kenneth M. Craig, "Jonah and the Reading Process", *JSOT* 47 (1990): 103-14.

103 Wolff, *Obadiah e Jonah*, p. 130.

104 Phyllis Tribble, *Rhetorical Criticism: Context, Method, and the Book of Jonah* (Mineápolis: Fortress, 1994), p. 162-73. Tribble interpreta a função do salmo em termos de três tipos de dissonância: interrupção, atraso e ironia (162). Essa dissonância aumenta à medida que se lê o "Jonas" do salmo conhecendo o Jonas da narrativa, acentuando assim a sátira e destacando a arrogância de Jonas para com os estrangeiros e Deus (p. 171-72).

dos ninivitas, enquanto 4:5 afirma que Jonas se dirige para o leste da cidade a fim de esperar para ver o que acontece. Três modelos para explicar essa discrepância podem ser encontrados na literatura secundária.

Primeiro, alguns argumentaram no século 20 que 4:5 foi acidentalmente transposto do início da narrativa. A descoberta dos Manuscritos do Mar Morto e de outros textos bíblicos no deserto da Judeia contribuiu muito para dissipar essa imagem de desleixo dos escribas.[105] Como resultado, a explicação como erros dos escribas desapareceu em grande parte nos últimos 50 anos e foi substituída pela ideia de que 4:5 funciona deliberadamente como o registro de um fato já ocorrido.[106] Um terceiro modelo sugere que as tensões são melhor explicadas pela suposição de que mais de uma mão criou a narrativa. Eles argumentam que Jonas foi revisado ao longo do tempo, passando por mudanças literárias a partir de duas ou mais camadas de atividade redacional.[107] Na maioria dos ca-

---

[105] Na verdade, não existem variantes substantivas de 4:5 nos textos antigos, incluindo Mur XII, 4QXIIg, 4QXIIg, 8ḥev gr e o grego antigo, embora alguns deles contenham apenas fragmentos de 4:5. Essa evidência sugere que 4:5 estava totalmente incorporado no texto por volta do século 2 a.C.

[106] Jeremias credita a mudança ao artigo de Lohfink em 1961 e às evidências adicionais compiladas por Wolff. Lohfink lê a cena como um flashback e trata os verbos como mais que perfeitos (Jeremias, *Joel, Obadja, Jona, Micha,* 108; Lohfink, "Jona" p. 185-203; Hans Walter Wolff, *Studien zum Jonabuch: Mit einem Anhang von J. Jeremias: Das Jonabuch in der Forschung seit Hans Walter Wolff* [Neukirchen-Vluyn: Neukirchener Verlag, 2003], p. 40-48.

[107] Veja as obras de Weimar e Wöhrle (Peter Weimar, "Literary Criticism and Literary Criticism: Untimely Observations on Jon 1:4-16", em Herald of the Word: *Contributions to the Theology of the Prophets, Festschrift für Josef Schreiner,* ed. L. Ruppert et al. [Wurzburg: Echter, 1982], p. 217-35; idem, "Jon 4,5: Beobachtungen zur Entstehung der Jonaerzählung", *BN* 18 [1982]: 86-109; idem, "Jonapsalm und Jonaerzählung", *BN* 28 [1984]: 43-68; e Wöhrle, *Der Abschluss des Zwölfprophetenbuches,* p. 365-99). Em seus artigos, Peter Weimar descreve o desenvolvimento do livro em três etapas. Sua narrativa fundamental inclui: 1:1 + 2, 3a*, 3b*, 4abb, 5a, 7, 11a, 12a, 15a; 2:1, 11; 3:3a, 4b, 5, 10b; 4:5a, 6aa, 6b*, 7, 8*, 11a, 11ba. Sua primeira adaptação redacional inclui: 1:4aa, 5a*, 5b, 6, 8a, 10, 11b, 13, 14a, 16; 2:2 + 3aa*, 3b, 4a*, 7b; 3:1f, 3b, 6-10a; 4:1-2a, 3f, 5b, 6ab, b*, 8aa, 9f, 11bb. Uma segunda adaptação redacional adicionou o restante: 1:8b + 9, 14ab, b; 2:3ab, 4b-7a, 8-10; 4:2b. Wöhrle defende duas camadas, uma camada fundamental (1:1-5a, 7, 8aab, 9, 11-13, 15; 2:1, 11; 3:1-5; 4:5, 6*, 7-9), à qual um editor adicionou material destacando a graça de YHWH (1:5b, 6, 8aβ, l0a, bα, 14, 16; 2:2-10; 3:6-10; 4:1-4, 6*, 10-11). Embora Weimar e Wöhrle não concordem precisamente sobre o que estava contida na narrativa

sos, 4:5 funciona como a resposta mais antiga. Pode-se também observar que 4:2-3 apresenta o conteúdo da oração de Jonas (assim como a inserção de 2:2-9 forneceu o conteúdo da oração de Jonas na barriga do peixe). Significativamente, 4:2-3 reflete sobre a história de Jonas à luz de outros textos. Em 4:2, Jonas explica por que ele fugiu no início do livro, e essa explicação é baseada no caráter de YHWH conforme citado em Êxodo 34:6. No entanto, essa citação evoca a referência de Joel a Êxodo 34:6 (Jl 2:13) em vez de citar Êxodo 34:6 diretamente.

Êxodo 34:6 (NVI)	**Joel 2:13 (NVI)**	**Jonas 4:2 (NVI)**
E passou diante de Moisés, proclamando: "Senhor, Senhor, Deus *compassivo e misericordioso*, paciente, cheio de amor e de fidelidade".	Rasguem o coração e não as vestes. Voltem-se para o Senhor, o seu Deus, pois ele é *misericordioso e compassivo*, muito paciente e cheio de amor; *arrepende-se e não envia a desgraça.*	Ele orou ao Senhor: "Senhor, não foi isso que eu disse quando ainda estava em casa? Foi por isso que me apressei em fugir para Társis. Eu sabia que tu és Deus *misericordioso* e compassivo, muito paciente, cheio de amor e que prometes castigar, *mas depois te arrependes.*

Não uma, mas duas vezes, as variações em Jonas e Joel concordam entre si em comparação com Êxodo 34:6.[108] Várias explicações foram sugeridas para explicar essas variações, porém muito provavelmente Jonas não está realmente citando Êxodo. Jonas menciona Joel e este sim cita Êxodo. Essa explicação se ajusta ao contexto mais amplo e à agenda

fundacional em Jonas 4, ambos observam que 4:5 (ou pelo menos 4:5a para Weimar) existia como parte da narrativa fundacional.

[108] A ordem dos adjetivos *gracioso* e *misericordioso* se correlaciona em Joel e Jonas, e o motivo de ceder ao castigo também aparece em Joel e Jonas, mas não em Êxodo.

teológica de Jonas, e se correlaciona com a visão amplamente difundida de que o livro de Jonas é mais tardio que Joel.

Então por que Jonas menciona Joel citando Êxodo 34:6? Thomas Dozeman argumenta que a chave para responder a essa questão reside na forma como os dois livros funcionam.[109] Para ele, cada autor retoma Êxodo 34:6 para enfatizar a compaixão de YHWH, mas o faz a partir de perspectivas diferentes. Joel enfatiza a compaixão de YHWH para com o povo de YHWH, enquanto Jonas usa o mesmo versículo para enfatizar a compaixão de YHWH para com todos os povos. Embora essa observação básica sobre como os livros funcionam tematicamente seja correta, dizer que Jonas e Joel abordam Êxodo 34:6 de forma independente não faz justiça ao papel de Jonas como corretivo teológico. Joel, conforme observado neste volume, desempenha um papel fundamental no Livro dos Doze, uma vez que praticamente todos os temas recorrentes nos Doze passam por Joel, incluindo o uso de Êxodo 34:6-7. O fato de o *personagem* Jonas mencionar Joel citando Êxodo 34:6 não pode ser divorciado do papel de Jonas como figura satírica. O personagem Jonas cita Êxodo 34:6 precisamente pela mesma razão que Joel, ou seja, para enfatizar a compaixão de YHWH pelo povo de YHWH. Joel também sublinha essa imagem de compaixão protetora recorrendo a Êxodo 34:7 perto do final do livro para transmitir a ideia de que a justiça de Deus significa julgamento contra as nações no dia de YHWH (veja a discussão de Êxodo 34:7 em Joel 3:19-21). Analisada por si mesma, a mensagem de Joel poderia ser interpretada como um exemplo de nacionalismo xenófobo que limita as ações salvíficas de YHWH ao próprio povo de YHWH. Ao colocar essa perspectiva teológica nas lentes satíricas de Jonas, tal teologia é satirizada e a sua inadequação consideravelmente trazida à luz. O personagem Jonas justifica sua fuga no início do livro como uma tentativa de impedir YHWH de mostrar sua graça e compaixão às nações. O narrador de Jonas faz isso para mostrar o absurdo da teologia de Jonas (e também de Joel) quando levada a tal extremo. Para o narrador de Jonas, YHWH é o criador do

[109] Veja Thomas B. Dozeman, "Inner-Biblical Interpretation of Yahweh's Gracious and Compassionate Character, *JBL* 105 (1989): 227-33; veja uma interação mais extensa com Dozeman em Nogalski, *Hosea-Jonah*, p. 446.

céu e da terra, não apenas o Deus de Judá. Para o escritor, Jonas identifica corretamente a compaixão de YHWH como um componente central da identidade de YHWH ao lidar com todos os povos do mundo; ainda assim, enquanto o personagem Jonas pensa que YHWH está errado, o narrador de Jonas vê o quadro geral.

Jonas dentro do Livro dos Doze

Por que Jonas foi incorporado aos Doze? Uma razão já deve estar clara. Jonas oferece um corretivo teológico bem-humorado, mas poderoso, às vozes teológicas dominantes nos Doze. Para ser claro, Jonas não repudia a mensagem de Joel, mas a expande. Jonas não nega a compaixão de YHWH para com Israel; ele pressupõe essa compaixão. YHWH livra Jonas do ventre do peixe, e YHWH usa a planta e o verme para mostrar que YHWH continua a prover graciosamente para Jonas. O narrador de Jonas não zomba do profeta para denunciar o papel de Israel, mas para ampliá-lo. Não uma, mas duas vezes, Jonas serve como instrumento que conduz estrangeiros a YHWH. A teologia do narrador não argumenta que Israel deva ser subjugado às nações ou que a compaixão de YHWH para com Israel foi substituída. Em vez disso, a teologia do livro de Jonas nega que a compaixão e a justiça de YHWH estejam limitadas apenas à preocupação com o bem-estar de Israel. O livro de Jonas acrescenta sua voz a um coro de textos dos profetas que articulam explicitamente o desejo salvífico de YHWH para as nações. No Livro dos Doze, essa perspectiva não é dominante, mas de forma alguma deixa de estar presente. Até Joel (2:28-32 [Hebr. 3:1-5]) antecipa um dia de YHWH quando o espírito será derramado sobre "toda a carne". Amós 9:7 desafia a miopia teológica, lembrando a Israel que, embora YHWH tenha tirado Israel do Egito, Ele também estava trabalhando entre os filisteus e os sírios para plantá-los em terras onde pudessem florescer. Miqueias 4:1-4 antecipa um tempo em que as nações viajarão a Jerusalém para estudar a Torá de YHWH. Sofonias 3:9-10 descreve o futuro salvífico como uma reversão da maldição de Babel, para que todas as nações ofereçam "palavra pura" e "invoquem o nome de YHWH". Zacarias 8:22-23 prevê um futuro salvífico quando os estrangeiros perguntam: "Nós vamos com você porque ouvimos dizer que Deus está com o seu povo". Zacarias 14:16 expressa um sentimento semelhante no sentido de que todas as nações adorarão YHWH como rei em Jerusalém. Malaquias 1:11-14 retrata o futuro ideal como um tempo em que as nações trarão ofertas puras a YHWH "desde o nascimento do sol até o seu pôr-do-sol" (1:11) e, ao fazê-lo, garantirão que o "nome de YHWH seja reverenciado entre as nações" (1:14). Jonas fornece a expressão mais destacada desta teologia. Mostra quão deficiente seria um retrato de Deus que limitasse Deus a trabalhar em nome de apenas uma nação.

Literariamente, não se pode esquecer o livro de Naum ao ler Jonas. Naum retrata a queda da Assíria como superpotência regional e retrata essa queda como parte da justiça de YHWH. Com toda a probabilidade, Naum já estava incluído nos Doze quando Jonas foi integrado. Naum entrou no corpus com Habacuque para documentar a afirmação teológica de que YHWH controla a ascensão e queda dos reinos. Há muito se observa que Jonas serve deliberadamente como um contrapeso teológico a Naum.[110] Ambos os livros enfocam o destino de Nínive, que Jonas retrata como o objeto da graça de YHWH e Naum retrata como o objeto da ira de YHWH. De todos os livros bíblicos, apenas Jonas e Naum terminam com uma pergunta. Tanto Jonas quanto Naum baseiam-se em Êxodo 34, embora Jonas se concentre em 34:6, enquanto Naum mantém seu foco em 34:7. Para entender por que Jonas equilibra Naum, basta contemplar o que faltava teologicamente antes de Jonas ser incorporado. Sem a perspectiva teológica de Jonas, os Doze carecem de um centro textual que descreva as ações salvíficas de YHWH entre as nações. Sem Jonas, alguém poderia alegar que YHWH age arbitrariamente pronunciando a destruição da Assíria. Jonas mostra, no entanto, que — teologicamente falando — a Assíria experimentou a graça de YHWH, e o arrependimento de Nínive (no tempo de Jeroboão II),

---

[110] Veja Beate Ego, "The Repentance of Nineveh in the Story of Jonah and Nahum's Prophecy of the City's Destruction: Aggadic Solutions for an Exegetical Problem in the Book of the Twelve", in *Society of Biblical Literature Seminar Papers* 39 (Atlanta: SBL Press, 2000), p. 243-53. Beate Ego mostra que muito antes da era crítica moderna, os dois livros eram lidos em conjunto, resultando na necessidade de uma interpretação teológica na literatura rabínica que procurasse harmonizar a mensagem dos dois profetas.

mostrando que a Assíria denunciou a violência por causa de YHWH. Assim, para o leitor dos Doze, quando a Assíria destrói Samaria, as suas ações violentas significam que rejeitaram o caminho de YHWH e trouxeram sobre si a justiça de YHWH. Não de forma insignificante, essa garantia da justiça de YHWH sobre os culpados é precisamente o ponto de Êxodo 34:7.

Finalmente, se pensarmos em Jonas em seu contexto persa tardio ou helenístico inicial, a teologia de Jonas interage com mais do que apenas Joel no Livro dos Doze. A história de Esdras e Neemias continuou a narrativa do povo de YHWH no período pós-monárquico. Esdras retorna a Judá com um grande contingente de exilados, bens e apoio político. Neemias é responsável pela reconstrução do muro de Jerusalém em 445 a.C. No entanto, ambos os livros contêm uma forte expectativa de pureza tanto étnica quanto religiosa. Em ambos os livros, é preciso provar a própria linhagem étnica para poder participar plenamente da vida de Judá. Tanto Esdras (9:1-3; 10:3-19) quanto Neemias (10:30) articulam proibições contra judeus de que se casem com estrangeiros. Esdras e Neemias articulam e assumem uma teologia da pureza com forte qualidade insular. A teologia do livro de Jonas desafia essa compreensão limitada de YHWH. Lembra aos seus leitores que YHWH trabalha além das fronteiras do seu próprio país. O livro de Jonas desafia a miopia teológica que pode afligir todas as pessoas de fé.

QUESTÕES PARA DISCUSSÃO

1. Qual o papel que cada um dos cinco livros discutidos neste capítulo desempenha na estrutura temática e histórica dos Doze?
2. O que causa as diferenças nas traduções atuais de Joel 2:18, e que diferença isso faz na leitura de Joel como um livro individual e como parte do Livro dos Doze?
3. Esses cinco livros mostram uma tendência crescente de recorrer a outros escritos proféticos. Descreva três lugares onde um escrito profético neste capítulo se baseia significativamente em outro profeta e discuta como essas citações funcionam dentro da retórica do profeta aborrecido.

GLOSSÁRIO

COMPILADO POR WILL BRIGGS

[*] Este símbolo aparece em estudos históricos de redação como uma forma abreviada de indicar que apenas parte de um versículo ou passagem pertence a uma camada redacional específica. Significa "porções de", então, por exemplo, 35:7* significa porções de 35:7. Isaías 60—62* significa partes de Isaías 60—62. É preciso ler os detalhes do argumento do autor para saber quais versículos, partes de versículos ou palavras estão cobertos pelo símbolo.

Alusivo. A qualidade de um texto caracterizada por referências repetidas a outras obras ou tradições através do uso de alusões, citações, jogos de palavras etc.

Assinatura. Uma nota breve e formal no final de um texto que marca o fim de um texto e fornece informações adicionais. As assinaturas têm a mesma função que as introduções, mas as introduções aparecem no início do texto.

Código de Santidade. O nome dado à coleção de leis em Levítico 17—26 devido à sua repetição da palavra santo e que muitos estudiosos acreditam ter uma história composicional diferente das leis sacerdotais de Levítico 1—16.

Concatenação. Uma técnica literária pela qual sentenças, linhas ou seções de texto estão conectados por meio da repetição de uma determinada palavra, várias palavras ou imagens.

Criticismo formal. Um método de estudo que classifica os textos bíblicos em grupos de acordo com seus padrões literários e procura descobrir o cenário de vida que reside por trás desses padrões literários dentro do texto.

Daviditas. Sucessores dinásticos do rei Davi, que governou o reino de Judá em Jerusalém até a destruição da cidade em 587 a.C. O termo também é usado para sucessores daqueles reis (e.g., Zorobabel) que ainda eram identificados como os descendentes de Davi no período persa, embora não houvesse mais reis da linhagem de Davi que governaram Judá novamente.

Deuteronomista. Algo influenciado pela linguagem, pelos temas e pela teologia de Deuteronômio, particularmente no que diz respeito à sua ênfase em uma aliança condicional entre Deus e Israel e polêmicas contra práticas de adoração idólatras.

Diacrônico. Modelos de pesquisa e interpretação que se preocupam com a forma como os textos bíblicos se desenvolveram ao longo do tempo, levando em conta questões como antecedentes históricos, fontes e processos editoriais.

Diáspora. Um grupo de pessoas da mesma terra natal que estão dispersas ou fora de sua terra original.

Didático. Projetado para fins de ensino ou instrução.

Eneateuco. Literalmente, a frase significa "nove recipientes", mas em discussões canônicas, o termo se refere aos primeiros nove livros da Bíblia Hebraica na ordem canônica hebraica, composta de Gênesis—2Reis. Antes do período da Idade Média, os manuscritos hebraicos incluíam Samuel e Reis em um rolo cada, então os nove rolos do Eneateuco incluíam o Pentateuco (Gênesis, Êxodo, Levítico, Números e Deuteronômio) e os quatro Antigos Profetas (Josué, Juízes, Samuel e Reis). O livro de Rute foi incluído nos Escritos seção do cânon hebraico e, portanto, não foi compreendida no Eneateuco.

Escatológico. Relacionado aos futuros eventos de clímax da história ou ao destino final da humanidade e da terra.

Fortschreibung (plural: Fortschreibungen). Uma técnica redacional através da qual um editor usa um texto mais antigo e o atualiza ou expande para adaptar sua mensagem para um público contemporâneo.

Golah. Palavra hebraica para "exílio", referindo-se ao exílio de muitos judeus após a queda de Jerusalém em 587 a.C.

Guerra Siro-Efraimita. A invasão de Judá pelas forças aliadas da Síria e Israel por volta de 734-732 a.C., em um esforço para forçar Judá a se juntar a uma coalizão militar contra a Assíria.

História deuteronomista. O nome dado à obra unificada postulada que vai de Josué a 2Reis (excluindo Rute, veja Eneateuco a seguir) que usa a linguagem e ênfases teológicas de Deuteronômio e foi concluído após a queda de Jerusalém em 587 a.C. com o propósito de explicar o exílio.

Inclusio. Também conhecido como "envelope", uma técnica literária em que a mesmo ideia ou linguagem semelhante coloca um texto entre colchetes no início e no final.

Lei casuística. Também chamada de jurisprudência, a lei casuística é um tipo de lei ou instrução que contém declarações condicionais e determina uma certa punição caso a lei seja violada (se X acontecer... então Y deve ser feito...). A lei casuística contrasta com a lei apodítica, que formula uma lei simplesmente como um decreto divino (e.g., "Não mate").

Leitmotiv. Uma imagem, tema ou ideia recorrente que aparece ao longo de um determinado texto e que o(s) escritor(es) deseja(m) enfatizar ou desenvolver.

Levante. A área geográfica ao redor do mar Mediterrâneo oriental, incluindo terras dos atuais estados de Israel, Palestina, Jordânia, Líbano e Síria.

Livro dos Quatro. Nome usado para um rolo hipotético contendo porções de Oseias, Amós, Miqueias e Sofonias. Os livros desse manuscrito foram provavelmente editados e transmitidos juntos desde o início do período exílico para explicar a destruição de Jerusalém à luz da mensagem profética a Israel (Oseias e Amós) e Judá (Miqueias e Sofonias) como resultado de seus repetidos afastamentos de YHWH. Nesse sentido, serviu como precursor do Livro dos Doze e forneceu o quadro cronológico para o corpus maior que foi criado no período persa.

Memórias de Isaías. O nome dado ao texto de Isaías 6—8 devido à sua preocupação com a vida do profeta Isaías, o que levou os primeiros estudiosos a atribuir a atribuir esta unidade de texto ao próprio profeta.

Paronomásia. Também conhecida como "jogo sonoro" ou "trocadilho", a paronomásia é um recurso literário em que palavras com sons semelhantes são colocadas próximas para um efeito retórico.

Quiasma. Uma estrutura literária semelhante a um "sanduíche" em que uma sequência de palavras, imagens, frases ou ideias é repetida em ordem inversa (e.g., ABCC'B'A'). Gênesis 9:6 contém um exemplo de quiasma: Se alguém derramar (A) o sangue (B) de uma pessoa (C) o sangue dele (C') será derramado (B') por outra pessoa (A') [NAA].

Realia. Dados históricos ou materiais concretos, incluindo estruturas físicas ou objetos da vida cotidiana, em oposição a representações ou relatos literários.

Redação. O processo de edição do texto bíblico no qual os editores organizam, corrigem e acrescentam ao texto.

Retrovertido —Usado no processo de crítica de texto, o termo refere-se a tentativas de retraduzir um texto traduzido de volta para o idioma do qual foi traduzido. Por exemplo, a retroversão é usada para traduzir uma versão grega de volta para o hebraico, a fim de comparar o texto hebraico usado pelo tradutor com o Texto Massorético.

Sefelá. A região montanhosa da Judeia, no centro-sul da Palestina, entre as montanhas da Judeia e a planície costeira.

Septuaginta (LXX). O nome da tradução grega da Bíblia Hebraica feita durante os séculos 3 e 2 a.C.

Sobrescrito. Um título escrito acima de um texto ou seção de texto, geralmente um versículo ou menos, fornecendo ao leitor um contexto para o material subsequente, ao mesmo tempo que o separa do que veio antes. Os sobrescritos aparecem mais comumente nos Salmos e nos Últimos Profetas.

Tabela das Nações. A genealogia dos filhos de Noé em Gênesis 10, incluindo a sua propagação por muitas terras diferentes após o Dilúvio.

Teofania - Aparição de uma divindade aos humanos, frequentemente acompanhada da Bíblia Hebraica por uma série de fenômenos naturais (e.g., linguagem de trovão, terremoto etc.).

Texto Massorético (TM). O hebraico (e aramaico) completo mais antigo existente nos manuscritos da Bíblia Hebraica, datados do período medieval e copiados, editados e anotados por um grupo de escribas judeus conhecidos como massoretas.

Topos (plural: topoi). Um motivo, tema ou fórmula comum usado em um texto que faz parte do argumento ou exortação do texto.

Tradente (copista). Alguém responsável por manter e transmitir tradições, sejam elas orais ou escritas, às gerações subsequentes.

Vetitivo – Um termo linguístico que se refere a uma ordem negativa ou a um desejo que algo não aconteça.

Via negativa. Traduzido literalmente do latim, "forma negativa", uma forma de escrever algo dizendo o que essa coisa não é.

Vorlage. A versão ou edição de um texto em um idioma que um tradutor usa como fonte de sua tradução para outro idioma.

Para leitura posterior

Livros sobre profetas e literatura profética

Blenkinsopp, Joseph. *A History of Prophecy in Israel, Revised and Enlarged.* Louisville: Westminster John Knox, 1996.

Kratz, Reinhard Gregor. *The Prophets of Israel.* Critical Studies of the Hebrew Bible 2. Winona Lake: Eisenbrauns, 2015.

Nissinen, Martti, ed. *Prophets and Prophecy in the Ancient Near East.* Writings from the Ancient World 12. Atlanta: Society of Biblical Literature, 2003.

Nogalski, James D. *Interpreting Prophetic Literature: Historical and Exegetical Tools for Reading the Prophets.* Louisville: Westminster John Knox, 2015.

Petersen, David. *The Prophetic Literature: An Introduction.* Louisville: Westminster John Knox, 2002.

Redditt, Paul. *Introduction to the Prophets.* Grand Rapids: Eerdmans, 2008.

Sharp, Carolyn J., ed. *The Oxford Handbook of the Prophets.* Oxford: Oxford University Press, 2016.

Steck, Odil Hannes. *The Theological Witness of Prophetic Books.* James D. Nogalski, trad. St. Louis: Chalice Press, 2000.

Sweeney, Marvin A. *The Prophetic Literature.* Interpreting Biblical Texts Series. Nashville: Abingdon, 2005.

Livros sobre escribas, rolos e literatura histórica

Carr, David. *Writing on the Tablet of the Heart: Origins of Scripture and Literature.* Oxford: Oxford University Press, 2005.

Schmid, Konrad. *The Old Testament: A Literary History.* Linda M. Maloney, trad. Mineápolis: Fortress, 2012.

Van der Toorn, Karel. *Scribal Culture and the Making of the Hebrew Bible.* Cambridge, MA: Harvard University Press, 2007.